Flutter
in Action

플러터
인 액션

안드로이드와 iOS 애플리케이션을
한 번에 개발하는 완벽 가이드

에릭 윈드밀 지음
우정은 옮김

MANNING   한빛미디어
Hanbit Media, Inc.

지은이 · 옮긴이 소개

지은이 에릭 윈드밀 Eric Windmill

주로 클라이언트 응용프로그램을 개발하는 소프트웨어 엔지니어. 운이 좋게도 플러터 출시 초창기부터 여러 회사에서 플러터 개발 경험을 쌓았다. FlutterByExample.com의 운영자다. 많은 사람이 유용한 기술을 이용할 수 있도록 장벽을 없애는 일을 즐긴다.

옮긴이 우정은 realplord@gmail.com

인하대학교 컴퓨터공학과를 졸업하고 LG전자, 썬마이크로시스템즈, 오라클 등에서 모바일 제품 관련 개발을 하다가 현재는 뉴질랜드 웰링턴에 있는 Xero에서 모바일 앱 개발자로 새로운 인생을 즐기고 있다. 2010년 아이폰의 매력에 빠져들면서 번역과 개발을 취미로 삼고 꾸준히 서적을 번역한다.

Flutter
in Action

플러터 인 액션

안드로이드와 iOS 애플리케이션을
한 번에 개발하는 완벽 가이드

플러터 인 액션

안드로이드와 iOS 애플리케이션을 한 번에 개발하는 완벽 가이드

초판 1쇄 발행 2021년 02월 01일
초판 2쇄 발행 2022년 02월 04일

지은이 에릭 윈드밀 / **옮긴이** 우정은 / **펴낸이** 김태헌
펴낸곳 한빛미디어(주) / **주소** 서울시 서대문구 연희로2길 62 한빛미디어(주) IT출판부
전화 02-325-5544 / **팩스** 02-336-7124
등록 1999년 6월 24일 제25100-2017-000058호 / **ISBN** 979-11-6224-386-2 93000

총괄 전정아 / **책임편집** 서현 / **기획·편집** 정지수
디자인 박정화 / **전산편집** 이경숙
영업 김형진, 김진불, 조유미 / **마케팅** 박상용, 송경석, 조수현, 이행은, 고광일 / **제작** 박성우, 김정우

이 책에 대한 의견이나 오탈자 및 잘못된 내용에 대한 수정 정보는 한빛미디어(주)의 홈페이지나 아래 이메일로
알려주십시오. 잘못된 책은 구입하신 서점에서 교환해드립니다. 책값은 뒤표지에 표시되어 있습니다.

한빛미디어 홈페이지 www.hanbit.co.kr / 이메일 ask@hanbit.co.kr

지금 하지 않으면 할 수 없는 일이 있습니다.
책으로 펴내고 싶은 아이디어나 원고를 메일(**writer@hanbit.co.kr**)로 보내주세요.
한빛미디어(주)는 여러분의 소중한 경험과 지식을 기다리고 있습니다.

옮긴이의 말

뉴질랜드 수도 웰링턴에서 일하는 안드로이드 앱 개발자다. 안드로이드 앱뿐만 아니라 iOS 앱 개발에도 관심이 많으며 몇 년 전에는 크로스 플랫폼 중 인기가 높고 완성도가 괜찮은 리액트 네이티브에도 관심을 가졌었다. 하지만 약 2년 전쯤 플러터를 처음 접하면서 모든 관심이 플러터에 집중되었다.

크로스 플랫폼의 장점은 한 번 앱을 구현하면 iOS, 안드로이드에서 동시에 실행할 수 있다. 하지만 크로스 플랫폼이 가진 단점 또한 무시할 수 없을 만큼 많기에 처음에는 플러터를 조심스럽게 접근했다. 그리고 2020년 4월, 뉴질랜드에 바이러스 차단을 목적으로 전국에 봉쇄령이 내려져 거의 한 달간 집에 머무르게 되었고, 플러터를 개인적으로 테스트해 볼 수 있을 만큼 시간이 충분했다. 그 당시 닌텐도 스위치로 〈모여봐요 동물의 숲〉 최신 버전을 즐기고 있었는데 게임을 즐길 때 매뉴얼이 필요했고 플러터로 게임 가이드 앱을 만들기로 결심했다. 결국 약 일주일이 걸려 앱 첫 버전을 iOS(https://apple.co/3rwpvuS)와 안드로이드(https://bit.ly/3puJxnQ)용으로 출시했다.

안드로이드 개발자로서 가장 인상적이었던 점은 XML과 같은 별도의 언어 없이 다트 코드로 UI를 구현하며, 특히 UI를 구현하는 데 필요한 최신 패러다임을 지원하므로 간결한 코드로 필요한 기능을 구현할 수 있다는 점이다. 특히 네트워크로 데이터를 요청하고, 그동안 로딩 화면을 보여주고, 로딩이 끝나면 가져온 데이터를 화면에 보여주는 작업은 안드로이드와 비교할 수 없었다. 재미있는 점은 이미 플러터에서 지원하는 기능을 안드로이드가 앞으로 지원할 계획이라는 사실이다(예를 들어 Compose).

아직은 플러터와 관련된 책이 많이 없기에 이 책이 정말 반가웠다. 이 책을 옮기면서 플러터 내부 동작 원리와 상태 관리 기법 등 큰 도움을 얻었다. 여러분도 이 책을 통해 플러터 기초를 다질 수 있을 뿐만 아니라 제대로 된 플러터 앱을 만드는 데 큰 도움을 얻으리라 확신한다.

좋은 번역서가 탄생할 수 있도록 큰 도움을 주신 한빛미디어의 정지수 편집자님께 깊이 감사드린다. 그리고 언제나 번역 중간중간 쉬는 시간을 만들어주는 반려견 호두와 나를 항상 지원해주는 아내 서윤정 양에게도 감사한다.

우정은

추천사

플러터 팀은 플러터 개발자를 지원하는 플러터 커뮤니티에 큰 고마움을 전한다. 플러터를 사용하면서 의문이 생기면 대부분의 답변을 스택 오버플로Stack Overflow와 미디엄Medium, 누군가의 깃허브GitHub에서 찾을 수 있다. 이들 답변은 여러분의 응용프로그램에 자유롭게 적용 가능한 예제 코드도 제공한다. 이런 협동 정신과 동지애는 플러터가 성공적인 플랫폼으로 발돋움하는 데 중요한 밑거름이 되었다.

지금까지는 업무에 사용하거나 혼자 공부하는 데 필요한 플러터 자료가 거의 없었다. 블로그, 미디엄, 온라인 문서가 컴퓨터 관련 영역에서 중요한 정보를 제공하는 것은 사실이지만 여전히 한 주제를 집중적으로 설명하는 책이 필요하며 플러터도 예외가 아니다.

이 책에 주목해야 하는 이유가 바로 여기에 있다. 오백 개의 단어를 포함하는 미디엄 글이나 스택 오버플로의 짧은 예제 코드로는 배울 수 없는 내용을 이 책에서 설명한다. 애플리케이션의 상태 관리를 제대로 구현하려면 플랫폼을 완벽히 이해해야 한다. 이 책을 읽으면 플러터 사용 방법과 플러터를 왜 사용해야 하는지도 이해할 수 있다.

이 책의 저자 에릭은 많은 개발자가 플러터를 이용하면서 겪는 다양한 문제를 설명한다. 또한 레이아웃 동작 원리, 사용자와 상호작용하는 앱을 만드는 방법, 여러 페이지를 사용하는 복잡한 앱을 만드는 방법, 복잡한 앱 상태를 처리하는 방법도 설명한다. 비동기 작업을 다트로 구현하는 방법은 한 장을 할애해 설명한다. 이는 오늘날 많은 모바일 앱이 다른 서비스, 특히 HTTP 백엔드와 통신하고 JSON을 처리하기 때문이다. 추가로 파이어스토어로 데이터 저장소를 관리하는 방법도 설명한다. 마지막 장에서는 테스트하는 방법을 다루며 이 책을 마무리한다.

에릭은 항상 어떤 내용을 설명할 때 그 이유까지 함께 설명한다. 여러분도 이 책을 같은 방식으로 살펴보길 권장한다. 즉 필요한 정보를 책에서 빠르게 얻는 방법도 있겠지만 잠시 멈춰서 이 책에서 깊이 있게 다루는 주제를 천천히 음미해보자. 이런 태도는 여러분을 더 훌륭한 플러터 개발자가 되도록 돕는다. 속도를 늦추면 단지 배운 내용을 기억하는 것에 그치지 않고 새 기술을 완벽하게 습득할 수 있다.

플러터 팀은 여러분이 플러터로 개발할 멋진 앱을 기대한다. 플러터 팀을 믿어준 여러분에게 고마움을 전한다.

레이 리슈파터Ray Rischpater
구글 플러터, 기술 프로그램 관리자

지은이의 말

2017년, 플러터가 알파 버전이었을 때 처음 플러터를 접했다. 상사가 플러터 사용을 제안해 플러터를 사용하기 시작했다. 그 전까지는 플러터를 들어본 적이 없었기에 플러터가 좋은지 나쁜지 아무 의견도 없는 상태였다. 심지어 다트라는 언어도 들어본 적이 없었다(10년이 지난 언어라는 사실도 나중에 알았다). 하지만 순식간에 플러터는 내 마음을 사로잡았다. 최종 제품의 품질이 좋았기 때문이 아니라 지금까지 사용해본 SDK 중 개발 과정이 가장 즐거웠기 때문이다. 도구, 커뮤니티, API, 다트 언어는 개발에 즐거움을 더했다.

그래서 이 책을 집필하기로 마음먹었다. 나는 다트와 플러터가 가까운 미래에 앱 개발의 표준으로 자리 잡을 거라 굳게 믿는다. 이 책은 처음 플러터를 접하는 모든 개발자에게 도움을 줄 것이다. 이 책의 반은 지침서의 기능을 하지만 반은 플러터라는 유용한 기술을 전파하는 역할을 한다.

플러터를 사용한 지 약 2년이 지난 현재, 두 번째 직장에서 플러터 앱을 매일 개발하고 있으며 여전히 플러터에 대한 열정은 식지 않았다. 플러터는 진리다.

지난 2년간 플러터는 많이 발전했다. 처음 알파에서 베타 버전을 거쳐 현재는 정식 버전이 출시되었다. 다트도 버전 1에서 버전 2로 바뀌며 최신 UI를 구현하기에 적합한 언어로 탈바꿈하고 있다. 현재 웹을 위한 플러터는 기술 검토 단계다.[1] 앞으로 더 흥미진진해질 일만 남았다.

플러터는 앞으로 계속 발전하겠지만 지금도 충분히 훌륭하다. 따라서 이 책이 여러분에게 도움을 줄 것이라 생각한다. 플러터가 어떻게 발전하든 관계없이 이 책은 플러터 앱을 만드는 기초를 제공한다.

플러터를 설명하는 자료는 넘쳐난다. 하지만 이 책 한 권으로 플러터 전체 개발 과정을 이해하도록 돕는 것이 이 책의 목표다. 다트를 조금 배운 다음 플러터의 많은 것을 배워본다. 이 책의 내용을 모두 배우고 나면 밑바닥에서부터 모바일 앱을 개발할 수 있다. 이 책은 아름답고, 부드러운 모바일 앱을 플러터로 개발하는 데 필요한 모든 기초 지식을 설명한다. UI, 레이아웃, 애니메이션, 스타일링, 네트워크 요청, 상태 관리 등을 배울 수 있다.

---

1 옮긴이_ 현재 이 책을 한국어로 번역하는 시점엔 베타 버전이다(2020년 12월).

이 책에 대하여

누구나 플러터 SDK와 다트 프로그래밍 언어로 모바일 앱을 만들 수 있도록 돕는 책이다. 처음에는 '누가, 무엇을, 어떻게, 왜'의 관점으로 플러터를 설명한다. 플러터를 소개하고 기본 개념을 설명하는 첫 부분을 읽으면서 플러터에 확신을 가지길 바란다.

다음으로 레이아웃, 라우팅, 애니메이션 등 UI를 조금 더 자세히 살펴본다. 그리고 상태 관리, 다트로 비동기 프로그래밍을 구현하는 등의 기법을 배운다. HTTP, 파이어베이스^{Firebase}, 테스트도 알아본다.

이 책은 플러터 전용 기능에 초점을 맞춘다. 즉 특수한 앱이나 문제를 서드파티 라이브러리로 해결하지 않는다. 이 책에서는 외부 라이브러리 사용을 최소화했다.

대상 독자

플러터 앱을 개발하려는 앱 개발자에게 필요한 책이다. 웹 앱, 네이티브 모바일 앱, 자마린^{Xamarin} 등의 개발 경험이 있는지는 상관없다. 중요한 점은 최신 앱이 어떻게 동작하는지를 이해하는 것이다. 여러분이 모든 스택의 코드를 구현할 것이라 생각하진 않으며 단지 최신 스택이 어떻게 구성되는지만 알면 충분하다.

이런 정보를 제공하는 자료와 블로그 글은 셀 수 없이 많다. 이 책의 장점은 이들 정보를 모아 따라 하기 쉬운 형식으로 제공한다는 점이다.

구성

이 책은 4부로 구성되며 11개의 장을 포함한다.

1부는 준비 과정이다.

- 1장은 플러터가 무엇이며 왜 모바일 개발자가 플러터에 관심을 가져야 하는지 설명한다. 플러터의 기초도 설명한다.

- 2장은 다트 프로그래밍 언어와 객체지향 프로그래밍(OOP)을 간단히 살펴본다. 다트를 이미 알고 있거나 새로운 언어 사용에 거부감이 없는 독자라면 이 장은 생략해도 좋다.
- 3장은 플러터 내부 동작 원리를 배우고 기본적인 플러터 코드를 구현한다. 플러터 앱을 구현하는 데 필요한 기초 지식과 환경 설정 방법을 익힌다.

2부는 UI를 설명한다. 수동적이고 상태가 없는 앱으로 폼, 애니메이션 등의 구현 방법을 설명한다.

- 4장은 플러터의 모든 기초 위젯을 살펴본다. 모든 플러터 앱에서 사용할 만한 기본 기능을 설명한다.
- 5장은 폼과 제스처를 설명한다. 앱이 사용자와 상호작용하는 방법을 배운다.
- 6장은 앱을 아름답게 꾸미는 방법을 설명한다. 캔버스에 그리는 방법과 플러터 애니메이션을 자세히 알아본다.

3부에서는 상태 관리를 설명한다. 이 책에서 가장 어려운 개념이 등장하고 전자 상거래^{e-commerce} 앱을 활용해 자세한 내용을 살펴본다.

- 7장은 라우팅을 설명한다. 한 라우트에서 다른 라우트로 상태를 전달하는 방법과 애니메이션을 배운다.
- 8장은 상태 관리를 설명한다. 상태 관리는 플러터 전용 기능은 아니다. 상태 관리에 사용하는 블록 패턴뿐 아니라 InheritedWidget 등 새 위젯을 배운다.
- 9장은 필자가 가장 좋아하는 장이다. 9장에서는 스트림 같은 비동기 다트 개념을 설명하며 이들을 플러터에서 어떻게 활용하는지 소개한다. 플러터는 이들 기능을 일급 시민으로 지원한다.

'기초를 넘어'라는 부제를 갖는 4부는 IDE에서 벗어나 모든 SDK에 적용되는 네트워크 호출, 파이어베이스, JSON 처리, 테스트 등을 설명한다.

- 10장은 외부 데이터를 활용하는 방법을 설명한다. HTTP, 파이어베이스, JSON 직렬화를 배운다.
- 11장은 모든 사람이 가장 좋아하는 테스트를 설명한다. 플러터의 내장 테스트 프레임워크, 모키토^{mockito}, 플러터 드라이버를 활용하는 방법을 배운다.

여러분이 1장에서 11장까지 순서대로 학습하도록 이 책을 집필했다. 혹시 '원하는 장'을 마음대로 탐색하길 원하는 독자가 있다면 앞 장에서 설명한 무언가를 놓칠 수 있다는 사실을 기억하자.

예제 코드

이 책은 짧은 코드보다는 긴 코드 블록을 예제로 사용한다. 대부분의 예제 코드에는 주석과 설명이 있다. 이 책은 전체 앱을 구현하도록 돕는 것이 목표이므로 각 섹션의 코드는 전체 앱의 일부분을 사용한다. 예제 코드는 다음 주소에서 내려받을 수 있다.

- manning.com/books/flutter-in-action

감사의 말

이 책은 필자가 처음으로 집필한 책이다. 집필 과정에서 생각보다 많은 사람의 손을 거쳐 책이 만들어진다는 사실을 배웠다. 필자는 많은 사람들 중 한 명일 뿐이다.

먼저 이전 직장의 사장인 매슈 스미스Matthew Smith, 동료였던 존 라이언John Ryan에게 감사한다. AppTree가 나를 고용했을 때 플러터나 다트를 전혀 알지 못했다. 그리고 필자는 소프트웨어 개발을 많이 배워야했다(여전히 배우고 있다). 이들은 항상 참을성 있게 내게 필요한 교육을 제공했다. 내가 일했던 가장 훌륭한 직장이었으며 덕분에 다트와 플러터를 사랑하게 되었다.

매닝의 편집자인 수산나 클라인Susanna Kline에게 두 가지 감사를 전한다. 우선 필자는 책을 어떻게 집필하는지 잘 몰랐다. 수산나는 인내심이 강했고 끈질겼다. 그녀는 친절하고 정직했다. 그녀 덕분에 좋은 책을 집필할 수 있었다. 두 번째로 내가 정말 원하는 책을 집필할 수 있도록 도와주었다. 덕분에 집필을 끝내면서 결과물에 만족할 수 있었다.

원고를 읽고 피드백을 준 모든 리뷰어, 동료, 친구들에게 감사한다. 매닝 출판사의 책 포럼에 댓글을 남겨준 분들도 감사하다. 도움이 없었다면 좋은 품질의 책을 만들 수 없었을 것이다. 특히 앤디 킹Andy King, 다미안 에스테반Damian Esteban, 다비드 카브레로 소우토David Cabrero Souto, 에드윈 퀵Edwin Kwok, 플라비오 디에즈Flavio Diez, 프레드 히스Fred Heath, 제오르제 오노프레이George Onofrei, 갓프레드 아사모아Godfred Asamoah, 곤살로 우에르타-카네파Gonzalo Huerta-Cánepa, 제이컵 로메로Jacob Romero, 요엘 코타르스키Joel Kotarski, 호세 산 레안드로Jose San Leandro, 쿠마르 운니크리스흐난Kumar Unnikrishnan, 마르틴 데네르트Martin Dehnert, 니틴 고드Nitin Gode, 폴 브라운Paul Brown, 페트루 복사네안Petru Bocsanean, 피에트로 마피Pietro Maffi, 자무엘 보슈Samuel Bosch, 산더르 제흐벨트Sander Zegvelt, 세르주 시몽Serge Simon, 타미즈 아라수Thamizh Arasu, 윌리스 햄프턴Willis Hampton, 소로드자이 무쿠야Zorodzayi Mukuya에게 감사한다.

물론 플러터와 다트 개발 팀과 플러터 온라인 커뮤니티에도 고마움을 전한다. 플러터 커뮤니티는 필자가 가입한 커뮤니티 중 나를 가장 즐겁게 만드는 다정한 커뮤니티다.

마지막으로 예제에 등장시킨 내가 아는 다음의 강아지와 고양이에게 감사를 전한다(노라Nora, 오딘Odyn, 루비Ruby, 더그Doug, 하퍼Harper, 터커Tucker, 예티Yeti, 로지Rosie).

책 표지에 대하여

표지 그림의 제목은 「Femme Tattare de Kazan」이며 이는 '카잔 타타르의 여인'이라는 의미다. 이 그림은 1841년 파리에서 발행된 루이 커머Louis Curmer의 『Les Français peints par eux-mêmes(자화상을 직접 그린 프랑스인들)』작품집에 수록된 여러 작가의 그림 중 하나다. 작품집에 수록된 모든 그림은 손으로 직접 그리고 색칠했으며 200년 전에 세계의 지역, 도시, 마을, 이웃이 얼마나 다양한 문화를 갖고 있었는지를 생생히 보여준다. 각각의 사람은 다른 방언과 언어를 사용했다. 길거리나 시골에서는 한 사람의 옷차림을 보고 그 사람이 살았던 장소나 관습, 정체성을 알 수 있었다.

하지만 그 이후로 드레스 코드가 바뀌었으며 지역마다 풍부했던 다양성이 희미해지면서 옷차림으로 이를 파악하기가 힘들어졌다. 요즘에는 옷차림만으로 마을이나 지역, 국가를 알아내기란 거의 불가능하다. 다양하고 빠른 기술 생활을 누리기 위해 개인의 다양한 삶을 문화적 다양성과 맞바꿨기 때문이다.

특히 요즘처럼 컴퓨터 책이 넘쳐나는 시대에 매닝은 두 세기 전의 지역적 삶의 풍부함과 다양성이 담긴 그림을 표지로 선정해 컴퓨터 비즈니스의 독창성과 진취성을 되새긴다.

CONTENTS

PART I 플러터와 다트

CHAPTER 1 플러터

CHAPTER **2 다트**

CONTENTS

CONTENTS

CHAPTER **4** 플러터 UI: 주요 위젯, 테마, 레이아웃

CHAPTER 5 사용자 입력: 폼과 제스처

CONTENTS

CHAPTER 6 픽셀 제어: 플러터 애니메이션과 캔버스 사용하기

CONTENTS

CHAPTER **9** 비동기 다트와 플러터 그리고 무한 스크롤

PART **IV** 기초를 넘어

CHAPTER **10** 데이터 처리: HTTP, 파이어스토어, JSON

CONTENTS

플러터와 다트

1부는 세 장으로 구성되며, 여러분이 완전한 플러터 앱을 구현할 수 있도록 돕는다.

1장은 플러터의 모든 것을 소개한다. 플러터가 동작하는 방법과 플러터에 관심을 가져야 하는 이유, SDK 사용에 필요한 배경 등을 확인한다. 1장은 개념 위주이므로 코드는 조금 등장한다.

2장은 플러터에서 사용하는 프로그래밍 언어인 다트Dart를 살펴본다. 필자는 다트를 좋은 의미로 **자바 라이트**Java Lite라 부른다. 객체지향, 강한 형식strongly typed 언어에 익숙하다면 2장은 생략해도 된다.

3장은 플러터 자체를 설명한다. 간단한 플러터 예제 앱을 활용해 코드와 엔진이 어떻게 동작하는지 살펴본다. 3장 끝에서는 개발 환경을 설정하고 SDK와 익숙해지면서 플러터로 앱을 개발할 준비를 마친다. 설명을 천천히 읽다 보면 플러터가 내부적으로 어떻게 동작하는지 이해할 수 있을 것이다.

Part I

플러터와 다트

## CHAPTER 1

플러터

> **이 장의 주요 내용**
>
> ◆ 플러터란
>
> ◆ 다트란
>
> ◆ 플러터가 다트를 선택한 이유
>
> ◆ 어떤 상황에서 플러터를 사용하고 어떤 상황에서 사용하지 말아야 할까
>
> ◆ 플러터 동작 원리 간단 소개

플러터Flutter는 구글에서 만들어 오픈 소스로 공개한 모바일 SDK다. 누구나 아름다운 모바일 앱을 만들 수 있도록 하는 것이 플러터의 좌우명이다. 웹 개발자와 네이티브 모바일 개발자라면 누구나 플러터를 이용해 익숙하고 간단한 방식으로 모바일 앱을 쉽게 만들 수 있다. 플러터는 '한 번 구현하면 모든 곳에 배포할 수 있다'는 말을 실제로 가능하게 만든다. 이 책의 집필 시점(2019년)에는 안드로이드, iOS, 크롬OS에 플러터 앱을 배포할 수 있지만, 머지않아 웹 앱 그리고 주요 운영체제의 데스크톱 앱으로도 배포할 수 있을 예정이다.

플러터는 앱 개발에 완벽한 SDK다. 플러터는 렌더링 엔진, UI 컴포넌트, 테스트 프레임워크, 도구, 라우터 등 앱을 만드는 데 필요한 모든 기능을 제공하는 플랫폼이다. 덕분에 개발자는 앱 구현에 집중할 수 있다. 다른 부분은 플러터가 알아서 처리하므로 특히 앱 특유의 도메인 기능에 집중할 수 있다. 플러터의 가치는 놀라울 정도다.

책을 집필하면서 플러터에 대해 느낀 점이 바로 그 점이었다. 업무상 플러터를 배워야 했는데 플러터를 접하자마자 플러터를 좋아할 수밖에 없었다. 플러터는 웹 개발 배경과 비슷한 부분이 많았고, 그 덕분에 나는 하룻밤 사이에 모바일 개발자가 될 수 있었다(플러터 팀에 의하면 플러

터는 리액트^{React}의 영향을 받았다고 한다).

플러터는 배우기 쉽고 제어하기도 쉽다. 프레임워크를 아주 자세히 알지 못해도 훌륭한 모바일 앱을 충분히 만들 수 있다. 플러터는 개발자에게 모든 것을 개방하므로 본인이 원한다면 어마어마하고 독특한 기능을 구현할 수도 있다.

이 책의 주제는 비교적 적은 양의 코드로 완벽한 기능을 갖춘 iOS와 안드로이드 모바일 앱 구현하기다. 거시적인 관점에서 모바일 앱 개발은 새로운 분야이다. 이는 개발자와 회사 모두에게 큰 불편함이었다. 하지만 플러터가 등장하면서 양상이 완전히 바뀌었다. 이 책의 목표는 하나다. 여러분을 행복한 플러터(그리고 다트) 개발자로 변신시키는 것이다.

1.1 플러터에서 다트를 사용하는 이유

플러터는 프로그래밍 언어인 **다트**^{Dart}를 사용한다. 이 책 전체에서 다트를 자세히 설명하지만, 일단 플러터 앱은 다트로 구현한다는 사실을 기억하자. 사실 모바일 개발자 입장에서 플러터는 다트 라이브러리와 같다.

다트는 구글의 소유이며 구글이 유지 보수한다. 다트는 그렇게 인기 있는 언어도 아니고 사용하는 회사도 별로 없으며, 커뮤니티도 작은데 왜 굳이 플러터는 다트를 사용할까? 단지 구글이 만든 언어라서 다트를 사용하는 걸까? 약간의 영향이 있긴 하겠지만, 실제로 다트를 사용하는 이유는 다음과 같다.

- 다트는 JIT^{just-in-time} 컴파일과 AOT^{ahead-of-time} 컴파일을 모두 지원한다.
  - AOT 컴파일러는 다트 코드를 효율적인 네이티브 코드로 바꾼다. 덕분에 플러터는 사용자와 개발자에게 모두 빠르게 동작할 뿐만 아니라 플러터 전체 프레임워크 거의 전부를 다트로 구현할 수 있다. 따라서 개발자는 플러터의 거의 모든 것을 커스터마이즈할 수 있다.
  - 다트의 선택형 JIT 컴파일러는 핫 리로드^{hot reload}를 지원한다. 빠른 개발 속도와 반복^{iteration}은 플러터 개발자가 누릴 수 있는 큰 즐거움 중 하나다.
- 다트는 객체지향이므로 마크업 언어를 사용하지 않고 다트 언어만으로 시각적 사용자 경험을 쉽게 구현한다.
- 다트는 생산성이 좋고 예측 가능한 언어다. 쉽게 배울 수 있고 누구에게나 익숙하다. 여러분이 기존에 동적 언어를 사용했든 정적 언어를 사용했든 쉽게 다트를 배우고 사용할 수 있다.

구글이 다트를 소유하고 유지 보수한다는 것도 장점이다. 지난 몇 년간 다트는 최신 UI를 구현하도록 발전해왔다. 다트의 형식 시스템type system과 객체지향 덕분에 재사용할 수 있는 UI 컴포넌트를 쉽게 구현한다. 또한 다트는 데이터를 UI로 편리하게 변환하도록 다양한 함수형 프로그래밍 기능도 지원한다. 최신 패러다임인 리액티브 프로그래밍에서 많이 사용되는 특징이다.

마지막으로 다트는 쉽게 배울 수 있다. 필자의 동료는 개발자를 채용할 준비를 하면서 "다트 개발자를 따로 구할 필요는 없어. 그냥 똑똑한 사람을 채용하면 돼"라고 말했을 정도다.

1.2 다트

이 책에서는 다트의 기초도 알아본다. 다트는 프로그래밍 언어다. 새로운 프로그래밍 언어를 배우는 것은 어렵다. 하지만 다트의 기초는 다른 고급 프로그래밍 언어와 비슷하다. 자바스크립트, 자바, C에서 파생된 다른 언어를 사용한 경험이 있는 독자라면 다트의 문법이 기존 언어와 비슷하다는 점을 발견할 수 있다. 루비나 파이썬을 사용해봤다면 다트의 객체지향 디자인이 익숙하게 느껴질 것이다.

모든 언어가 마찬가지지만, 언어는 알면 알수록 어렵다. 다트로 좋은 코드를 구현하는 즐거움은 다트 문법을 잘 활용해서 얻을 수 있는 것이 아니라 다트로 멋진 기능을 구현할 때 즐거움을 얻는다.

다행히 다트는 배우기 '안전한' 언어다. 구글은 다트에 혁신적인 기능을 숨겨놓지 않았다. 구글은 간단하고, 생산적이며 자바스크립트로 컴파일할 수 있는 언어를 원했다. 결과적으로 구글은 UI를 구현하는 데 훌륭한 언어를 만들었다.

플러터를 자바스크립트로 컴파일할 수 있다는 사실은 플러터 개발 자체와 거의 관련은 없지만, 언어적으로는 흥미로운 결과를 낳는다. 원래 다트는 웹 개발 언어로 출발했다. 이후에 자바스크립트의 대안으로 다트 런타임을 브라우저에 포함하는 걸 목표로 추가했다. 하지만 구글은 그 대신 컴파일러를 구현하기로 결정했고, 이는 곧 다트의 모든 기능은 자바스크립트로 표현할 수 있어야 한다는 것을 의미한다.

자바스크립트는 독특한 언어이지만 기능이 풍부하지는 않다. 꼭 달성해야 하는 기능을 효율적으로 달성할 수 있는 것이 자바스크립트의 강점이다. 다트는 과거에 자바스크립트의 기능 때문에 제한을 받아왔다. 결과적으로 다트는 자바와 비슷하지만 코드가 간결하다는 특징을 갖는다 (그래서 필자는 좋은 의미로 다트를 '자바 라이트Java Lite'라 부른다).

다트에는 특별히 멋진 문법이나 연산자가 없다. 자바스크립트와 달리 다트에는 오직 하나의 참값(true)만 존재한다. 거짓도 마찬가지로 한 가지 거짓값(false)만 존재한다. 자바스크립트는 if (3) { 문법을 허용하지만 다트는 허용하지 않는다.

다트는 C# 등의 언어와 달리 모듈을 지원하지 않으며 오직 객체지향을 동력으로 삼는다. 다트는 형식을 지원하므로 여러분이 기존에 루비, 파이썬, 자바스크립트를 사용했다면 다트의 문법이 엄격하다고 생각할 수 있다. 하지만 다른 형식 언어처럼 엄격하진 않다.

다트는 비교적 배우기 쉬운 언어지만 여전히 시간을 내서 배워야 한다. 플러터 앱을 개발하려면 다트 코드를 구현해야 한다. 플러터는 결국 다트 클래스의 라이브러리로 만들어진다. 플러터에는 다른 마크업 언어나 JSX 형식의 하이브리드 언어가 없다. 따라서 다트 코드만 잘 익히면 생산적인 플러터 개발자가 될 수 있다. 2장에서 다트를 자세히 살펴본다.

1.3 누가 플러터를 사용할까?

이 책을 집필하는 시점에는 크고 작은 회사 모두 플러터를 사용했다. 필자는 운이 좋게도 2017년 9월, 플러터가 알파 버전이었을 당시부터 업무에 플러터를 사용했다. 여러분이 이 책을 읽는 시점에는 플러터 버전이 1.20.3 이상일 것이고 몇몇 회사는 고객의 네이티브 앱을 플러터 앱으로 바꾸는 작업을 완료했을 것이다.

필자는 플러터의 미래를 확신하는 편이다. 필자가 기존에 근무했던 회사는 기업이 고객이었다. 즉 스탠퍼드 대학교, 웨이페어Wayfair, 테일러 파트Taylor Parts 등 큰 기업이 우리 회사의 제품을 사용했다. 핵심 제품은 BYODbring your own database(고객의 데이터베이스는 그대로 사용할 수 있다는 뜻) 플랫폼으로 고객이 몇 개의 옵션을 선택하고 버튼을 몇 번만 누르면 워크플로와 기업의 비즈니스 관련 문제를 관리하는 모바일 앱과 웹 앱이 뚝딱 만들어졌다. 모바일 앱은 오프라인, 에스리Esri 지도, 실시간 피드백 기능을 지원한다. 모바일은 플러터, 서버는 다트로 이 모든 기능을 구현했다. 여기서 요점은 크로스 플랫폼cross-platform 도구의 한계를 두려워하지 말라는 점이다.

플러터를 제품 개발에 적용한 회사가 단 하나뿐인 것은 아니다. 이 글을 집필할 때는 구글 애즈[Ads]와 알리바바[Alibaba] 모두 플러터로 제품을 개발했다. 플러터 웹사이트의 쇼케이스 페이지[1]에서 플러터를 사용하는 많은 예제(필자가 2년 동안 만든 앱 포함)를 확인할 수 있다.

1.4 플러터 사용 권장 대상

특정한 대상은 없지만 다음과 같은 분들이라면 플러터 사용을 고려해보자.

1.4.1 팀, 프로젝트 리더, CTO

필자는 플러터로 생산성, 협동성이 크게 좋아지는 것을 직접 목격했다. 기존 회사에서 플러터를 사용하기 전에는 새 기능이 나왔을 때 세 팀(웹, iOS, 안드로이드 팀)이 이 기능을 구현하고 유지 보수해야 했다. 세 팀은 서로 다른 기술을 갖고 있었기에 협업이 쉽지 않았다.

플러터는 이 문제를 해결했다. 현재 세 팀은 한 개로 통합된 클라이언트 팀이 되었고, 모두 같은 기술을 가지므로 서로 협업하며 도움을 준다.

지금 직장에서는 지난번과 같은 이유로 기존의 네이티브 iOS 클라이언트를 플러터로 재구현하고 있다. 결과적으로 유연성, 생산성이 좋아졌을 뿐만 아니라 iOS 앱과 안드로이드 앱을 동시에 모두 출시할 수 있게 되었다. 다양한 크로스 플랫폼 솔루션을 시도했지만 결국 플러터가 가장 이상적인 도구임을 확인했다.

1.4.2 개인 개발자

개발자는 누구나 모든 것을 바꿀 수 있는 새로운 프로젝트를 시작하고 싶어 한다. 이런 종류의 작업은 프로젝트 진행 속도가 매우 중요하다. 필자는 새 프로젝트를 시작하려고 준비하다가 자바스크립트 빌드 도구와 설정 때문에 시작도 못 해보고 그만둔 적이 많다. MVP를 빠르게 개발하고, 반복 과정을 빨리 진행하는 데는 플러터가 제격이다.

---

1 https://flutter.dev/showcase

1.4.3 코딩 학교 학생, 컴퓨터 과학 학부 졸업생

요즘 코딩 학교가 인기를 끄는데, 이는 컴퓨터 과학 학부 졸업생에게는 주니어 수준의 직업을 얻기 위해 치열하게 경쟁해야 함을 의미한다. 첫 직업을 찾고 있는 학생이라면 자신을 돋보여 줄 포트폴리오를 만들 것을 추천한다. 사람들이 사용하는 모바일 앱을 출시한다면 금상첨화다. 플러터와 함께라면 쉽게 앱을 만들 수 있다.

1.4.4 오픈 소스 개발자

플러터와 다트 그리고 관련 도구와 라이브러리 모두 오픈 소스다.

1.4.5 속도가 생명인 사람

플러터는 성능을 포기하지 않고 앱을 빨리 만들려는 사람에게 안성맞춤이다. 여기서 **속도**란 코드를 구현하고, 과정을 반복하고, 플러터를 빌드하는 속도를 뜻한다. 핫 리로드 덕분에 개발 중 플러터 앱을 1초 이내에 리빌드할 수 있다.

다트 덕분에 추가로 생산성이 높아지고 속도도 빨라진다. 다트는 엄격한 형식과 완전한 기능을 갖췄다. 기존에 알려진 문제를 다트로 쉽게 해결할 수 있으며 문법, 디버깅을 돕는 도구가 훌륭하다.

1.4.6 게으른 사람

필자는 게으른 개발자다. 누군가 해결한 문제를 다시 푸느라 시간을 낭비하고 싶지 않다. 플러터는 바로 사용할 수 있는 아름다운 머티리얼 디자인Material Design 위젯 라이브러리를 여러 개 제공한다. 내비게이션 드로어navigation drawer처럼 복잡한 모바일 앱 UI를 설계하고 구현할 필요가 없으므로 본인의 앱을 특별하게 만드는 비즈니스 로직 개발에 집중할 수 있다.

1.4.7 제어가 생명인 사람

필자는 게으르지만 앱에서 필요한 모든 부분을 수정할 수 있어야 한다. 플러터는 프레임워크의 모든 계층을 개발자에게 공개한다. 렌더링 로직을 커스텀으로 구현할 수도 있다. 프레임 사이의 애니메이션을 제어할 수도 있다. 필요하다면 플러터의 모든 고급 위젯의 코드를 확인할 수 있으며 프레임워크가 어떻게 동작하는지 알 수 있다.

1.5 대상 독자

이 책은 여러분이 앱을 개발한 경험이 있다고 가정한다. 웹 앱, 네이티브 모바일 앱, 자마린 Xamarin 등 종류는 관계없다. 여러분이 다양한 스택의 코드를 구현할 수 있을 것이라 예상하진 않지만, 최근 스택이 어떤 기술로 구성되는지는 대충 알고 있길 바란다. 이 책은 플러터로 모바일 앱을 개발하는 방법에 집중하며 **상태**state, **저장**store, **서비스**service 등의 용어도 사용한다.

여러분이 프로그래밍 언어와 관련된 기본 지식은 갖췄다고 가정한다. 다트 언어는 모를 수 있지만 기본 자료구조(맵, 리스트 등)와 고급 언어의 공통 기능(흐름 제어, 루프 등)은 알고 있어야 한다.

마지막으로 이 책은 소프트웨어 엔지니어링과 관련한 고급 정보를 기본적으로 알고 있다고 가정한다. 예를 들어 다트와 플러터는 객체지향 패러다임을 따른다는 정보를 말한다.

이 책은 주니어, 시니어 개발자나 그사이의 개발자에게 가장 적합하다. 기존에 복잡한 코드를 다뤄본 경험이 있으면서 플러터 개발에 관심이 있는 개발자가 이 책의 대상 독자다.

1.6 다른 모바일 개발 옵션

좋은 개발자는 어떤 상황에서든 사용하는 도구와 기술을 비판적으로 생각한다. 모든 상황에서 플러터가 정답은 아니지만 필자는 많은 상황에서 플러터가 최선이라는 걸 여러분에게 확신시키기 위해 노력할 것이다.

1.6.1 네이티브 개발(iOS, 안드로이드)

첫 번째로 iOS, 안드로이드를 위한 네이티브 앱을 사용하는 방법이다. 앱을 가장 완벽하게 제어하며, 디버깅 도구, 성능을 최대로 활용할 수 있지만 이를 위해서는 플랫폼별로 앱을 두 번 구현해야 한다. 팀마다 서로 다른 기술을 가진 개발자를 채용해야 하며, 두 팀 간에 협업도 쉽지 않다.

1.6.2 자바스크립트 기반 크로스 플랫폼

두 번째로 웹뷰WebView, 리액트 네이티브React Native 같은 자바스크립트 기반의 크로스 플랫폼을 사용하는 방법이다. 나쁜 선택은 아니지만, 네이티브 개발 경험이 사라진다는 것이 단점이다. 모든 프런트엔드 웹 개발자(약간의 최신 자바스크립트 기술만 익힌다면)가 모바일 앱 개발에 참여하고 도울 수 있다. 에어비앤비, 페이스북, 트위터 같은 큰 회사는 핵심 제품에 리액트 네이티브를 적용한다. 물론 단점도 있다. 가장 큰 단점은 **자바스크립트 브리지**JavaScript bridge를 꼽을 수 있다.

자바스크립트로 개발한 최초 '모바일 앱'은 웹킷WebKit(브라우저 렌더링 엔진)으로 구동되는 웹뷰를 사용한다. 이 앱은 문자 그대로 웹 페이지를 보여준다. 문제는 DOM을 처리하는 일은 매우 비싸며 성능이 좋지 않아 충분히 훌륭한 모바일 경험을 제공하지 못한다.

자바스크립트가 네이티브 코드와 직접 통신할 수 있도록 자바스크립트 브리지를 만들어 이 문제를 해결한 플랫폼도 있다. DOM을 사용할 필요가 없어 속도는 빨라졌지만 여전히 문제가 있다. 앱이 렌더링 엔진과 소통할 때마다 '다리 건너' 코드를 네이티브 코드로 컴파일해야 한다. [그림1-1]처럼 통신하기 위해서는 플랫폼에서 앱으로 한 번, 앱에서 플랫폼으로 한 번, 다리를 총 **두 번** 건너야 한다.

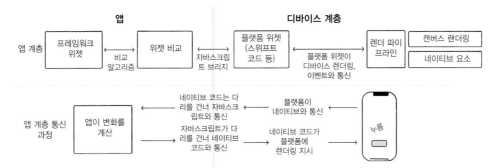

그림 1-1 자바스크립트 모바일 프레임워크에서 자바스크립트 브리지에서 병목현상이 발생한다. 자바스크립트는 네이티브 코드로 컴파일되지 않으므로 앱을 실행하는 동안 컴파일한다.

플러터는 생산을 위해 빌드할 때, 바로 ARM[2] 코드로 컴파일한다. 플러터는 자체 렌더링 엔진을 탑재하고 있다. 이 책에서 렌더링 엔진은 설명하지는 않는다(필자의 지식상 한계도 있음). 간단하게 이 두 가지 요소 덕분에 앱이 네이티브로 구동되며 다리를 건널 필요가 없다. 플러터는 네이티브와 바로 소통하므로 화면의 모든 픽셀을 직접 제어한다. [그림1-2]의 플러터 앱과 자바스크립트 브리지를 비교해보자.

자바스크립트 브리지는 현대 프로그래밍의 놀라운 기술임은 분명하지만 두 가지 큰 문제가 있다. 우선 디버깅이 어렵다. 런타임 컴파일러에 오류가 발생하면 자바스크립트 브리지를 역으로 건너와 자바스크립트 코드에서 이 문제를 추적해야 한다. 두 번째 문제는 성능이다. 자바스크립트 브리지는 비싸다. 앱의 버튼을 누를 때마다 다리를 건너 자바스크립트 앱으로 이벤트를 전달해야 하므로 약간의 지연이 발생한다.

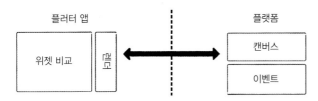

그림 1-2 자바스크립트 브리지 관점에서 비교한 플러터 플랫폼

플러터는 크로스 플랫폼의 이런 많은 문제를 해결했다. 관련 내용은 1장 뒷부분에서 더 알아보자.

---

2 ARM은 최신 모바일 디바이스, 웨어러블, 사물인터넷 기기 등에 사용하는 프로세서다.

1.7 플러터의 장점

여러분은 이 책을 구매했으므로 분명 플러터에 관심이 있을 것이다. 하지만 플러터를 반신반의할 수도 있다. 이런 생각은 매우 합당하다. 플러터는 새로운 기술, 즉 기존 API와 호환되지 않는다. 이는 중요한 기능이 지원되지 않을 수도 있음을 뜻한다. 또한 어느 날 갑자기 구글이 플러터 지원을 중단할 수도 있다. 다트도 아직 유명한 언어가 아니며 필요한 서드 파티 라이브러리가 충분하지 않을 수도 있다.

여러분은 플러터를 사용해야 할지 말아야 할지 혼란에 빠졌겠지만, 이제 그 생각을 바꿔보자. 우선 구글 애즈 같은 주요 수입원 서비스 내부에서 다트를 사용하므로 더 이상 API가 크게 바뀌는 일은 없을 것이다.

다트 최신 버전은 2.9이며,[3] 이는 언어가 충분히 안정화되었다는 의미다. 당분간은 호환성을 깨는 변화는 없을 것이다. 마지막으로 필요한 모든 기능을 플러터가 제공하지는 않지만 자신만의 네이티브 플러그인(예를 들어 구글 지도, 카메라, 위치 기반, 디바이스 저장소 플러그인 등)을 만들 수 있다. 그리고 계속해서 새로운 기능이 추가되고 있다.

1.7.1 자바스크립트 브리지가 없음

크로스 플랫폼 기술로 앱을 개발할 때 자바스크립트 브리지 때문에 성능이 제한된다. 스크롤이 끊기며, 앱이 최상의 성능을 발휘하지 못하고, 디버깅도 어렵다.

플러터는 실제 네이티브 코드로 컴파일하며 크롬이 사용하는 렌더링 엔진(스키아Skia)을 사용하므로 실행 시 다트를 변환하지 않는다. 즉 사용자의 디바이스에서 플러터 앱을 실행하면 성능이나 생산성이 저하되지 않는다.

1.7.2 컴파일 시간

네이티브 모바일 개발 경험을 가진 독자라면 가장 어려운 문제 중 하나가 개발 주기다. iOS는 컴파일 시간이 길기로 유명하다. 플러터에서 전체 컴파일은 보통 30초가 걸리며 핫 리로드 덕

---

3 옮긴이_ 번역 시점(2020년 12월) 다트의 최신 버전은 2.10이다.

분에 점진적 컴파일은 1초도 걸리지 않는다. 현재 필자가 근무하는 회사에서는 플러터의 개발 주기가 빠르므로 모바일 클라이언트 기능을 먼저 개발한 다음 웹 클라이언트를 개발한다.

1.7.3 한 번 구현하고, 한 번 테스트하고 모든 곳에 배포하기

앱을 한 번 구현하고 테스트도 한 번만 구현하면 iOS, 안드로이드로(그리고 곧 웹도!) 배포할 수 있다. 다트 유닛 테스트는 아주 쉬우며 플러터는 테스팅 위젯 라이브러리를 제공한다.

1.7.4 코드 공유

플러터 기술은 자바스크립트로도 가능하다. 하지만 네이티브 개발로는 불가능하다. 플러터와 다트 덕분에 웹과 모바일 앱은 클라이언트 뷰를 제외한 모든 코드를 공유할 수 있다. 의존성 주 입dependency injection을 이용하면 앵귤러다트AngularDart 앱과 플러터 앱에 같은 모델과 컨트롤러를 사용할 수 있다(플러터는 웹, 데스크톱도 지원할 예정이다). 웹 앱과 모바일 앱이 같은 코드 공유를 원하지 않더라도 iOS 앱과 안드로이드 앱은 필연적으로 모든 코드를 공유한다.

덕분에 모바일 팀의 생산성을 극대화할 수 있다. 필자도 모바일 기능을 먼저 개발한다. 웹, 모바일이 비즈니스 로직을 공유하므로 모바일 기능을 먼저 개발하면 같은 컨트롤러 데이터를 이용하므로 웹에서는 뷰만 개발하면 된다.

1.7.5 생산성과 협업

iOS, 안드로이드 팀이 따로 활동하는 시대는 지났다. 웹 앱에 자바스크립트를 사용하든 다트를 사용하든 플러터 개발은 웹 앱과 비슷하므로 모든 팀을 하나로 합칠 수 있다. 자바스크립트 웹 개발자가 플러터와 다트를 효과적으로 사용하는 개발자가 되기란 누워서 떡 먹기다. 필자의 생각이 맞는다면 새로 합쳐진 팀은 세 배나 생산적인 팀이 된다.

1.7.6 코드 유지 보수

한 개의 버그를 고치면 모든 클라이언트의 버그가 함께 고쳐진다. 특별한 상황에서만 iOS앱 또는 안드로이드 앱에서 버그가 생길 수 있다. 이런 상황에서 대부분의 버그는 실제 버그가 아니라 플러터의 내장 위젯이 OS 설계 시스템을 따르는 데서 발생하는 외형적인 문제로 텍스트 크기, 정렬 등 쉽게 고칠 수 있는 버그가 대부분이다.

1.7.7 플러터를 사용해야 할까?

사람마다 어떤 기술에 대해 장점과 단점을 말하곤 한다. 결국 대부분의 기술은 장단점을 모두 갖는다. **플러터는 어떨까?** 이미 여기저기에 필자의 답을 뿌려 놓았지만 한 번 더 정리해보자.

여러분이 보조 프로젝트나 새 프로젝트를 시작하는 개인 개발자라면 답은 쉽다. 플러터를 사용하면 된다. 플러터는 완벽한 선택이다. 다트와 플러터에 익숙해질수록 장기적으로 더 큰 이득을 얻는다.

여러분이 새로운 기술 도입 여부를 결정해야 하는 CTO라면 조금 복잡하다. 새 프로젝트를 시작하거나 웹 개발자의 기술을 활용할 계획이라면 플러터를 사용하자. 결과적으로 좋은 성과를 내는 응집된 팀이 만들어질 것이며 여러분의 모든 모바일, 앱 개발자는 플러터에 금세 익숙해질 것이다. 하지만 이미 규모가 큰 iOS 팀과 안드로이드 팀을 갖고 있다면 플러터 선택에 조금 더 신중할 필요가 있다. 두 클라이언트를 각각 담당할 팀을 유지할 충분한 자원이 있다면 플러터 앱을 다시 만들 이유가 적어진다. 새로운 기술에 도박을 걸 이유가 없다. 플러터는 누구나 네이티브 품질의 앱을 만들 수 있게 도와주지만, 이미 네이티브 앱을 갖고 있다면 무리하게 플러터 앱으로 전환할 필요가 없다(에어비앤비가 리액트 네이티브를 포기한 이유도 이 때문이다).

한 시간이면 새로운 플러터 앱을 만들어 구동할 수 있다. 기존에 iOS나 안드로이드 앱을 개발했던 개발자라면 이미 필요한 도구가 갖춰져 있으므로 더 빨리 플러터 앱을 만들 수 있다. 직접 플러터 앱을 만들어보자.

1.8 플러터가 앞으로 제공하는 혜택: 웹 앱과 데스크톱 앱

이 책을 집필하고 있을 때 플러터 팀은 공식적으로 웹 플러터(허밍버드Hummingbird라고 알려짐)를 발표했다. 이는 놀라운 프로젝트다. 플러터가 안정화되면 '한 번 구현해 어디에나 배포하는'

진정한 첫 플랫폼이 될 것이다. 플러터는 iOS와 안드로이드뿐만 아니라 크롬OS, 브라우저, 맥 OS, 윈도우, 퓨시아Fuchsia까지 앱을 배포하는 게 목표다. [4]

구글I/O 2019에서 플러터 웹을 기술 미리 보기technical preview 단계로 발표했다. 현재는 이를 활용해 웹 앱을 만들 수 있다. 이 책에서는 다음과 같은 두 가지 이유로 플러터 웹을 다루지 않는다.

- 이미 설명했듯이 플러터 웹은 아직 기술 미리 보기 단계이므로 현재 배우는 것이 많이 바뀔 수 있다.
- 플러터 웹의 목표는 '동작'하는 것이다. 이론적으로 이 책에서 플러터 개발 방법을 배웠다면 나중에 웹 안정화 버전이 나온 후 웹 앱을 구현하는 데에는 아무 문제가 없을 것이다.

1.9 플러터 동작 원리 간단 소개

넓은 의미로 플러터는 웹의 리액트처럼 리액티브, 선언형declarative, 조합할 수 있는 뷰 계층 라이브러리다(하지만 플러터는 렌더링 엔진도 포함하므로 실제로는 리액트와 브라우저를 합한 것과 더 비슷하다). 즉 **위젯**이라는 작은 컴포넌트component를 조합해 모바일 UI를 만든다. 플러터의 모든 것은 위젯이며 위젯은 뷰를 묘사하는 다트 클래스다. 구조, 스타일, 애니메이션 그리고 그 밖에 UI를 구성하는 모든 것이 위젯이다. [5]

> **WARNING_** '모든 것은 위젯이다Everything is a widget'라는 말을 인터넷이나 공식 문서에서 볼 수 있는데, 가끔 이를 잘못 이해할 수 있다. 플러터에 다른 객체가 없다는 걸 의미하진 않는다. 정확하게는 앱의 모든 조각이 위젯이라는 의미다. 스타일, 애니메이션, 리스트, 텍스트, 버튼 심지어 페이지도 위젯이다. 예를 들어 플러터에는 앱의 루트를 정의하는 'App' 객체가 따로 없다. 기술적으로 어떤 위젯이라도 앱의 루트가 될 수 있다. 참고로 플러터 SDK에는 다른 객체(예를 들면 **요소**)도 있지만 나중에 자세히 살펴본다.

장바구니 앱을 만든다고 가정하자. 앱은 모든 제품을 나열하고, [추가], [제거] 버튼으로 제품을 추가하거나 삭제한다. 여기서 리스트, 제품, 버튼, 이미지 모든 것이 위젯이다. [그림1-3]은 이 위젯의 코드를 보여준다. 위젯 이외에는 자신만의 로직을 구현하는 클래스가 필요한데 이는 플러터와 직접적인 연관이 없다.

---

4 옮긴이_ 이 책을 번역하는 2020년 9월 현재, 플러터는 일부 운영체제의 데스크톱 알파 버전을 지원하며(https://flutter.dev/desktop), 웹은 베타 버전을 지원한다(https://flutter.dev/web).
5 위젯을 간단하게 소개하는 문서(http://mng.bz/DNxa)를 참고하자.

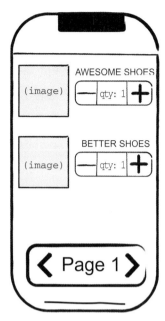

```
build(BuildContext context) {
  return Column(
    //...
      Image(),
      Text("BETTER SHOES"),
    //...
      IconButton(
        icon: Icon(Icons.chevron_left),
      ),
      Text("Page $page_num"),
    //...
  );  // column
}
```

그림 1-3 모든 것은 위젯이다.

위젯이 포함하는 모든 것은 위젯이다. 위젯은 상태를 가진다. 예를 들어 카트에 몇 개의 제품을 담았는지 추적하는 수량 위젯이 있다고 가정하자. 위젯의 상태가 바뀌면 프레임워크가 이를 인지하고 새 트리를 기존 트리와 비교한 다음 갱신해야 하는 위젯을 처리한다. 장바구니 예제에서 사용자가 수량 위젯의 [+] 버튼을 누르면 내부 상태가 바뀌면서 플러터는 이 상태에 의존하는 모든 위젯(여기서는 텍스트 위젯)을 갱신한다. [그림 1-4]는 [+] **IconButton** 클릭 전과 후의 위젯 모습이다.

그림 1-4 setState로 수량(qty) 갱신

위젯과 상태 갱신 두 가지는 플러터 개발자가 신경 써야 하는 두 가지 핵심 개념이다. 이제부터 플러터 내부에서 어떤 일이 일어나는지 자세히 살펴보자.

1.9.1 모든 것이 위젯

플러터의 핵심 개념은 모든 것이 위젯이라는 점이다. 다시 한번 말하지만 플러터에 다른 객체가 없다는 의미가 아니다. 이 책의 뒷부분에서 다른 객체를 자세히 살펴본다. 하지만 앱 개발자 입장에서 위젯 외의 객체는 크게 신경 쓸 필요가 없다. 플러터에는 models, view models등 다른 특정 클래스 형식이 따로 없다. 위젯은 앱 뷰의 모든 정보를 정의한다. Row와 같은 위젯은 레이아웃 정보를 정의한다. Button, TextField 같은 위젯은 더 구체적이며 구조적인 요소를 정의한다. 심지어 앱의 루트도 위젯이다.

장바구니 예제로 다시 돌아가면, [그림 1-5]는 레이아웃 위젯 일부를 어떻게 코딩하는지 보여주며, [그림1-6]은 구조적 위젯을 보여준다. 참고로 앱을 만들려면 레이아웃, 스타일, 애니메이션 등 다양한 기능이 필요하므로 보이는 것보다 위젯이 아주 많다.

다음은 가장 흔히 볼 수 있는 위젯이다.

- **레이아웃**: Row, Column, Scaffold, Stack
- **스타일**: TextStyle, Color
- **위치와 정렬**: Center, Padding
- **구조**: Button, Toast, MenuDrawer
- **애니메이션**: FadeInPhoto, Transform

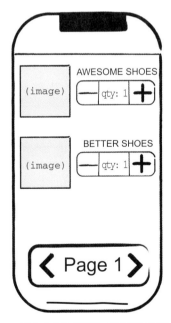

```
build(BuildContext context) {
  return Column(
    //...
      Row(),
      Padding(),
    //...
      Row(
        children: [
          IconButton(),
          //...
        ],
      ), // row
  ); // column
```

그림 1-5 흔히 사용하는 레이아웃 위젯 예

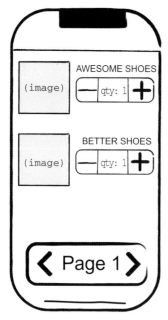

```
build(BuildContext context) {
  return Column(
    //...
      Image(),
      Text("BETTER SHOES"),
    //...
      IconButton(
        icon: Icon(Icons.chevron_left),
      ),
      Text("Page $page_num"),
    //...
  ); // column
}
```

그림 1-6 흔히 사용하는 구조적 위젯 예

1.9.2 위젯으로 UI 만들기

플러터는 상속inheritance보다 **조합**composition을 우선시하며 이를 이용해 고유한 위젯을 만든다. 대부분의 위젯은 작은 위젯을 합쳐 만든다.[6] 즉 플러터는 다른 위젯을 상속받아 커스텀 위젯을 만들지 않는다는 의미이므로 다음은 올바른 코드가 아니다.

```
class AddToCartButton extends Button {}
```

다음처럼 Button을 다른 위젯으로 감싸서, 즉 위젯을 조합해 커스텀 위젯을 만든다.

```
class AddToCartButton extends StatelessWidget {
  // ... 클래스 멤버
```

....

6 플러터의 조합 우대 정책은 플러터 문서(http://mng.bz/dxov)를 참고하자.

```
@override
build() {
  return Center(          ◁──── AddToCartButton을 중앙으로
                                정렬하는 위젯이다.
    child: Button(        ◁────────── 텍스트를 전달하는
      child: Text('Add to Cart'),    새 커스텀 컴포넌트를 만든다.
    ),
  );
}
}
```

웹 개발자라면 작고, 재사용할 수 있는 컴포넌트를 조합하는 리액트의 방식과 비슷하다는 걸 알 수 있다.

위젯은 다양한 생명주기^{life cycle} 메서드와 객체 멤버를 포함한다. 가장 중요한 메서드 중 하나는 build()다. 모든 플러터 위젯은 build() 메서드를 반드시 정의해야 한다. 이 메서드는 반환하는 위젯을 통해 뷰를 실질적으로 묘사한다.

1.9.3 위젯 형식

대부분의 위젯은 **상태가 있는**^{stateful} 위젯(StatefulWidget), **상태가 없는**^{stateless} 위젯(StatelessWidget) 둘 중 하나에 속한다. 앱 개발자 입장에서 StatelessWidget은 언제 파괴되어도 괜찮은 위젯이다. 즉 이 위젯은 어떠한 정보를 저장하지 않으므로 위젯이 사라져도 별일이 없다. 상태가 없는 위젯의 모든 정보나 설정을 위젯으로 전달하면 위젯은 필요한 정보와 UI를 표시한다. 이 위젯의 생명은 외부의 힘으로 결정된다. 즉 상태가 없는 위젯은 언제 위젯을 트리에서 제거해야 할지, 언제 리빌드해야 할지 프레임워크에 알리지 않는다. 반대로 프레임워크가 위젯을 언제 리빌드해야 하는지 알려준다. 아직 이 동작이 정확히 어떤 의미인지 이해하기 힘들 수 있다. StatelessWidget과 다른 방식으로 동작하는 StatefulWidget을 배울 때 조금 더 잘 이해할 수 있다.

장바구니 예제에서 AddToCartButton은 상태가 없는 위젯이다. 따라서 이 위젯은 상태를 관리할 필요가 없으며 트리의 어떤 부분도 알 필요가 없다. 사용자가 버튼을 클릭하면 지정된 함수를 실행하는 것이 이 위젯의 임무다. [Add to Cart] 버튼이 결코 변하지 않는다는 의미는 아니

다. 예를 들어 다른 위젯이 [Add to Cart] 대신 [Remove from Cart]를 버튼의 텍스트로 표시하도록 정보를 전달하면 AddToCartButton이 다시 그려진다. 즉, 상태가 없는 위젯은 새로운 정보에 **반응**react한다.

반면 장바구니 앱에서 QuantityCounter는 StatefulWidget이다. 사용자가 장바구니에 추가한 제품의 수량(상태)을 추적해야 하기 때문이다. StatefulWidget은 항상 State 객체를 갖는다. State 객체는 setState라는 특별한 메서드를 제공하는데, 이는 위젯을 다시 그려야 함을 플러터에 알린다.

State 객체는 오래 지속된다. State 객체는 위젯을 다시 그려야 한다고 플러터에 알리기도 하며 상태를 갖는 위젯이 외부 영향으로 다시 그려질 수 있는 것도 알린다.[7]

다시 장바구니 앱을 살펴보자. 지금까지 화면에 나타난 몇 가지 컴포넌트는 상태가 있거나 상태가 없는 위젯으로 구성된다.

특히 QuantityCounter는 StatefulWidget으로 여러 내장 위젯을 조합해 만든 커스텀 위젯이다. [그림1-7]은 이 커스텀 위젯의 뼈대를 보여준다.

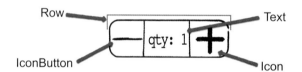

그림 1-7 버튼, 텍스트 필드, 레이아웃 위젯을 조합해 QuantityCounter를 만들었다.

build 메서드는 다음처럼 구현한다. 그림에서 가리킨 컴포넌트를 자세히 확인하자.

예제 1-1 상태를 갖는 커스텀 QuantityCounter 위젯 예

```
Widget build(BuildContext context) {
  return Container(          ⟵── build 메서드는 항상 위젯을 반환한다.
    child: Row(
      children: List < Widget > [
        IconButton(
          icon: Icons.subtract,
```

---

7 위젯 소개는 다음 문서(http://mng.bz/rPae)를 참고하자.

```
        onPressed: () {        ← 사용자의 동작을 감지하는 버튼 위젯의 내장 프로퍼티
          setState(() {        ← 상태에 저장된 수량을 감소시킨다.
            this.quantity--;
          });
        }),
      new Text("Qty:" ${this.quantity}),  ← 상태 객체의 수량이 바뀌면
      new IconButton(                       트리의 위젯을 다시 그린다.
        icon: Icons.add,
        onPressed: () {        ← 이 콜백이 상태의 수량을 증가시키는 setState를 호출한다.
          setState(() {
            this.quantity++;
          });
        }),
    ],
  )
);
}
```

레이아웃이나 스타일에 필요한 코드는 생략했지만 필요한 코드는 모두 포함되어 있다. 이 코드의 핵심은 IconButton과 Text 위젯이다.

이 위젯은 기본 State 객체 클래스에서 상속받은 메서드를 사용한다. 그중에서도 가장 중요한 메서드는 setState다. [+], [-] 버튼을 누르면 앱은 setState 메서드를 호출한다. 이 메서드는 위젯의 상태를 갱신하며 이 상태에 의존하는 모든 위젯을 다시 그리도록 플러터에 지시한다. [그림1-8]은 [+] 버튼을 눌렀을 때 수량 위젯이 어떻게 갱신되는지 보여준다.

그림 1-8 사용자의 조작으로 setState가 호출되면 프레임워크가 위젯을 다시 그린다.

위젯을 빌드하고 갱신하는 과정을 **생명주기**라 부른다. 생명주기는 뒤에서 자세히 설명한다. [그림1-9]는 StatefulWidget의 전체 생명주기를 보여준다.

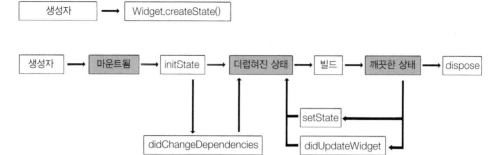

그림 1-9 상태가 있는 위젯은 위젯과 State 객체, 이 두 가지로 구성된다.

다음은 QuantityWidget의 생명주기다.

1 페이지로 이동하면 플러터가 객체를 만들고 이 객체는 위젯과 관련된 State 객체를 만든다.

2 위젯이 마운트되면 플러터가 initState를 호출한다.

3 상태를 초기화하면 플러터가 위젯을 빌드한다. 그 결과 화면에 위젯을 그린다. 다음 과정을 참고하자.

4 수량 위젯은 다음 세 가지 이벤트 중 하나를 기다린다.

  – 사용자가 앱의 다른 화면으로 이동하면서 폐기^{dispose} 상태일 때

  – 트리의 다른 위젯이 갱신되면서 수량 위젯이 의존하는 설정이 바뀜. 위젯의 상태는 didUpdateWidget을 호출하며 필요하다면 위젯을 다시 그림. 예를 들어 제품이 품절되어 트리의 상위 위젯에서 해당 제품을 장바구니에 추가할 수 없도록 상태 위젯을 비활성화하는 상황인 경우

  – 사용자가 버튼을 눌러 setState를 호출해 위젯의 내부 상태가 갱신되어 플러터가 위젯을 다시 빌드하고 그리는 상황인 경우

1.10 플러터 렌더링: 내부 동작 원리

플러터의 진정한 능력은 앱을 셀 수 없이 여러 번 리빌드할 때 발휘된다. 플러터는 눈 깜짝할 새에 거대한 위젯 트리^{widget tree}를 빌드한다. [그림1–10]은 한 페이지의 장바구니 위젯 트리가 어떻게 생겼는지를 가상으로 보여준다(현실의 트리는 이보다 더 거대하다).

CartItem 위젯을 살펴보자. 이 위젯은 상태를 가지며 위젯의 자식은 위젯 상태에 의존한다. CartItem 위젯의 상태가 바뀌면 이 위젯을 포함한 모든 하위 위젯이 다시 그려진다.

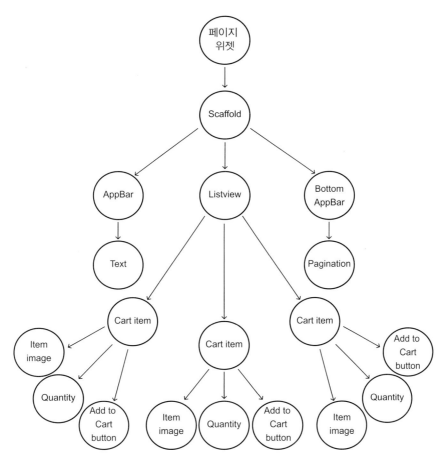

그림 1-10 위젯 트리 모습이다. 현실의 위젯 트리는 훨씬 많은 위젯을 포함한다.

플러터 위젯은 리액티브다. 즉 외부(또는 **setState**)에서 새 정보를 얻으면 이에 반응하고, 필요하면 플러터가 위젯을 다시 그린다. 이를 간략히 설명하면 다음과 같다.

1 사용자가 버튼을 누름

2 `Button.onPressed` 콜백에서 `setState`를 호출함

3 `Button`의 상태가 `dirty`로 바뀌었으므로 플러터는 이 위젯을 리빌드함

4 트리에서 기존 위젯을 새 위젯으로 바꿈

5 플러터가 새 트리를 그림

위젯을 새로 바꿨으므로 이제 위젯을 새로 그릴 수 있다. 렌더링도 여러 과정을 거쳐 진행된다. [그림1-11]은 전체적인 플러터의 렌더링 과정이며 세 번째 단계를 눈여겨보자.

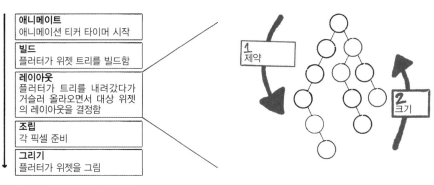

그림 1-11 전체적인 렌더링 과정

애니메이션 티커animation ticker가 동작하면서 그리기 작업을 시작한다. 예를 들어 리스트를 아래로 스크롤하는 등 위젯을 다시 그려야 하는 상황에서는 화면의 처음 요소 위치에서부터 최종 위치까지 조금씩 이동하면서 애니메이션이 부드럽게 일어난다. 이 과정은 요소가 움직여야 하는 **시간**을 결정하는 애니메이션 티커가 제어한다. 이렇게 애니메이션이 일어나는 동안 플러터는 프레임마다 위젯을 리빌드하고 그린다. 이 책의 뒷부분에서 플러터의 애니메이션 기능을 자세히 알아본다.

1.10.1 위젯 트리와 레이아웃 조립

플러터는 모든 위젯을 빌드하고 위젯 트리를 만든다. 여기서 **위젯**이란 화면에 나타날 요소를 결정하는 데이터와 설정을 말한다. 트리에서 버튼을 빌드할 때 실제로 파란색 사각형과 그 안의 텍스트를 빌드하는 것이 아니다. 오히려 이는 마지막 과정에서 일어난다. 위젯은 화면에 나타날 요소의 설정을 처리할 뿐이다.

위젯 트리가 완성되면 플러터는 레이아웃을 처리한다. 플러터는 필요할 때 트리를 한 차례 탐색한다(선형 시간linear time 소요). 빅 오 표기법Big O notation에 익숙하지 않은 독자라면 선형 시간은 빨리 수행된다는 의미라고 생각하면 된다. 트리를 탐색하면서 위젯의 위치 정보를 수집한다. 플러터에서 레이아웃과 크기 **제약**constraint은 부모에서 자식 위젯 순으로 작성된다.

트리를 거슬러 올라오면서 모든 위젯은 자신의 제약을 알고 있는 상태이므로 실제 크기와 위치를 부모 위젯에 알린다. 위젯은 위젯끼리 서로의 관계를 정리하면서 최종 레이아웃을 결정한다.

장바구니 예제에서 `QuantityWidget`의 [+] 버튼을 누르면 새로운 수량으로 상태가 바뀌고, 플러터는 위젯 트리를 탐색하면서 내려간다. 이때 `QuantityWidget`은 버튼과 텍스트 필드에 제약(실제 크기가 아님) 정보를 알려준다. 그러면 버튼은 [+], [-] 아이콘에 이들의 제약을 알려주는 등의 순서로 트리를 타고 내려가며 정보를 전파한다. 단말 노드의 위젯에 도달하면 모든 위젯은 크기 제약 정보를 획득한 상태다. 이제 트리를 거슬러 올라오면서 각 위젯의 크기와 위치를 안전하게 계산할 수 있다. [그림1-12]에 이 과정을 묘사했다(예제의 트리는 현실의 플러터 앱 트리보다 훨씬 작다).

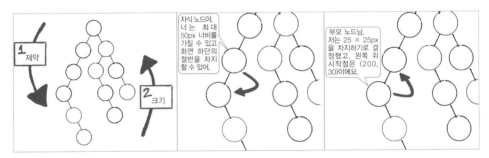

그림 1-12 플러터는 트리를 한 번 내려갔다 올라오면서 모든 자식의 크기 제약 정보를 수집해 모든 위젯의 레이아웃을 완성한다.

이렇게 한 번의 위젯 트리 탐색은 강력하다. 반면 브라우저에서는 DOM, CSS 규칙으로 레이아웃을 결정한다. CSS의 중첩 특성상 요소의 크기와 위치는 본인이나 부모가 결정하며, 모든 요소의 위치를 결정하려면 DOM 트리를 여러 번 탐색해야 한다. 모던 웹의 가장 큰 성능 병목 현상이 여기서 발생한다.

1.10.2 조립 과정

각 위젯의 레이아웃을 결정했고 다른 위젯과 충돌하지 않음을 확인했으니 플러터는 위젯을 그린다. 하지만 이 과정에서도 위젯을 래스터라이징rasterizing하거나 물리적으로 화면에 픽셀을 칠하는 건 아니다.

여기서 조립 과정을 진행한다. 이 과정에서 플러터는 위젯에 실제 화면상의 좌표를 제공하며 위젯은 자신이 차지할 실제 픽셀의 수를 알게 된다.

이 과정은 의도적으로 그리기 과정과 별도로 진행된다. 덕분에 기존에 조립된 위젯을 다시 재사용할 수 있다. 예를 들어 [그림1-13]처럼 긴 리스트를 스크롤했다고 가정하자. 리스트의 모든 항목을 다시 빌드할 필요 없이 플러터는 기존에 빌드하고 그렸던 위젯을 필요한 곳에 재사용한다.

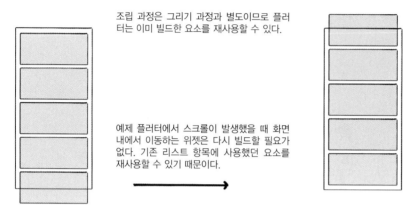

조립 과정은 그리기 과정과 별도이므로 플러터는 이미 빌드한 요소를 재사용할 수 있다.

예제 플러터에서 스크롤이 발생했을 때 화면 내에서 이동하는 위젯은 다시 빌드할 필요가 없다. 기존 리스트 항목에 사용했던 요소를 재사용할 수 있기 때문이다.

그림 1-13 조립 과정을 그리기 과정과 분리해 성능을 높였다.

1.10.3 화면에 그리기

이제 위젯이 준비됐다. 엔진은 전체 트리를 그릴 수 있는 뷰로 모은 다음, 운영체제를 통해 화면에 그리도록 요청한다. 이를 **래스터라이징**이라 부르며 이 과정을 끝으로 위젯이 화면에 그려진다.

고작 몇 개의 문단으로 전체 프레임워크를 살펴봤다. 정말 많은 내용이다. 플러터가 정확히 어떻게 동작하는지 이해가 가지 않아도 걱정할 필요는 없다. 책 전체에서 계속 설명하기 때문이다. 무엇보다 개발자로 반드시 알아야 할 플러터의 네 가지 주요 개념을 기억하자.

- 플러터는 리액티브다.
- 모든 것은 위젯이다.
- State 객체는 오래 살아남으며 종종 재사용된다.
- 위젯의 제약은 부모가 서술한다.

플러터 렌더링 방법을 더 자세히 알고 싶다면 조금 길지만 렌더링 엔진을 설명하는 구글 테크톡 영상[8]을 확인하기 바란다. 몇 년이 지난 설명이지만 여전히 유용한 정보를 제공한다.

1.11 마치며

플러터는 사용하기 쉽고 강력한 도구이지만 잘 사용하기 위해서는 노력이 필요하다. 여러분이 리액트 웹 개발자가 아니라면 UI의 새로운 패러다임을 적용해야 한다. 책으로 플러터를 배우다가 좌절하는 순간이 올 수 있지만 여러분의 잘못이 아니다. 사실 이런 현상이 발생하는 이유가 있다. 우선 여러분은 다른 사람들과 같다. 즉, 프로그래밍은 어렵고 배우는 데 시간이 걸린다. 자료를 여러 번 읽어보고 낮잠을 잔 다음 다시 복습하자. 어느 순간 여러분은 플러터를 깨우칠 것이다. 또 다른 이유로는 필자가 이해하기 쉽게 책을 집필하지 못했기 때문일 수 있다. 플러터를 선택한 것에 문제를 겪었다면 언제든 비난을 들을 준비가 되어 있다. 어느 곳에서든 @ericwindmill로 필자를 찾으면 된다.

- 플러터는 모든 사람이 아름답고, 좋은 성능을 가진 모바일 앱을 만들 수 있도록 제공하는 모바일 SDK이며 다트로 구현되었다.
- 다트는 구글이 만든 언어로 자바스크립트로 컴파일할 수 있다. 다트는 빠르며, 엄격한 형식을 지원하고 배우기 쉽다.
- 플러터는 네이티브 디바이스 코드로 컴파일되므로 다른 크로스 플랫폼 기술보다 성능이 뛰어나다. 또한 다트의 JIT, 플러터의 핫 리로드 덕분에 최상의 개발자 경험을 제공한다.
- 플러터는 훌륭한 성능의 크로스 플랫폼 앱을 빨리 만들어야 하는 사람에게 적합하다. 하지만 두 개의 네이티브 팀을 이미 보유한 큰 회사는 플러터가 좋은 선택이 아닐 수 있다.
- 플러터의 **모든 것**은 위젯이다. 위젯은 뷰를 묘사하는 단순한 다트 클래스다. 여러 작은 위젯을 조립해 위젯 트리를 완성하며 UI를 만든다.
- 위젯은 크게 상태가 없는 위젯과 상태가 있는 위젯으로 분류된다.
- 플러터는 위젯 생명주기 메서드, 특별한 State 객체 등 상태 관리 도구를 제공한다.

---

8 http://mng.bz/xlvg

## CHAPTER 2

다트

이 장의 주요 내용

◆ 다트의 Hello, World!

◆ 다트 프로그램 해부

◆ 제어 흐름, 루프, 함수 등 기본 문법

◆ 객체지향 프로그래밍

◆ I/O 라이브러리 사용법

이 책은 플러터로 모바일 앱을 만드는 방법을 설명한다. 하지만 그 전에 다트 프로그래밍을 알아야 한다. 다행히 다트는 비교적 쉽게 배울 수 있다. 다트를 이미 잘 알고 있는 독자라면 다음 코드의 의미를 이해할 수 있을 테니 2장은 생략해도 좋다.

```
class CompanyContext extends StateObject {
  final bool isLoading;
  String _companyId;

  CompanyContext({
    this.isLoading = false,
  });

  String get companyId => _companyId;
  void set companyId(String id) {
    _companyId = id;
    _initApp();
```

```
    }

    factory CompanyContext.loading() => CompanyContext(isLoading: true);

    @override
    String toString() =>
        'CompanyContext{isLoading: $isLoading, _companyId: $_companyId}';
}
```

명령줄

이 책에서는 터미널에서 실행할 수 있는 여러 명령이 등장한다. 필자는 GUI를 좋아하며 명령줄은 즐겨 사용하지 않는다. 이 책을 배우는 데 명령줄을 잘 다룰 필요는 없다. $는 터미널의 명령줄이 시작됨을 의미하며, =>는 반환값을 가리킨다. 예를 들어 which dart를 유닉스 시스템 터미널에서 실행하면 다트 SDK가 설치된 경로를 반환한다. 다음처럼 다트를 제대로 설치했는지 확인할 수 있다.

```
$ which dart
=> /usr/local/bin/dart
```

다음 단계로 진행하기 전에 부록 A를 참고해 컴퓨터에 다트를 설치해보자.

2.1 Hello, Dart!

다수의 훌륭한 프로그래밍 책은 콘솔에 Hello, World를 출력하는 프로그램을 가장 먼저 구현한다. 여러분이 선호하는 텍스트 편집기로 hello_world 디렉터리에 hello_world.dart 파일을 만들고, 그 파일에 다음 코드를 입력한다.

```
void main() {
  print('Hello, Dart!');
}
```

이제 터미널로 돌아와 dart 명령어로 다트 코드를 실행한다. hello_world.dart 파일과 같은 디렉터리에 있는지 확인하자. 그리고 다음처럼 Hello, Dart!를 실행한다.

```
$ dart hello_world.dart
// => Hello, Dart!
```

성공적으로 Hello, Dart!를 출력했다. 첫 번째 다트 프로그램을 구현했으니 공식적으로 다트 프로그래머가 되었다.

2.1.1 다트 프로그램 해부

모든 다트 프로그램은 진입 파일에 main 함수를 반드시 정의해야 한다. [그림 2-1]은 다트 함수 정의를 보여준다.

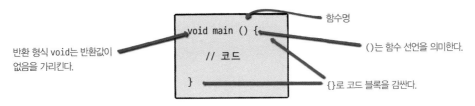

그림 2-1 다트의 main 함수

모든 다트 함수는 비슷해 보이지만 main은 조금 특별하다. main은 다트 프로그램에서 항상 처음으로 실행되는 코드다. 모든 프로그램은 다트 컴파일러가 찾을 수 있도록 main 함수를 포함해야 한다.

이 예제에서 void는 함수의 반환 형식이다. 형식 언어를 사용해보지 않은 독자라면 이런 함수 형식이 이상해 보일 수 있다. 형식은 다트 코드의 핵심 중 하나다. 모든 변수는 형식을 가져야 하며, 모든 함수는 형식(또는 void)을 반환해야 한다. void 키워드는 '이 함수는 아무것도 반환하지 않음'을 의미한다. 다양한 예제를 살펴보면서 형식 시스템을 자세히 알아보자. 일단 모든 함수는 반환 형식(또는 void)을 가져야 한다는 사실을 기억하자.

코드의 두 번째 행에는 print 함수가 있다.

```
print('Hello, Dart!');
```

print는 텍스트를 콘솔로 출력하는 특별한 다트 함수다.

같은 행에 'Hello, Dart!' 문자열이 있으며 행은 세미콜론(;)으로 끝난다. 다트의 모든 행은
세미콜론으로 마치는 것이 규칙이다. 여기까지 간단한 다트 프로그램을 구현했다.

다음 절에서는 다트 프로그램 기본 설정과 실행 방법을 소개한다. 또한 자주 사용하는 다트 문
법도 살펴본다. 마지막으로 dart:io 패키지를 예로 라이브러리를 임포트하는 방법과 표준 입
출력 사용법을 알아본다.

2.1.2 다양한 인사

이전 예제의 인사말을 다양하게 바꿔보면서 다트의 기본 문법을 확인해보자. 다트 문법의 상당
수는 다른 언어와 비슷하다. 제어 흐름, 루프, 기본형은 다른 언어와 거의 같다. 다음을 콘솔로
출력하는 프로그램을 구현해보자.

```
Hello, World!
Hello, Mars!
Hello, Oregon!
Hello, Barry!
Hello, David Bowie!
```

간단한 예제지만 배울점이 많다. 먼저 출력 함수를 다양하게 리팩터링하자. 현재 파일의 코드
는 다음과 같다.

```
void main() {              │ 함수를 호출하려면
  helloDart();       ◀──── │ 바디 없이 ()를 뒤에 추가한다.
}

void helloDart() {  ◀──── │ 두 번째 함수를 선언한다.
  print('Hello, Dart!');
}
```

다음으로 Hello, Dart! 이외의 문자열을 출력하려면 helloDart 함수에 무엇을 출력해야 할지 알려줘야 하므로 World를 대체할 다른 문자열을 전달한다. 함수 시그니처의 () 안에 변수 형식과 이름을 추가해 함수에 인수를 전달한다.

```
void helloDart(String name) {      ◁──  이 함수는 name 인수를 받는다. 이 함수를
  print('Hello, $name');                호출할 때는 문자열 인수를 하나 제공해야
}                                        하며 그렇지 않으면 오류가 발생한다.
```

하나 이상의 이름을 출력해야 한다. 배열과 비슷한 자료구조인 List에 이름을 하드코딩한다. List는 자신의 크기를 관리하며 map, forEach 등 배열에 적용할 수 있는 함수형 프로그래밍 메서드를 제공한다.

다음처럼 대괄호로 리스트를 만든다.

```
var myList = [a,b,c].
```

main 함수에 이름을 리스트로 추가하자.

```
void main() {
  List<String> greetings = [      ◁──  컬렉션 형식 즉, 리스트 안에 저장하는 데이터
    'World',                            형식(예제에서는 문자열)을 정의한다.
    'Mars',                             다른 예로 Map<Int, String> 등이 있다.
    'Oregon',
    'Barry',
    'David Bowie',
  ];
  helloDart();
}
```

하지만 프로그램에 오류가 있다. helloDart() 메서드에 인수를 제공하지 않았기 때문이다. helloDart() 메서드에 개별 인사말을 전달해야 한다. greetings 변수를 루프로 반복하면서

다음처럼 helloDart() 함수에 각각의 문자열을 전달하자.

```dart
void main() {
  List<String> greetings = [
    'World',
    'Mars',
    'Oregon',
    'Barry',
    'David Bowie',
  ];
  for (var name in greetings) {
    helloDart(name);
  }
}
```

for-in 루프 문법은 다른 언어와 비슷하다. 리스트의 각 멤버를 순서대로 반복하면서 이 값을 지정된 변수로 코드 블록에 제공한다.

for-in 루프에서 제공한 변수를 helloDart 호출 시 전달한다.

마지막으로 Hello 다음에 특정 인사말을 추가하도록 helloDart 메서드를 갱신한다. **채움** interpolation 기능으로 이를 구현한다. 다트에서는 ${} 또는 한 개의 값일 때는 $로 문자열 채움 기능을 지원한다. 다음은 전체 예제 코드다.

예제 2-1 다트 for-in 루프

```dart
void main() {
  List<String> greetings = [
    'World',
    'Mars',
    'Oregon',
    'Barry',
    'David Bowie',
  ];
  for (var name in greetings) {
    helloDart(name);
  }
}

void helloDart(String name) {
```

```
    print('Hello, $name');
  }
```

이제 코드를 완성했으니 원하는 결과가 나오는지 실행해보자.

2.1.3 입출력과 다트 라이브러리

마지막으로 사용자와 상호작용하는 예제를 살펴보자. 사용자는 원하는 인사말을 입력할 수 있다.

먼저 라이브러리를 임포트한다. 다트 SDK는 다양한 라이브러리를 제공하지만 프로그램에서 기본적으로 dart:core 라이브러리만 자동 로드된다. 다트 SDK는 dart:html, dart:async, dart:math 등 다양한 라이브러리를 제공한다. 환경에 따라 다른 라이브러리가 제공되기도 한다. 예를 들면 플러터 앱에서는 HTML 개념이 없기 때문에 플러터 SDK에서는 dart:html을 제공하지 않는다. 서버 응용프로그램이나 명령줄 응용프로그램을 구현할 때는 dart:io를 거의 필수로 사용한다. 이 라이브러리부터 살펴보자.[1]

다트 파일의 맨 윗부분에 import 문을 추가해 원하는 라이브러리를 임포트한다.

```
import 'dart:io';
```

실질적으로 이 책에서는 표준 입출력을 자주 사용하지 않으므로 당장 io 라이브러리를 너무 깊이 파악하려 애쓸 필요가 없다. 이 프로그램은 명령줄로 사용자 이름을 요청하고 이를 받아 인사말을 출력한다.

예제 2-2 다트에서 입출력하기

```
import 'dart:io';

void main() {   ◁──┐ 프로그램의 시작, main 함수다.
```

---

1 dart:io 라이브러리에 대한 자세한 정보는 공식 문서(http://mng.bz/5AmZ)를 참고하자.

```
    stdout.writeln('Greet somebody');
    String input = stdin.readLineSync();
    return helloDart(input);
}

void helloDart(String name) {
    print('Hello, $name');
}
```

readLineSync는 블로킹 함수로 사용자가 명령줄에 응답을 입력할 때까지 실행이 멈춘다.

stdout.writeln은 print와 같은 기능을 하지만 콘솔이 아니라 파일에 텍스트를 기록한다.

이 예제를 반복하며 이름을 입력받도록 수정하거나 정해진 숫자를 맞혀야 프로그램이 끝나도록 개선할 수 있다. 각자가 프로그램을 바꿔보자.

2.2 다트의 프로그래밍 개념

프로그래밍 언어를 비틀즈의 음반에 비유하자면 다트는 비틀즈의 히트곡 모음과 같다. 누구나 비틀즈를 좋아하며 「Hey Jude」가 특히 유명하다. 흥겨운 파티장에서 비틀즈의 히트곡을 듣고 있는데 갑자기 파티장과 어울리지 않는 노래인 「Within You Without You」가 나올 걱정은 할 필요 없다. 필자는 이 노래를 좋아하지만 모두가 좋아하지는 않으며 특히 파티장에는 안 어울린다. 다트 코드를 구현할 때도 설명하기 어려운 문법이나 동작을 만나도 두려워할 필요가 없다. 원래 이런 일은 일어나기 마련이며 최악의 상황일지라도 관련 문서를 참고하면 쉽게 이해할 수 있다.

다트 코드를 구현할 때 다음과 같은 중요한 개념을 염두에 두어야 한다.

- 다트는 객체지향 언어이며 단일 상속single inheritance을 지원한다.
- 다트에서 **모든 것**이 객체이며 모든 객체는 클래스의 인스턴스다. 모든 객체는 Object 클래스를 상속받는다. 심지어 숫자도 기본형이 아니라 객체다.
- 다트는 형식을 갖는다typed. 문자열을 반환한다고 선언한 함수에서 숫자를 반환할 수 없다.
- 다트는 최상위 수준 함수와 변수를 지원하며 이를 라이브러리 멤버library member라 부른다.
- 다트는 어휘적lexically으로 한정된다.

다트는 고유한 법칙이 있고 문제를 해결하는 다른 방식이 있다. 어떤 방식은 옳지만 어떤 방식은 틀리다. 다트의 웹사이트에서는 '가이드라인이 설명하는 사례를 따라야 한다. 이를 따르지 말아야 할 타당한 이유는 거의 없다'라고 설명한다.

형식을 갖는 프로그래밍 언어

변수의 형식을 컴파일 타임에서 알 수 있거나 추론할 수 있다면 형식을 갖는 언어다. 개발자의 입장에서 코드의 변수에 명시적으로 형식을 할당할 수 있다면(또는 반드시 할당해야 한다면) 이는 형식을 갖는 언어다. 런타임에서 형식을 추론한다면 이는 동적^{dynamic} 언어다. 자바스크립트, 파이썬, 루비는 동적 언어다(하지만 내부적으로 모든 언어는 어느 정도 형식을 갖는다).

형식을 사용하는 코드는 더 안전하다. 숫자를 기대하는 함수에 문자열을 전달하면 컴파일러가 오류를 발생시킨다. 다트는 컴파일 타임에서 형식을 확인한다. 덕분에 출시한 제품에서 함수가 다양한 데이터 형식을 어떻게 처리해야 할지 몰라 충돌되는 일은 더 이상 발생하지 않는다.

형식 시스템의 가장 큰 장점은 버그를 많이 줄일 수 있다.

2.2.1 다트의 형식 시스템

이 책의 전체에서 다트의 형식 시스템을 설명한다. 형식 시스템 자체는 직관적이다. if 문과 같은 다른 주제에 비해 형식 시스템은 조금 복잡하지만 이를 먼저 공부해야 한다. 이 책을 공부하다가 언제라도 형식 시스템을 다시 떠올려야 한다면 여기로 되돌아와 확인하기 바란다. 필자는 다트 개발자가 되기 전에 루비, 파이썬, 자바스크립트 등 동적 언어를 주로 사용했다. 이들 언어에는 형식 개념이 없다. 다트를 사용하기 시작했을 때 형식은 큰 난관처럼 느껴졌다(하지만 지금은 형식 없이 못 살 것 같다).

형식과 관련해 먼저 알아야 할 몇 가지가 있다. 첫째, 변수를 선언할 때 형식을 지정해야 한다.

```
String name;    ⟵── 형식은 항상 값 앞에 나타난다.
int age;
```

형식을 사용하면 호환되지 않는 값을 변수에 할당할 수 없다.

```
int greeting = 'hello';
```

위 코드를 컴파일하면 나음과 같은 오류가 발생한디.

```
Error: A value of type 'dart.core::String' can't
    be assigned to a variable of type 'dart.core::int'.
Try changing the type of the left hand side,
    or casting the right hand side to 'dart.core::int'.
```

우선 이렇게 좋은 오류 메시지를 만든 다트 팀에 감사하다. 형식 안전성type safe 덕분에 발생한 오류다. 함수가 정확한 데이터를 얻을 수 있도록 컴파일 타임에서 형식을 검사한다. 덕분에 런타임 버그를 줄일 수 있다.

> **TIP_** 부록에서 추천한 IDE 중 하나를 사용하고 다트 플러그인을 설치하는 걸 추천한다. IDE 환경에서는 린터linter가 잘못된 형식을 실시간으로 알려주기 때문이다. 즉 형식은 형식 시스템의 값이다.

복합 데이터 형식

List나 Map을 사용할 때는 <와 > 사이에 요소의 형식을 정의한다.

```
List<String> names;     ← 문자열 리스트
List<int> ages;     ← 정수 리스트
Map<String, int> people;     ← 문자열 키와 정숫값을 갖는 맵
```

함수의 형식

main 함수의 반환 형식은 void다. 부작용을 활용하는 모든 함수는 이 형식을 반환해야 한다. 즉 함수는 아무 값도 반환하지 않는다.

하지만 그 밖의 보통 함수는 반환하는 값의 형식을 선언한다. 다음 함수는 int를 반환한다.

```
int addNums() {
  // int 반환
}
```

함수에서 인수를 정의할 때도 형식을 사용한다.

```
int addNums(int x, int y) {
  return x + y;
}
```

동적 형식

다트는 동적 형식dynamic type도 지원한다. 변수를 dynamic으로 설정하면 컴파일러가 해당 변수에 **모든** 형식을 허용한다.

```
dynamic myNumber = 'Hello';
```

모든 변수 형식에 dynamic을 설정하면 결과적으로 다트를 **선택적 형식**optionally typed으로 바꾼다. 하지만 이것이 좋은 선택일지는 미지수다. 형식을 사용하면서 얻는 이득이 사라질 뿐 아니라 모든 변수에 dynamic이라는 키워드를 사용해야 하기 때문이다.

```
var myString = 'Hello';
```

위 코드는 잘 동작한다. 하지만 myString에 3을 대입하면 컴파일러 오류가 발생한다. 변수의 형식을 한번 결정하면 이를 바꿀 수 없다. 다음과 같이 함수도 반환 형식을 생략할 수 있다.

```
myPrint() {        ◁── 반환 형식이 없다.
  print('hello');
}
```

컴파일러가 함수의 형식을 자동으로 추론한다. myPrint의 반환값을 변수에 할당하면 오류가 발생한다.

```
// 동작하지 않는다.
var printer = myPrint();
```

myPrint() 함수는 값을 반환하지 않기 때문이다.

언제 동적 형식을 사용할까

dynamic을 유용하게 사용할 때도 있다. 보통 맵에 dynamic을 사용한다. 다음은 JSON을 처리하는 코드다.

```
Map<String, dynamic> json;
```

JSON을 다트 객체로 변환할 때 맵의 키는 문자열이라는 사실을 알지만 값은 문자열, 숫자, 리스트, 다른 맵이 될 수도 있다. var 키워드는 코드 형식에 도움을 주는 키워드다. dynamic과 달리 변수를 정의할 때만 var를 사용할 수 있으며 형식에는 사용할 수 없다. 다음은 유효하지 않은 문법이다.

```
Map<String, var> json; ⟵┐ 잘못된 var 사용!
```

var를 사용할 수 있는 범위는 한정적이다. var를 사용할 수 있는 상황이라 하더라도 가능하면 변수의 실제 형식을 사용하는 것이 좋다. 변수에 다시 값을 할당할 수 없으면 final을 사용한다(다른 형식 정의 없이). 보통 final은 클래스 멤버가 아닌 함수 바디에 사용한다. 그 밖의 상황에서는 형식을 사용하는 것이 좋다.

2.2.2 주석

다트는 세 가지 주석을 지원한다.

```
// 인라인 주석
/*
블록 주석. 다트의 블록 주석은 그리 편리하지 않다.
*/
/// 문서
///
/// 클래스의 문서화에 사용하는 주석
```

보통 코드를 문서화할 때 세 개의 슬래시로 주석을 추가한다. 코드에 계속 남아 있어야 하는 내용은 세 개의 슬래시 주석을 사용한다. 특정 행을 설명할 때는 인라인 주석을 사용한다.

2.2.3 변수와 할당

다트에서는 객체나 클래스의 지역 상태를 변수에 저장한다. 다트의 변수에는 특별한 점이 없다. 다음은 변수 정의다.

```
String name;
```

이 코드는 프로그램에 name이라는 변수가 있으며 값은 아직 정해지지 않았음을 뜻한다. 현재 name에 값을 할당하지 않았으므로 null 값을 갖는다. 다트에서는 할당하지 않은 변수를 null로 초기화한다. null은 '아무것도 아님'을 가리키는 특별한 값이다. 다트에서는 null도 객체다. 따라서 int, String, List 등 모든 것에 null을 할당할 수 있다. 다음은 유효한 코드지만 다트 스타일 가이드[2]에 따르면 객체에 null을 명시적으로 할당하지 않는 것이 좋다.

```
int three = null;
```

---

2 http://mng.bz/om52

final, const, static

이 세 키워드는 변수의 형식을 '확장'한다. final, const는 효과가 비슷하다. 변수의 값을 바꿀 수 없게^{immutable} 하려면 이 두 키워드를 사용한다. 두 키워드는 미묘하게 다르다.

final 변수는 한 번만 할당할 수 있으며 클래스 수준에서 변수를 할당하기 전에 선언한다. 쉽게 말해 **클래스의 생성자**^{constructor}에서 할당하는 모든 변수에 final을 사용한다. 이 용어는 뒤에서 자세히 설명하므로 아직 익숙하지 않더라도 크게 신경 쓰지 말자.

반면 const 변수는 할당하기 전에 선언하지 않는다. 컴파일 이후로 항상 같은 값을 갖는 변수를 상수^{constant}라 한다.

다음은 유효한 코드다.

```
const String name = 'Nora';
```

하지만 다음은 유효하지 않다.

```
const String name = 'Nora $lastName';
```

두 번째 예제의 값은 컴파일 타임 이후에 바뀔 수 있다. 예를 들면 'Nora Smith' 또는 'Nora Williams'로 값이 결정될 수 있으므로 name에는 const를 사용할 수 없다.

const를 사용하면 성능이 개선되므로 가능한 곳에는 const를 사용하는 것이 좋다. 플러터는 클래스와 위젯을 const로 만드는 특별한 도구를 제공한다. 이는 나중에 설명한다.

마지막으로 static이라는 변경자^{modifier}가 있다. static은 클래스에서만 사용되며 이 메서드도 나중에 설명한다.

2.2.4 연산자

[표 2-1]에서 볼 수 있듯이 다트 연산자는 평범하다. 여러 연산자 중에 자주 사용하게 될 연산자를 모아 놓았다.

표 2-1 다트 연산자

설명	연산자
산술 연산자	* / % ~/ + -
관계와 형식 검사 연산자	>= > <= < as is is!
등가 연산자	== !=
논리 연산자	&& ||
할당 연산자	= *= /= ~/= %= += -= <<= >>= &= ^= |= ??=
단일 연산자	expr++ expr-- . ?. -expr !expr ~expr ++expr --expr

여러분이 자주 사용하지 않았지만 알아두면 좋은 연산자 몇 가지를 소개한다.

- ~/는 **정수 나눗셈** 기호다. 이 연산자는 결과를 버림 처리하며 소수점을 반환하지 않는다.
- as는 형변환typecast 키워드다. 이 연산자는 클래스와 객체에 사용하므로 뒤에서 설명한다.
- is, is!는 두 객체가 같은 형식인지 확인하는 연산자로 ==, !=와 같다.
- 단일 연산자에서 expr은 연산자를 이해하기 쉽도록 추가한 단어이므로 무시하자.

2.2.5 널 인지 연산자

다트에서 저자가 즐겨 쓰는 기능 중 하나는 널 인지null-aware 연산자다. 모든 프로그래밍 언어에서 어떤 객체든 null이 될 수 있는데 가끔 문제가 생긴다. 예를 들어 비동기 호출 함수 맨 위에 if (response == null) return 같은 코드를 추가해야 하는 경우가 많다. 이런 코드 때문에 코드가 복잡해지는 문제도 생긴다. 필자는 Go 언어를 조금 사용해봤는데 이는 탄탄한 언어가 아니다(개인적인 판단이 아니라 사실이다). 행이 10개인 코드를 구현할 때 if 문이 있다면 이는 null을 확인하는 코드가 들어가기 때문이다. 이렇게 해야 탄탄한 함수를 만들 수 있다.

다트에서는 널 인지 연산자로 이 문제를 해결한다. 기본적으로 널 인지 연산자는 이 객체가 null이면 오류를 발생하지도 말고, 아무것도 하지 말라고 지시한다

다트 코드의 기본 원칙은 간결하지만 함축적이지 않은 코드를 구현하는 것이다. 또한 가독성을 희생하지 않으면서 적은 코드를 사용한다. 다트는 ?., ??, ??= 세 가지 널 인지 연산자를 제공하는데 이를 하나씩 살펴보자.

?. 연산자

API를 호출해 User 정보를 얻어오는 상황이라 가정하자. 사용자 정보를 이용할 수 있는지 알 수 없는 상태라면 보통 다음처럼 널 확인을 한다.

```
void getUserAge(String username) async {
  final request = new UserRequest(username);
  final response = await request.get();       ◁──── await은 비동기 코드를 쉽게
  User user = new User.fromResponse(response);       구현하는 키워드로 뒤에서
                                                     자세히 살펴본다.
  if (user != null) {     ◁──── 널 인지 연산자를 사용
    this.userAge = user.age;     하지 않은 평범한 널
  }                              확인 코드이다.
  // 생략
}
```

동작하는 데 문제는 없다. 하지만 널 인지 연산자를 이용하면 더 편리하다. 다음 코드의 연산자는 'user 객체가 null이 아니면 userAge를 user.age에 할당하고 null이면 오류를 발생시키지 말고 null을 할당하시오'라는 의미다.

```
void getUserAge(String username) async {
  final request = UserRequest(username);
  final response = await request.get();
  User user = new User.fromResponse(response);
  this.userAge = user?.age;     ◁──── 간단하게 널을 확인한다.
  // 생략
}
```

user가 null이면 오류를 발생시키지 않고 userAge에 null을 할당하며 null이 아니면 정상 동작한다. ?. 연산자를 제거했을 때 User 객체가 null이면 age를 호출할 때 오류가 발생한다. 덕분에 코드가 간결하며 가독성이 높다.

> **NOTE_** this.userAge = user?.age; 아래의 코드에서 userAge가 null이 아니라고 가정한다면 오류가 발생할 수 있다.

?? 연산자

두 번째 널 인지 연산자는 더 강력하다. 데이터베이스에 User의 일부 정보가 필요한 상황이라 가정하자. 사용자의 나이 정보가 있는지 알 수 없는 상황이라면 두 개의 물음표(??) 연산자로 '값이 존재하지 않는 상황'에 할당할 백업값을 지정할 수 있다.

이 연산자는 '이 값이나 변수가 null이면 백업값을 사용하시오'를 의미한다. 언제든 백업값을 할당할 수 있으므로 매우 편리하다.

```
void getUserAge(String username) async {
  final request = new UserRequest(username);
  final response = request.get();
  Useruser = new User.fromResponse(response);
  this.userAge = user.age ?? 18;      ◁───┐ user.age가 널이면 18을 할당한다.
  // 기타 등등
}
```

??= 연산자

이전 연산자와 비슷하지만 반대의 작업을 수행한다. 책을 집필하는 동안에는 이 연산자를 실제로 사용할 일이 없을 거라 생각했다. 집필하려고 자료를 수집했는데, 그 뒤로 이 연산자가 생각보다 유용하다는 걸 알게 되었다.

기본적으로 이 연산자는 객체가 null이면 백업값을 할당하고 아니면 객체를 그대로 반환한다.

```
int x = 5
x ??= 3;
```

두 번째 행의 x는 값 5를 가지므로 3이 할당되지 않는다. 다른 널 인지 연산자처럼 이를 잘 활용하면 코드를 간결하게 유지할 수 있다.[3]

----

3 더 자세한 내용은 세스 래드(Seth Ladd)의 블로그(http://mng.bz/nvee)를 참고하자.

2.3 제어 흐름

사람들은 컴퓨터가 실제로는 영리하지 않음에도 컴퓨터를 영리하다고 생각한다. 컴퓨터는 정해진 작업만 처리할 수 있을 뿐이다. 사람이나 강아지처럼 상황 대서 능력이 없다. 강아지는 배고프면 먹을 것을 찾아다니며 음식과 음식이 아닌 것을 구별한다. 강아지가 돌멩이를 소화시킬 수 있을 것이라 생각하며 돌멩이를 먹진 않는다.

컴퓨터는 강아지와 다르다. 컴퓨터는 사람이 모든 것을 지시해야 한다. 모든 상황에서 컴퓨터가 어떻게 대처해야 할지 지시한다는 것은 쉽지 않다. 기본적으로 모든 로직을 처리하려면 **제어 흐름**control flow을 이용해야 한다.

다트는 대부분의 고수준 언어와 비슷한 제어 흐름 기능을 사용한다. 즉 다트는 if 문, 삼항 연산자, switch 문을 제공한다.

2.3.1 if와 else

다트는 여러분의 예상대로 if, else if, else를 지원한다. 다음은 표준 if 문이다.

```
if (inPortland) {
  print('Bring an umbrella!');
} else {
  print('Check the weather first!');
}
```

조건문에는 '그리고'를 의미하는 &&, '또는'을 의미하는 ||를 사용한다.

```
if (inPortland && isSummer) {
  print('The weather is amazing!');
} else if(inPortland && isAnyOtherSeason) {
  print('Torrential downpour.');
} else {
  print ('Check the weather!');
}
```

마지막으로 다트의 조건문에는 반드시 불리언^{boolean}을 사용해야 한다. 오직 불리언으로만 참 또는 거짓을 말할 수 있다. 다른 언어에는 '참으로 간주되는 것'이라는 개념이 있어서 모든 값을 참이나 거짓으로 판별하기도 한다. 그런 언어에서 if (3) { 같은 코드는 유효하지만 다트는 이 코드를 허용하지 않는다.

2.3.2 switch와 case

값 하나가 여러 조건을 가질 가능성이 있는 경우 switch 구문을 활용하면 좋다. int, String, ==를 사용해 컴파일 타임 상수를 비교한다. 즉 같은 형식(런타임에서 바꿀 수 없음)의 값만 비교할 수 있다. 직접 예제를 살펴보자.

```
int number = 1;
switch(number) {
  case 0:
    print('zero!');
    break;    ◁──── 여기서 switch 문을 탈출하도록 지시하
  case 1:            지 않으면 모든 case를 실행한다. 따라서
    print('one!');   case에 break나 return 문을 추가해야
    break;           한다. 잠시 뒤에 이를 더 자세히 살펴본다.
  case 2:
    print('two!');
    break;
  default:
    print('choose a different number!');
}
```

이 예제는 완전히 유효하다. number 변수는 1, 2, 3, 4, 66, 975, −12, 55 등 모든 정숫값을 가질 수 있다. switch 문을 이용하면 if/else 문보다 코드를 간결하게 구현할 수 있다. 다음은 switch 문을 사용하지 않고 if/else 블록을 복잡하게 구성한 예제다.

```
int number = 1;
if (number == 0) {
```

```
    print('zero!');
  } else if (number == 1) {
    print('one!');
  } else if (number == 2) {
    print('two!');
  } else {
    print('choose a different number!');
  }
```

여기까지 switch 문의 핵심을 살펴봤다. 즉 switch를 이용한 간결한 코드로 가능한 값을 확인했다. 하지만 switch에는 런타임 상수만 사용 가능하므로 다음 코드는 유효하지 않다.

```
int five = 5;
switch(five) {
  case(five < 10):  ◁──┐   five < 10은 컴파일 타임 상수가 아니므
  // 작업 수행...             로 case에 사용할 수 없다. switch 문의
}                            case에는 연산도 사용할 수 없다.
```

2.3.3 고급 switch 사용

switch 문에서 case에 break나 return 문을 사용하지 않으면 자동으로 다음 case를 실행한다.

```
int number = 1;
switch(number) {
  case -1:
  case -2:
  case -3:
  case -4:
  case -5:
    print('negative!');
    break;
```

```
    case 1:
    case 2:
    case 3:
    case 4:
    case 5:
      print('positive!');
      break;
    case 0:
    default:
      print('zero!');
      break;
  }
```

이 예제에서 −5부터 −1까지의 숫자를 대입하면 negative!를 출력한다.

switch 문 탈출

switch 문의 각 case에 switch를 탈출하는 키워드를 추가해야 한다. 그렇지 않으면 오류가
발생한다.

```
  switch(number) {
  case 1:
    print(number);
    // 오류!
  case 2:
    //...
```

보통 break나 return으로 switch를 탈출한다. break는 switch 문을 탈출하는 명령어이
며 반환값 등을 전달하지 않는다. 다트에서 return 문을 만나면 함수 실행 자체가 종료되므로
switch 문도 종료된다.

오류를 발생시키는 throw 키워드도 사용해보자(함수를 종료시키는 기능으로 잠시 뒤에 설명한
다). continue와 레이블로 해당 case 문부터 실행할 수 있다.

```dart
String animal = 'tiger';
switch(animal) {
  case 'tiger':
    print('it's a tiger');
    continue alsoCat;
  case 'lion':
    print('it's a lion');
    continue alsoCat;
  alsoCat:
  case 'cat':
    print('it's a cat');
    break;
    // ...
}
```

switch 문은 it's a tiger와 it's a cat을 콘솔에 출력한다.

삼항 연산자

삼항*ternary* 연산자로 if/else를 대신할 수 있다. 상황에 따라서 ??= 연산자를 삼항 연산자로 대체한다. 필자는 플러터 위젯에 삼항 연산자를 자주 사용한다. 삼항 연산자는 조건부로 값을 할당한다. 조건, 조건이 참일 때의 값, 조건이 거짓일 때의 값 세 부분으로 이루어지므로 **삼항** 연산자라 부른다.

조건이 참인가 거짓인가?   참이면 첫 번째 옵션을 반환한다.   거짓이면 이 옵션을 반환한다.

```dart
var nametag = user.title == 'Boss' ? user.name.toUpperCase() : user.name;
```

이 코드는 'user의 title이 Boss면 철자를 대문자로 바꾸고 아니면 그대로 유지하라'라는 의미다.

2.3.4 루프

다른 언어와 동일한 키워드로 반복 루프를 구현한다. 다트가 제공하는 키워드는 다음과 같다.

- 표준 for
- for-in
- forEach
- while
- do while

각 키워드는 다른 대부분의 프로그래밍 언어와 같은 기능을 제공한다. 다음은 간단한 루프 예제다.

for 루프

인덱스가 필요하면 표준 for 루프를 이용한다.

```
for (var i = 0; i < 5; i++) {
  print(i);
}
```

인덱스가 필요 없다면 for-in 루프를 사용한다.

```
List<String> pets = ['Odyn', 'Buck', 'Yeti'];
for (var pet in pets) {
  print(pet);
}
```

for-in 루프의 대안으로 인덱스가 필요 없다면 반복할 수 있는 자료구조에 forEach 메서드로 루프를 반복하는 방법도 있다.

```
List<String>pets = ['Abe', 'Buck', 'Yeti'];
pets.forEach((pet) => pet.bark());
```

forEach는 두 가지 특별한 특징이 있다. 우선 forEach는 List에서 호출하는 함수다. 이때 새로운 범위를 만든다. forEach에서 접근한 모든 값은 이 블록 밖에서 접근할 수 없다.

둘째, forEach 블록은 부작용만 제공할 가능성이 있다. 즉 반환값을 이용할 수 없다. 이들 루프는 자료구조를 새롭게 만들지 않고 기존 객체를 변환할 때 유용하다.

> **NOTE_** forEach는 고차 함수다. 고차 함수는 뒤에서 간단하게 소개한다.

while 루프

while 루프도 여러분이 알고 있는 while 루프와 같다. while 루프는 바디를 실행하기 **전에** 조건을 확인하므로 바디가 실행되지 않을 수도 있다.

```
while(someConditionIsTrue) {
  // 어떤 작업 수행
}
```

반면 do-while 루프는 루프 바디를 **실행한 다음**, 조건을 평가한다. 따라서 루프 바디를 적어도 한 번 실행한다.

```
do {
  // 최소한 한 번은 어떤 작업을 수행
} while(someConditionIsTrue);
```

break와 continue

루프 흐름을 제어할 때 이 두 키워드를 사용한다. continue는 루프의 다음 차례 반복을 바로 시작하라는 명령이고, break는 루프를 완전히 탈출하라는 명령이다.

```
for (var i = 0; i < 55; i++) {
  if (i == 5) {
    continue;
  }
  if (i == 10) {
    break;
  }
  print(i);
}
```

다음은 루프 출력 결과다.

```
0
1
2
3
4
6
7
8
9
```

2.4 함수

C와 비슷한 언어를 사용했던 독자라면 다트의 함수가 익숙할 것이다. main 함수를 포함하는 예제를 여러 번 봤으니 이제 다트로 함수를 구현하는 방법을 자세히 살펴보자. 다음은 기본적인 함수다.

```
void main() {

}
```

2.4.1 다트 함수 파헤치기

다트 함수의 기본적인 구조는 다음과 같다.

```
String makeGreeting(String name) {  ←── 함수 시그니처
    return 'Hello, $name';  ←── 반환 형식
}
```

함수 시그니처는 **반환 형식 함수명(인수 형식 arg)**의 패턴으로 구성된다. return을 사용하는 모든 함수는 반환 형식을 갖거나 void를 반환한다.

다트는 진정한 객체지향 언어다. 함수도 객체이며 Function이라는 형식을 갖는다. 함수를 전달하거나 변수에 할당한다. 함수를 인수로 전달하거나 함수에서 함수를 반환하는 언어의 기능을 **고차 함수**high-order function라 한다. 플러터 앱 개발을 시작할 때 고차 함수를 자세히 살펴본다.

다트는 한 표현식을 포함하는 함수에 적용할 수 있는 단축 표현도 제공한다. 즉 함수 바디에 한 행의 코드가 있을 때는 다음처럼 간단하게 함수를 구현한다.

```
String makeGreeting(String name) => 'Hello, $name';
```

이 책에서는 이를 **화살표 함수**arrow function라 부른다. 화살표 함수에서는 => 표현식;의 문법으로 결과를 반환한다. 이는 { return 표현식; } 코드와 같다. 화살표 함수에서는 return 키워드를 사용할 필요가 없다.

2.4.2 파라미터

다트 함수는 위치 지정positional 파라미터, 이름 지정named 파라미터, 선택형 위치 지정optional positional 파라미터, 선택형 이름 지정 파라미터 그리고 이 모두를 조합한 파라미터 등 다양한 파라미터를 지원한다. 지금까지 살펴본 모든 함수는 위치 지정 파라미터다.

```
void debugger(String message, int lineNum) {
  // ...
}
```

이 함수를 호출할 때는 String과 int 인수를 차례로 전달해야 한다.

```
debugger('A bug!', 55);
```

이름 지정 파라미터

다트는 이름 지정 파라미터를 지원한다. **이름 지정**이란 함수를 호출할 때 인수를 레이블과 쌍으로 제공한다는 의미다. 다음은 두 개의 이름 지정 파라미터 예다.

```
debugger(message: 'A bug!', lineNum: 44);
```

중괄호({}) 로 이름 지정 파라미터를 감싸서 이름 지정 파라미터를 구현한다. 다음은 이름 지정 파라미터를 정의하는 함수다.

```
void debugger({String message, int lineNum}) {
```

기본적으로 이름 지정 파라미터는 선택 사항이다(이름을 지정하지 않고도 호출할 수 있음). 하지만 다음처럼 반드시 이름을 지정하도록 정의할 수 있다.

```
Widget build({@required Widget child}) {
  //...
}
```

변수에 required 키워드 애너테이션을 추가하려면 meta라는 다트 라이브러리를 사용해야 한다. 플러터를 배우면서 이를 자세히 살펴본다.

플러터 앱을 구현하면서 이 표현을 자주 사용할 예정이지만 지금은 애너테이션을 크게 신경 쓰지 않아도 괜찮다.

선택형 위치 지정 파라미터

마지막으로 []를 이용해 선택형 위치 지정 파라미터를 정의한다.

```
int addSomeNums(int x, int y, [int z]) {
  int sum = x + y;
  if (z != null) {
    sum += z;
  }
  return sum;
}
```

다음처럼 함수를 호출한다.

```
addSomeNums(5, 4)     ◁── 세 번째 파라미터는 선택형이므로 인수를 전달하지 않아도 괜찮다.
addSomeNums(5, 4, 3)  ◁── 세 번째 파라미터는 선택형이므로 인수를 전달할 수 있다.
```

2.4.3 파라미터 기본값

함수 시그니처에 = 연산자를 이용해 파라미터의 기본값을 정의한다.

```
addSomeNums(int x, int y, [int z = 5]) => x + y + z;
```

2.4.4 고급 함수 개념

프로그램에서 자신만의 기능을 구현하려면 함수를 사용해야 하므로 함수는 코드 재사용의 핵심이다. 수천 행의 코드를 포함하는 앱의 코드를 분석하기가 쉽지 않다. 고차 함수를 이용해 코드의 추상 계층을 추가하면 이해하기 쉬운 코드를 만들 수 있다. 다음은 수학 연산 두 가지를 구현한 코드다.

```
List<int> nums = [1,2,3,4,5];
int i = 0;
int sum = 0;
while (i < nums.length) {
  sum += nums[i];
  i+=1;
}
print(sum);


List<int> nums = [1,2,3,4,5];

print(addNumbers(nums));
```

첫 번째 예제와 **같은** 방식으로 기능을 구현할 수도 있지만 두 번째 예제에서는 addNumbers라는 추상 계층을 추가해 코드를 더 이해하기 쉽게 만들었다. 덕분에 각 코드가 수행하는 동작을 이해하지 않아도 전체 코드 동작을 이해할 수 있다. 게다가 addNumbers 함수는 이미 검증된 함수이므로 앱은 버그 걱정 없이 이 함수를 활용할 수 있다. 이 단순한 예제는 또한 각각의 기능(책임responsibility)을 다른 함수로 분리했으므로 개발자가 쉽게 이해할 수 있다.

함수를 쪼개서 자신만의 기능을 구현하는 행위를 **추상화**abstraction라 한다. 컴퓨터는 똑똑하지 않다는 사실을 기억하자. 컴퓨터에 모든 것을 지시해야 하기 때문이다. 하지만 사람은 똑똑하다. 사람은 추상화를 활용해 저수준의 명시적 명령어를 구현하며 이를 작은 함수로 감싼다. 덕분에 미래의 어떤 프로그래머든 이 코드를 쉽게 이해할 수 있다.

다트의 고차 함수 덕분에 로직을 추상화할 수 있다. 함수를 인수로 받거나 함수를 반환하는 함수를 고차 함수라 한다. 즉 고차 함수는 다른 함수를 이용한다. 이미 여러분은 다른 언어에서 고차 함수를 봤거나 사용했을 것이다.

```
List<int> nums = [1,2,3];
nums.forEach((number) => print(number + 1));
```

예를 들어 forEach는 인수로 함수를 받으므로 고차 함수다. 위 예제는 다음 코드와 같은 기능을 수행한다.

```
void addOneAndPrint(int num) {
  print(num +1);
}
nums.forEach(addOneAndPrint);
```

NOTE_ 첫 번째 forEach 예제는 무명 함수anonymous function 즉, 이름을 갖지 않는 함수를 사용했다. forEach의 인수로 구현한 무명 함수는 forEach 실행이 종료되면 사라진다.

다트에서 함수를 포함한 모든 것은 객체라고 설명했다. 따라서 객체를 취급하듯이 함수를 전달하거나 변수에 할당하거나 반환할 수 있다.

고차 함수를 사용하지 않고도 얼마든지 코드를 구현할 수 있다. 하지만 실전에서는 Iterable 객체로(예를 들어 List는 반복할 수 있으므로 Iterable임) 처리해야 하는 상황이 종종 발생한다. Iterable 객체(그리고 가끔 Map 객체도)는 forEach, map, where처럼 리스트의 모든 멤버에 어떤 작업을 수행하는 고차 함수를 제공한다. forEach는 이미 살펴봤으니 이번에는 map 예제를 살펴본다.

List.map과 forEach는 함수를 인수로 받고 리스트의 각 멤버를 인수로 받은 함수를 호출한다는 점은 같다. 각 함수 호출 결과를 반환하고, 그 결과를 다시 새 리스트로 추가한다는 점이 forEach와 다르다.

```
List<int> smallNums = [1,2,3];
Iterable<int> biggerNums = smallNums.map((int n) => n * 2);  ◁── List.map은 함수를 인수로 받는다. 내부 함수를 호출할
                                                                 때 smallNums 리스트의 멤버를 인수로 전달한다.
```

smallNums의 각 멤버를 전달받은 함수의 인수로 사용해 호출한다. 이 예제에서 (int n) => num * 2가 함수다. 따라서 즉 1, 2, 3 각각의 멤버를 이용해 함수를 호출한다. biggerNums 리스트는 [2, 4, 6]을 갖는다. 고차 함수를 이용하지 않고도 기능을 구현할 수는 있지만 플러터 개발에서 고차 함수를 이용하면 아주 유용하다.

2.4.5 어휘 스코프

다트는 어휘 스코프lexical scope를 갖는다. 각 코드 블록은 위에서 정의한 모든 변수에 접근할 수 있다. 코드의 구조로 범위를 결정하며 중괄호가 열리는 부분부터 닫히는 부분까지로 현재 범위를 확인한다.

```dart
String topLevel = 'Hello';

void firstFunction() {
  String secondLevel = 'Hi';
  print(topLevel);
  nestedFunction() {
    String thirdLevel = 'Howdy';
    print(topLevel);
    print(secondLevel);
    innerNestedFunction() {
      print(topLevel);
      print(secondLevel);
      print(thirdLevel);
    }
  }

  print(thirdLevel);
}

void main() => firstFunction();
```

print 문을 제외하고는 유효한 함수다. 중첩된 함수의 범위 밖에서 thirdLevel 변수를 사용했으므로 어휘 스코프를 벗어난다(중괄호로 블록을 정의한다는 사실을 기억하자).

2.5 다트의 객체지향 프로그래밍

요즘 앱은 큰 데이터셋을 처리할 수 있도록 돕는 역할을 주로 수행한다. 어떤 앱은 소셜 미디어나 이메일 등 통신을 제공하며, 어떤 앱은 캘린더, 노트 기록 등 정리 기능을 제공한다. 또 데이트 앱처럼 프로그래머가 현실에서 어려워하는 일을 디지털 인터페이스로 제공한다. 다른 서비스를 제공하는 것 같지만 사실 모든 앱은 같은 일을 수행한다. 즉 사용자가 데이터와 쉽게 상호작용할 수 있도록 돕는다.

데이터는 현실을 반영한다. 모든 데이터는 **실체**를 묘사한다. 즉, 객체지향 프로그래밍은 실제 물건을 데이터로 모델링하는 좋은 수단이다. 프로그래밍 세계의 컴퓨터가 우리가 원하는 작업을 수행하도록 데이터에 추상화를 추가한다. 덕분에 코드를 읽고, 이해하기 쉬우며 재사용성도 좋아진다.

다트 코드를 구현할 때 현실의 모든 '사물thing'을 클래스로 만들 수 있다. '사물'이라는 단어가 너무 막연해 정확한 표현이 아닐 수 있지만, 여기서는 사물이라고 표현한다.

판매 시점 정보 관리point of sale(POS) 시스템 코드를 구현한다고 생각해보자. 이때 '사물(또는 데이터)'을 표현하려면 어떤 클래스가 필요할까? POS 앱은 어떤 종류의 '사물'을 알아야 할까? Customer, Business, Employee, Product, Money 같은 클래스가 필요하다. 이 모든 클래스는 현실의 사물을 표현한다. 이제 상황이 조금 복잡해졌다. 다음 질문을 곰곰이 생각해보자.

- Transaction, Sale 클래스가 필요하다. 현실에서 트랜잭션은 프로세스 또는 이벤트에 해당한다. 이 트랜잭션을 함수와 클래스 중 어느 것으로 표현해야 할까?
- 만약 바나나를 판매한다면 Product 클래스를 만들고 판매하는 상품의 종류를 설명하는 프로퍼티를 추가하면 될까?
- 최상위 수준 변수를 사용해야 할까 혹은 프로퍼티 하나를 포함하는 클래스를 정의해야 할까? 예를 들어 두 숫자를 더하는 함수를 구현한다면 Math 클래스에 add 메서드를 추가할 것인가 혹은 정적 메서드나 전역 변수를 이용할 것인가?

궁극적으로 결정은 프로그래머인 여러분에게 달렸다. 정답은 정해져 있지 않기 때문이다.

2.5.1 클래스

'확신이 서지 않으면 새 클래스로 만든다'는 것이 필자의 규칙이다. 질문을 다시 생각해보자. Business의 함수 혹은 다른 클래스로 트랜잭션을 표현해야 할까? 일단 클래스를 선택하자. 전에 언급한 사물이라는 단어도 다시 생각해보자. 사물은 물리적 물체만 가리키는 것이 아니고 개념, 이벤트, 논리적 형용사의 그룹 등 모든 것이 사물이다. 이 예제에서는 다음과 같이 클래스를 만든다.

```
class TransactionEvent {  ◁── class 키워드로 새 클래스를 정의한다.
  // 프로퍼티와 메서드
}
```

클래스에 다른 프로퍼티나 메서드는 필요 없다. 이벤트를 클래스로 만들면 다트의 형식을 더 효과적이고 안전하게 만든다.

명백하게 어떤 동작이나 사물의 세부를 묘사하는 단어가 아니라면 일단 클래스로 표현한다(하지만 여전히 클래스로 만드는 것이 적절하지 못할 수도 있다). 예를 들면 어느 누구나 다른 사람과 돈을 환전할 수 있다. 이 동작이 트랙잭션과 같은 개념임에도 불구하고 '나는 트랜잭션을 수행한다'라고 말하는 사람보다 '나는 돈을 환전한다'고 말하는 사람이 더 많다.

이때 Transaction 클래스를 만드는 것은 좋은 선택이지만 ExchangeMoney 클래스를 만드는 것은 옳지 않다.

여러분이 구현하는 거의 모든 다트 코드는 클래스에 포함된다. 클래스는 객체의 청사진이다. 즉 클래스는 객체를 묘사한다. 객체 자체는 데이터와 로직을 포함하는 알맹이다. 예를 들어 다음 Cat 클래스를 살펴보자.

```
class Cat {
  String name;
  String color;
}
```

이 클래스는 다음처럼 객체를 생성한다.

```
Cat nora = new Cat();
nora.name = 'Nora';
nora.color = 'Orange';
```

new 키워드를 사용하지 않음

다른 객체지향 언어에서는 new 키워드로 클래스의 인스턴스를 만든다. 다트에서도 new를 사용할 수 있지만 이는 선택 사항이다. 다트 2에서는 new나 const로 객체를 만들 필요가 없다. 컴파일러가 자동으로 알맞은 키워드를 추론하기 때문이다. 더 자세한 사항은 3장에서 설명한다.

다트에서는 new 키워드 사용을 권장하지 않으므로 지금부터는 new 키워드를 사용하지 않는다.

Cat 클래스 자체는 정보를 포함하지 않는 청사진일 뿐이다. Cat의 **인스턴스** nora는 객체다. nora는 Cat의 다른 인스턴스와 독립적으로 name, color 등의 정보를 포함한다. 필요하면 새로운 Cat 인스턴스를 또 만들 수 있다.

```
Cat ruby = Cat();
nora.name = 'Ruby';
nora.color = 'Grey';
```

nora, ruby는 완전히 다른 객체다. 이들은 클래스의 인스턴스다. 클래스를 구현한 다음에는 클래스가 아니라 클래스의 인스턴스(객체)와 상호작용한다.

NOTE_ 클래스와 직접 상호작용할 때 생기는 몇 가지 문제는 뒤에서 살펴본다.

2.5.2 생성자

새 인스턴스를 만들 때 수행할 동작을 지정할 수 있는데 이 역할을 하는 함수를 **생성자**constructor
라 한다.

클래스의 인스턴스를 만들 때 값을 전달하거나 초기화 로직을 수행해야 할 때가 있다. 클래스
의 생성자를 이용해 클래스 인스턴스의 프로퍼티에 필요한 값을 설정한다.

```
class Animal {
  String name;      ←──┤ 클래스의 프로퍼티 선언(처음에는 null이 할당됨)
  String type;

  Animal(String name, String type) { ←──┤ 기본 생성자
    this.name = name;   ←──┤ 인수를 생성자로 전달한다.
    this.type = type;
  }
}
```

기본 생성자는 클래스와 같은 이름을 갖는다. 함수로 전달하려는 인수(클래스의 프로퍼티로 할
당하려는 값)는 함수의 인수처럼 정의한다. 생성자에 인수를 전달하면 같은 이름의 인스턴스
프로퍼티로 값을 할당한다.

일부 언어에서는 이전 예제처럼(생성자 바디에서 **this.name = name**으로 호출) 각 프로퍼티
변수를 명시적으로 할당해야 한다. 다트에서는 이를 다음과 같이 더 간결하게 줄일 수 있다.

```
class Animal {
  String name, type;
                                  ┤ 같은 이름의 프로퍼티에 인수로
  Animal(this.name, this.type);  ←──┤ 전달받은 값을 자동으로 할당한다.
}
```

생성자에는 필요한 코드와 로직을 추가한다. 결국 생성자는 일반 함수와 비슷하다.

```
class Animal {
  String name, type;

  Animal(this.name, this.type) {
    print('Hello from Animal!');
  }
}
```

이전에 **기본 생성자**라는 표현을 사용했다. 생성자의 종류는 다양하며 클래스는 여러 생성자를 가질 수 있다. 이는 뒤에서 자세히 살펴본다. 우선은 객체지향 프로그래밍의 상속이라는 중요한 주제를 먼저 살펴보자.

2.5.3 상속

객체지향 프로그래밍의 **상속**이란, 한 클래스가 다른 클래스를 상속받거나 다른 클래스의 슈퍼클래스superclass가 될 수 있음을 의미한다. Mammal 클래스를 구현한 후, Dog, Cat 클래스가 Mammal 클래스를 상속받도록 구현한다. Mammal 클래스를 상속받은 두 클래스 모두 Mammal 클래스의 모든 기능을 포함한다.

```
class Cat extends Mammal {}  ◁   extends로 슈퍼클래스의
class Eric extends Human {}       모든 기능을 상속받는다.
class Honda extends Car {}
```

클래스가 다른 클래스(슈퍼클래스라 한다)를 상속할 때 그 클래스는 슈퍼클래스를 그대로 복제하며 이후 필요에 따라 클래스에 기능을 추가한다(예를 들어 Cat은 Mammal 클래스의 복제본이지만 meow라는 함수를 따로 추가할 수 있다). 짧지만 구체적인 예제를 살펴보자.

```
// 슈퍼클래스
class Animal {
  String name;
```

```
    int legCount;
  }

  // 서브클래스
  class Cat extends Animal {
    String makeNoise() {
      print('purrrrrrr');
    }
  }
```

이 예제에서 Cat의 인스턴스를 만들었으며 name, legCount 두 개의 프로퍼티를 갖는다.

```
  Cat cat = Cat();
  cat.name = 'Nora';
  cat.legCount = 4;
  cat.makeNoise();
```

모두 유효한 코드다. Cat 객체는 Animal이므로 name을 설정할 수 있다. 하지만 다음 코드는
유효하지 않다.

```
  Cat cat = Animal();
  cat.makeNoise();
```

Animal은 슈퍼클래스이며 자신을 상속받은 서브클래스와는 아무 관련이 없기 때문이다.

다른 상속 예제로 Pig 클래스를 살펴보자.

```
  class Pig extends Animal {
    String makeNoise() {
      print('oink');
    }
  }
```

다음 코드는 유효하다.

```
Pig pig = Pig();
pig.name = 'Babe';
pig.legCount = 4;
pig.makeNoise();
```

Pig는 Cat처럼 Animal을 상속받았으므로 name, legCount 프로퍼티를 갖는다. 마지막으로 상속은 나무와 같다. Pig가 Mammal을 상속받고, Mammal은 Animal을 상속받고, Animal은 Life를 상속받는다면 Pig는 이 모든 클래스의 멤버를 이용할 수 있다. [그림 2-2]에서 보여주는 것처럼 다트의 모든 객체는 Object를 상속받는다.

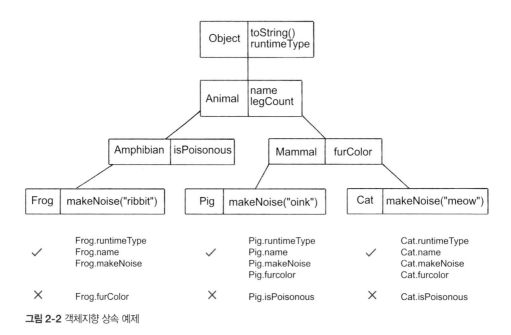

그림 2-2 객체지향 상속 예제

2.5.4 factory와 지정 생성자

현재 인류는 재생 가능 에너지를 만들어야 하는 과제에 직면했다. 모든 에너지원의 형태는 다르지만 결국 모두 에너지로 변환할 수 있다는 점이 동일하다. 하지만 순간의 바람은 그냥 바람일 뿐이고 햇살도 햇살일 뿐 에너지가 아니다. 과학은 이렇게 다른 물질을 에너지로 바꾸는 방법을 발견해야만 한다.

TIP_ 필자는 물상 과학physical science과는 거리가 먼 사람이므로 너무 놀라지 않길 바란다.

에너지는 factory와 지정 생성자named constructor를 설명하는 데 필요한 이야기일 뿐이다. factory와 지정 생성자는 미리 정해진 프로퍼티를 포함하는 클래스의 특별한 메서드다.

지정 생성자는 항상 클래스의 **새 인스턴스**를 반환한다. factory 메서드는 조금 더 유연하다. factory 메서드는 캐시된 인스턴스 또는 서브 형식의 인스턴스를 반환하기 때문이다. 다음은 Energy 클래스 코드다.

```
class Energy {
  int joules;

  Energy(this.joules);          ← 기본 생성자

  Energy.fromWind(int windBlows) {  ← 지정 생성자는 'Energy.' 문법을 이용해
    final joules = _convertWindToEnergy(windBlows);    클래스의 인스턴스를 반환한다.
    return Energy(joules);       ← 모든 생성자는 클래스의
  }                                 인스턴스를 반환해야 한다.        factory는 기존 Energy 인스턴스를
                                                                  반환할 수 있다. 또는 새 인스턴스를 만
  factory Energy.fromSolar(int sunbeams) {  ←                    들어 할당한 다음 반환한다.
    if (appState.solarEnergy != null) return appState.solarEnergy;
    final joules = _convertSunbeamsToJoules(sunbeams);
    return appState.solarEnergy = Energy(joules);
  }
}
```

2.5.5 열거자

열거자^{enumerator}를 보통 **enum**이라 부르며 상수 집합을 표현하는 특별한 클래스다. `String`을
인수로 받아 어떤 작업을 수행한 다음, 앱의 텍스트 색을 바꾸는 메서드가 있다고 가정하자.

```
void updateColor(String color) {
  if (color == 'red') {
    text.style.color = 'rgb(255,0,0)';
  } else if (color == 'blue') {
    text.style.color = 'rgb(0,0,255)';
  }
}
```

`macaroni`, `crab cakes`, `33445533`처럼 엉뚱한 문자열을 전달하지만 않는다면 `updateColor`
메서드는 멋진 작업을 수행한다. enum을 이용하면 간단하게 형식 안정성을 확보할 수 있다. 결
국 탄탄한 코드를 읽기 쉽게 만드는 것이 enum의 역할이다.

다음은 Color의 enum 코드다.

```
enum Color { red, blue }
```

이제 `Color.red`로 enum을 사용할 수 있다. 변수와 필드에 `Color` 형식을 사용하고 이 형식에
`Color.red`나 `Color.blue`를 할당한다. 덤으로 `switch` 문에 enum을 사용하면 enum에 정의한
모든 형식을 `case` 문으로 구현하도록 강제한다(아니면 마지막에 `default`를 추가해야 한다).

다음은 enum을 활용한 예제 코드다.

```
enum Color { red, green, blue }

void updateColor(Color color) {
  switch (color) {
    case Color.red:
      // 작업 수행
```

```
    case Color.green:
      // 작업 수행
    case Color.blue:
      // 작업 수행
  }
}
```

함수를 호출할 때는 반드시 **Color**를 전달해야 한다.

```
updateColor(Color.red);
updateColor(Color.green);
updateColor(Color.blue);
```

macaroni를 전달하면 컴파일러 오류가 발생한다.

더 다양한 다트의 기능

2장에서는 플러터 앱을 구현하는 데 도움을 주는 다트의 일부 기능만 소개했다. 비동기, 제네릭 형식, 추상 클래스(인터페이스), 제네레이터 함수 등은 나중에 더 자세히 살펴본다. 이런 기능은 꼭 알아야 하는 중요한 기능이지만 이를 제대로 이해하기 위해서는 상당한 지식이 필요하다. 따라서 필요한 지식을 먼저 갖추고 배울 순서가 됐을 때 각 기능을 설명한다. 2장에서는 다트를 어느 정도 이해할 수 있는 기본 지식을 배웠을 뿐이다.

2.6 마치며

- 다트 문법은 C 언어를 기반으로 만들어진 언어와 비슷하다.
- 다트는 객체지향이며 엄격한 형식 언어다.
- 모든 다트 프로그램의 진입점은 main 함수다.
- 형식은 특정 상황에 올바른 값을 할당하도록 코드를 강제한다. 때로는 귀찮아 보일 수 있지만 버그를 줄이는 데 도움이 된다.

- 함수는 형식 또는 void를 반환해야 한다.

- 다트의 대부분의 연산자는 다른 연산자와 비슷하지만 ~/, is, as처럼 특별한 연산자도 있다.

- 어떤 값이 null이 아닌지 확인할 때 널 인지 연산자를 활용한다.

- 다트는 if/else, switch, 삼항 연산자 등의 제어 흐름을 제공한다.

- switch 문에 enum을 사용하면 모든 enum의 형식을 case로 확인하도록 컴파일러가 강제한다.

- 다트의 루프는 다른 언어와 비슷하다. 다트는 for, for-in, while, do while 루프를 지원한다.

- 다트의 함수는 객체이므로 값처럼 함수를 전달할 수 있다. 다른 언어에서는 이를 **고차 함수**라 부른다.

- 다트는 진정한 객체지향 프로그래밍 언어이므로 여러분은 클래스, 생성자, 상속을 자주 사용할 것이다.

- 다트는 기본 생성자, factory 생성자, 지정 생성자 등 다양한 생성자를 지원한다.

- enum은 프로퍼티나 변수에 정해진 범위의 형식을 지정하므로 형식 안정성을 제공하는 특별한 클래스다.

플러터의 세계로

이 장의 주요 내용

◆ 카운터 앱으로 플러터 기초 다지기

◆ 플러터 위젯 클래스

◆ BuildContext, 위젯 트리, 요소 트리

◆ 플러터 개발 환경과 팁

이 책을 읽고 있는 독자라면 플러터에 어느 정도 관심이 있다고 생각한다. 3장을 다 읽고 나면 플러터에 대한 흥미가 더 커질 것이다. 3장에서는 플러터를 전체적으로 살펴보며 플러터를 사용하는 방법과 내부 동작 원리를 알아본다.

플러터 기초를 쌓기 위한 순서는 다음과 같다.

1 CLI로 플러터 프로젝트를 새로 만들면 자동으로 생성되는 카운터 앱 자세히 살펴보기

2 기본 위젯을 추가해 더 탄탄한 카운터 앱으로 개선하기

3 BuildContext, 위젯 트리, 요소 등 자세히 살펴보기(플러터 오류 90퍼센트가 여기서 발생하므로 이 부분 이해가 중요함)

4 플러터 팀이 SDK에 추가한 기술과 도구 활용법 배우기

NOTE_ 아직 여러분의 컴퓨터에 플러터를 설치하지 않았다면 부록 A를 참고해 설치하자. 플러터 설치와 설정에 문제가 생기면 문서(`https://flutter.dev/get-started`)를 참고하자.

3.1 카운터 앱 소개

플러터를 설치했다면 터미널에서 명령줄로 프로젝트를 만든다. 터미널에 flutter create를
실행하면 새 프로젝트가 시작된다. 이 명령은 자동으로 프로젝트 시작 코드를 생성한다.

> **WARNING_** 다음 단계로 진행하기 전에 환경을 설정했는지 다시 확인하자. 부록 A나 https://
> flutter.dev/get-started를 참고해서 플러터와 관련 의존성dependency을 모두 내려받아야 한다.

첫 번째 플러터 앱을 만들어보자. 터미널에서 앱을 만들려는 위치로 이동해 다음 프로젝트를
만든다.

```
$ cd ~/Desktop/flutter_in_action/
$ flutter create counter_app                    pub get은 다트의 패키지 의존성을 가져오는 명령이다.
$ cd counter_app && flutter pub get ◁─────────  플러터 앱에서는 flutter 뒤에 이 명령을 추가한다.
$ flutter run
```

앱이 실행된다. [그림 3-1]은 시뮬레이터로 앱을 실행한 모습이다.

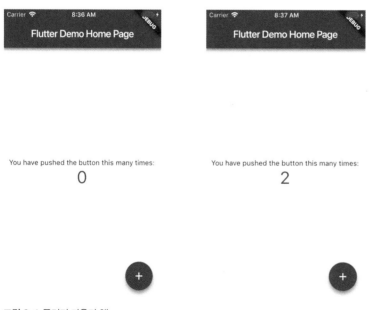

그림 3-1 플러터 카운터 앱

[+] 버튼을 클릭하면 카운터가 증가한다. 간단한 앱이지만 플러터를 시작하는 것이 얼마나 쉬운지 보여주는 좋은 예제다!

인터넷에서는 이를 '카운터 앱counter app'이라 부른다. 플러터의 hello world와 같은 앱이다. 새 플러터 프로젝트를 시작하면 자동으로 이 앱이 만들어진다.

3.1.1 플러터 프로젝트 구조

플러터 프로젝트를 만들면 디렉터리가 생성된다. 다행히 모든 디렉터리를 당장 알 필요가 없으며 사용하지 않는 디렉터리도 있다. 디렉터리 모습은 다음과 같다.

```
counter_app
¦- android     ◁─┐ 컴파일된 안드로이드 앱(지금은 신경 쓰지 않아도 된다)
¦- ios         ◁─┐ iOS 앱(지금은 신경 쓰지 않아도 된다)
¦- lib         ◁─┐ 99퍼센트의 시간을 할애할 장소
  ¦- main.dart ◁─┐ 프로젝트의 진입점이다. 반드시 존재해야 하며 main() 메서드를 포함해야 한다.
¦- test        ◁─┐ 50퍼센트의 시간을 할애해야 하지만 보통 0.1퍼센트의 시간을 사용한다.
  ¦- widget_test.dart
.gitignore
pubspec.yaml   ◁─┐ 모든 다트 프로젝트에 필요하며 의존성과 메타데이터를 관리한다.
pubspec.lock   ◁─┐ 편집하면 안 되는 잠금lock 파일을 생성한다. pubspec.yaml을 업데이트할 때
README.md        ┘ 이 잠금 파일을 갱신하며 호환되지 않는 패키지 버전을 사용하지 않도록 확인한다.
```

여기서 lib 디렉터리에 코드를 추가한다는 점과 main.dart가 앱의 진입점이라는 사실만 기억하자.

3.1.2 플러터 앱 해부

카운터 앱 대부분의 코드는 main.dart 파일에 들어 있다. 자동으로 만들어진 main.dart는 플러터의 아름다운 주석을 포함하므로 이 주석만 읽어봐도 많은 정보를 얻을 수 있다. 하지만 여기서는 주요 부분만 추려서 설명한다. 파일 윗부분부터 살펴보자.

```
import 'package:flutter/material.dart';  ◁─┐ 머티리얼 라이브러리를 임포트한다.
```

우리가 상호작용하는 플러터의 많은 기능은 다트 라이브러리다. SDK에서 제공하는 모든 위젯을 포함해 라이브러리로 플러터 앱을 개발한다. 이 예제에서 `material` 라이브러리를 임포트했는데 이는 구글의 머티리얼 디자인 시스템 기본 위젯을 제공한다. iOS 스타일 컴포넌트를 제공하는 `flutter/cupertino.dart`도 있지만 이 책에서는 머티리얼을 사용한다.

> **NOTE_** 머티리얼과 쿠퍼티노^{Cupertino} 라이브러리는 기본적으로 포함하는 위젯 종류만 다를 뿐 제공하는 핵심 기능은 같다. 지금은 머티리얼 라이브러리가 더 탄탄하며 다양한 예제, 문서, 자습서를 제공한다. 따라서 이 책에서는 머티리얼 라이브러리를 사용한다. 둘 중 누가 더 좋거나 나쁘다고 말할 순 없다.

앱 진입점

카운터 앱의 맨 윗부분에 `main` 함수가 있다.

```
void main() => runApp(MyApp());
```

다트 프로그램처럼 플러터 앱도 `main` 함수가 진입점이다. 플러터에서는 `runApp`이라는 메서드로 최상위 위젯을 감싼다. 극단적으로 이 한 행의 코드만으로도 앱을 만들 수 있다. 기능이 다양한 앱은 `main` 함수에서 더 많은 작업을 수행한다. 하지만 이런 앱도 반드시 최상위 위젯을 `runApp`의 인수로 전달해 호출해야 한다.

모든 것이 위젯이라는 사실을 기억하자. 앱의 경로도 위젯이며 별도의 객체나 클래스가 따로 존재하지 않는다.

3.1.3 다시, 모든 것은 위젯

플러터에서 거의 모든 것이 위젯이며 위젯은 뷰를 묘사하는 다트 클래스다. 위젯은 요소를 화면에 표시할 때 플러터가 사용하는 청사진이다. 위젯 클래스는 플러터가 이해할 수 있는 뷰 모델이다. 위젯에는 컨트롤러나 뷰가 따로 없다.

웹 등 다른 프레임워크에서는 위젯을 **컴포넌트**라 부르는데 정신적 모델은 비슷하다. 위젯(또는 컴포넌트)은 특정 UI를 정의하는 클래스다. 여러 위젯(또는 컴포넌트)을 사용해 이를 다양한 방법으로 조합하며 더 큰 위젯으로 만들면서 앱을 완성한다.

하지만 리액트 같은 다른 프레임워크 컴포넌트와 달리 위젯은 앱 뷰의 모든 사항을 정의할 수 있다. Row 위젯은 레이아웃 정보를 정의한다. Button, TextField 같은 위젯은 덜 추상적이며 구조적 요소를 정의한다. 테마theme 위젯으로 앱의 색과 폰트를 정의하고 위젯으로 애니메이션을 정의한다. 컴포넌트 기반 프레임워크에서는 자식 위젯에 패딩을 추가하는 컴포넌트를 **만들 수 있다**. 하지만 CSS로도 원하는 컴포넌트에 패딩을 추가할 수 있다. 플러터에서는 한 위젯의 스타일을 **다른 위젯**으로 설정한다. 즉, 패딩을 추가하려면 Padding 위젯을 사용해야 한다.

핵심은 모든 UI가 위젯이라는 것이다. 심지어 앱의 경로도 위젯이다. App이라는 특별한 객체는 없다. build 메서드로 다른 위젯을 반환하는 **MyApp**이라는 커스텀 위젯을 정의한다.

플러터 라이브러리는 다양한 내장 위젯을 제공한다. 내장 위젯을 조합해 자신만의 위젯을 만들 수 있다. 다음은 자주 사용하는 위젯이다.

- **레이아웃**: Row, Column, Scaffold, Stack
- **구조**: Button, Toast, MenuDrawer
- **스타일**: TextStyle, Color, Padding
- **애니메이션**: FadeInPhoto, Transform
- **위치와 정렬**: Center, Padding

3.1.4 build 메서드

모든 위젯은 다른 위젯을 반환하는 build 메서드를 반드시 포함해야 한다. 다음은 간단한 StatelessWidget 예제 코드다.

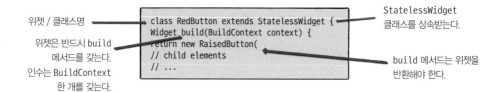

위젯 / 클래스명 —— StatelessWidget 클래스를 상속받는다.

위젯은 반드시 build 메서드를 갖는다. 인수는 BuildContext 한 개를 갖는다.

```
class RedButton extends StatelessWidget {
Widget build(BuildContext context) {
return new RaisedButton(
// child elements
// ...
```

build 메서드는 위젯을 반환해야 한다.

앱으로 돌아가 가장 상위 위젯인 **MyApp**을 살펴보자. 카운터 앱의 **MyApp**은 가장 상위의 위젯이 며 다른 위젯과 비슷한 평범한 위젯이다.

```
class MyApp extends StatelessWidget {

  @override

  Widget build(BuildContext context) {
    return MaterialApp(
      title: 'Flutter Demo',
      theme: ThemeData(
        primarySwatch: Colors.blue,
      ),
      home: MyHomePage(title: 'Flutter Demo Home Page'),
    );
  }
}
```

플러터의 모든 것과 마찬가지로 MyApp도 위젯이다.

애너테이션(다른 프레임워크에서는 데코레이터라 부르기도 함)은 이 클래스의 슈퍼클래스(StatelessWidget)도 build 메서드를 갖지만 이 메서드를 대신 호출해야 한다는 의미다.

모든 위젯은 다른 위젯을 반환하는 build 메서드를 포함한다.

앱의 모든 위젯에서 머티리얼 디자인 기능을 이용할 수 있도록 MaterialApp(내장 위젯) 으로 앱을 감싼다.

위젯은 인수를 받는 생성자를 포함하는 클래스다. MaterialApp은 title, theme, home을 선택형 파라미터로, String, ThemeData, Widget을 지정 파라미터로 받는다.

3.1.5 플러터의 new, const 생성자

플러터에서는 한 위젯의 여러 인스턴스를 만든다. 많은 내장 위젯은 일반 생성자와 const 생성 자를 모두 제공한다. 변경할 수 없는 위젯 인스턴스는 성능이 좋으므로 가능하면 const를 사용하는 것이 좋다. 플러터는 new, const 키워드를 둘 다 사용하지 않으면 프레임워크가 가능한 const로 위젯을 추론하므로 크게 신경 쓰지 않아도 된다.

```
Widget build(BuildContext context) {
  return Button(   ◁——| Button 클래스, Text 클래스에 new 키워드를 사용하지 않는다.
    child: Text("Submit"),
  );
}

// 다음과 비교
Widget build(BuildContext context) {
  return new Button(   ◁——| new 키워드를 사용한다.
    child: new Text("Submit"),
  );
}
```

따라서 어떤 위젯이 상수고 어떤 위젯이 아닌지 지정할 필요가 없다. 플러터가 알아서 처리하기 때문이다. 덕분에 build 메서드의 코드도 간단해진다. 또한 클래스 인스턴스를 만들 때 new 키워드를 사용할 필요가 없다. 이는 위젯뿐 아니라 다른 객체에도 적용된다. 다트 2.3부터 이 기능은 모든 다트 환경에서도 지원한다.

3.1.6 핫 리로드

핫 리로드hot reload는 네이티브 모바일 개발자에게 가장 군침 도는 플러터 기능 중 하나다. 이 기능에 흥분하지 않는 사람이 있으리라 상상하기 어렵다.

다트는 AOT 컴파일러이면서 JIT 컴파일러다. 컴퓨터로 앱을 개발할 때는 JIT을 사용한다. 실시간으로 코드를 컴파일하고 실행한다는 의미에서 'just in time' 컴파일러라 부른다. 앱을 제품으로 배포할 때는 AOT 컴파일러를 사용한다. 개발자 입장에서 개발 시에는 코드를 빨리 개발하고 재컴파일할 수 있으며, 제품 배포 시에도 네이티브 성능을 희생하지 않아도 된다.

핫 리로드가 얼마나 멋진 기능인지 살펴보자. 카운터 앱에서 MyHomePage의 title 인수 전달 코드를 바꿔보자.

```
// chapter_3/counter_app/lib/main.dart
home: MyHomePage(title: 'Flutter Home PageDemo'); // 기존 코드

home: MyHomePage(title: 'Hot Reload Demo'); // 수정한 코드
```

그러면 핫 리로드가 작동하면서 바로 결과가 나타난다. 이는 작은 예제일 뿐이다. 새 위젯을 추가하거나 테마 색을 바꾸면 바로 결과가 나타난다.

핫 리로드 사용

여러분의 개발 환경에 따라 핫 리로드를 동작시키는 방법이 조금씩 다를 수 있다.

- 인텔리제이IntelliJ, 비주얼 스튜디오 코드Visual Studio Code, 안드로이드 스튜디오Android Studio에는 핫 리로드 전용 버튼이 있으며 단축키는 [Cmd] + [S](윈도우나 리눅스에서는 [Ctrl] + [S])다. IDE에 플러터 플러그인을 설치하면 이 기능이 추가된다.
- 터미널에서 플러터를 실행하고 r을 입력하면 핫 리로드가 실행된다.

예제 코드의 ThemeData 생성자에서 **primarySwatch**를 다른 색으로 바꿔보자.

```
// chapter_3/counter_app/lib/main.dart
theme: ThemeData(
  primarySwatch: Colors.blue, // 기존 코드
),

theme: ThemeData(
  primarySwatch: Colors.indigo, // 수정한 코드
),
```

다시 핫 리로드를 실행하자. 이제 위쪽 앱 바와 버튼의 색이 순식간에 바뀐다. 정말 멋진 기능이다.

3.2 위젯 트리와 형식, State 객체

플러터 라이브러리는 수많은 내장 위젯을 제공한다. 거의 모든 위젯은 `StatelessWidget`이나 `StatefulWidget`의 형식을 갖는다. 두 가지 형식 외에 더 높은 수준의 형식을 갖는 위젯이 있으며 이는 뒤에서 자세히 설명한다. 하지만 대부분의 상황에서 두 가지 형식 중 하나의 위젯을 사용한다. 플러터 UI를 개발한다는 것은 수많은 위젯을 조합해 **위젯 트리**를 완성함을 의미한다. 마치 브라우저에서 DOM으로 트리 구조를 표현하듯이 플러터 앱은 위젯 트리로 구현한다. 위젯 트리는 플러터가 이해할 수 있는 실제 트리 자료구조이며 플러터 앱의 구조를 이해하는 데 도움을 준다. 플러터를 배우는 동안 여러분은 위젯 트리를 자주 접하게 될 것이다.

각 노드는 위젯이고 노드가 모여 트리가 된다. `build` 메서드에서 위젯을 추가할 때마다 트리에 새 노드를 추가한다. 각 노드는 부모와 자식 관계로 연결된다.

[그림 3-2]는 카운터 앱의 위젯 트리를 단순한 형태로 보여준다. 다양한 위젯이 있지만 각 위젯을 당장 이해할 필요는 없다. 우선은 위젯 트리가 무엇이며 플러터 앱의 구조를 이해하는 것이 중요하다.

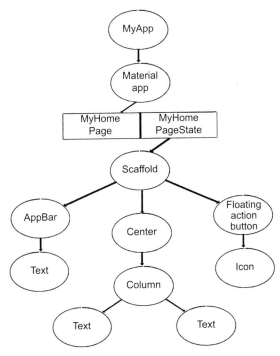

그림 3-2 카운터 앱 위젯 트리

위젯은 자신의 자식이 또 다른 위젯(들)을 포함한다고 설명하는 방식으로 트리를 만든다. 다음
은 텍스트를 정렬하는 간단한 예제다.

```
return Container(          Container 위젯은 다른 위젯을 받는
  child: Padding(  ◁───┘   child 프로퍼티를 갖는다.
    padding: EdgeInsets.all(8.0),
    child: Text("Padded Text")  ◁──── Padding 위젯도 다른 위젯을 받는
  ),                                   child 프로퍼티를 갖는다.
);
```

위젯 트리에서 Container는 Padding의 부모고 Padding은 Text 위젯의 부모다.

모든 위젯이 child 프로퍼티를 갖는 것은 아니다. child 프로퍼티 외에 children, builder
등의 프로퍼티를 갖는 위젯도 있는데 이는 나중에 살펴본다.

3.2.1 상태를 갖지 않는 위젯

StatefulWidget과 StatelessWidget은 이름에서 알 수 있듯이 상태 유무에 차이가 있다.
StatefulWidget은 내부 상태를 추적한다. StatelessWidget은 위젯 생명주기 동안 내부 상
태를 갖지 않는다. StatelessWidget은 설정이나 자신이 표시하는 데이터를 신경 쓰지 않는
다. 부모 위젯이 설정을 전달하거나 위젯 내부에서 설정 정보를 전달할 수 있지만 자신의 설정
을 바꿀 수 없다. 즉, StatelessWidget은 상태를 바꿀 수 없는 위젯이다.

> **NOTE_** 위젯을 설명하면서 설정configuration이라는 단어를 자주 접할 것이다. 이는 위젯이 포함하는 모든 것,
> 즉 전달한 변수, 크기 제약, 플러터에서 내부적으로 사용하는 메타 정보 등을 가리킨다.

다음처럼 Submit 문자열을 표시하는 커스텀 버튼 위젯을 만들었다고 가정하자.

예제 3-1 버튼 위젯 예제

```
class SubmitButton extends StatelessWidget {
  Widget build(context) {
```

```
      return Button(
        child: Text('Submit'),
      );
    }
  }
```

특별한 문제는 없지만 버튼에 표시하는 문자열을 상황에 따라 **Submit** 또는 **Update**로 바꿔야 한다면 어떨까? 다음처럼 설정과 데이터에 따라 표시 문자열을 바꾸도록 플러터에 지시한다.

예제 3-2 설정을 포함하는 위젯

```
  class SubmitButton extends StatelessWidget {
    final String buttonText;    ◁── 위젯으로 전달한 모든 데이터를 설정으로 활용한다.
    SubmitButton(this.buttonText);  ◁──┐ 다트에서는 생성자를 생략할 수 있으므로 이전
                                       │ 예제에는 생성자가 없었다. 이번에는 버튼의 텍
                                       │ 스트로 설정할 데이터가 필요하다.
    Widget build(context) {
      return Button(
        child: Text(buttonText),  ◁──┐ 문자열보다는 변수를 전달한다. 다른
      );                             │ 변수를 전달하면 플러터가 이를 감지
    }                                │ 하고 버튼을 다시 그린다.
  }
```

두 예제 모두 위젯은 정적이며 직접 자신을 갱신하는 로직은 포함하지 않는다. 이 위젯은 버튼 출력 문자열이 무엇인지 상관하지 않는다. 부모 위젯의 설정에 따라 정해진 문자열을 보여줄 뿐이다. 또한 이 위젯은 상태가 있는 위젯과 달리 자신을 언제, 어떻게 리빌드해야 하는지 전혀 모른다.

'로직은 포함하지 않는다'라는 말이 상태가 없는 위젯은 메서드나 프로퍼티를 포함하지 말아야 한다는 의미는 아니다. 물론 상태 없는 위젯도 메서드를 가질 수 있지만 플러터가 위젯 트리에서 상태 없는 위젯을 제거하면 아무 흔적 없이 사라져야 한다. 이번 장 뒷부분에서 위젯 트리와 콘텍스트^{context}를 자세히 설명하지만 일단 상태 없는 위젯은 아무 데이터도 책임지지 않는다는 사실을 기억하자. 상태 없는 위젯은 흔적 없이 사라진다.

3.2.2 상태를 갖는 위젯

상태를 갖는 위젯은 내부 상태를 가지며 이를 관리한다. 상태를 갖는 모든 위젯은 상태 객체를 갖는다. [그림 3-3]은 단순하게 표현한 위젯 트리 모습이다.

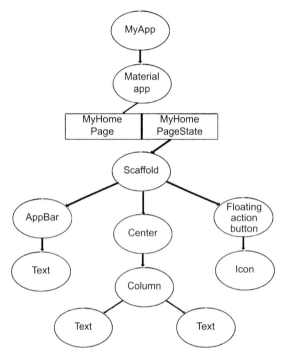

그림 3-3 위젯 트리 예제

MyHomePage 트리 노드는 MyHomePageState 트리 노드와 연결되어 있다. 모든 Stateful-Widget 인스턴스는 실제로도 클래스 두 개를 갖는다. 다음 코드를 살펴보자.

```
class MyHomePage extends StatefulWidget {     ◁─┤ StatefulWidget을 상속받는다.
  @override   ◁─┤ 슈퍼클래스의 메서드 createState를 오버라이드한다.
  _MyHomePageState createState() => _MyHomePageState();   ◁─┐
}                                   모든 StatefulWidget은 State 객체를 반환하는
                                    createState 메서드를 반드시 정의해야 한다.

class _MyHomePageState extends State<MyHomePage> {   ◁─┐ 상태 클래스는 플러터의
  @override                                              State 클래스를 상속받는다.
```

```
  Widget build(BuildContext context) {      ◁─── StatefulWidget의
    // ..                                          필수 build 메서드이다.
  }
}
```

모든 위젯 클래스는 반드시 build 메서드를 갖는다고 설명했지만 StatefulWidget 클래스는 build 메서드를 포함하지 않는다. 대신 모든 StatefulWidget은 상태 객체를 포함하며, 모든 상태 객체는 build 메서드를 포함한다. StatefulWidget과 State는 같은 개체라고 생각해도 무방하다. 실제로 상태를 갖는 위젯을 상태를 갖지 않는 위젯처럼 변경할 수 없다. 하지만 상태 객체는 변경할 수 있다는 점을 이용하면 플러터가 위젯을 다시 그리는 동안에도 상태를 유지할 수 있다.

언더바로 시작하는 다트의 비공개 값

기존 예제에서 클래스 이름 _MyHomePageState는 언더바로 시작했는데 이는 **비공개**private 클래스를 의미한다. 모든 행을 비공개로 설정할 수 있다. 클래스처럼 최상위 수준의 값을 현재 파일에서만 이용하려면 비공개로 설정한다. 변수나 함수처럼 클래스 멤버를 비공개로 설정하면 현재 클래스에서만 이를 접근할 수 있다.

Cat 클래스를 살펴보자.

```
class Cat {
  String name;
  String _color;
  void meow() => print("meow");
  void _pur() => print("prrrr");
}
```

Cat 클래스와 상호작용하는 다음 코드를 확인하자.

```
Cat nora = Cat();
nora.name = "Nora"; // 유효함
nora._color = "Orange"; // 유효하지 않음
nora.meow(); // 유효함
nora._pur(); // 유효하지 않음
```

다트 프로그래밍에서는 비공개 변수와 클래스 멤버를 자주 볼 수 있는데 이는 클래스 API의 가독성을 높인다.

MyHomePage는 앱의 카운터 상태를 관리하므로 상태를 갖는 위젯이다. 버튼을 클릭하면 _incrementCounter 메서드를 실행한다.

```
void _incrementCounter() {
  setState(() {    ◁──── 플러터 State 객체가 내부 상태 관리에
    _counter++;          사용하는 메서드 중 하나다.
  });
}
```

3.2.3 setState

setState는 build, createState 다음으로 중요한 메서드다. 이 메서드는 객체의 상태와 관련이 있다. '플러터 님, 이 콜백의 코드(카운터를 1 증가시킴)를 실행한 다음, 설정이 바뀌는 모든 위젯(앱 화면 가운데 숫자)을 다시 그려주세요'라는 의미다(그림 3-4). 이 메서드는 Void-Callback 형식의 인수 하나를 갖는다.

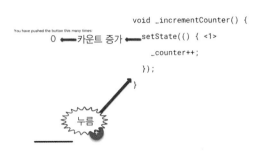

그림 3-4 setState는 플러터에 다시 그릴 것을 지시한다.

이 예제에서 _MyHomePageState 위젯이 상태 객체이며 모든 자식은 상태에 의존하며 상호작용한다. 버튼을 클릭하면 지정된 메서드(_incrementCounter())가 호출된다. 그리고 여기서 setState를 호출하면 _MyHomePageState.build 메서드를 실행하면서 설정이 바뀐 모든 위젯을 다시 그린다(그림 3-5).

setState의 역할은 이게 전부다. 다만 setState는 비동기 코드를 실행할 수 없다는 점을 주의하자. setState를 실행하기 전에 모든 비동기 코드를 완료해야 한다. 플러터가 위젯을 다시 그릴 때 필요한 데이터가 준비되어 있어야 하기 때문이다. 예를 들어 인터넷의 GIF API로 GIF를 가져올 때, 이미지가 준비되지 않은 상태에서 setState를 호출하는 일은 없어야 한다.

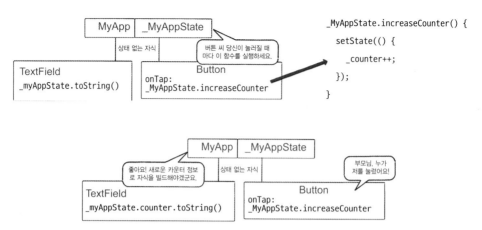

그림 3-5 그림으로 나타낸 setState

3.2.4 initState

상태 객체는 위젯이 트리에 마운트되면 호출되는 **initState** 메서드도 포함한다. 플러터가 화면에 위젯을 그리기 전에 필요한 모든 초기화를 **State.initState** 메서드에서 수행한다. 예를 들어 스트림을 구독하거나 사람이 볼 수 있는 형식으로 데이터를 변환한다.

플러터가 상태 있는 위젯과 상태 객체를 만들 때 가장 먼저 **initState** 함수를 실행한다. 예를 들어 위젯의 **build** 메서드가 실행되면 화면에 위젯을 그리기 전에 **String**을 알맞은 형태로 포맷한다.

```
class FirstNameTextState extends State<FirstNameText> {
  String name;

  FirstNameTextState(this.name);

  @override
  initState() {
    super.initState();  ◁──
    name = name.toUpperCase();
  }
}
```

State.initState 메서드의 슈퍼클래스는 이 메서드를
mustCallSuper로 설정한다. 즉 오버라이드한 initState
메서드는 반드시 슈퍼클래스 구현을 호출해야 한다.

```
  Widget build(BuildContext context) {
    return Text(name);
  }
}
```

상태 객체는 다른 생명주기 메서드도 포함한다. 3장의 뒷부분에서 **initState**를 포함한 위젯의 생명주기를 자세히 살펴본다. [그림 3-6]은 메서드의 호출 순서다.

그림에 여러 메서드가 있지만 나중에 설명할 것이므로 일단 모르는 메서드는 무시하자. 우선 **initState**와 **setState** 메서드가 있으며 언제 사용되는지 알아보자. **initState**는 상태 객체를 만들 때 한 번 호출된다. 개발자는 **setState**를 호출해 플러터가 위젯을 다시 그리도록 한다.

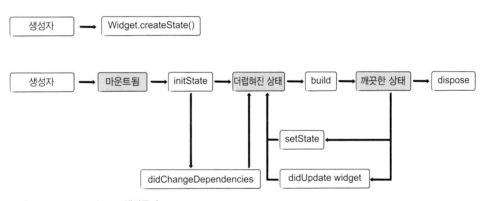

그림 3-6 StatefulWidget 생명주기

3.3 BuildContext

BuildContext는 앱을 만들 때 알아야 할 중요한 개념 중 하나로 전체 위젯 트리를 추적하는 것과 관련이 있으며 특히 트리에서 위젯의 위치와 관련이 있다. 카운터 앱의 색을 바꿨던 것처럼 **ThemeData**에서 테마를 갱신하면 위젯 트리의 모든 자식 위젯을 갱신한다. 어떻게 이런 일이 일어나는 걸까? 이를 이해하기 위해선 **BuildContext** 개념을 알아야 한다.

위젯의 모든 build 메서드는 위젯 트리에서 위젯의 위치를 참조하는 BuildContext 하나를 인수로 받는다. build는 프레임워크가 호출하므로 BuildContext를 개발자가 관리할 필요는 없지만 자주 이를 사용하게 된다.

Theme 클래스의 정적 메서드인 Theme.of가 한 예다. Theme.of를 호출할 때 BuildContext 를 인수로 전달하면 현재 위젯 트리의 테마가 반환된다. 따라서 카운터 앱에서는 Theme. of(buildContext).primaryColor를 호출해 위젯의 색을 바꿨다. 이 메서드는 트리의 현재 위치에서 Theme 정보를 얻은 다음 Theme 클래스의 primaryColor에 저장된 정보를 반환한다.

모든 위젯은 자신만의 빌드 콘텍스트를 가지며 한 위젯이 다양한 테마를 반환하게 만들어 한 트리에 여러 테마를 적용할 수 있다. 카운터 앱의 테마나 다른 of 메서드는 트리에서 형식이 같은 가장 가까운 부모를 반환한다(예제에서는 Theme. [그림 3-7] 참고).

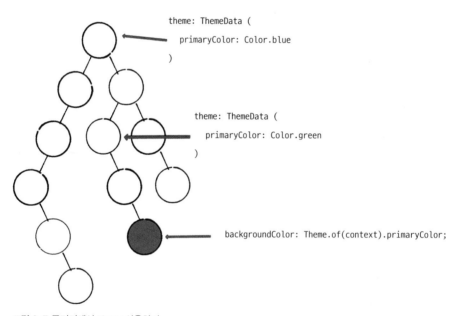

그림 3-7 플러터에서 Theme 사용하기

빌드 콘텍스트는 특정 위젯을 정확하게 어떻게 표현할지 결정한다. 예를 들어 플러터는 빌드 콘텍스트를 이용해 모달modal과 라우트route를 표시한다. 모달을 만드는 메서드에 BuildContext를 전달한다. 라우트는 뒤에서 자세히 살펴본다. 빌드 콘텍스트는 위젯 자체의 정보가 아니라 위젯 트리에서 위젯의 위치 정보를 포함한다.

위젯, 상태, 콘텍스트는 플러터에서 앱 개발의 기본 초석이라 불릴 정도로 중요한 개념이다. 이들을 조금 더 자세히 살펴보자.

3.4 중요한 위젯을 추가해 카운터 앱 개선하기

기본으로 제공되는 카운터 앱은 그다지 유용하지 않다. 심지어 카운트를 초기화할 수도 없다. 이번 절에서는 카운터 앱의 기능을 설명하고 플러터에서 가장 중요한 몇 가지 위젯을 살펴본다. 다음은 플러터 문서에서 소개하는 가장 기본적인 위젯 목록이다.

- Container
- Column
- Text
- RaisedButton
- AppBar

- Row
- Image
- Icon
- Scaffold

이 중에서 카운터 앱은 이미 Column, Text, Icon, Scaffold, AppBar 위젯을 사용했다. 다른 위젯을 카운터 앱에 추가해보자. [그림 3-8]은 카운터 앱을 개선한 결과다.

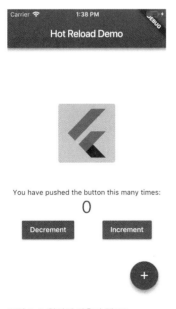

그림 3-8 완성된 카운터 앱 2.0

3.4.1 RaisedButton

우선 카운터를 감소시키는 버튼을 추가해보자. 모든 기능은 _MyHomePageState 클래스에 추가한다. 카운터를 감소시키려면 다음 기능이 필요하다.

- 클릭할 버튼
- _counter를 1 감소시키는 함수

RaisedButton은 머티리얼 디자인에서 제공하는 버튼 중 하나로 약간 솟아오른elevated 효과를 제공한다. RaisedButton은 FlatButton과 달리 레이아웃에 입체적인 느낌을 준다. 다음 예제처럼 _MyHomePageState에 build 메서드를 구현해 RaisedButton을 추가하자.

예제 3-3 _MyHomePageState.build 메서드에 RaisedButton 추가

```
// _MyHomePageState
Widget build(BuildContext context) {
  return Scaffold(
  // ...
    body: Center(
      child: Column(
        mainAxisAlignment: MainAxisAlignment.center,
        children: <Widget>[
        // ...
        RaisedButton(          ⟵  RaisedButton을 추가한다.
          child: Text("Decrement Counter"),
          onPressed: _decrementCounter,  ⟵  onPressed는 콜백을 받는 프로퍼티다.
        ),                                   콜백을 이용해 부모 위젯에서 상태를 관
        ])),                                 리한다(플러터에서 볼 수 있는 일반적인
        // ...                               패턴 중 하나).
```

이제 _decrementCounter 메서드를 구현한다.

```
void _decrementCounter() {          setState는 콜백을 인수로 받으며
  setState(() => _counter--);  ⟵   이 콜백은 위젯의 상태를 갱신한다.
}
```

플러터에서는 onPressed와 같은 콜백으로 상호작용을 처리한다. 플러터에서 제공하거나 또는 직접 만든 위젯은 콜백을 통해 사용자와 상호작용하며 지정된 함수를 실행한다. 내장 위젯은 onPressed, onTapped, onHorizontalDrag 등 다양한 콜백을 갖는다. 5장에서 사용자 상호작용을 설명하면서 더 자세히 살펴본다.

3.5 상속보다 조합을 선호하는 플러터

객체지향 소프트웨어 설계는 어렵다. 하지만 재사용할 수 있는 객체지향 소프트웨어를 설계하는 것은 더 어렵다.

『GoF의 디자인 패턴』(프로텍미디어, 2015)은 위의 문장으로 시작한다. 객체지향 프로그래밍에서 클래스 관계를 정의하기란 가장 어려운 설계 문제 중 하나다. 클래스 관계는 보통 두 가지 방법 중 하나로 연결한다. 상속은 '~은(는) ~이다(is a)' 관계를 만드는 반면 조합은 '갖고 있다(has a)' 관계를 만든다. 예를 들어 **Cowboy는 Human이며 Cowboy는 Voice를 갖는다**고 할 수 있다. 보통 객체의 실체를 설계할 때 상속을 선택하고, 객체의 기능을 설계할 때 조합을 선택한다.

3.5.1 조합이란

외계인으로부터 서부를 지키는 카우보이 게임을 만든다고 가정하자. 이 게임에는 다음과 같은 클래스가 필요하다.

```
Human
  .rideHorse()

Cowboy
  .chaseOutlaws()
  .fightAliens()

Rancher
  .herdCattle()
```

```
Alien
  .flySpaceship()
  .invadeEarth()
```

카우보이^{cowboy}와 목장 주인^{rancher} 모두 말을 타므로 rideHorse를 재사용해야 한다. 외계인이 말을 타는 법을 배우는 게임을 만든다면 정말 멋진 게임이 될 것이다. 하지만 외계인이 사람이 아니(is not)라는 게 문제다. 따라서 Alien은 Human을 상속받지 않는다. 그렇다고 rideHorse를 또 구현하고 싶진 않다.

처음부터 상속 대신 조합을 이용한다면 이 문제를 피할 수 있다. HorseRiding 클래스를 만들고 다른 클래스에서는 이를 멤버로 갖는다. 코드는 다음과 같은 구조로 바뀐다.

```
HorseRiding
  .rideHorse

Cowboy
  HorseRidingInstance.rideHorse()
  .chaseOutlaws()
  .fightAliens()

Rancher
  HorseRidingInstance.rideHorse()
  .herdCattle()

Alien
  HorseRidingInstance.rideHorse()
  .flySpaceship()
  .invadeEarth()
```

이제 말을 타야 하는 객체가 몇 개든 상관없이 기능을 제공할 수 있다.

'왜 모든 액션을 한 클래스로 만들고 이를 상속받게 하지 않을까?'라고 생각하는 독자도 있을 것이다. 원하는 동작은 수행할 수 있겠지만 이렇게 하면 아마도 목장 주인이 우주선을 비행하는 법도 알게 될 것이다. 이제 각 객체는 어떤 메서드를 포함해야 할까?

Cowboy는 HorseRider이며 AlienFighter이고 OutlawChaser다. 마찬가지로 Alien, Rancher 는 다음과 같은 조합을 갖는다.

```
Alien = HorseRider + SpaceShipFlyer + EarthInvader
Rancher = HorseRider + CattleHerder
Cowboy = HorseRider + OutlawChaser + AlienFighter
```

HorseRider, EarthInvader 등의 클래스를 만들어 이들 동작을 **구현**implement한다. 이를 조합 이라 부른다(이는 '추상 클래스abstract class' 개념과 비슷하다. 3부에서 추상 클래스를 자세히 살펴 본다).

3.5.2 플러터 조합 예제

[예제 3-3]은 조합을 이용한 RasiedButton 코드다.

```
//...
RaisedButton(
  child: Text("Decrement Counter"),
  onPressed: () => _decrementCounter(),
),
//...
```

텍스트를 설정하는 다른 위젯(Text)을 버튼에 전달해 Decrement Counter를 표시한다.

플러터에서는 항상 상속보다는 조합으로 재사용할 수 있고 결합되지 않은 위젯을 만든다. 대부 분의 위젯은 자식 위젯이 누구인지 미리 알 수 없다. 특히 텍스트 블록, 다이얼로그 등 위젯 콘 테이너가 그 예다.

다음은 버튼 예제를 조금 더 완성한 코드다.

```
class PanicButton extends StatelessWidget {
  final Widget display;
  final VoidCallback onPressed;

  PanicButton({this.display, this.onPressed});  ⟵  표현할 위젯과 위젯 설정을 전달한다.
                                                    Text("Panic") 같은 위젯을 전달한다.

  Widget build(BuildContext context) {
    RaisedButton(
      color: Colors.red,      ⟵  버튼의 배경을 빨간색으로 설정한다.
      child: display,         ⟵  부모가 텍스트 위젯을 전달한다. 이게 핵심이다.
      onPressed: onPressed,   ⟵  콜백도 전달한다. 콜백의 내용을 알 필요가
    );                            없으며 이 콜백은 어떤 다른 기능과도
  }                               의존성이 없어 유연하다. 이 위젯은 버튼을
}                                 표시하고 버튼을 누르면 이를 부모에
                                  전달(콜백을 통해)하는 일만 담당한다.
```

조합을 이용했으므로 '텍스트는 버튼이다(is a)'가 아니라 '버튼은 텍스트를 포함한다(has a)'라고 표현할 수 있다. 버튼에 텍스트 대신 아이콘을 보여줄 수 있을까? Text 대신 Icon을 전달하면 된다. 버튼은 자식이 한 개 있다는 사실만 알 뿐 자식이 무엇인지 신경 쓰지 않는다.

시험 삼아 색을 전달하면 어떤 일이 일어나는지 확인해보자. 버튼은 이번에도 자식이 누구인지는 개의치 않으며 오직 어떤 색이 전달되었는지만 확인한다.

지금까지 카운터를 감소시키는 데 필요한 버튼을 만드는 방법을 살펴봤다. 이번에는 더 다양한 기능을 앱에 추가해보자.

3.6 플러터 레이아웃

처음 플러터를 사용하면서 가장 많은 의문이 생기는 부분이 바로 레이아웃이다. 플러터 렌더링 엔진은 한 가지 정해진 레이아웃 시스템을 사용하지 않는다는 점이 독특하다. 저수준에서는 화면에 데카르트^Cartesian 그래프를 적용하지 않았다. 플러터는 개발자가 플렉스 레이아웃^flex layout, 데카르트 그래프, 너비 인, 높이 아웃^width in, height out(WIHO) 같은 특정 시스템을 사용하도록 강요하지 않는다. 이는 개발자가 결정할 문제다. 상황에 따라 여러 시스템을 조합해서 필요한

레이아웃을 만들 수 있다.

이미 살펴봤듯이 위젯은 뷰를 묘사하는 고수준 클래스다. 위젯을 화면에 그리는 부분은 저수준 객체가 담당한다. 즉 레이아웃 시스템은 추상화되어 있으므로 개발자는 다양한 패러다임을 조합할 수 있다. 웹에서는 FlexBox라 불리는 플렉시블flexible 레이아웃을 사용하는 위젯도 있다. 또 어떤 위젯은 화면에서 주어진 좌표로 위치시킬 수 있다. 여기서는 자주 사용하는 레이아웃 위젯을 살펴본다.

또한 플러터의 제약 조건도 살펴본다. 제약 조건은 레이아웃의 핵심 파트다. 요약하자면 제약 조건이 위젯에 얼마만큼의 공간을 차지할 수 있는지 알려주고 실제 차지할 공간을 위젯이 결정한다. 3.6.2절에서 제약 조건을 자세히 살펴본다.

3.6.1 Row와 Column

플러터에서는 웹의 FlexBox와 비슷한 플렉시블 레이아웃이 가장 흔하다. Column, Row 위젯으로 플렉시블 레이아웃을 사용한다. [예제 3-4]에서 볼 수 있듯이 카운터 앱은 Column 위젯을 사용한다.

예제 3-4 카운터 앱의 Column 위젯

```
// _MyHomePageState
body: Center(                          이름에서 알 수 있듯이
  child: Column(                       Column 위젯은 자식들을 열로 배치한다.

    mainAxisAlignment: MainAxisAlignment.center,          CSS의 FlexBox와 비슷한
                                  어떤 위젯(특히 레이아웃 위젯)은 한 개의      정렬 프로퍼티를 제공한다.
    children: <Widget>[           자식이 아니라 여러 위젯 자식을 갖는다.       정렬 프로퍼티는 Column의
                                                                          자식들을 서로 어떻게 배치할지
      Text('You have pushed the button this many times:'),               결정한다('서로'가 핵심이다).
      Text(
        '$_counter',
        style: Theme.of(context).textTheme.display1,
      ),
      RaisedButton(
        child: Text("Decrement Counter"),
        onPressed: _decrementCounter,
      ),
```

```
      ],
    ),
  ),
```

Row 위젯은 Column과 비슷하지만 수평축으로 자식을 배치하는 점이 다르다. 즉 Row 위젯은 모든 자식을 왼쪽에서 오른쪽으로 나란히 배치한다.

> **TIP_** 일부 언어(프로그래밍 언어가 아닌 사람의 언어)는 오른쪽에서 왼쪽으로right-to-left(RTL) 글을 쓴다. 플러터는 RTL 설정을 지원하므로 이 설정으로 Row 위젯의 동작을 바꿀 수 있다. 3장에서는 이를 자세히 다루지 않는다. RTL 언어를 지원하는 앱을 개발할 계획이 없다면 이는 크게 신경 쓰지 않아도 된다.

이 예제에서는 여러 버튼을 추가할 수 있도록 카운터 감소 버튼을 Row 안에 추가했다. 이전 예제에서 RaisedButton을 Row로 감싼다.

예제 3-5 Row로 위젯 감싸기

```
// _MyHomePageState.build

Row( // 추가함
  children: <Widget>[ // 추가함
    RaisedButton(
      color: Colors.red,
      child: Text(
        "Decrement",
        style: TextStyle(color: Colors.white),
      ),
      onPressed: _decrementCounter,
    ),
  ], // 추가함
), // 추가함
```

앱을 핫 리로드하면 [그림 3-9]처럼 Decrement 버튼이 왼쪽으로 정렬된다. 이는 플렉시블 위젯이 메인축main axis의 남은 공간을 모두 차지하는 특징 때문이다. Row 위젯은 수평으로 남은 공간 즉, 부모(Column 위젯)가 허용한 전체 화면을 차지한다.

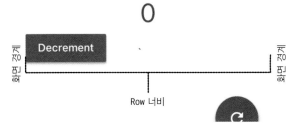

You have pushed the button this many times:

0

Decrement

화면 경계

화면 경계

Row 너비

그림 3-9 한 개의 자식을 갖는 Row 위젯. 정렬 프로퍼티 설정 안함

3.6.2 플러터의 레이아웃 제약 조건

플러터에서 레이아웃과 제약 조건은 아주 중요한 개념이다. 플러터는 결국 UI 라이브러리이며 렌더링 엔진이기 때문이다. 위젯의 크기가 어떻게 결정되는지 이해해야 앞으로 닥칠 어려운 문제를 해결할 수 있다. Row, Column, 기타 레이아웃 위젯을 사용하면서 다양한 오류를 겪을 것이다. 이는 레이아웃 제약 조건 오류다. 플러터로 개발하면 누구나 flutter layout infinite size(플러터 레이아웃 무한 크기) 오류를 겪는다.

제약 조건이 어떻게 동작하는지 정확하게 이해하지 못한다면 이 오류를 쉽게 고칠 수 없다. 플러터가 화면의 픽셀을 어떻게 칠하는지 제약 조건의 역할은 무엇인지 살펴보자.

3.6.3 RenderObject

플러터에는 위젯 말고 다른 객체가 있다고 이미 여러 번 설명했다. 그중에서도 RenderObject를 눈여겨봐야 한다. 이 클래스는 내부에서 사용되는 클래스이므로 플러터 앱 개발자가 이를 직접 사용하는 일은 드물다.

렌더 객체render object는 실제 화면에 그리는 작업을 담당한다. 프레임워크 내부에서 이 클래스를 구현하며 모든 렌더 객체가 모여 렌더 트리render tree를 만든다(렌더 트리와 위젯 트리는 서로 다른 트리다). 렌더 트리는 RenderObject를 구현하는 클래스로 구성되며 렌더 객체는 각자 대응하는 위젯을 갖는다.

위젯 개발자(플러터 앱 개발자)는 렌더 객체에 제약 조건 같은 데이터를 제공한다. 렌더 객체는 `performLayout`, `paint` 같은 메서드를 제공한다. 이들 메서드는 화면의 픽셀을 그린다. 픽셀을 어떻게 칠하는지는 모두 이들 메서드가 결정한다. 위젯의 스타일, 레이아웃은 렌더 객체를 통해 추상화되어 있다.

렌더 객체는 상태나 로직을 포함하지 않는다. 렌더 객체는 설계상 부모 렌더 객체의 일부 기본 정보를 알고 있으며 자식을 방문하는 기능을 포함한다. 하지만 전체 앱상에서 각자를 위치시킬 수 있는 기능은 없다. 렌더 객체는 의사결정 능력이 없으므로 항상 명령을 따른다.

위젯은 `build` 메서드에서 자식 메서드를 만들 수 있으므로 트리의 가장 아래에 내려가야 RenderObjectWidget(또는 `RenderObjectWidget` 컬렉션)을 찾을 수 있다. `RenderObjectWidget`은 화면을 그리는 렌더 객체를 만드는 위젯이다.

`Column` 위젯은 컨테이너이므로 보통 위젯 트리에서 말단 `RenderObjectWidget`이 아니다. 열은 추상화된 레이아웃 개념이므로 실체를 볼 수 없다. 반면 `Text`, `Color` 등은 화면에 그릴 수 있는 실체가 존재하는 객체다. `Column` 위젯은 화면에 무엇을 그리는 일과는 관계가 없으며 오직 제약 조건을 제공하는 역할만 담당한다.

> **NOTE_** 개발자가 `RenderObject`를 직접 다뤄야 할 일은 거의 없지만 플러터가 내부에서 위젯을 어떻게 처리하는지 이해하려면 반드시 알아야 한다. 렌더 객체 API가 공개되어 있지만 보통은 사용할 일이 없다.

3.6.4 RenderObject와 제약 조건

렌더 객체는 레이아웃 제약 조건과 긴밀하게 연결되어 있다. 제약 조건 위젯으로 위젯의 제약 조건을 설정하면 렌더 객체가 최종적으로 프레임워크에 위젯의 실제 물리적 크기를 전달한다. 제약 조건은 렌더 객체로 전달되며 '주어진 제약 조건을 고려했을 때, 위젯의 크기와 위치는 여기로 결정되겠군'이라는 결과가 나온다.

즉 제약 조건은 `minWidth`, `minHeight`, `maxWidth`, `maxHeight` 등의 프로퍼티로 설정한다. 반면 `Size`는 위젯의 실제 너비와 높이를 가리킨다. 렌더 상자에 제약 조건을 적용해 실제 위젯이 차지하는 공간(크기)을 결정한다.

렌더 객체마다 동작이 다르다. `RenderBox`는 아주 흔한 렌더 객체 서브클래스로 데카르트 좌표계를 기반으로 위젯 크기를 계산한다. 보통 다음처럼 세 종류의 렌더 상자가 있다.

- **Center 위젯**: 최대 공간 차지
- **Opacity 위젯**: 자식과 같은 크기의 공간 차지
- **Image 위젯**: 특정 크기의 공간 차지

지금까지 중요한 세 가지 렌더 객체를 살펴봤다. 이 책은 렌더 객체가 있으면 어떤 동작을 수행하는지 설명할 뿐 자세한 내용을 살펴보진 않는다. 하지만 위젯의 `RenderObject`가 세 가지 방식 중 하나로 동작한다는 사실은 이해하는 것이 좋다.

3.6.5 RenderBox와 레이아웃 오류

기본적인 레이아웃 문제인 `flutter layout infinite size` 오류를 살펴보자. 이 오류는 위젯이 수평, 수직으로 무한 크기를 갖도록 제약 조건이 설정되었을 때 발생한다. 즉 이 오류는 렌더 객체가 전달된 제약 조건을 처리하는 과정에서 발생한다.

상자에 한정되지 않은^{unbounded} 제약 조건을 제공할 수 있다. `maxHeight`나 `maxWidth`를 제공하면 렌더 상자는 `double.INFINITY` 값을 갖는다. 특히 Row, Column, 스크롤할 수 있는 위젯에서 한정되지 않은 제약 조건을 자주 사용한다. 예를 들어 Row는 이론적으로 무한의 너비를 가지기 때문이다. 하지만 렌더 엔진은 무한한 너비의 위젯을 칠할 수 없다. 사람은 시간의 제약을 받고, 컴퓨터 역시 연산 능력과 메모리에 제약이 있기 때문이다.

Row, Column은 특별한 플렉스 상자다. 이들의 렌더 객체는 이전에 설명한 세 가지 렌더 객체 동작 유형에 속하지 않는다. 이들은 부모가 전달한 제약 조건에 따라 다른 동작을 수행한다. 부모가 한정된 제약 조건을 가지면 이들은 **한정된 제약 조건 내에서** 최대한의 공간을 차지한다. 부모가 한정되지 않은 제약 조건을 가지면 메인축에 자식을 끼워 맞춘다. 예를 들어 여러 이미지를 포함하는 Column(한정되지 않은 제약 조건을 가짐)이라면 가장 높이가 큰 이미지의 높이가 Column의 높이가 된다.

Column의 자식 제약 조건은 Column의 제약 조건으로 결정된다. 이를 제대로 확인하지 않으면 성가신 오류가 발생한다. 조금 더 구체적인 예제로 이 문제를 확인하자. 다음은 무한 높이 문제가 발생하는 Column 예제다.

```
child: Column(        ⊲── 바깥쪽 Column은 한정되지 않은 높이를
  children: <Widget>[     자식 제약 조건으로 제공한다.
    Column(  ⊲──┤ 안쪽 Column은 한정되지 않은 제약 조건을 가지므로 자식을 이에 맞추려 노력한다.
      mainAxisAlignment: MainAxisAlignment.center,
      children: <Widget>[
        Expanded(  ⊲──┤ Expanded 위젯은 플렉스 상자의 메인축에서 가능한
          child: Text(       많은 공간을 자식들에게 차지하도록 지시한다.
            'You have pushed the button this many times:',
          ),
        ),
      ],
    ),
  ],
),
```

이 예제에서 내부 Column은 자식들이 원하는 크기를 갖도록 지시하며, 부모로부터 한정되지 않은 제약 조건을 받는다. Expanded는 '높이 제약 조건은 없으니 원하는 만큼 공간을 사용'하라는 의미다. 이 코드는 오류를 발생시킨다.

또한 일부 스크롤 위젯을 포함한 플렉시블 위젯에서는 항상 크로스cross(가로지르는)축이 가능한 많은 공간을 차지하도록 허용하는 것이 좋다. Column은 항상 부모만큼의 너비를 가지며 Row는 부모만큼의 높이를 가지려 노력한다.

위젯은 제약 조건을 트리 아래로 전달하므로 중복된 플렉스 상자를 어느 정도 분리해야 하며 그렇지 않으면 어딘가에서 자식이 무한대로 확장한다. 이 때문에 종종 골치 아픈 문제가 발생한다. 중첩된 플렉시블 위젯 안의 위젯이 너무 크게 확장하지 않도록 확인하면 이 문제를 해결할 수 있다.

Column 안에 Row를 갖는 등 플렉시블 위젯을 중첩으로 사용하는 상황이 자주 있다. 각자가 원하는 레이아웃이 다르므로 이런 상황을 해결하는 정해진 방법은 없다. 다만 플렉시블 위젯 동작을 잘 이해하고 사용한다면 이 문제를 보다 쉽게 해결할 수 있다.

3.6.6 여러 자식을 갖는 위젯

플렉시블 위젯의 제약 조건과 사용 방법을 알아봤으니 이를 실제 코드에 적용해보자. 앱 예제로 돌아가서 Row에 카운터를 증가시키는 두 번째 버튼을 추가한다(그림 3-10).

예제 3-6 Row에 두 번째 버튼 추가

```
Row(
  children: <Widget>[
    RaisedButton(
      color: Colors.red,
      child: Text(
        "Decrement",
        style: TextStyle(color: Colors.white),
      ),
      onPressed: _decrementCounter,
    ),
    RaisedButton(          ⟵──┤ 새로 추가한 위젯이다.
      color: Colors.green,
      child: Text(
        "Increment",
        style: TextStyle(color: Colors.white),
      ),
      onPressed: _incrementCounter,
    ),
  ],
),
```

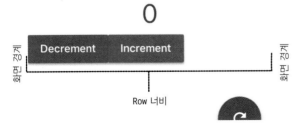

그림 3-10 정렬을 사용하지 않고 여러 자식을 포함하는 Row

각각 왼쪽, 오른쪽으로 정렬하도록 버튼 두 개를 추가했다. 하지만 조금 더 보기 좋게 레이아웃을 개선하려면 Row에 정렬 프로퍼티를 추가한다. 플렉시블 위젯의 mainAxisAlignment 프로퍼티로 자식들의 공간을 다양하게 정렬할 수 있다.

```
Row(
  mainAxisAlignment: MainAxisAlignment.spaceAround,  ⟵─┐ spaceAround 정렬 옵션을 사용한다.
  children: <Widget>[
    RaisedButton(
      color: Colors.red,
  // ...
```

기존 웹 개발 경험이 있는 독자라면 spaceAround 옵션이 낯설지 않을 것이다(그림 3-11). AxisAlignment 옵션은 조정, 정렬에 사용하는 FlexBox, CSS 그리드 프로퍼티와 같은 기능을 수행한다. [그림 3-12]에서 모든 플렉시블 레이아웃 정렬 스타일을 확인해보자.

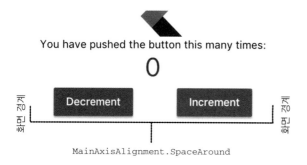

그림 3-11 spaceAround 정렬을 적용한 Row 위젯

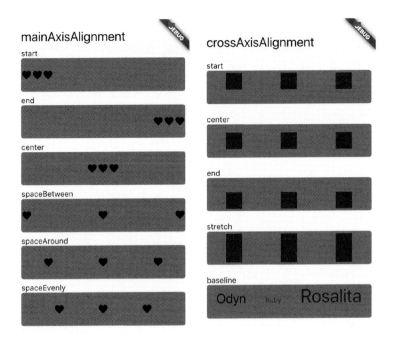

그림 3-12 플러터의 Alignment 스타일

지금까지 여러 자식을 포함하는 Row, Column 위젯을 살펴봤다. 앱을 만들려면 Row, Column 위젯을 자주 사용하므로 이를 잘 이해하면 좋다.

3.6.7 아이콘과 FloatingActionButton

플러터는 머티리얼 디자인 아이콘을 내장하며 상수로 이를 제공한다. 웹에 비하면 큰 장점이다. 아이콘은 공간이 한정된 모바일 인터페이스를 구성하는 핵심 요소다. 플러터는 다양한 머티리얼 디자인 형식 아이콘을 기본으로 제공하므로 이를 잘 활용한다면 따로 외부 라이브러리를 사용하거나 이미지를 업로드할 필요가 없다. 머티리얼 디자인에서 제공하는 아이콘은 https://material.io/tools/icons에서 확인할 수 있다. [표 3-1]은 저자가 자주 사용하는 아이콘 목록이다.

표 3-1 자주 사용하는 머티리얼 디자인 아이콘

아이콘	상수명	아이콘	상수명
✛	Icons.add	✓	Icons.check
▼	Icons.arrow_drop_down	▲	Icons.arrow_drop_up
→	Icons.arrow_forward	←	Icons.arrow_back
‹	Icons.chevron_left	›	Icons.chevron_right
✕	Icons.close	≡	Icons.menu
♥	Icons.favorite	↻	Icons.refresh

현재 카운터 앱은 Add 아이콘을 FloatingActionButton에 사용한다. Icons는 상수이므로 앱 어디에서나 Icons에 접근할 수 있다. 아이콘 위젯으로 화면에 아이콘을 표시하며 어디에서나 아이콘 위젯을 사용할 수 있다.

FloatingActionButton(이하 FAB)은 플러터에서 공짜로 이용할 수 있는 스타일을 보여주는 좋은 예다. FAB 문서[1]에 따르면 '플로팅 액션 버튼은 앱에서 주요 액션으로 제공하는 콘텐츠를 동그란 아이콘으로 둘러싼 형태의 아이콘 버튼이다. 보통 Scaffold.floatingActionButton에 플로팅 액션 버튼을 사용한다'라고 되어 있다. 현재 앱에서처럼 Scaffold에 플로팅 액션 버튼을 사용하면 추가 작업 없이 원하는 곳에 버튼을 배치할 수 있다. 상자 그림자를 이용해 솟아오른 듯한 효과도 제공한다.

FAB를 누르면 카운터를 증가시키지 않고 재설정하도록 동작을 바꾸려 한다. 간단하다! 다음과 같은 방법으로 기능을 구현해보자.

  1 resetCounter라는 새 메서드를 구현한 다음 FAB의 onPressed 인수로 전달
  2 FAB에서 사용하는 아이콘 변경

먼저 메서드를 구현하자. 이 메서드는 _counter를 0으로 재설정한다. 또한 플러터에게 위젯을 다시 그리도록 명령해야 한다는 사실도 기억하자.

---

1 http://mng.bz/079E

```
void _resetCounter() {
  setState(() => _counter = 0);
}
```

간단하게 메서드를 구현했다. 이제 FAB를 갱신해보자.

먼저 올바른 아이콘을 선택해야 한다. `Icons.refresh`를 FAB의 아이콘으로 전달하자. 이제 FAB는 새로 전달한 아이콘을 새로운 아이콘으로 사용하고 전달한 함수는 `onPressed` 콜백으로 설정한다.

```
floatingActionButton: FloatingActionButton(   버튼을 누르면 _incrementCounter 대신
  onPressed: _resetCounter,          ◁───────── _resetCounter를 호출한다.
  tooltip: 'Reset Counter',      ◁──  버튼의 기능을 설명하는 툴팁tooltip으로 앱의 접근성을 높인다.
  child: Icon(Icons.refresh),   ◁── 모든 머티리얼 디자인 아이콘을
),                                  Icons 클래스에서 상수로 제공한다.
```

앱을 핫 리로드하면 아이콘과 기능이 바뀐다.

3.6.8 Image

플러터에서는 Image 위젯으로 앱에 이미지를 쉽게 추가한다. Image 위젯은 **이미지 소스**(로컬, 인터넷 등)에 따라 다양한 생성자를 제공한다.

`Image.network` 생성자를 이용해 간단하게 이미지를 추가한다. URL을 문자열로 제공하면 모든 것을 알아서 처리한다. `Image.network("https://funfreegifs.com/panda-bear")`처럼 사용한다. 이미지를 가리키는 모든 URL을 사용할 수 있다.

하지만 앱에서는 로컬 이미지를 사용할 때도 있다. `Image.asset` 생성자를 이용해 로컬 이미지를 사용한다. 사용 방법은 네트워크 이미지와 같다. 프로젝트상의 이미지 경로를 전달하면 알아서 이미지를 보여준다. 하지만 로컬 이미지를 사용하려면 먼저 `pubspec.yaml` 파일에 이미지 위치를 선언해야 한다.

카운터 앱은 앱 위쪽에 플러터 로고를 보여준다. 이 책의 깃허브 저장소에 플러터 로고 이미지 파일이 있는데 이 파일을 pubspec.yaml 파일에 추가해야 한다. 기본 플러터 앱의 pubspec.yaml 파일을 간단히 살펴보자(pubspec.yaml 파일에는 자세한 주석 설명이 포함되어 있으므로 자체 주석을 잘 활용하자).

예제 3-7 플러터 pubspec.yaml 파일에 이미지 추가

```
name: counter_app
description: A new Flutter project.    프로젝트를 설명하는 메타데이터이다.
version: 1.0.0+1

environment:
  sdk: ">=2.0.0-dev.68.0 <3.0.0"    다트 SDK 버전은 2.0 이상을 사용해야 한다.

dependencies:    프로덕트 버전 앱이 포함하는
  flutter:       의존성이다.
    sdk: flutter
  cupertino_icons: ^0.1.2    iOS 형식의 아이콘을 사용할 수 있다.

dev_dependencies:    개발 버전 앱에 필요한 의존성이다.
  flutter_test:
    sdk: flutter

flutter:    플러터를 설정하는 부분이다.
  uses-material-design: true    머티리얼 아이콘 사용 설정 플래그이다.
  assets:    애셋을 선언하는 중요한 부분이다.
    - flutter_logo_1080.png
```

앱에서 사용하는 모든 애셋asset을 스펙 파일의 **assets** 헤더에 추가한다. YAML은 공백을 인식하므로 위 예제의 형식을 반드시 따라야 한다. lib 폴더에 추가한 애셋은 lib 폴더를 기준으로 경로를 지정한다. 예를 들어 프로젝트 lib에 images 폴더를 만들어 이미지를 저장한다면 images/flutter_logo_1080.png와 같이 이미지 경로를 추가한다.

flutter_logo_1080.png를 assets에 추가했으면 앱을 재시작한다. 스펙 파일을 바꾸었을 때는 핫 리로드가 적용되지 않지만 핫 재시작hot restart은 정상 작동한다. 핫 재시작 기능을 이용

하면 앱을 멈췄다 시작하는 것보다 빨리 앱을 실행한다. `flutter run`을 실행한 터미널에서 R
을 입력하면 핫 재시작이 수행된다.

이제 [예제 3-8]처럼 Image 위젯을 Column 위젯의 자식으로 추가한다.

예제 3-8 플러터 앱에 이미지 추가하기

```
children: <Widget>[
  Image.asset(                        Image.asset의 첫 번째 인수로
    'flutter_logo_1080.png',          pubspec에 추가한 이름을 제공한다.
    width: 100.0,
  ),                                  Image 위젯에서 이미지의 너비와 높이를
  Text(                               설정한다. 너비와 높이를 설정하지 않으면
                                      실제 픽셀 크기로 이미지를 보여준다.
    'You have pushed the button this many times:',
  ),
```

핫 리로드를 실행하면 앱에 이미지가 나타난다.

3.6.9 Container 위젯

이미지가 나타나긴 했지만 아주 만족스러운 상태는 아니다. 아무 빈 공간 없이 텍스트 위에 이
미지가 나타나기 때문이다. Container 위젯으로 이를 해결해보자. [그림 3-13]은 Container
로 이미지를 꾸미는 과정을 보여준다.

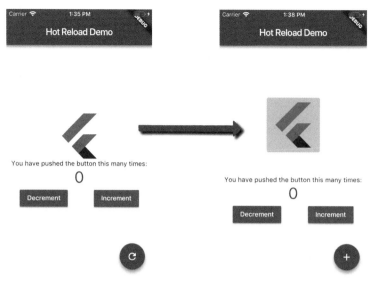

그림 3-13 Container 위젯으로 변환한 플러터 로고

Container 같은 일부 위젯은 생성자의 인숫값과 자식에 따라 크기가 달라진다. Container는 기본적으로 공간을 많이 차지한다. 하지만 너비를 지정하면 지정된 크기로 변환하도록 노력한다.

Container 위젯은 개별 위젯으로 추가해야 하는 프로퍼티를 제공한다. 예를 들어 Padding 위젯으로 자식에 패딩을 추가하는 방법도 있지만 Container 위젯의 padding 프로퍼티를 이용할 수 있다.

Container는 자주 사용하는 위젯 중 하나다. 다음은 Container 위젯의 생성자가 보여주는 다양한 선택형 프로퍼티 목록이다(전부는 아님).

```
// 플러터 예제 코드에서 가져옴
Container({
  Key key,
  this.alignment,
  this.padding,
  Color color,
  Decoration decoration,       // Border, BorderRadius, BoxShadow, 배경 이미지
                               //   등 모든 종류의 프로퍼티를 여기에서 설정한다.
  this.foregroundDecoration,
  double width,
  double height,
```

```
  BoxConstraints constraints,
  this.margin,
  this.transform,
  this.child,
})
...
```

위젯의 스타일을 바꾸려면 Container를 이용해야 한다는 것이 요점이다. Image.asset을 Container로 감싸고 다음 프로퍼티를 추가한다.

예제 3-9 Container 위젯 추가

```
Container(
    margin: EdgeInsets.only(bottom: 100.0),  ◁── 위젯 사이의 간격 설정. EdgeInsets.only 생성자
                                                  는 여백을 어디에 추가할지 설정하는 생성자이다
                                                  (예제에서는 위젯 아래에 100픽셀을 추가함).

    padding: EdgeInsets.all(8.0),  ◁── 현재 위젯 주변에 공간 추가. EdgeInsets.all은
                                       모든 면에 공간을 추가하는 생성자이다.

    decoration: BoxDecoration(  ◁── 이름이 BoxDecoration인 박스 데코레이션을 전달한다.

        color: Colors.blue.withOpacity(0.25),  ◁── 배경색을 설정한다.

        borderRadius: BorderRadius.circular(4.0),  ◁── BorderRadius는 여러 생성자를
    ),                                                 제공함. circular로 상자의 모든
    child: Image.asset(  ◁── 평소처럼 자식 프로퍼티에   귀퉁이를 둥그렇게 만들 수 있다.
                             이미지를 전달한다.
        'flutter_logo_1080.png',
        width: 100.0,
    ),
),
```

다시 핫 리로드를 실행하면 [그림 3-14]와 같은 모습이 나타난다. 이렇게 해서 플러터의 UI를 처리하는 기본적인 방법을 배웠다.

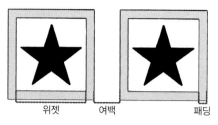

위젯   여백   패딩

그림 3-14 여백과 패딩 프로퍼티의 차이

3.7 요소 트리

몇 가지 위젯을 살펴봤으니 이번에는 플러터의 내부에서 일어나는 일을 알아보자. 기존에 플러터를 사용해봤던 독자라면 [그림 3-15]와 유사한 프레임워크의 '계층layer' 설명을 본 적이 있을 것이다.

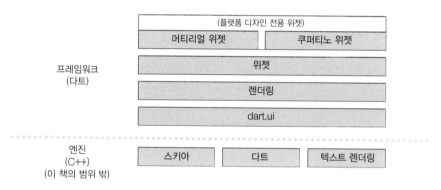

그림 3-15 플러터 SDK의 계층 추상화를 단순화한 그림

앱 개발자는 보통 99.99퍼센트의 시간을 표의 가장 윗부분의 계층(위젯 레이어, 머티리얼/쿠퍼티노 위젯 계층)에서 보낸다. 이 아래로는 렌더링 계층과 dart:ui 라이브러리가 존재한다. 다트 UI는 다트로 구현한 프레임워크 중 가장 낮은 수준의 기능이다. 이 라이브러리는 디바이스의 렌더링 엔진과 직접 소통할 수 있도록 API를 공개한다. 다트 UI는 canvas API로 화면에 직접 그리는 기능을 제공하며 hit testing을 이용해 사용자의 상호작용을 인지한다.

느리고 오래 걸리지만 이 라이브러리로도 앱을 구현할 수 있다. 다만 매 프레임마다 화면의 모든 픽셀의 좌표를 계산하고 갱신해야 한다. 플러터에서는 고수준으로 추상화된 위젯으로 선언형 UI를 만들 수 있게 제공한다. 따라서 앱 개발자는 저수준 디바이스 힛 테스팅^{hit testing}이나 픽셀 수준의 계산을 걱정할 필요가 없다.

[그림 3-15]에서 위젯과 dart:ui 사이의 계층에서 이 일을 처리한다. 플러터 앱에는 요소 트리^{element tree}라는 또 다른 트리가 존재한다. 요소 트리는 위젯 트리처럼 앱의 구조를 표현한다. 위젯 트리에 있는 모든 위젯은 요소를 포함하는 요소 트리를 갖는다.

이 책의 앞부분에서 플러터의 위젯은 화면에 요소를 그리는 청사진이라 설명했다. 이때 사용했던 요소라는 단어는 곧 플러터의 Element 클래스를 가리킨다. 요소를 설정하면 위젯이 된다. 실제로 트리에 존재하고 마운트되는 위젯이 바로 요소다. 플러터 앱을 실행할 때 디바이스에 실제로 표시되는 모든 것은 요소다.

각 Element는 RenderObject도 포함한다. 모든 렌더 객체가 모여 렌더 트리를 구성한다. 렌더 객체는 고수준 코드와 저수준 dart:ui 라이브러리를 연결하는 인터페이스다. [그림 3-16]에서 볼 수 있듯이 요소는 위젯과 렌더 트리를 연결하는 접착제로 생각할 수 있다.

플러터 개발자가 렌더 객체를 **직접 사용할 수 있지만** 이는 좋은 생각이 아니다. 렌더 객체는 실제 화면에 그리는 작업을 수행하므로 복잡하고 비싸다. 이런 이유로 플러터는 세 개의 트리를 갖는다. 덕분에 프레임워크는 내부적으로 비싼 렌더 객체를 재사용하면서 동시에 비싸지 않은 위젯은 마음껏 파괴할 수 있다.

요소를 더 자세히 살펴보자. 더 이상 렌더 트리를 신경 쓰지 않아도 된다. 하지만 요소와 위젯의 관계는 더 알아볼 필요가 있다.

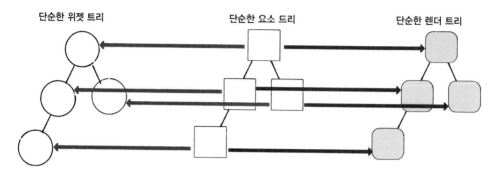

요소는 자신을 설정하는 위젯을 참조한다.　　요소는 dart:ui로 화면에 요소를 그리는 렌더 객체를 갖는다.

그림 3-16 플러터 프레임워크는 세 가지 트리를 관리하며 모든 트리는 요소 트리를 통해 상호작용한다.

3.7.1 요소와 위젯

위젯이 요소를 만든다. 새 위젯을 만들면 프레임워크가 `Widget.createElement(this)`를 호출한다. 이때 요소를 설정하며 요소는 자신을 만든 위젯을 **참조**reference하기 시작한다. 요소는 자체적으로 트리를 갖는다. 요소 트리를 가장 간단하게 설명하면 앱의 골격과 같다. 앱의 구조를 갖고 있지만 위젯이 제공하는 세부 사항은 갖지 않기 때문이다. 앱은 관련 위젯을 참조하며 세부 설정을 파악한다.

요소는 다시 빌드되지 않는다는 점(오직 갱신될 뿐)에서 위젯과 다르다. 위젯을 다시 빌드하거나 트리의 부모가 다른 위젯을 삽입하면 요소의 위젯 **참조**를 다시 만들지 않고 갱신한다. 사용자가 앱을 탐색하는 동안 요소를 새로 만들거나 파괴할 수 있다. 하지만 애니메이션을 생각해보자. 애니메이션은 매 프레임마다 `build`를 호출한다(초당 60회까지 호출함). 애니메이션이 진행될 때 매 프레임마다 위젯은 그대로지만 설정이 조금씩 바뀐다(예를 들어 애니메이션의 각 프레임마다 위젯의 색이 조금씩 달라질 수 있다). 이런 상황에서 트리 자체의 구조는 바뀌지 않으므로 요소는 자신을 다시 빌드할 필요가 없다. 위젯은 매 프레임마다 다시 빌드되지만 요소는 위젯 참조만 수정할 뿐이다.

바로 이것이 플러터에서 위젯을 끊임없이 다시 빌드하는데도 좋은 성능을 유지할 수 있는 비결이다. 위젯은 단지 청사진이며 화면에 위젯을 실제로 표시하는 것은 요소이므로 트리의 위젯을 손쉽게 교체할 수 있다.

마지막으로 위젯이 아니라 요소가 상태 객체를 관리한다. 내부적으로 플러터는 위젯이 아니라 요소와 상태 객체를 이용해 렌더링을 진행한다. 다음 절에서는 상태 객체가 요소, 위젯과 상호 작용하는 방법을 자세히 살펴본다. 위젯은 바꿀 수 없으므로 꼭 필요한 과정이다. 위젯은 바꿀 수 없으므로 다른 위젯과의 관계도 바꿀 수 없다. 위젯은 새 부모도 가질 수 없다. 위젯을 바꾸려면 파괴하고 다시 만들어야 한다. 하지만 요소는 바꿀 수 있지만 직접 바꿀 필요는 없다. 이 덕분에 요소의 바꿀 수 있는 특징^{mutable}을 이용해 속도를 얻을 수 있으며 위젯의 바꿀 수 없는 특징을 이용해 안전한 코드를 구현할 수 있다.

> **NOTE_** 렌더 객체와 마찬가지로 개발자가 요소를 직접 사용하거나 구현하는 일은 드물다. 일반적으로 위젯을 이용하면 충분하다.

3.7.2 요소 트리 살펴보기

앱에 기능을 추가하면서 요소 트리가 어떻게 동작하는지 살펴보자. [Reset] 버튼을 누르면 증가, 감소 버튼이 서로 바뀌도록 만든다. 먼저 카운터 앱에서 관련 코드를 확인하자.

예제 3-10 _MyHomePageState 설정

```
class _MyHomePageState extends State<MyHomePage> {
  int _counter = 0;
  bool _reversed = false; ⟵──┤ 버튼을 서로 바꿀지 결정하는 불리언이다.
  List<UniqueKey> _buttonKeys = [UniqueKey(), UniqueKey()]; ⟵─────
  // ... 클래스의 나머지 코드                    키는 중요한 기능을 수행한다.
}                                              일단 키가 존재한다는 사실만 기억하자.
```

[예제 3-11]과 같이 FancyButton이라는 위젯을 만들었다. 이 위젯은 자신의 배경색을 관리하며 버튼을 누르면 전달된 콜백을 호출한다.

```
class FancyButton extends StatefulWidget {
  final VoidCallback onPressed;
  final Widget child;

  const FancyButton({Key key, this.onPressed, this.child}) : super(key: key);
  @override
  _FancyButtonState createState() => _FancyButtonState();
}

class _FancyButtonState extends State<FancyButton> {
  @override
  Widget build(BuildContext context) {
    return Container(
      child: RaisedButton(
        color: _getColors(),        ←── 자신의 색을 관리한다.
        child: widget.child,
        onPressed: widget.onPressed,
      ),
    );
  }

                                           모든 FancyButton의
                                             색을 관리한다.
  Color _getColors() {
    return _buttonColors.putIfAbsent(this, () => colors[next(0, 5)]); ←──
  }
}

Map<_FancyButtonState, Color> _buttonColors = {};
final _random = Random();
int next(int min, int max) => min + _random.nextInt(max - min);
List<Color> colors = [
  Colors.blue,
  Colors.green,
  Colors.orange,
  Colors.purple,         자신의 상태를 관리하는 데 사용하는
  Colors.amber,          헬퍼 메서드로 항상 다른 색을 설정한다.
  Colors.lightBlue,       이 코드는 예제로 추가한 것일 뿐
];                              실용성은 없다.
```

getColors 메서드는 다트 Map 객체의 putIfAbsent 메서드를 이용해 모든 FancyButton
의 색을 관리한다. 이 메서드는 '이 버튼이 맵에 포함되어 있으면 색을 가져오고, 아니면 새로
운 색을 맵에 추가한 다음 색을 반환하라'는 의미다. [예제 3-12]처럼 _MyHomePageState.
build 메서드에서 FancyButton 위젯을 사용한다. 처음에는 버튼을 변수로 만들고 나중에는
build 메서드로 **반환된** 위젯 트리의 일부로 사용한다.

예제 3-12 FancyButton 클래스를 사용하도록 앱을 바꿈

```
// _MyHomePageState.build
@override
Widget build(BuildContext context) {
  final incrementButton = FancyButton(
    child: Text(
      "Increment",
      style: TextStyle(color: Colors.white),
    ),
    onPressed: _incrementCounter,
  );

  final decrementButton = FancyButton(
    child: Text(
      "Decrement",
      style: TextStyle(color: Colors.white),
    ),
    onPressed: _decrementCounter,
  );

  List<Widget> _buttons = <Widget>[incrementButton, decrementButton];

  if (_reversed) {
    _buttons = _buttons.reversed.toList();
  }
}
```

incrementButton을 대표하는 FancyButton이다.

decrementButton을 대표하는 FancyButton이다.

_buttons 변수를 만든 다음 Row로 전달해
화면에 표시한다.

_reversed 멤버가 참이면 버튼 순서를 바꾼다. build 메서드에
이 로직이 있으므로 _reversed를 갱신하고 setState를 호출
할 때마다 이 로직을 실행한다.

두 FancyButton 모두 플러터의 RaisedButton과 비슷한 설정을 포함한다.

뒤에서 build 메서드의 나머지 부분(키 사용 포함)을 설명한다. 우선 Reset 버튼을 누르면 두 버튼을 바꿔야 한다. Reset 버튼을 누르면 _resetCounter 메서드를 호출한다.

```
void _resetCounter() {
  setState(() => _counter = 0);
  _swap();    ◁—┤ 이 메서드는 상태를 전환하며 _swap을 호출해 버튼의 위치를 바꾼다.
}

void _swap() {  ◁—┤ _reversed 불리언을 갱신하며 setState를 호출해 위젯을 다시 빌드한다.
  setState(() {
    _reversed = !_reversed;
  });
}
```

눈치챈 독자도 있겠지만 의도한 대로 동작하지 않는다. 즉 Reset 버튼을 누르면 버튼의 위치가 바뀌지만 배경색은 그대로다. 즉 왼쪽의 버튼은 바뀐 다음에도 같은 배경색을 갖는다. 이는 요소, 상태 객체, 위젯이 함께 동작한 결과다.

3.7.3 요소 트리와 상태 객체

요소, 상태 객체, 위젯과 관련해 다음을 기억하자.

- 상태 객체는 요소 트리가 관리한다.
- 상태 객체는 오래 산다long-lived. 위젯과 달리 위젯을 그릴 때마다 파괴하고 다시 빌드하지 않는다.
- 상태 객체는 다시 사용할 수 있다.
- 요소는 위젯을 참조한다.

[그림 3-17]에서는 상태를 포함하는 위젯, 요소, 상태 객체의 관계를 보여준다.

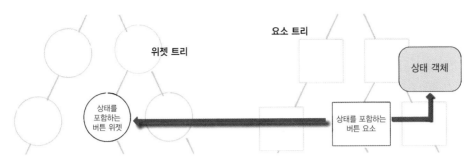

그림 3-17 요소와 위젯의 관계

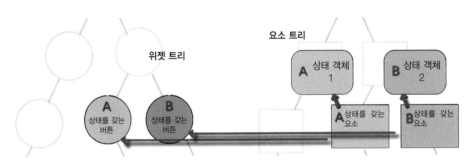

그림 3-18 각 요소는 다른 위젯을 가리키며 각각의 형식을 알고 있다.

요소는 연산의 두뇌 역할로 생각할 수 있다. 요소는 메타 정보와 위젯 참조를 포함하지만 위젯이 바뀌었을 때 레퍼런스를 어떻게 갱신해야 하는지 모른다.

플러터가 위젯을 다시 빌드해도 요소는 **기존 참조가 가리키는 위젯의 위치(새 위젯으로 바뀌었음에도)** 를 그대로 유지한다. 즉, `build`를 호출한 이후에 플러터가 위젯을 다시 빌드해도 요소는 기존의 위젯 참조를 그대로 유지한다(그림 3–18). 그리고 참조 대상 위젯이 이전과 같은지 비교해서 위젯이 바뀌었거나 아예 다른 종류의 위젯으로 바뀌었다면 해당 위젯을 다시 그린다.

위젯 트리의 두 버튼을 교체해 두 버튼을 교환하는데, 요소는 같은 위치를 참조한다. 각 요소는 '이 위젯이 바뀌었나? 아니면 완전히 새로운 위젯인가?'라고 위젯에 묻는다. 요소의 참조는 새 위젯을 가리키므로 위젯의 `color` 프로퍼티가 바뀌었음을 알 수 있다.

요소는 바뀐 내용을 판독해야 한다. 요소는 위젯에서 다음과 같은 일부 프로퍼티를 확인한다.

- 런타임의 정확한 형식
- (키가 있다면)위젯의 키

이 예제에서 위젯의 색은 설정이 아니라 상태 객체가 갖고 있다. 요소는 갱신된 위젯을 가리키며 새 설정을 표시하지만 여전히 기존 상태 객체를 갖는다. 따라서 요소는 새 위젯이 트리에 삽입되었다는 사실은 알 수 있지만 '키가 없고 런타임 형식이 FancyButton으로 같으니 참조를 갱신할 필요는 없겠군. 상태 객체를 그대로 적용할 수 있겠어'라고 생각한다(그림 3-19).

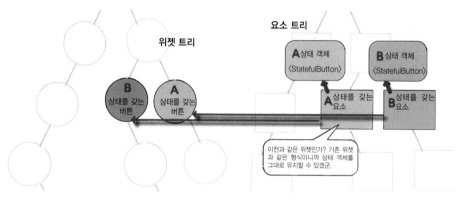

그림 3-19 요소는 위젯의 형식이 같으므로 같은 위젯이라 생각한다.

따라서 플러터는 프레임워크가 위젯을 식별할 수 있도록 **키**라는 기능을 제공한다.

요소와 관련해 참고할 점!

2년간 플러터 앱을 개발하면서 단 한 번 요소를 개발했을 정도로 요소를 직접 처리할 일은 거의 없다. 여기서 언급한 문제는 요소가 아니라 플러터의 키(다음 절에서 설명)로 해결할 수 있다.

요소의 **기초**(그 이상, 이하도 아님)를 이해해야 플러터의 내부를 잘 이해할 수 있다.

3.7.4 위젯 키

상태와 요소 문제는 키로 쉽게 해결할 수 있다. 여러 위젯이 있을 때 키를 이용하면, 두 위젯의 형식은 같지만 다른 위젯임을 플러터에 알릴 수 있다. 특히 여러 자식을 갖는 위젯에서 유용하게 활용할 수 있다. 예제에서처럼 Row나 Column에서 같은 형식의 자식을 포함할 수 있으므로 플러터가 자식들을 구별할 수 있도록 정보를 제공한다. UniqueKey로 예제의 문제를 해결해보자.

```
_buttons = <Widget>[
  FancyButton(
    key: _buttonKeys.first,          플러터는 같은 종류의 위젯을
    child: Text(                     고유 키로 구별한다.
      "Decrement",
      style: TextStyle(color: Colors.white),
    ),
    onPressed: _decrementCounter,
  ),
  FancyButton(
    key: _buttonKeys.last,           리스트의 first, last 메서드는 각각
    child: Text(                     첫 번째, 마지막 요소를 반환한다.
      "Increment",
      style: TextStyle(color: Colors.white),
    ),
    onPressed: _incrementCounter,
  ),
];
```

키는 아주 유용한 도구이므로 조금 더 자세히 살펴보자. 우선 다양한 형식의 키가 있다.

키의 형식과 사용 방법

ValueKey, ObjectKey, UniqueKey, GlobalKey, PageStorageKey 등 여러 종류의 키가 있으며 서로 공통된 부분이 있다. 예를 들어 PageStorageKey는 ValueKey<T>를 상속받으며 ValueKey<T>는 LocalKey를 상속받고 LocalKey는 Key를 상속받는다. ObjectKey와 UniqueKey도 LocalKey를 구현한다. GlobalKey는 Key를 상속받는다. 이렇게 모두 Key 형식을 갖는다.

사실 이들의 관계가 간단하진 않다. 하지만 다행히 이 관계는 중요하지 않으니 기억할 필요는 없다. 결국 이들은 모두 키일 뿐이다. 각 종류의 키는 특별한 용도로 사용된다는 점이 다를 뿐이다. 이제 글로벌 키global key와 로컬 키local key 두 그룹으로 키를 정리해보자.

> NOTE_ 글로벌 키는 사용을 권장하지 않으며 잘 사용하지 않는 키다. 글로벌 키는 대부분 글로벌 상태 관리로 바꿀 수 있기 때문이다. 이전에 살펴본 문제처럼 PageStorageKey 등 특정 키를 사용하는 상황은 예외다.

글로벌 키

위젯 트리에서 상태를 관리하고 위젯을 이동할 때 글로벌 키를 사용한다. 예를 들어 체크박스를 표시하는 한 위젯이 GlobalKey를 갖는다면 이 위젯을 다양한 페이지에 사용할 수 있다. 글로벌 키는 프레임워크에 같은 위젯이 여러 곳에 사용되었음을 알린다. 이때 다양한 페이지에 위치한 체크박스는 같은 checked 상태를 공유한다. A라는 페이지에서 체크박스를 체크했다면 B라는 페이지의 체크박스도 체크되어 있다.

글로벌 키로 상태를 관리하는 것을 권장하지 않는다는 사실을 명심하자(이는 필자의 의견이 아니라 플러터 팀의 권고 사항이다). 이 책에서 설명하는 다른 기법으로 상태를 더 안전하게 관리할 수 있다. 글로벌 키는 성능에 영향을 미치므로 자주 사용하지 않으며 로컬 키를 주로 사용한다. 따라서 우선 로컬 키 사용법을 살펴보고 이 책의 뒷부분에서 글로벌 키 사용법을 알아보자.

로컬 키

로컬 키는 키를 생성한 빌드 콘텍스트의 영역을 갖는다. 다음과 같은 로컬 키를 어떤 상황에서 사용하는지 확인해보자.

- **ValueKey\<T>**: 상수를 갖는 객체에 키를 추가할 때 ValueKey를 사용한다. 예를 들어 할 일 목록 앱에서 할 일을 표시하는 위젯은 고유한 상수 Todo.text를 포함한다.
- **ObjectKey**: 같은 형식의 객체지만 프로퍼티 값이 다른 여러 객체가 있을 때 ObjectKey를 사용한다. product라는 전자상거래 앱이 있다고 가정하자. 두 제품의 이름이 같을 수 있다(두 판매자가 같은 이름의 상품을 파는 상황). 그리고 한 판매자가 여러 제품을 판다면 제품명과 판매자명을 조합해 특정 제품을 식별할 수 있다. 즉 ObjectKey로 전달하는 리터럴literal 객체가 키다.

```
Key key = ObjectKey({
  "seller": product.seller,
  "product": product.title
})
```

- **UniqueKey**: 컬렉션에 자식이 있고 이들이 만들어지기 전까지 자식의 값을 모르는 상황이라면 UniqueKey를 자식에 추가한다. 예제 앱에서 제품 카드를 다시 만들기 전까지는 색을 모르므로 UniqueKey를 이용할 수 있다.
- **PageStorageKey**: 스크롤 위치 등 페이지 정보를 저장하는 특수 키다.

3.8 마치며

플러터를 처음 접하는 독자라면 3장에서 많은 지식을 얻었을 것이다. 여러분이 일상생활에서 플러터로 개발할 때 필요한 실용적이고 다양한 내용을 소개했을 뿐만 아니라 플러터의 동작 원리도 설명했다.

아주 자세한 내용까지 이해하려고 애쓰지 않길 권장한다. 이제부터는 실습, 즉 함께 구현하면서 배워보자. 제약 조건, 요소 트리 등의 개념이 어떻게 동작하는지 완벽하게 이해할 필요는 없다. 3장에서 배운 개념은 이후로도 반복해서 등장하므로 더 잘 이해할 수 있는 기회가 충분하다.

기본 문법, 위젯 구현 방법만 숙지했다면 충분하다. 앞으로 더 많은 Column과 플렉시블 위젯을 다룬다. UI를 만들 기회도 많다. 3장에서는 앞으로의 활동에 필요한 기초를 제공했으니 라우팅 주제를 살펴볼 때는 라우팅routing에만 집중할 수 있다. 앞으로 3장에서 배운 내용을 다시 연습하고 복습할 기회가 많다.

- 플러터의 **모든 것은 위젯**이며 위젯은 뷰를 묘사하는 다트 클래스다.
- 위젯은 앱 뷰의 모든 정보를 정의할 수 있다. Row 같은 위젯은 레이아웃을 정의한다. 어떤 위젯은 추상화가 덜 되어 있으며 Button, TextField처럼 구조적 요소를 정의한다.
- 플러터는 상속보다 조합을 중시한다. 조합은 '갖고 있는(has a)' 관계를, 상속은 '~이다(is a)' 관계를 정의한다.
- 모든 위젯은 위젯을 반환하는 build 메서드를 포함해야 한다.
- 플러터에서 위젯은 변경할 수 없지만 상태 객체는 바꿀 수 있다.
- 위젯은 대부분 const 생성자를 갖는다. 플러터에서 위젯을 만들 때 new와 const 키워드는 생략하는 것이 좋다.
- StatefulWidget은 상태 객체로 자신의 내부 상태를 관리한다. StatelessWidget은 '뇌가 없으며dumb' 플러터가 위젯 트리에서 위젯을 제거하면 완전히 파괴된다.
- setState는 플러터에 상태를 갱신하고 위젯을 다시 그리도록 지시한다. setState에서는 비동기 작업을 수행하지 않아야 한다.
- initState와 기타 생명주기 메서드는 상태 객체의 강력한 도구다.
- BuildContext는 위젯 트리에서 위젯의 위치를 가리킨다. 즉 위젯은 트리에서 자신의 위치 정보를 얻을 수 있다.
- 요소 트리는 영리하다. 요소 트리는 위젯을 관리하며 실제 사용될 요소의 청사진 역할을 한다.
- 플러터에서는 위젯과 관련된 RenderBox 객체가 위젯을 그린다. 이들 RenderBox는 위젯의 실제 물리적 크기를 결정한다. 이들 객체는 부모로부터 제약 조건을 받아 자신의 실제 크기를 결정한다.
- Container 위젯은 개별 위젯에서 얻어야 할 정보를 '편리하게' 모아 제공한다.
- 플러터의 Row, Column 위젯은 CSS의 FlexBox와 비슷한 플렉스 레이아웃 개념을 사용한다.

Part II

사용자 상호작용과 스타일,
애니메이션

플러터는 기본적으로 모바일(그리고 웹) 앱의 뷰 계층을 구현하는 데 필요한 SDK다. 플러터는 엔진을 포함해 내부적으로 많은 기능을 제공하는데, 그중에서도 앱 개발자는 UI 구현에 가장 큰 비중을 둔다.

2부에서는 필자가 구현한 날씨 앱을 살펴보며 플러터의 UI를 설명한다. 먼저 여러분이 플러터 앱에서 자주 사용할 중요한 기본 기능과 위젯을 살펴본다. 4, 5, 6장에서는 플러터 프로젝트를 시작하는 데 필요한 기초를 다진다. 폼과 제스처 이 두 가지 주요 UI 컴포넌트를 설명하면서 사용자 입력을 처리하는 방법과 앱을 멋지게 만들어줄 애니메이션 구현 방법을 배워본다.

Part II

사용자 상호작용과 스타일, 애니메이션

## CHAPTER 4

플러터 UI: 주요 위젯, 테마, 레이아웃

이 장의 주요 내용

◆ 첫 번째 플러터 앱 시작하기

◆ 레이아웃 위젯

◆ 테마와 스타일링

◆ 커스텀 폼 요소

◆ 빌더 패턴

플러터는 단순한 프레임워크가 아니라 모든 것을 갖춘 SDK다. 웹 개발자 입장에서는 SDK가 모바일 앱을 쉽게 구현하도록 돕는 수많은 내장 위젯을 포함한 라이브러리를 제공한다는 사실이 가장 기쁘다.

4, 5, 6장에서는 사용자 인터페이스^user interface(UI)와 아름다운 앱을 만드는 방법을 설명한다. 4장에서는 플러터의 레이아웃, 스타일링 등 내장 위젯을 살펴본다. 5장과 6장에서는 고급 UI 주제로 들어가 폼, 사용자 입력, 애니메이션 처리 등을 배운다. [그림 4-1]은 플러터 UI 설명에 사용할 앱 화면이다.

그림 4-1 날씨 앱 화면

4장에서는 다음을 살펴본다.

- 앱의 틀을 구성하는 **구조 위젯**structural widget

- 앱을 꾸미는 **테마와 스타일링 기능**. 커스텀 색채 조합color scheme을 설정하고 스타일링에 사용하는 MediaQuery 클래스

- **레이아웃**을 돕는 위젯. Table, Stack, BoxConstraint, TabBar 등 기능을 제공하는 빌딩 블록 위젯

- 또 다른 레이아웃 위젯인 ListView. 이 위젯은 스크롤을 지원하며 플러터에서 **빌더 패턴**builder pattern을 사용함

내용을 본격적으로 살펴보기 전에 다음을 짚고 넘어가자.

- 이 세상에 플러터의 모든(혹은 대부분의) 내장 위젯(혹은 기능)을 다루는 책이나 앱은 존재하지 않는다. 이 책에 서도 모든 위젯을 설명하진 않지만 필요한 위젯을 찾을 수 있는 지식을 쌓도록 돕는다. 그중에서도 플러터 문 서는 위젯을 자세히 설명하는 가장 든든한 도구다. 플러터 팀은 매일 새 위젯과 플러그인을 추가한다. 공식 위 젯 카탈로그[1]에서 모든 위젯과 관련된 내용을 확인해보자.

- 이 책은 플러터를 설명하지만 예제 앱의 많은 코드가 플러터와 직접 관련이 없다. 모델은 모델일 뿐이다. 하지 만 여러분이 어떤 언어와 프레임워크를 사용했든 관련 코드를 이해할 수 있도록 설명한다. 다만 모든 행을 설 명하진 않는다.

- 4장은 여러분이 실생활에서 플러터 앱을 개발하는 순서대로 필요한 내용을 설명한다. 먼저 MaterialApp, Scaffold 등을 설명한다. 순서대로 장을 학습하면 더 복잡한 위젯도 쉽게 이해할 수 있다.

---

1 https://flutter.dev/docs/development/ui/widgets

4.1 앱 구현과 설정

4장에서는 제공된 소스의 chapter_4_5_6 디렉터리 안의 코드를 사용한다.

> **NOTE_** www.manning.com/books/flutter-in-action에서 예제 코드를 내려받을 수 있다.

예제 4-1 날씨 앱 파일 구조

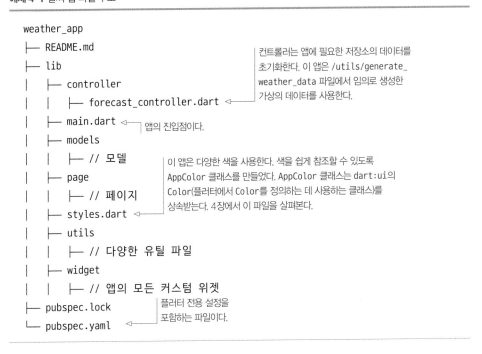

pubspec.yaml 파일부터 살펴보자.

4.1.1 pubspec.yaml과 main.dart 설정하기

모든 다트 앱은 설정 파일 pubspec.yaml을 포함한다. 앱을 만드는 다트 빌드 시스템은 가장 먼저 pubspec.yaml 파일을 찾는다. 플러터 앱을 실행하려면 pubspec.yaml 파일에서 몇 가지 항목을 설정해야 한다.

```
// weather_app/pubspec.yaml
name: weather_app
description: Chapters 4-6, Flutter in Action by Eric Windmill
version: 1.0.0+1
environment:
  sdk: ">=2.0.0-dev.68.0 <3.0.0"


dependencies:
  flutter:
    sdk: flutter


flutter:
  uses-material-design: true
  fonts:
  - family: Cabin
    fonts:
    - asset: assets/fonts/Cabin-Regular.otf
    - asset: assets/fonts/Cabin-Bold.otf
    // ...
```

앱은 머티리얼 디자인을 사용하므로 이 플래그는 머티리얼 패키지를 포함하도록 지시한다.

폰트를 임포트할 때 앱에서 참조할 수 있도록 family를 지정한다.

3장에서 이미지를 나열했던 것처럼 사용하려는 모든 폰트를 나열한다.

3장에서 살펴봤듯이 애셋을 선언하고 라이브러리를 임포트하는 것 외에 플러터의 `pubspec.yaml` 파일은 위 항목을 포함해야 한다.

`pubspec.yaml` 파일 외에 앱은 `main` 함수를 포함하는 파일, 즉 진입점을 포함해야 한다. 보통 플러터 앱에서는 `main.dart` 파일에 진입점을 선언한다.

`weather_app/lib/main.dart` 파일을 확인하자. `main()` 함수가 앱을 실행하는데, 이때 다음 예제에서처럼 앱 실행에 필요한 몇 가지를 설정한다.

```
void main() {
    AppSettings settings = AppSettings();    ◁─── 사용자 설정 저장 기능을 흉내 낸
                                                  AppSettings 클래스 인스턴스를 만든다.
                                                  나중에 이 클래스를 자세히 설명한다.
    // 가로 모드 허용하지 않음
    SystemChrome.setPreferredOrientations(◁──┤ 다음 절에서 SystemChrome 클래스를 살펴본다.
            [DeviceOrientation.portraitUp, DeviceOrientation.portraitDown])
        .then((_) => runApp(          ◁─── runApp은 반드시 호출해야 하며 이를
                MyApp(settings: settings),    루트 위젯으로 전달한다.
            ));
}
```

현재 앱의 main 함수의 주요 임무는 runApp을 호출하는 것이다. 이 앱에는 필요한 몇 가지 설정을 포함한다. main 함수는 반드시 runApp을 호출해야 하며 다트 함수처럼 필요한 다른 코드를 수행한다. 다음은 플러터 앱의 runApp 함수 기본 코드다.

```
main() => runApp(MyApp());
```

4.1.2 SystemChrome

SystemChrome은 네이티브 플랫폼에서 앱이 표시되는 방법을 제어하는 플러터 클래스이며 디바이스를 제어하는 데 사용하는 유일한 클래스다(플러그인을 개발하지 않는다는 조건. 플러그인 개발은 이 책에서 살펴보지 않는다).

이 앱에서는 다음 예제 코드처럼 SystemChrome.setPreferredOrientations를 이용해 세로 모드portrait mode로 앱을 설정했다. 이 클래스는 휴대폰의 오버레이 모양을 제어하는 메서드도 제공한다. 예를 들어 밝은 색 앱을 구현한다면 휴대폰 상단 바의 시간과 배터리 아이콘을 검은 색으로 표시한다.

```
void main() {
  AppSettings settings = AppSettings();

  // 가로 모드 허용하지 않음
  SystemChrome.setPreferredOrientations([
    DeviceOrientation.portraitUp,
    DeviceOrientation.portraitDown,
  ]).then((_) => runApp(
        MyApp(settings: settings),
      ));
}
```

> Future가 완료되면 비동기적으로 실행할 코드를 then으로 설정한다. 앱의 진입점이기도 하다. 언제나 runApp으로 전달한 위젯이 진입점이다.

SystemChrome 클래스는 처음 한 번만 설정하고 다시 살펴볼 필요가 없다. 여러분에게 이 기능을 소개했지만 너무 자세히 알 필요는 없다. 하지만 더 자세히 알고 싶다면 https://api.flutter.dev/flutter/services/SystemChrome-class.html을 참고하자.

다음 내용을 살펴보기 전에 [예제 4-4]에서 사용한 then 함수를 살펴보자. 다트의 비동기 프로그래밍 자체는 한 장을 할애해야 할 정도로 설명할 내용이 많다. 하지만 우선 간단히 살펴보자.

다트 퓨처

다트의 비동기 프로그래밍은 9장에서 자세히 설명하지만 비동기 메서드를 이해하지 못하면 다트로 할 수 있는 일이 별로 없다. 퓨처Future는 다트의 모든 비동기 프로그래밍의 기초를 구성하는 클래스다.

퓨처는 패스트푸드점에서 발급하는 영수증과 같다. 직원에게 햄버거를 주문하면 번호가 적힌 영수증을 주면서 '햄버거가 준비되면 번호를 호출할게요'라고 말한다.

직원이 여러분의 번호를 부를 때까지 기다리면 언젠가는 주문한 햄버거를 받을 수 있다. 여기서 영수증이 퓨처다. 즉 퓨처는 언젠가 값을 갖게 되겠지만 현재는 값이 없다.

다음과 같이 퓨처에 then을 사용할 수 있다.

```
myFutureMethod().then((returnValue) => ... do some code ... );
```

`Future.then`은 나중에 값을 구했을 때 실행할 콜백을 받는다. 패스트푸드점에서 콜백은 햄버거가 나왔을 때 수행할 동작(햄버거 먹기)으로 비유할 수 있다. 콜백으로 준비된 값이 전달된다.

```
Future<Burger> orderBurgerFromServer() async {
    return await prepareBurger();  ←── 버거를 준비하는 데 시간이 걸린다(요리
  }                                     해야 함). 버거가 준비되면 반환한다.


orderBurgerFromServer()
    .then((Burger burger) => eatBurger(burger));  ←──
                 퓨처가 작업을 완료하면 orderBurgerFromServer의 결과를
             콜백((Burger burger) => eatBurger(burger);)으로 전달한다.
```

orderBurgerFromServer 메서드는 Burger 서브형식을 갖는 Future 형식을 반환한다(코드에서는 Future<Burger>로 표현했다). orderBurgerFromServer 메서드가 완료한 결과를 then 콜백의 인수로 전달한다.

비동기 프로그래밍은 큰 주제다. 지금까지 아주 간단하게 비동기 프로그래밍을 설명했을 뿐이므로 너무 크게 신경 쓰지 말자.

여기까지 앱 설정을 마쳤다. 이제 `weather_app/main.dart` 파일에 선언한 최상위 수준 위젯 MyApp부터 살펴보자.

4.2 구조 위젯과 기타 설정

플러터 앱을 만들 때 거의 항상 사용하는 위젯이 몇 가지 있다. 보통 앱의 구조를 만들고 설정할 때 이들을 사용한다. 지금부터 MaterialApp, Scaffold, AppBar, Theme을 차례대로 살펴보자.

4.2.1 MaterialApp 위젯

MaterialApp 위젯은 전체 위젯 서브트리에 적용되는 다양한 기능을 제공한다. 지금부터 유용한 기능을 제공하는 여러 위젯을 살펴보자.

MaterialApp은 플러터에서 제공하는 최상위 수준의 위젯 WidgetsApp을 상속받는다. WidgetsApp은 네비게이터 설정, 앱 전반의 테마 사용 등 대부분의 모바일 앱에 필요한 기능을 추상화해 제공하는 편리한 위젯convenience widget이다. WidgetsApp은 기본 설정, 스타일 혹은 앱 UI 구조 등을 제한하지 않으므로 자유롭게 이를 커스터마이즈할 수 있다. 하지만 WidgetsApp을 직접 사용하려면 MaterialApp이나 CupertinoApp을 사용할 때보다 많이 작업해야 한다. 일반적으로 WidgetsApp을 직접 사용하는 상황은 거의 없으므로 이 책에서는 WidgetsApp를 자세히 다루지 않는다.

MaterialApp은 WidgetsApp에 비해 편리하게 사용할 수 있다. MaterialApp은 머티리얼 디자인 전용 기능과 스타일 옵션을 제공한다. MaterialApp은 Navigator 설정을 돕는 정도가 아니라 기능을 완벽하게 제공하므로 사용자가 페이지를 이동할 때 필요한 애니메이션을 고민할 필요가 없다. 또한 수많은 머티리얼 위젯 컬렉션에 포함된 위젯을 자유롭게 사용할 수 있다.

MaterialApp이라는 이름처럼 이 위젯은 머티리얼 스타일 가이드라인을 따른다.[2] 예를 들어 페이지를 이동할 때 일반적인 안드로이드 기기에서 기대하는 페이지 애니메이션을 제공한다. 머티리얼 위젯 라이브러리의 모든 위젯은 표준 구글의 룩앤필을 구현한다. 단 여러분이 머티리얼과는 완전히 다른 디자인 시스템을 원한다면 이야기가 달라지지만 어쨌든 머티리얼 디자인 가이드라인을 사용하지 않는다고 해도 MaterialApp은 여전히 유용한 기능을 제공한다. 테마를 완전히 커스터마이즈할 수 있다(이 책에서는 의도적으로 머티리얼과는 상당히 다른 UI를 가진 예제 앱을 만든다). 라우팅 애니메이션을 얼마든지 오버라이트overwirte할 수 있으며 머티리얼 라이브러리의 위젯을 전혀 사용하지 않아도 괜찮다. MaterialApp 위젯이 다양한 기능을 제공하지만 이는 모두 선택형이다.

날씨 앱에서는 MyApp 위젯의 build 메서드에 MaterialApp 위젯을 사용했다. 보통 모든 플러터 앱에서 이 규칙을 따른다. 다음은 루트 위젯과 main 함수를 포함하는 main.dart 코드다.

---

2 자세한 정보는 머티리얼 디자인 스펙(https://material.io/design)을 확인하자.

```
// weather_app/lib/main.dart
void main() {  ◁── 앱 진입점이다.
  AppSettings settings = AppSettings();

  // 가로 모드 허용하지 않음
  SystemChrome.setPreferredOrientations(
        [DeviceOrientation.portraitUp, DeviceOrientation.portraitDown])
      .then((_) => runApp(  ◁── runApp을 플러터 앱의 루트인 MyApp으로 전달한다.
          MyApp(settings: settings),
        ));
}


class MyApp extends StatelessWidget {  ◁── MyApp도 위젯이다.
  final AppSettings settings;

  const MyApp({Key key, this.settings}) : super(key: key);

  @override
  Widget build(BuildContext context) {
  // ...                    ┌── MyApp의 build 메서드는 최상위 수준 앱인
    return MaterialApp(  ◁──┴── MaterialApp을 반환한다.
      title: 'Weather App',
      debugShowCheckedModeBanner: false,
      theme: theme,
      home: PageContainer(settings: settings),
    );
  }
}
```

이 코드가 플러터 앱의 표준 코드다. 최상위 수준의 위젯인 **MyApp**은 직접 구현해보자. 이 위젯은 build 메서드에 MaterialApp을 반환한다. 따라서 실제 앱의 루트는 MaterialApp이 된다. build 메서드를 다시 살펴보면서 MaterialApp으로 전달한 인수를 확인하자.

```
//
@override
Widget build(BuildContext context) {
  // ...
  return MaterialApp(          MaterialApp을 반환한다.
    title: 'Weather App',
    debugShowCheckedModeBanner: false,
    theme: theme,              MaterialApp은 앱 전체의 테마를 처리한다(곧 살펴봄).
    home: PageContainer(settings: settings),
  );
}
```

앱을 개발하는 동안 화면에 나타나는 배너를 제거하는 플래그. 기기 화면이 깔끔하도록 이 책에서는 배너를 제거한다.

home은 앱의 홈페이지를 가리키며 모든 위젯은 home이 될 수 있다. PageContainer는 날씨 앱을 구현하는 도중 만든 커스텀 위젯이다(곧 살펴봄).

4.2.2 Scaffold 위젯

MaterialApp 위젯처럼 Scaffold도 앱을 쉽게 만들 수 있도록(머티리얼 가이드라인에 따라) 돕는 위젯이다. MaterialApp 위젯은 앱의 설정과 기능을 제공한다. Scaffold는 앱 **구조**를 만드는 일을 돕는다. MaterialApp이 앱의 배관, 전기라면 Scaffold는 뼈대와 벽이라 할 수 있다.

MaterialApp처럼 Scaffold 덕분에 직접 개발자가 관련 기능을 구현하는 수고를 던다(그림 4-2). 또한 디자인 스타일을 자유롭게 커스터마이즈할 수 있으므로 머티리얼 디자인 가이드를 따르지 않는 앱이라도 Scaffold를 사용할 수 있다. 플러터 문서에 따르면 Scaffold는 '기본적인 머티리얼 비주얼 레이아웃'을 정의하며, 다음처럼 멋진 앱 UI를 쉽게 구성한다.

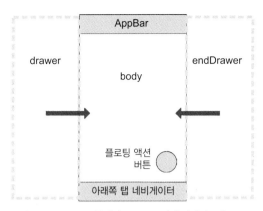

그림 4-2 Scaffold 위젯의 주요 프로퍼티 다이어그램

드로어drawer(한쪽 모서리에서 미끄러지듯 등장하는 요소로 메뉴를 구현할 때 자주 사용), 하단 시트bottom sheet(화면의 아래쪽에서 미끄러지듯 등장하는 요소로 iOS 앱에서 자주 사용) 등을 추가하는 기능을 제공한다. 따로 설정하지 않으면 Scaffold의 AppBar는 앱 왼쪽 윗부분에 메뉴 버튼을 기본으로 표시하며 이 버튼을 누르면 드로어가 열린다. 메뉴를 포함하지 않는 화면에서는 메뉴 버튼 대신 백back 버튼이 나타난다. 이들 버튼의 동작은 모두 완성된 상태로 제공되고, 예상하는 대로 동작한다.

하지만 직접 필요한 기능과 필요하지 않은 기능을 선택할 수 있다. 앱에 드로어 스타일 메뉴를 사용하지 않을 때는 드로어를 전달하지 않으면 메뉴 버튼도 사라진다.

Scaffold 위젯은 생성자로 설정할 수 있는 다양한 선택형 기능을 제공한다. 다음은 Scaffold 클래스의 생성자 메서드다.

예제 4-7 Scaffold의 모든 프로퍼티 목록

```
// 플러터 예제 코드에서 가져옴. Scaffold 생성자
const Scaffold({
    Key key,
    this.appBar,
    this.body,
    this.floatingActionButton,
    this.floatingActionButtonLocation,
    this.floatingActionButtonAnimator,
```

```
            this.persistentFooterButtons,
            this.drawer,
            this.endDrawer,
            this.bottomNavigationBar,
            this.bottomSheet,
            this.backgroundColor,
            this.resizeToAvoidBottomPadding = true,
            this.primary = true,
    }) : assert(primary != null), super(key: key);
```

코드를 보면 어떤 프로퍼티도 @required 애너테이션을 포함하지 않는다. 예를 들어 AppBar를 사용할 수도 있고 사용하지 않아도 괜찮다. 드로어, 네비게이션 바 등도 모두 마찬가지다. 이 앱에서는 AppBar만 사용했다. 다시 강조하지만 '머티리얼'처럼 보이는 앱을 구현하지 않더라도 Scaffold 위젯은 충분히 사용할 가치가 있는 위젯이다.

날씨 앱에서 ForecastPage 위젯에 Scaffold를 사용했음을 알 수 있다.[3] 일반적으로 앱의 모든 화면이 각자의 Scaffold 위젯을 갖는다.

이제 파일의 가장 아래에 있는 ForecastPageState.build 메서드의 return 문을 살펴보자. Scaffold도 다른 위젯과 마찬가지로 위젯이며 대부분의 인수가 선택형이므로 원하는 대로 커스터마이즈할 수 있다.

```
// weather_app/lib/page/forecast_page.dart     화면 위쪽에 나타나도록 위젯을 appBar 인수
   return Scaffold(                             로 전달한다(appBar와 PrefferedSize는
      appBar: PreferredSize(...)  ◁             추후에 살펴본다).


      body: GestureDetector(...)  ◁─────┐ body에 화면의 메인 영역에 나타날 위젯을 설정한다.
                                        │ appBar를 설정하지 않으면 body가 전체 영역을 차지한다.
```

Scaffold 생성자 메서드를 기억하자. 생성자는 10개의 지정 인수를 포함한다. 이 코드에서는 그중 두 개만 사용한다. 이들 위젯은 다양한 기능을 제공하지만 자유롭게 커스터마이즈할 수 있다는 것이 핵심이다. 다음 절에서 날씨 앱이 Scaffold를 어떻게 이용했는지 구체적인

---

3 weather_app/lib/page/forecast_page.dart 파일에서 ForecastPage를 찾을 수 있다.

예를 통해 확인해보자.

4.2.3 AppBar 위젯

AppBar 위젯은 AppBar의 기능을 제공하는 편리한 위젯이다. AppBar는 보통 Scaffold. appbar 프로퍼티에 사용하며 화면 위쪽에 특정 높이의 공간을 차지한다.

AppBar의 대표적인 기능은 네비게이션이다. AppBar의 부모가 Scaffold이고 drawer 인수가 null이 아니라면 자동으로 메뉴 버튼을 추가한다. '뒤로' 갈 수 있는 화면이라고 판단되면 앱의 Navigator는 자동으로 백 버튼을 추가한다.

AppBar 위젯(그림 4-3)은 다양한 위젯을 인수로 받는 여러 파라미터가 있다. 각 인수는 AppBar의 특정 위치에 대응한다.

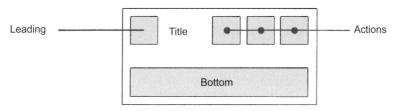

그림 4-3 AppBar 위젯의 가장 중요한 프로퍼티

메뉴 버튼과 백 버튼을 처리하는 프로퍼티를 리딩 액션[leading action]이라 부르며 AppBar.leading, AppBar.automaticallyImplyLeading 프로퍼티로 설정할 수 있다. AppBar.automaticallyImplyLeading을 거짓으로 설정하고 leading 인수를 다른 위젯으로 전달하면 해당 위젯이 AppBar의 가장 왼쪽에 위치한다.

PreferredSize 위젯

플러터에서 위젯의 크기는 부모의 제약을 받는다. 위젯은 제약 조건 정보를 획득한 다음 최종 크기를 결정한다. 3장에서 설명했지만 이는 UI를 구현할 때 기억해야 할 가장 중요한 개념 중 하나다. 부모가 전달한 **제약 조건**은 위젯이 얼마나 큰 공간을 차지할 수 있는지 알려주지만 최종 크기에 직접 관여하지 않는다. 이 시스템(반대로 HTML에서는 요소가 자신의 제약 조건을 제어함)의 장점은 유연성이다. 이 시스템 덕분에 플러터는 위젯의 모양을 영리하게 결정할 수 있으며 개발자가 신경 써야 할 부담을 덜어준다.

하지만 유연성이 항상 좋은 것은 아니다. 예를 들어 AppBar처럼 위젯이 크기를 명시적으로 설정하고자 할 때도 있기 때문이다.

AppBar 클래스는 **명시적으로** 너비와 높이를 설정할 수 있는 PreferredSize 위젯을 상속받는다. 플러터는 화면에 AppBar를 지정한 크기로 그리기 위해 최선을 다한다. PreferredSize는 평소 자주 사용하는 위젯은 아니지만 알아두면 좋다.

Scaffold.appBar 프로퍼티는 제약 조건을 설정하기 전에 AppBar의 크기를 알 수 있도록 PreferredSize 클래스 위젯을 요구한다. 이 앱에서는 Scaffold.appBar 인수를 사용하지 않고 직접 PreferredSize를 사용한다. 플러터 위젯이 기본값을 제공하더라도 이를 커스터마이즈할 수 있다는 것이 핵심이다(6장에서는 실용적인 앱 예제를 설명한다).

예제 4-8 Scaffold에 PreferredSize 사용하기

```
// weather_app/lib/page/forecast_page.dart
return Scaffold(
  appBar: PreferredSize(         ◁ — Scaffold.appBar 프로퍼티에 PreferredSize를
                                      사용하고 다른 위젯을 추가한다. AppBar는
                                      PreferredSize를 상속받고, Scaffold.appBar에
                                      는 AppBar보다 PreferredSize를 활용한다.

    preferredSize: Size.fromHeight(  ◁ — PreferredSize의 첫 인수 preferredSize는
        ui.appBarHeight(context),         너비와 높이를 정의하는 Size 클래스를 받는다.
    ),
    child: TransitionAppbar( ... )  ◁ — PreferredSize의 두 번째 인수는 child이며 이
    ),                                   예제에서는 커스텀 애니메이션을 포함하는 AppBar,
  );                                     즉 TransitionAppBar 위젯을 사용했다.
```

PreferredSize을 간단하게 살펴봤으니 날씨 앱을 확인하며 구체적으로 어떻게 사용하는지 확인해보자. 이 앱에 PreferredSize를 이용해 AppBar의 색을 바꿀 수 있다. 앱은 시간에 따라 색이 바뀐다. 그러려면 TransitionAppBar라는 커스텀 위젯이 필요한데 이는 6장에서 설명한다. 이 예제에서 핵심은 Scaffold가 appBar를 인수로 받는 PreferredSize에 이 기능을 추가했다는 사실이다.

4.3 스타일링과 테마

생각보다 간단하게 플러터 앱의 스타일을 설정할 수 있다. 처음 플러터 앱을 개발할 때 테마
를 잘 설계하면 이후로는 공들이지 않고 앱 UI를 일관성 있게 유지할 수 있다. Theme 위젯으로
색, 폰트 스타일, 버튼 스타일 등 다양한 앱 기본 스타일을 설정할 수 있다. 4.3절에서는 플러
터의 스타일링에 필요한 MediaQuery, 폰트, 애니메이션, Color 클래스 그리고 Theme 사용 방
법을 설명한다.

4.3.1 Theme 위젯

Theme 위젯으로 자동으로 앱 전체에 스타일을 적용한다. 스타일이 적용되지 않는 상황 또는
기존 스타일을 오버라이드해야 하는 상황이라면 위젯 트리 어디에서나 Theme 위젯에 접근해
이를 해결할 수 있다. 다음은 Theme으로 설정할 수 있는 다양한 색 관련 스타일 프로퍼티다. 이
프로퍼티를 설정하면 앱 전체 위젯에 영향을 미친다.

- brightness(어두운 테마나 밝은 테마로 설정)
- primarySwatch
- primaryColor
- accentColor

특정 기능을 제어하는 프로퍼티도 있다.

- canvasColor
- scaffoldBackgroundColor

- dividerColor
- cardColor
- buttonColor
- errorColor

이는 색과 관련된 20개의 프로퍼티 중 6개일 뿐이다. Theme에는 기본 폰트, 페이지 애니메이션, 아이콘 스타일 등을 설정하는 20개가 넘는 인수가 있다. 인수 중 일부는 내부에 프로퍼티를 갖는 클래스를 기대하므로 앱을 다양하게 커스터마이즈할 수 있다. Theme은 탄탄하며 스타일과 관련한 모든 어려운 일을 처리하는 해결사라는 것이 요점이다.

하지만 이렇게 다양한 프로퍼티를 신경 쓰기는 사실 어렵다. 플러터는 이런 고충을 감안해 MaterialApp을 앱의 루트로 사용할 때 모든 프로퍼티에 기본값을 할당해 개발자가 필요한 프로퍼티만 오버라이드할 수 있도록 제공한다. 예를 들어 Theme.primaryColor는 브랜드 색으로 모든 위젯의 색을 바꾼다. 현재 필자가 개발하는 앱은 머티리얼이 아닌 고유 브랜드를 사용하기에 Theme에서 여덟 개의 프로퍼티만 설정했다.

즉 원하는 수준에서 테마를 설정할 수 있다. 이미 여러 번 설명했듯이 플러터의 장점은 대부분의 기능을 알아서 처리해준다는 것이다. 플러터 앱에서 테마를 구현하는 방법을 살펴보자.

앱에 테마 사용하기

ThemeData를 이용해 테마를 설정한다. MaterialApp.theme 프로퍼티에 ThemeData 객체를 전달해 테마를 추가한다. 직접 Theme 위젯을 만들어 ThemeData 객체에 전달한다. Theme은 위젯이므로 다른 위젯처럼 어디에나 사용할 수 있다.

모든 위젯의 theme 프로퍼티는 위젯 트리의 가장 가까운 곳에서 상속받은 Theme 위젯을 사용한다. 즉 앱의 최상위 수준의 테마를 오버라이드하는 여러 테마를 만들 수 있다. 실전에서 ThemeData를 사용한 예를 살펴보자.

예제 4-9 날씨 앱의 ThemeData

```
// weather_app/lib/main.dart
final theme = ThemeData(
    fontFamily: "Cabin",   ◁──── pubspec.yaml 파일에 설정한
                                 폰트를 사용하도록 지시한다.
```

```
    primaryColor: AppColor.midnightSky,        다양한 커스텀 색을 사용하므로 AppColor 클래스를
    accentColor: AppColor.midnightCloud,        만들었으며 styles.dart 파일에 정의했다.
    primaryTextTheme: Theme.of(context).textTheme.apply(    Theme 클래스의 apply 메서
        bodyColor: AppColor.textColorDark,                  드로 현재 테마를 복제한 다음
        displayColor: AppColor.textColorDark,               프로퍼티를 바꾼다.
    ),
    textTheme: Theme.of(context).textTheme.apply(
        bodyColor: AppColor.textColorDark,
        displayColor: AppColor.textColorDark,
    ),
);
```

스타일 프로퍼티를 명시적으로 설정할 때도 ThemeData를 사용한다. 예를 들어 컨테이너의 배경색을 테마의 accentColor로 설정할 수 있다. BuildContext로 앱의 어디에서나 ThemeData를 얻을 수 있다.

BuildContext는 위젯 트리에서 위젯의 위치 정보를 제공한다. 즉, Theme을 포함해 트리의 상위에 위치한 위젯 정보를 얻는다. 예를 들어 'BuildContext 님, 이 위젯이 속한 트리에서 가장 가까운 ThemeData에 할당된 accentColor는 무엇인가요?'라고 물을 수 있다. 다음 절에서 이를 더 자세히 알아보자.

4.3.2 MediaQuery와 of 메서드

필자처럼 웹 개발 경력이 있는 독자라면 처음에는 플러터의 간격, 레이아웃 등의 스타일 구현이 조금 귀찮을 수 있다. CSS를 사용하는 웹은 어디서든 자유롭게 다양한 측정 단위를 이용해 크기를 설정한다. 예를 들어 웹에서는 픽셀뿐 아니라 뷰포트viewport의 크기에 비례한 단위 또는 퍼센트로 크기를 설정할 수 있다.

플러터에서는 **논리적 픽셀**logical pixel, 한 가지 단위만 사용한다. 결국, 대부분의 레이아웃 크기 문제를 수학으로 해결해야 하는데 화면의 크기에 따라 계산 결과가 달라진다. 예를 들어 화면의 3분의 1 너비로 위젯의 너비를 설정한다고 가정하자. 플러터에서는 퍼센트를 사용할 수 없으므로 MediaQuery 위젯을 이용해 화면 크기를 먼저 알아내야 한다.

Theme처럼 BuildContext를 이용해 앱 어디서든 MediaQuery 위젯을 사용할 수 있다(Media-Query 클래스의 of 메서드). of 메서드는 트리에서 가장 가까운 MediaQuery 클래스의 레퍼런스를 반환한다. 플러터의 몇몇 위젯은 이처럼 of 메서드를 제공한다.

이미 설명했듯이 MediaQuery 클래스로 앱이 표시되는 화면의 크기 정보를 얻는다. MediaQuery.of(context).size 메서드는 디바이스의 너비와 높이 정보를 포함하는 Size 객체를 반환한다. 이 과정을 조금 더 자세히 살펴보자.

of는 정적 메서드이므로 MediaQuery 클래스의 인스턴스를 만들지 않고 직접 호출한다. 그리고 of 메서드는 호출한 BuildContext를 알고 있는 MediaQuery 클래스의 레퍼런스를 반환(context를 전달하는 이유)한다. 그리고 MediaQuery의 size 프로퍼티로 디바이스의 너비와 높이 정보를 얻는다.

size로 반환된 화면 크기 정보를 이용해 위젯의 크기를 결정한다. 예를 들어 다음은 화면의 80퍼센트로 위젯의 너비를 설정하는 코드다.

```
final width = MediaQuery.of(context).size.width * 0.8;
```

위젯의 buildContext는 트리에서 위젯의 위치 정보를 플러터에 제공한다. 모든 of 메서드가 context를 인수로 받는 이유가 이 때문이며 이는 '플러터 님, 트리에서 저보다 위에 있는 위젯 중 이런 형식을 갖는 가장 가까운 위젯의 레퍼런스를 주세요'라는 의미다.

앱을 실행하는 물리적 디바이스의 정보를 얻거나 디바이스를 제어할 때 MediaQuery를 사용한다. 다음과 같은 상황에서 MediaQuery를 활용한다.

- 현재 휴대폰이 세로 방향인지 가로 방향인지 확인할 경우
- 접근성과 관련해 애니메이션을 비활성화하고 색을 반전시킬 경우
- 사용자가 텍스트 크기를 확대했는지 확인할 경우
- 전체 앱에 패딩을 설정할 경우

날씨 앱에서는 `MediaQuery`를 이용해 화면 크기에 따라 적절한 크기로 위젯을 설정한다. 이제 예제를 살펴보자.

4.3.3 screenAwareSize 메서드

`ForecastPage`의 `Scaffold` 코드를 다시 살펴보자.

```
// weather_app/lib/page/forecast_page.dart
return Scaffold(
  appBar: PreferredSize(
    preferredSize: Size.fromHeight(ui.appBarHeight(context)),
    child: ...
    ),
  ),
```

`Size.fromHeight`는 정해진 높이와 무한대의 너비를 갖는 `Size` 객체를 만드는 생성자로 `ui.appBarHeight` 메서드의 반환값을 사용한다. `weather_app/lib/utils/flutter_ui_utils.dart` 파일에서 `ui.appBarHeight(context)`의 구현 코드(예제 4-10)를 확인할 수 있다.

예제 4-10 화면 크기를 고려하는 메서드

```
// weather_app/lib/utils/flutter_ui_utils.dart

final double kToolbarHeight = 56.0;    ◁── 56.0은 플러터 예제 코드에서 복사한
                                            값으로 AppBar 위젯의 기본 높이이다.
double appBarHeight(BuildContext context) {   ◁──── Context로 MediaQuery 정보를 얻을
  return screenAwareSize(kToolbarHeight, context);   수 있도록 Context를 전달한다.
}


const double kBaseHeight = 1200.0;
double screenAwareSize(double size, BuildContext context) {
  double drawingHeight =
      MediaQuery.of(context).size.height - MediaQuery.of(context).padding.top; ◁─┐
  return size * drawingHeight / kBaseHeight;     이 행이 핵심 코드다. context로
}                                                앱과 화면 크기 정보를 얻는다.
```

MediaQuery.of(context).size는 화면 크기 정보를 포함하는 size를 반환한다. MediaQuery.of(context).padding은 앱 자체의 패딩 즉, 디바이스 화면과 최상위 수준 위젯 사이의 패딩 정보를 반환한다.

이들 메서드로 PreferredSize 위젯에 실제 크기를 전달한다(물론 MediaQuery 클래스 사용 법도 알 수 있다). 메서드를 이용해 **주어진 화면 크기**에 대응하는 날씨 앱의 실제 앱 바의 크기를 얻는다. 예를 들어 '평균' 화면 높이가 1,200픽셀이라면 앱 바 높이는 56픽셀이 되며 함수를 이 용해 다양한 화면 크기에 같은 비율의 앱 바 높이를 계산한다.

> **NOTE_** 내장 **AppBar** 위젯은 유용하지만 앱 바에 커스텀 스타일과 애니메이션을 추가해야 하므로 커스텀 위젯을 만들어야 한다.

ForecastPageState.Scaffold에서 이들 함수를 사용한다.

```
// weather_app/lib/page/forecast_page.dart
return Scaffold(
    appBar: PreferredSize(
    preferredSize: Size.fromHeight(ui.appBarHeight(context)),
    child: ...
    ),
  ),
```

이 코드는 Scaffold(PreferredSize의 부모)에 앱 바의 크기를 알려준다. 특히 모든 화면의 크기에 알맞은 높이를 갖는 Size 인스턴스를 전달한다.

appBarHeight 메서드는 앱 바에서만 유용하다. 이 예제는 특수한 예제지만, 나중에 screen-AwareSize 메서드를 재활용할 수 있다. 어쨌든 스타일링, 레이아웃과 관련해서 MediaQuery 를 자주 사용한다는 점을 기억하자.

지금까지 MediaQuery 클래스를 살펴봤다. 책의 뒷부분에서 Canvas 위젯을 살펴볼 때 MediaQuery를 더 알아본다.

4.4 자주 사용하는 레이아웃과 UI 위젯

이 절은 책 전체에서 물리적 UI 요소를 대표하는 기본적인 레이아웃 위젯과 위젯 하나하나를 가장 자세히 설명하는 마지막 절이다. 물론 플러터의 모든 것은 위젯이므로 위젯을 설명하지 않을 순 없다. 하지만 이 절 이후로는 화면을 보여주는 위젯보다는 어떤 작업을 수행하는 복잡한 위젯을 주로 살펴본다. 4.4절에서는 특히 Stack, Table, TabBar 세 가지 레이아웃을 정의하는 내장 위젯을 설명한다.

4.4.1 Stack 위젯

Stack은 말 그대로 스택(쌓아 올림)이다. 스택은 한 위젯 위에 다른 위젯을 쌓아 올릴 때 사용한다(그림 4-4). 스택의 API를 이용해 화면의 스택 경계에서 정확히 어떤 위치에 위젯을 추가할지 설정한다(웹 개발로 비유하면 CSS의 position: fixed와 비슷하다). 날씨 앱에서는 스택을 이용해 현재 시간과 날씨를 배경 이미지에 반영한다. 즉 태양의 색이 시간에 따라 달라지며 현재 날씨에 따라 구름이 나타나기도 한다.

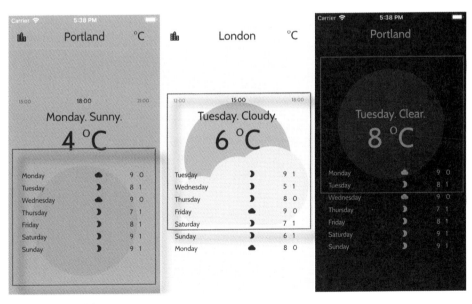

그림 4-4 날씨 앱 배경

태양, 구름, 기타 콘텐츠는 모두 다른 위젯으로 스택에 추가된다. 스택은 자식의 위치를 지정하거나 지정하지 않을 수 있다(기본값). 위치 지정을 살펴보기 전에 먼저 스택의 기본 동작을 살펴보자.

Stack 위젯은 위치를 지정하지 않은 자식을 Column이나 Row가 자식을 취급하는 것처럼 처리한다. 즉 자식 위젯을 왼쪽 위 모서리로 정렬하며 이들을 나란히 놓는다. alignment 프로퍼티로 정렬 방향을 설정한다. 예를 들어 horizontal을 이용하면 Stack이 자식을 Row처럼 정렬한다. 즉 자식의 위치를 명시적으로 지정하지 않으면 스택은 자식들을 수직으로 배치해 **Column처럼** 동작한다. [그림 4-5]처럼 Positioned 위젯으로 위젯을 감싸 위치를 지정한다. 위치를 지정한 위젯은 top, left, right, bottom, width, height 등의 프로퍼티를 갖는다. 보통 이들 중 최대 두 개의 수평 프로퍼티(left, right, width)와 두 개의 수직 프로퍼티(top, bottom, height)를 설정한다. 이 프로퍼티로 위젯을 그릴 위치를 설정한다. 그러면 RenderStack 알고리즘이 자식을 그린다.

1 우선 위치를 지정하지 않은 자식을 Row나 Column처럼 처리한다. 이때 스택의 최종 크기가 결정된다. 위치를 지정한 자식이 없으면 스택은 가능한 큰 공간을 차지한다.

2 스택의 렌더 상자에 비례해 위치를 지정한 모든 자식을 배치한다(top, left 등의 프로퍼티 사용). 위치를 지정한 위젯의 속성으로 스택의 자식들을 평행한 경계에서 어디에 위치시킬지 설정한다. 예를 들어 top: 10.0은 스택 상자의 위쪽 경계에서 10.0픽셀만큼 더한 위치로 배치한다.

3 모든 위젯의 배치를 마쳤으면 스택의 '바닥'에 위치한 위젯부터 차례대로 그린다.

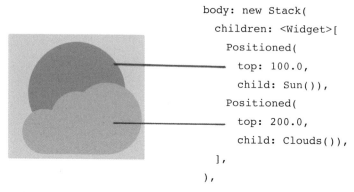

```
body: new Stack(
  children: <Widget>[
    Positioned(
      top: 100.0,
      child: Sun()),
    Positioned(
      top: 200.0,
      child: Clouds()),
  ],
),
```

그림 4-5 위치를 지정한 예

날씨 앱은 forecast 페이지의 Scaffold.body 프로퍼티에 스택을 사용했다. 스택은 forecast 페이지를 구성하는 총 세 개의 자식을 포함한다. 다음은 완벽한 코드다. 애니메이션 관련 코드는 참고만 하고 아래에서 주석을 추가한 부분을 특히 주목하자.

예제 4-11 forecast 페이지의 Stack 코드

```dart
// weather_app/lib/page/forecast_page.dart
Stack(                          // Stack은 Row나 Column처럼 여러 자식(children)을 갖는다.
  children: <Widget>[
    SlideTransition(            // SlideTransition은 배경에 태양과 달을 그리며 이 부분은 6장에서
                                // 설명한다. SlideTransition은 position 프로퍼티를 포함한다.
      position: _positionOffsetTween.animate(   // position 프로퍼티는 위젯의 위치를 명시
        _animationController.drive(             // 적으로 지정한다는 점에서 Positioned.
          CurveTween(curve: Curves.bounceOut),  // position과 비슷하다. 다만 Slide
        ),                                      // Transition의 Positioned 프로퍼티는
      ),                                        // 바꿀 수 있는 값을 갖는다는 점이 다르다.
      child: Sun(
        animation: _colorTween.animate(_animationController),
      ),
    ),
    SlideTransition(
      position: _cloudPositionOffsetTween.animate(
        _weatherConditionAnimationController.drive(
          CurveTween(curve: Curves.bounceOut),
        ),
      ),                        // Stack의 두 번째 자식은 Clouds이며
      child: Clouds(            // 이 위젯은 태양 위에 그려진다.
        isRaining: isRaining,
        animation: _cloudColorTween.animate(_animationController),
      ),
    ),                          // Stack의 최상위 레이어의
    Column(                     // 콘텐츠다.
      verticalDirection: VerticalDirection.up,
      children: <Widget>[
        forecastContent,
        mainContent,
        Flexible(child: timePickerRow),
      ],
    ),
  ],
),
```

애니메이션이 없는 앱의 모습을 확인할 수 있도록 고의로 애니메이션을 추가하지 않았다(4장의 내용에 더 집중할 수 있도록 애니메이션을 생략했으므로 실제 내려받은 예제 코드와 다를 수 있으니 주의하자).

Stack을 이용하면 여러 위젯에 명시적으로 위치를 정해 추가할 수 있다.

예제 4-12 애니메이션을 사용하지 않은 Stack 코드

```
Stack(
  children: <Widget>[
    Positioned(
      left: 100.0,
      top: 100.0,
      child: Sun(...),
    ),
    Positioned(
      left: 110.0,
      top: 110.0,
      child: Clouds(...),
    ),
    Column(
      children: <Widget>[
        forecastContent,
        mainContent,
        Flexible(child: timePickerRow),
      ]
    ),
  ],
),
```

4.4.2 Table 위젯

마지막으로 여러 자식을 갖는 위젯 중 [그림 4-6]처럼 위젯 표를 만들 수 있는 Table 위젯을 설명한다. Stack, Row, Column처럼 Table도 레이아웃에 자주 사용하는 위젯 중 하나다(일단 스크롤 가능한 위젯은 여기서 살펴보지 않는다). 날씨 앱의 화면 아래에 Table을 이용해 주간 날씨 정보를 표시한다.

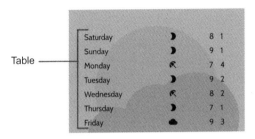

그림 4-6 날씨 앱의 Table 위젯 모습

Table은 데이터를 조금 더 읽기 수월하게 표시하는 것이 목표이기 때문에 지금까지 살펴본 위젯보다 조금 더 엄격하다. Table은 위젯을 행과 열로 배치한다. 표의 각 셀은 같은 행의 다른 셀과 같은 높이를 가지며 같은 열의 다른 셀과 같은 너비를 갖는다. 빈 Table 셀은 존재할 수 없으므로 Table을 만들 때 열의 너비를 명시적으로 설정해야 한다. 이 정보를 바탕으로 여러 자식을 갖는 다른 위젯처럼 코드를 확인하며 Table을 살펴보자. [예제 4-13]은 간단한 버전의 Table API다.

예제 4-13 Table 위젯 API

```
Table(
    columnWidths: Map<int, TableColumnWidth>{},     ◁── 0번째 행에서 시작하는 각 열의
                                                         너비 Map이다.
    border: Border(),     ◁──┤ 전체 Table의 경계다.
    defaultColumnWidth: TableColumnWidth(),     ◁── 열의 너비를 명시적으로 설정하지 않은
                                                     열의 기본 너비이다.
    defaultVerticalAlignment:
        TableCellVerticalAlignment(),◁──┤ 셀의 콘텐츠를 어떻게 정렬할지 설정하는 선택형 인수다.
    children: List<TableRow>[]     ◁── Table 행 리스트다. 테이블은 행 리스트를 자식으로
);                                     가지며, 각 행은 여러 자식들(셀)로 구성된다.
```

Table을 사용할 때 다음을 기억하자.

- columnWidths는 전달할 필요가 없지만 defaultColumnWidth는 null로 설정할 수 없다.
- defaultColumnWidth는 기본 인숫값으로 FlexColumnWidth(1.0)을 가지므로 아무 값도 전달하지 않아도 괜찮지만 null로 설정할 순 없다. defaultColumnWidth를 null로 설정하면 오류가 발생한다. defaultColumnWidth는 기본값을 가지므로 따로 값을 설정하지 않으면 모든 셀이 같은 너비를 가지며 Table은 가능한 큰 공간을 차지한다.
- columnWidths로 열의 너비를 설정한다. 맵은 열의 인덱스(0부터 시작)와 열의 너비를 키로 갖는다(TableColumnWidth는 잠시 뒤에 자세히 살펴본다).
- children 인수는 List<TableRow>를 기대하므로 아무 위젯이나 전달할 수 없다. 지금까지 이런 상황은 없었지만 조금 더 복잡한 위젯을 다루다 보면 이런 상황을 종종 겪는다.
- Border는 선택형이다.
- 행의 자식이 TableCell(곧 살펴봄)이어야 TableCellVerticalAlignment가 동작한다.

따라서 Table에 자식만 전달하면(나머지는 선택 사항이므로) 모든 열은 같은 너비를 갖는다 (자식들은 서로 상대적인 크기를 가지므로). 행의 요소는 전체 너비를 최대한 활용한다. [그림 4-7]은 forecast 페이지에 표시한 Table 위젯 설정 모습이다. 점선은 편의상 추가한 것으로 실제 코드로 구현하지는 않았다.

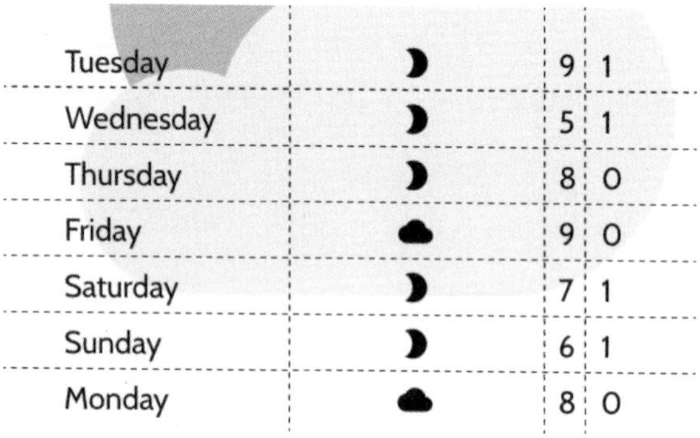

그림 4-7 행과 열을 보여주도록 경계를 추가한 Table 다이어그램

다음은 행의 크기를 정의하는 코드다. 1번 열의 너비를 정의하는 코드는 없다는 점에 주목하자.

```
// weather_app/lib/widget/forecast_table.dart
Table(
  columnWidths: {
    0: FixedColumnWidth(100.0),
    2: FixedColumnWidth(20.0),
    3: FixedColumnWidth(20.0),
  },
  defaultVerticalAlignment:
  TableCellVerticalAlignment.middle,
  children: <TableRow>[...],
);
```

나머지 열의 크기가 고정되어 있으므로 열 1(인덱스는 0부터 시작하므로 두 번째 열을 가리킴)은 최대한의 공간을 차지한다. default ColumnWidth는 기본값을 가지므로 너비를 제공할 필요가 없다.

일부러 맵에서 1을 생략한다. 고정된 너비의 열을 모두 배치하고 남은 공간을 모두 차지하도록 표가 확장된다.

TableCellVerticalAlignment의 상수는 셀의 콘텐츠를 셀의 위쪽과 바닥 사이 중간에 위치하도록 지정한다.

마지막으로 TableRow를 살펴보자. TableRow는 일반 행보다 간단하다. TableRow는 다음 두 가지 주요 특징을 갖는다.

- Table의 모든 행은 같은 수의 자식을 가져야 한다.
- 자식의 서브 위젯 트리에 TableCell을 반드시 사용할 필요는 없다. TableCell은 TableRow의 직계 자식이어야 할 필요는 없으며 위젯 트리의 어딘가에 TableRow를 조상으로 가지면 충분하다.

TableCell을 이용하면 위젯을 아주 쉽게 정렬하므로 이 앱에서는 TableCell을 사용한다. TableCell은 표라는 주어진 공간에서 자신의 자식들을 어떻게 정렬해야 하는지 잘 알고 있다. 이제 마지막으로 셀 자체 코드를 살펴보자. 이 표는 네 개의 열과 일곱 개의 행을 갖는다. 28개의 위젯을 구현하는 것은 귀찮은 일이므로 행별로 위젯을 생성한다. 4장의 뒷부분에서는 플러터 앱에서 자주 사용하고 중요한 패턴인 **빌더 패턴**을 살펴본다.

다트의 List.generate() 생성자로 위젯 만들기

앞서 플러터의 모든 것은 다트 코드로 구현한다고 설명했다. 특히 다트는 UI를 만드는 데 유용한 기능을 포함한다. 모든 것을 다트로 구현하면서 얻는 장점을 간단한 예로 확인해보자. Table의 children 프로퍼티에 여러 개의 위젯을 전달하는 대신 위젯을 반환하는 함수, 생성자, 클래스를 사용할 수 있다.

```
// weather_app/lib/widget/forecast_table.dart
Table(
    columnWidths: {
        0: FixedColumnWidth(100.0),
        2: FixedColumnWidth(20.0),
        3: FixedColumnWidth(20.0),
    },
    defaultVerticalAlignment: TableCellVerticalAlignment.middle,
    children: List.generate(7, (int index) {
        ForecastDay day = forecast.days[index];
        Weather dailyWeather =
            forecast.days[index].hourlyWeather[0];
        final weatherIcon =
            _getWeatherIcon(dailyWeather);
        return TableRow(
            children: [
                // ....
            ],
        ); // TableRow
    });
); // Table
```

다트 List 클래스 생성자다. 리스트에 추가할 항목의 숫자(int)와 이들 항목을 생성하는 콜백을 인수로 받는다. 콜백은 현재 index 를 인수로 받으며 인수로 전달한 int 횟수만큼 호출을 반복한다. 즉, 예제에서는 실행을 일곱 번 반복한다.

표 셀에 표시할 데이터. 인덱스로 표의 각 행에 다른 데이터를 표시한다. 우선은 forecast.days가 매일의 날씨를 설명하는 변수라고 알아두자.

필요한 추가 데이터다. 현재 온도를 표시 할 때 사용하는 시간별 날씨를 제공한다.

현재 날씨에 따라 알맞은 아이콘을 반환한다.

생성된 리스트의 현재 인덱스에 삽입할 수 있는 위젯을 반환한다.

List.generate 생성자 함수는 빌드 시 실행된다. List.generate를 간단하게 루프로 생각해 도 무방하다. List.generate는 다음 코드와 같은 기능을 수행한다.

```
List<Widget> myList = [];
for (int i = 0; i < 7; i++) {
  myList.add(TableRow(...));
}
```

for 루프 코드처럼 List.generate 생성자는 주어진 코드를 일곱 번 실행한다(각 루프의 인덱 스는 0~6으로 진행됨). 코드를 반복할 때 증가되는 index를 이용해 필요한 동작을 수행할 수 있다. 즉 데이터를 알지 못하는 상황에서 위젯의 데이터를 얻을 수 있다.

List.generate는 플러터와 관련이 없는 다트의 기능이지만 플러터에서 Row, Column, Table, List 등 여러 위젯을 만들 때 유용하게 사용한다. 특히 필요한 위젯의 개수를 알고 있을 때 List.generate를 이용하면 편리하게 위젯을 만든다. 이 예제에서 리스트의 모든 멤버는 같은 위젯 형식과 설정 구조를 갖지만 데이터만 다르다.

List.generate를 사용하지 않는다면 다음처럼 긴 코드를 구현해야 한다.

```
Table (
    children: [
      TableRow(
          children: [
            TableCell(),
            TableCell(),
            TableCell(),
            TableCell(),
          ]
      ),
      TableRow(
          children: [
            TableCell(),
            TableCell(),
            TableCell(),
            TableCell(),
          ]
      ),
      //... 다섯 번 더 반복함
    ]
  )
```

각 TableCell의 실질 코드는 포함하지 않았는데도(각 행과 셀이 같은 위젯을 포함하므로) 얼마나 코드가 긴지 알 수 있다. 프로그램으로 행을 만드는 것은 아주 유용한 기법이며 플러터에서는 이 방법을 자주 사용한다.

> **WARNING_** 이 예제의 단점은 데이터 배열이 정렬되어 있어야 한다는 점이다. 리스트의 순서를 보장할 수 없는 상황이라면 이 기법을 사용할 수 없다.

핵심은 이 코드로 여러 위젯을 만들 수 있다는 점이다. List.generate는 콜백을 인수로 받으므로 만들려는 위젯을 build 메서드에 바로 구현한다. 이는 마크업 언어의 도움 없이 순수하게 다트 코드만으로 코드를 구현하는 이점을 명확히 보여준다. 나머지는 기본적인 위젯(Table-Cell, Text, Icon, Padding 등 활용)을 보여주는 테이블 행 구현 코드다. 다음 플러터 코드를 직접 살펴보자.

예제 4-16 날씨 앱의 Table 셀 예제

```
// weather_app/lib/widget/forecast_table.dart
children: List.generate(7, (int index) {
  ForecastDay day = forecast.days[index];
  Weather dailyWeather = forecast.days[index].hourlyWeather[0];
  final weatherIcon = _getWeatherIcon(dailyWeather);
  return TableRow(      ⟵ List.generate가 매 반복을 완료하면서 이 위젯을 반환한다.
    children: [
      TableCell(      ⟵ 요일을 표시한다.
        child: const Padding(
          padding: const EdgeInsets.all(4.0),
          child: ColorTransitionText(
            text: DateUtils.weekdays[dailyWeather.dateTime.weekday],
            style: textStyle,
            animation: textColorTween.animate(controller),
          ),
        ),
      ),
      TableCell(      ⟵ 현재 날씨에 대응하는 아이콘을 표시한다.
        child: ColorTransitionIcon(
          icon: weatherIcon,
          animation: textColorTween.animate(controller),
          size: 16.0,
        ),
      ),
      TableCell(      ⟵ 그날의 최고 기온을 표시한다.
        child: ColorTransitionText(
          text: _temperature(day.max).toString(),
          style: textStyle,
          animation: textColorTween.animate(controller),
```

```
        ),
      ),
      TableCell(  ⬸――┐ 그날의 최저 기온을 표시한다.
        child: ColorTransitionText(
          text: _temperature(day.min).toString(),
          style: textStyle,
          animation: textColorTween.animate(controller),
        ),
      ),
    ],
  );
}),
// ...
```

이는 플러터 UI에서 표준으로 사용하는 코드다. 각 행에 표준 셀과 기타 위젯을 네 개 추가한다. List.generate 외에는 특별한 코드가 없다.

마지막으로 Table 위젯을 트리로 추가하는 코드를 살펴보자. 이 코드는 ForecastPageState.build 메서드에 있다.

다음 코드를 살펴보기 전에 VerticalDirection.up을 살펴보자. 이 메서드로 Column의 기본 흐름을 바꾼다. 화면의 아래쪽에 Column 콘텐츠를 정렬하고 리스트의 첫 요소를 바닥에 위치시키고 두 번째 요소를 그 위에 추가하려 한다. 평범한 긴 코드로 이를 구현할 수도 있지만 VerticalDirection.up을 사용하면 이를 편리하게 구현할 수 있다.

예제 4-17 ForecastPageState.build 메서드 코드

```
// weather_app/lib/page/forecast_page.dart
return Scaffold(
  appBar: null, // ...
  body: Stack(
    children: <Widget>[
      // ... 태양과 구름 위치를 지정하는 위젯
      // 주요 코드 시작
      Column(  ⬸――┐ forecast 페이지의 모든 콘텐츠를 포함한다.
        verticalDirection: VerticalDirection.up,  ⬸――┐ 첫 번째 자식 위젯이 바닥에 위치하도록
                                                       열의 순서를 역전시킨다.
```

```
      children: <Widget>[
        forecastContent,        Table 위젯을 가리키는 변수이다.
        mainContent,        날씨 앱의 추가 위젯이다.
        Flexible(child: timePickerRow),        나중에 살펴볼 다른 위젯이다.
      ],
    ),
  ],
),
);
```

지금까지 Table을 살펴봤다. Table은 다른 위젯과 사용 방법이 크게 다르지 않지만 이 절에서 배운 내용이 나중에 도움이 된다. 잠시 뒤에 List.generate 메서드와 비슷한 빌더 패턴을 배운다.

4.4.3 TabBar 위젯

모바일 앱에서는 탭 UI 요소를 자주 볼 수 있다. 플러터 머티리얼 라이브러리 역시 내장 탭 위젯을 제공한다.

내장 TabBar 위젯의 자식들은 스크롤할 수 있고, 수평의 뷰로 구성되며 선택할 수 있는tappable 기능을 갖는다. 탭 바의 위젯을 탭하면 탭 바 위젯에 전달한 콜백이 호출된다. 이 콜백을 이용해 탭 바의 자식 위젯은 페이지의 위젯을 바꾼다.

[그림 4-8]은 탭의 동작 원리를 보여준다. 탭 바의 요소를 클릭하면 해당 탭의 콘텐츠가 나타난다. 플러터 날씨 앱에서는 탭 바를 이용해 해당 시간의 온도를 확인하는 기능을 제공한다.

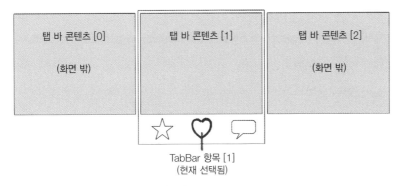

그림 4-8 플러터의 탭 관련 위젯 다이어그램

TabBar 위젯(그림 4-9)은 자식(사용자가 선택할 수 있도록 시간을 표시하는 위젯)과 필요한 기능 처리하는 TabController, 이 두 가지 핵심 기능을 포함한다.

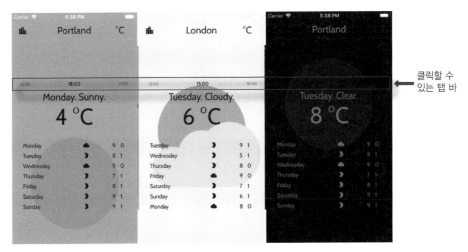

그림 4-9 대화형 탭 바 개요

TabController 위젯

플러터에서 많은 대화형 위젯은 이벤트를 관리할 수 있도록 관련 컨트롤러를 갖는다. 예를 들어 사용자의 입력을 처리할 수 있도록 TextEditingController라는 컨트롤러가 존재한다. TabBar에는 TabController를 사용한다. 이 컨트롤러는 사용자가 새 탭을 선택했을 때 앱이 필요한 콘텐츠를 갱신하도록 알리는 역할을 담당한다. 탭 바의 부모는 탭 위젯의 부모이기도 하므로 이런 아키텍처가 필요하다. weather_app/lib/widget/time_picker_row.dart 파일을 열어서 구체적인 예를 확인해보자.

이 파일을 열면 TimePickerRow라는 커스텀 위젯을 발견할 수 있다. 이 위젯은 상태를 포함하며 탭을 표시하고, 다른 탭을 선택하면 TabController를 이용해 이를 부모에 알린다.

예제 4-18 TabController와 TabBar 위젯 설정

```
// weather_app/lib/widget/time_picker_row.dart
class TimePickerRow extends StatefulWidget {
  final List<String> tabItems;    ◁──── 전달된 프로퍼티 저장. 예제 위젯은 시간대("12:00," "3:00," 등)를
                                        표시하는 문자열 리스트를 받는다.

  final ForecastController forecastController;  ◁──── 날씨 데이터를 쉽게 가져올 수
                                                      있게 돕는 클래스다.

  final void Function(int) onTabChange;  ◁──── 부모가 전달한 콜백. 예제에서는 새 탭을 선택했을
                                               때 부모에 이를 알리는 데 사용한다.

  final int startIndex;  ◁──── 기본으로 선택된 탭을 TabBar에 알림. 예제에서는
  // ...                       현재 시간을 가리키는 위젯을 설정한다.
}
```

위젯 자체에 전달한 주요 프로퍼티를 살펴봤다. 하지만 기능은 모두 **State** 객체가 구현한다.

예제 4-19 날씨 앱의 플러터 탭 구현 코드

```
// weather_app/lib/widget/time_picker_row.dart

// TimePickerRow 위젯 전체 코드
class TimePickerRow extends StatefulWidget {
  final List<String> tabItems;
  final ForecastController forecastController;
  final Function onTabChange;
  final int startIndex;

  const TimePickerRow({
    Key key,
```

```
      this.forecastController,
      this.tabItems,
      this.onTabChange,
      this.startIndex,
    }) : super(key: key);

    @override
    _TimePickerRowState createState() => _TimePickerRowState();
}
```

이 위젯은 애니메이션을 지원하는 프로퍼티를 가질 것임을 가리키는 믹스인mixin이다.
TabBar는 내장 애니메이션을 포함하므로 이 믹스인이 필요하다(6장에서 설명).

```
class _TimePickerRowState extends State<TimePickerRow>
    with SingleTickerProviderStateMixin {    ◁
  TabController _tabController;    ◁──── 탭 기능을 처리할 탭 컨트롤러를 선언한다.
  int activeTabIndex;                          생성자에서 만들어진다.

  @override
  void initState() {
    _tabController = TabController(    ◁──── 컨트롤러를 만든다. TabController는
      length: utils.hours.length,              몇 개의 탭이 있는지 알아야 한다.
      vsync: this,    ◁──┤ vsync는 애니메이션 관련 내용이므로 6장에서 설명한다.
      initialIndex: widget.startIndex,
    );
    _tabController.addListener(handleTabChange);  ◁──── 탭이 바뀌면 콜백을 실행하도록
    super.initState();                                  컨트롤러에 리스너를 추가한다.
  }

  void handleTabChange() {
    if (_tabController.indexIsChanging) return;  ◁──── 애니메이션 중간에 새 이벤트가
    widget.onTabChange(_tabController.index);           발생하는 것을 방지한다.
    setState(() {
      activeTabIndex = _tabController.index;
    });
  }

  // ...
}
```

TabController는 리스너뿐 아니라 탭과 관련 콘텐츠를 관리하도록 돕는 게터getter를 갖는다. 다음 코드처럼 **_handleTabChange** 메서드로 현재 '선택된'(현재 화면에 보이는) 탭이 어떤 것인지 앱에 알린다.

```
int activeTab;
void _handleTabChange() {
  setState(() =>
    this.activeTab = _tabController.index);   ◁──── 현재 선택된 탭 인덱스를 반환한다.
}                                                    이 예제에서는 activeTab 상태에 따라
                                                     콘텐츠가 달라진다고 가정한다.
```

이 코드에서 setState는 중요한 메서드다. 날씨 앱에서 탭 바의 다른 시간을 선택하면 그 시간에 해당하는 날씨로 UI를 다시 그린다. setState는 플러터에 새로 선택된 탭에 맞는 화면을 다시 그리도록 명령하기 때문이다. TabController.index 게터는 현재 선택된 탭을 가리킨다. TabController는 탭 정보를 가져오고 현재 선택된 탭 정보를 갱신하는 역할만 할 뿐

TabController를 직접 바꿀 필요 없다. TabController는 상호작용해야 할 대상일 뿐 이를 커스텀 클래스로 상속하지 말아야 한다.

TabBar 위젯 실습

플러터의 탭 바와 탭의 기능을 살펴봤으니 [예제 4-20]의 날씨 앱 코드를 살펴보자. 대부분의 탭 바 기능은 컨트롤러에 있지만 개발자는 위젯과 전달 인수만 신경 쓰면 된다. 날씨 앱에서 TabBar 위젯을 어떻게 사용했는지 확인해보자.

예제 4-20 build 메서드의 TabBar 위젯

```
// weather_app/lib/widget/time_picker_row.dart
@override
Widget build(BuildContext context) {
  return TabBar(
    labelColor: Colors.black,          스타일을 정의하는
                                       TabBar 설정 옵션이다.
    unselectedLabelColor: Colors.black38,
    unselectedLabelStyle:
    Theme.of(context).textTheme.caption.copyWith(fontSize: 10.0),
    labelStyle:
    Theme.of(context).textTheme.caption.copyWith(fontSize: 12.0),
    indicatorColor: Colors.transparent,
    labelPadding: EdgeInsets.symmetric(horizontal: 48.0, vertical: 8.0),
    controller: _tabController,    ← 부모가 위젯에 TabController를 전달한다
    tabs: widget.tabItems.map((t) => Text(t)).toList(),
    isScrollable: true,
  );                           기본적으로 탭은 스크롤할 수
}                              없다. 이 프로퍼티를 참으로 설
                               정하면 스크롤할 수 있다.
```

ForecastPage에서 tabItems를 전달한다. 예제에서는 Text를 전달했지만 어떤 위젯이든 사용할 수 있다. Icons를 흔히 사용한다. 다트 코드로 위젯을 만드는 또 다른 예다. tabItems의 문자열을 받아 각각을 Text 위젯으로 반환한다.

지금까지 TabBar의 탭 이동 관련 내용을 살펴봤다. 여러 내용을 살펴봤지만, 요점은 다음과 같다.

- 탭을 구현하려면 TabController와 자식 위젯이 필요하다. 자식을 탭하면 관련 내용을 화면에 표시한다.

- 탭 바의 위젯을 탭하면 콜백을 통해 탭을 전환할 수 있다. 콜백은 TabController가 제공하는 프로퍼티를 사용해 플러터에 새 탭을 그리도록 지시한다.

플러터에서는 보통 이렇게 탭 바를 구현한다. 5장에서는 내장 컨트롤러를 이용해 사용자 입력에 반응하는 방법을 배운다.

4.5 ListView와 빌더

ListView는 지금까지 살펴본 위젯 중 가장 중요한 위젯이다. 플러터가 제공하는 문서에서도 이 점이 두드러진다(https://api.flutter.dev/flutter/widgets/ListView-class.html). ListView는 자주 사용할 뿐만 아니라 효과적인 플러터 앱을 구현하는 데 필요한 패턴과 개념을 포함한다.

ListView는 자식 위젯들을 한 행에 배치한다는 점에서 Row, Column과 비슷하다. 하지만 ListView는 스크롤을 지원한다는 점이 다르다. 보통 자식의 수를 알 수 없을 때 ListView를 사용한다. 예를 들어 할 일 앱에서 ListView로 모든 할 일 목록을 표시한다. 할 일 항목이 한 개도 없거나 많이 존재할 수도 있다. ListView는 '이들 정보로 위젯을 만들어 이 목록에 추가해주세요'라는 기능을 제공한다. 예제 코드 lib/page/settings_page.dart의 Settings-Page 위젯이 ListView를 사용한다(그림 4-10). 이 ListView는 가짜로 생성한 데이터로 스크롤할 수 있는 리스트를 만들고 사용자는 이 리스트로 원하는 도시를 선택한다.

플러터 문서는 '스크롤할 수 있도록 선형적으로 정렬된 위젯 목록'으로 리스트 뷰를 정의한다. 조금 더 쉽게 풀이하면 리스트 뷰는 스크롤할 수 있는 Row나 Column이다(위젯 배열 방향에 따라 결정됨). 리스트 뷰의 가장 큰 강점은 유연성이다. 리스트에 추가할 콘텐츠 종류에 따라 생성자가 제공하는 다양한 옵션을 활용할 수 있다. 몇 개의 고정된 항목을 표시할 때는 기본 생성자를 이용하면 Row나 Column과 비슷하고 간단한 코드로 리스트 뷰를 만든다. 하지만 리스트에 수십 또는 수백 개의 항목을 추가하거나 항목 수를 알 수 없는 상황이라면 기본 생성자로 충분하지 않을 수 있다.

그림 4-10 날씨 앱 설정 페이지

이제 플러터의 **빌더 패턴**을 살펴보자. 플러터 전체에서 빌더 패턴을 자주 볼 수 있으며 필요한 위젯을 만들 때 사용하는 패턴이다. `ListView`의 기본 생성자에서 플러터는 모든 자식을 한 번에 빌드하고 그린다. `ListView.builder` 생성자는 `itemBuilder` 프로퍼티로 콜백을 받으며 이 콜백을 통해 위젯을 반환한다. 예제 앱에서 이 코드는 `ListTile` 위젯을 반환한다. 특히 리스트에 표시해야 할 항목의 수가 아주 많거나 무한대라면 플러터는 빌더 덕분에 효과적으로 화면에 항목을 그릴 수 있다. 플러터는 화면에 보이는 항목만 그린다.

수많은 트윗 목록이 있는 트위터를 생각해보자. 어떤 상태가 바뀔 때마다 모든 트윗을 다시 그리는 것은 거의 불가능하다(많은 사람이 거의 무한대에 가까운 트윗을 가지므로). 따라서 플러터는 사용자가 뷰에서 트윗을 스크롤할 때마다 필요한 항목만 그린다. 플러터는 `ListView`에 이런 기능을 기본적으로 제공하며 많은 위젯에서 같은 기법을 사용한다.

날씨 앱의 `SettingsPage`에서 사용한 `ListView`를 살펴보자.

```
// weather_app/lib/page/settings_page.dart
Expanded(          ◄─────
  child: ListView.builder(
    shrinkWrap: true,      ◄───
    itemCount: allAddedCities.length,      ◄───
    itemBuilder: (BuildContext context, int index) {      ◄──
      final City city = allAddedCities[index];
      return Dismissible(
        // ...
        child: CheckboxListTile(      ◄───
          value: city.active,
          title: Text(city.name),
          onChanged: (bool b) =>
            _handleCityActiveChange(b, city),      ◄───
        ),
      );
    },
  ),
);
```

ListView는 메인축으로 가능한 크게 확장한다.
Column이 자식이므로 Expanded가 별도의 제한
을 갖지 않으면 크기는 무한대로 확장한다.

무한 크기 오류를 방지하는 한 가지 방법으로
ListView에 자식 크기만큼 확장하라고 지시한다.

빌더는 자신이 만들 항목의 개수를 알아야 한다.

BuildContext와 인덱스를
인수로 받는 콜백이다. 플러터에서
자주 사용하는 빌더 함수다.

플러터에서 제공하는 편
리한 위젯으로 체크 박스
를 표시한다.

체크 박스를 제어한다.
항목을 체크하면 전달한 함수가 호출된다.
_handleCityActiveChange 메서드를
이용해 어떤 도시를 선택했는지 앱에 알린다.

리스트 뷰는 지금까지 살펴본 다른 위젯보다 조금 더 복잡하다. 이 예제에서 가장 중요한 부분은 빌더다. 리스트 뷰 빌더를 이용하면 무한대 항목을 포함하며 스크롤할 수 있는 리스트를 간단하게 만든다. 데이터를 알 수 없는 상태에서 데이터를 표시하는 위젯을 플러터로 만들 때 이 빌더 패턴을 사용한다. ListView는 다음과 같은 다양한 생성자를 제공한다.

- ListView.separated는 ListView.builder와 비슷하지만 두 가지 빌더 메서드를 받는다. 한 가지는 리스트 항목을 만들 때 사용하고 나머지 한 가지는 리스트 항목 간의 분리자를 만드는 데 사용한다.

- ListView.custom을 이용하면 커스텀 자식으로 리스트 뷰를 만든다. 다만 빌더처럼 간단하지는 않다. 리스트 뷰의 항목을 각자 다른 항목으로 만들어야 한다고 가정하자. 이럴 때 커스텀 리스트 뷰를 사용한다. 커스텀 리스트 뷰를 이용하면 자식을 어떻게 그려야 할지를 잘 제어할 수 있기 때문이다. 이 책의 뒷부분에서 커스텀 마이즈된 리스트 자식을 만드는 방법을 조금 더 자세히 설명한다.

ListView는 플러터가 제공하는 멋진 위젯 중 하나다. ListView는 깔끔하고 필요한 기능을 제공하므로 아주 실용적이다. API는 단순하면서도 필요한 모든 기능을 제공한다.

4.6 마치며

- 플러터는 MaterialApp, Scaffold, AppBar 등 다양하고 편리한 기능을 가진, 구조를 만들 수 있는 위젯을 제공한다. 위젯을 이용하면 네비게이션, 메뉴 드로어, 테마 등의 기능을 공짜로 누릴 수 있다.

- SystemChrome 클래스로 앱을 가로 또는 세로 모드로 설정하는 등의 디바이스 기능을 사용한다.

- MediaQuery를 이용해 화면 크기 정보를 얻는다. 특히 화면 크기에 따라 위젯의 크기를 조절할 때 유용하다.

- Theme으로 스타일 프로퍼티를 설정하면 앱 전체 위젯에 영향을 준다.

- Stack 위젯으로 화면의 위젯을 원하는 위치에 쌓는다.

- Table 위젯으로 표 형식의 위젯을 배치한다.

- ListView와 빌더를 이용하면 간단하게 무한대의 항목을 가진 리스트를 만들 수 있고 동시에 빠른 성능도 보장한다.

## CHAPTER 5

사용자 입력: 폼과 제스처

이 장의 주요 내용

◆ 제스처 감지기를 이용한 사용자와의 상호작용

◆ Dismissible 위젯 같은 특별한 상호작용 위젯

◆ 플러터에서 폼 만들기

◆ 텍스트 입력, 드롭다운^{drop-down} 리스트 등 다양한 폼 요소

◆ 키로 플러터 폼 관리하기

5장에서는 플러터 앱으로 사용자와 상호작용하는 방법을 살펴본다. 결국 모든 앱은 사람이 데이터를 쉽게 처리하도록 돕기 때문이다. 사람이 데이터를 볼 뿐만 아니라 데이터를 추가하거나 바꾸기도 한다. 5장에서는 사용자가 앱으로 데이터를 추가하거나 바꾸는 방법을 설명한다. 특히 두 가지 사용자 입력 방법인 제스처와 폼을 알아본다.

5.1 사용자 상호작용과 제스처

제스처란 탭^{tap}, 드래그^{drag}, 팬^{pan} 등의 이벤트를 가리킨다. 먼저 이런 사용자 동작을 감지하고 응답하는 방법을 알아본다. 하지만 솔직히 말하자면 이 부분에서 설명할 내용이 별로 없다. 플러터는 위젯 트리의 원하는 위치에 제스처 감지기를 추가하는 편리한 위젯을 제공하기 때문이다.

심지어 우리도 모르는 사이에 이미 제스처를 사용하고 있다. 모든 버튼 위젯이 제공하는

onPressed, onTap이 제스처 감지기를 사용하기 편리하게 감싼 기능이기 때문이다. 이와 비슷한 방법으로 제스처 감지기를 사용한다.

5.1.1 GestureDetector 위젯

GestureDetector는 사용자 상호작용의 핵심 위젯이다. 다른 위젯을 GestureDetector 위젯으로 감싸면 사용자와 상호작용할 수 있는 위젯으로 변신한다. 제스처를 감지하는 개념은 간단하다. 위젯은 상호작용을 기다리다가 상호작용을 감지하면 지정된 콜백을 실행한다.

GestureDetector로 위젯(child로 사용)과 제스처가 발생했을 때 실행할 콜백, 이 두 가지를 전달해야 한다. 다음은 GestureDetector 예제다.

```
GestureDetector(
  onTap: () => print("tapped!"),
  child: Text("Tap Me"),
);
```

GestureDetector는 기본적으로 오직 한 개의 제스처 콜백을 요구하지만 감지한 제스처 종류에 따라 반응을 다르게 하도록 콜백을 여러 개 전달할 수 있다. 거의 서른 가지의 제스처 콜백이 있는데 그중 일부는 다음과 같다.

- onTap
- onTapDown
- onDoubleTap
- onVerticalDragDown
- onScaleStart

- onTapUp
- onLongPress
- onHorizontalDragStart
- onPanDown

이처럼 다양한 콜백을 설정할 수 있으며 일부 콜백은 '세부 정보'를 함께 전달한다. 예를 들어 onTapUp은 globalPosition이나 화면에서 탭이 발생한 위치 정보를 포함하는 TapUp-Details 객체 인스턴스를 전달한다. 조금 더 복잡한 드래그 관련 제스처는 드래그 시작 시간, 시작 위치, 끝난 위치, 속도 등 더 다양한 프로퍼티를 전달한다. 이들 정보를 이용해 드래그의 방향과 속도 등을 알아내고, 조작한다.

5.1.2 GestureDetector 사용하기

구체적인 예제 코드로 제스처 감지기를 살펴보자. 날씨 앱에서는 forecast 페이지에서 GestureDetector 위젯을 사용한다(그림 5-1). 화면을 두 번 탭하면 온도 단위가 바뀐다.

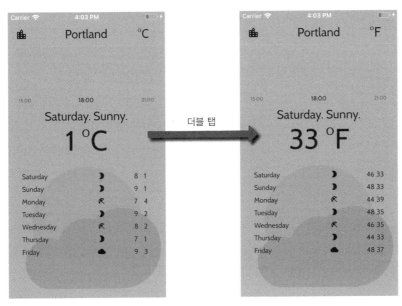

그림 5-1 섭씨에서 화씨로 온도 단위가 바뀜

제스처 콜백을 사용하는 버튼 위젯을 이미 살펴봤으므로 이 기능을 구현한 코드가 낯설지 않을 것이다. [예제 5-1]에서 볼 수 있듯이 ForecastPageState 위젯에서 Scaffold의 바디 전체를 제스처 감지기로 감쌌다.

예제 5-1 드래그 제스처 사용

```
// weather_app/lib/page/forecast_page.dart        GestureDetector는 사용자의
body: GestureDetector(                             동작을 기다리는 기본 위젯이다.

    onDoubleTap: () {      플러터가 제공하는 여러 제스처 중 하나이다.
      setState(() {
        widget.settings.selectedTemperature =
            widget.settings.selectedTemperature == TemperatureUnit.celsius
            ? TemperatureUnit.celsius
            : TemperatureUnit.fahrenheit;
```

```
      });
    },
    onVerticalDragUpdate: (DragUpdateDetails v)
          => _handleDragEnd(v, context),
    child: ColorTransitionBox(
    ...
```

제스처 세부 정보를 제공하는 더 복잡한
제스처이다. 많은 제스처는 제스처 감지기의
콜백으로 제스처 정보를 제공한다.

GestureDetector는 위젯을 자식으로 받는다.
자식은 제스처에 반응할 수 있게 된다.

이 예제에서 가장 복잡한 부분은 `GestureDetector.onVerticalDragUpdate` 인수다.

사용자가 손가락을 위나 아래로 드래그할 때마다 `GestureDetector.onVerticalDragUp-date`로 전달한 콜백을 호출한다. 콜백을 호출할 때 드래그 정보를 `DragUpdateDetails` 클래스의 인스턴스로 전달한다. 이 클래스는 여러 정보를 포함하지만 예제에서는 `DragUpdateDe-tails.globalPosition` 정보만 이용한다. `onVerticalDragUpdate`를 호출할 때마다 드래그가 발생한 정확한 위치를 알 수 있으므로 이에 맞는 동작을 수행할 수 있다.

`onVerticalDragUpdate` 메서드가 호출되면 `ForecastPageState._handleDragEnd`를 호출한다. 이 함수는 `TimePickerRow` 위젯에서 탭을 선택하는 것과 같은 동작을 수행한다. 즉 화면을 위아래로 드래그해서 시간을 설정한다.

앱은 화면을 가상의 여덟 개의 행으로 구분한다(탭 바에서 선택할 수 있는 시간도 여덟 개다). 화면의 가장 윗부분은 `TimePickerRow`의 가장 이른 시간인 오전 3시를 가리킨다. 두 번째는 오전 6시가 된다.

화면에서 손가락을 수직으로 드래그해서 여덟 번째 구간으로 이동하면 오전 3시의 날씨 예보로 바뀐다. 다음은 이를 구현한 코드다.

예제 5-2 드래그 제스처 처리

```
// weather_app/lib/page/forecast_page.dart
void _handleDragEnd(DragUpdateDetails d, BuildContext context) {
  double screenHeight =
      MediaQuery.of(context).size.height;
  double dragEnd = d.globalPosition.dy;
  double percentage =
      (dragEnd / screenHeight) * 100.0;
  int scaleToTimesOfDay =
```

MediaQuery로 화면 높이를 얻은 다음,
화면을 여덟 개의 가상 영역으로 계산한다.

onVerticalDragUpdate가 호출되었을 때 global
Position.dy는 화면 포인터의 y 좌표를 가리킨다.

기존의 두 숫자를 이용해 위치를 0에서 100 사이의 숫자로 변환한다(100은 화면 높이의 100퍼센트를 의미).

```dart
    (percentage ~/ 12).toInt();
  if (scaleToTimesOfDay > 7) scaleToTimesOfDay = 7;
  _handleStateChange(scaleToTimesOfDay);
}
```

이 숫자를 0~7 사이의 숫자로 변환한다.
이는 선택할 수 있는 총 여덟 개의 시간
옵션을 가리킨다.

지금까지 배운 내용을 토대로 모바일 앱에서 자주 사용하는 제스처 감지 위젯인 Dismissible
내장 위젯을 살펴보자.

날씨 앱의 가상 데이터 생성

시간 정보는 WeatherDataRepository 클래스가 만든 가상의 데이터다. dailyForecastGen-
erator 메서드는 매일 여덟 개의 가상 예보를 만든다. TimerPickerRow는 이 데이터를 이용해
옵션을 제공한다(3시, 6시, 9시 등).

이 함수 코드는 상당히 길지만 플러터를 배우는 것과는 크게 관련이 없다. 다만 문맥을 이해할
수 있도록 코드를 제공한다. 중요한 행에는 주석을 추가했다.

```dart
// weather_app/lib/utils/generate_weather_data.dart
ForecastDay dailyForecastGenerator(City city, int low, int high) {
  List<Weather> forecasts = [];
  int runningMin = 555;
  int runningMax = -555;
  for (int i = 0; i < 8; i++) {
    startDateTime =
        startDateTime.add(Duration(hours: 3));
    int temp = _random.nextInt(high);
    final tempBuilder = Temperature(
      current: temp,
      temperatureUnit: TemperatureUnit.celsius,
    );
    forecasts.add(
      Weather(
        city: city,
        dateTime: startDateTime,
        description: randomDescription,
        cloudCoveragePercentage:
```

하루는 세 시간 간격으로 이루어진 여덟 개의 예보로
이루어진다. 이 리스트는 시간별 날씨 정보를 포함한다.

0에서 7까지 루프를 반복한다.

startDateTime은 0시인 자정이다.
루프를 반복할 때마다 세 시간을 추가한다.

앱에서 임의로 만든 새로운
Weather 인스턴스를 리스트로 추가한다.

```
          generateCloudCoverageNum(randomDescription),
          temperature: tempBuilder,
        ),
      );
      runningMin = math.min(runningMin, temp);
      runningMax = math.max(runningMax, temp);
    }
    final forecastDay = ForecastDay(
      hourlyWeather: forecasts,
      min: runningMin,
      max: runningMax,
      date: dailyDate,
    );
    dailyDate.add(Duration(days: 1));
    return forecastDay;}
```

5.1.3 Dismissible 위젯

Dismissible은 다른 제스처 위젯보다 사용하기 까다롭다. 먼저 날씨 앱에서 Dismissible 위젯을 어떻게 활용했는지 확인해보자. [그림 5-2]는 Dismissible 개념을 설명한다.

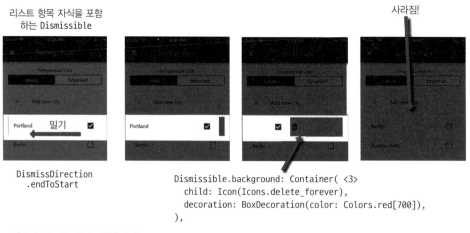

그림 5-2 Dismissible 위젯 예제

설정 페이지에서 도시 항목을 오른쪽에서 왼쪽으로 밀어 해당 도시를 삭제한다. 플러터의 내장 위젯 Dismissible로 이 기능을 구현한다(하지만 대부분의 위젯보다 많은 내용을 설정해야 한다). [예제 5-3]을 살펴보자.

예제 5-3 컬렉션에 Dismissible 사용

```
// weather_app/lib/page/settings_page.dart
child: ListView.builder(
  shrinkWrap: true,
  itemCount: allAddedCities.length,
  itemBuilder: (BuildContext context, int index) {        특정 사용자 제스처에 응답하는 내장 위젯이다.
    final city = allAddedCities[index];
    return Dismissible(                                     onDismissed는 Dismissible의 주요
      onDismissed: (DismissDirection dir)                   액션으로 버튼의 onTap과 비슷한 기능을
              => _handleDismiss(dir, city),                 제공한다. 콜백은 DismissDirection
      confirmDismiss: (DismissDirection dir) async =>       형식의 enum을 포함하므로 이를 이용해
              dir == DismissDirection.endToStart,           사용자의 동작 방향에 따라 필요한 동작
      background: Container(                                을 수행한다.
                                                            해당 항목을 화면에서 없애는 동안
        child: Icon(Icons.delete_forever),                 배경 피드백으로 보여줄 위젯이다.
        decoration: BoxDecoration(color: Colors.red[700]),
      ),
      key: ValueKey(city),                                  이 예제처럼 Dismissible이 리스트 항목이면 반드시 고유 키를
                                                            가져야 한다. Dismissible은 대부분 리스트 항목에 사용한다.
      child: CheckboxListTile(                              어떤 위젯이든 자식으로 사용할 수 있다.
        value: city.active,
        title: Text(city.name),
        onChanged: (bool b) => _handleCityActiveChange(b, city),
      ),
    );
  },
),
```

Dismissible은 Key를 요구하는 유일한 위젯이므로 예제를 잘 살펴보자. 또한 Dismissible 은 키가 왜 중요한지 잘 보여준다. Dismissible에 키 리스트가 없다면 어떻게 될까? 다섯 개 의 Dismissible 항목이 있는 리스트에서 두 번째 항목을 없앤다고 가정하자.

1 두 번째 Dismissible을 밀어 위젯 트리에서 제거한다.

2 위젯이 제거될 때 setState를 호출하므로 플러터는 위젯을 다시 빌드한다.

3 이 시점에는 Dismissible 위젯이 하나 없어졌으므로 위젯 트리가 바뀐 상태다. 플러터가 다시 빌드할 때 실행하는 작업인, 요소 트리의 모든 요소가 자신과 관련된 위젯을 찾기 시작한다. 키가 없다면 모든 요소는 다시 그리기 전의 트리 위치에 있던 위젯과 현재 위젯을 비교한다.

4 한 요소는 '이런, 제 위젯이 사라졌어요! 원래 트리 위치에서 위젯을 찾을 수 없네요. 컬렉션과 같은 형식 중 다른 하나일 텐데요'라고 말할 것이다.

5 요소는 다섯 개지만 위젯은 네 개뿐이므로 문제가 생겼다. 다른 요소들이 이미 모든 Dismissible 위젯을 가리키고 있지만 나머지 한 요소는 가리킬 위젯이 없어 오류가 발생한다.

플러터에서 요소가 위젯을 가리킬 수 없으면 오류다. 하지만 키로 이 문제를 해결할 수 있다. 가리킬 위젯을 잃어버린 요소는 모든 위젯이 다른 키를 갖고 있으므로 자신이 가리키던 위젯이 더 이상 존재하지 않음을 알 수 있기 때문이다.

이런 특징을 제외하면 Dismissible은 다른 사용자 상호작용 위젯과 비슷하다. 플러터는 상호작용이 내장된 다양한 위젯을 제공하며 일부 위젯을 여러분이 직접 만들기도 할 것이다. 이 모든 위젯은 다음 기본 규칙을 따른다.

- 이들은 상호작용을 하지 않는 다른 위젯을 감싸서 제스처 감지 기능을 추가한다.
- 데이터를 알맞게 처리할 수 있도록 상호작용 이벤트 정보를 전달할 콜백을 제공한다.

확실히 Dismissible 위젯은 기본 규칙 이상의 내용을 포함한다. 예를 들어 플러터에서 Dismissible이 화면에서 움직이는 동안 배경 위젯이 있어야 하며 그렇지 않으면 오류가 발생한다. [그림 5-3]은 이전에 본 배경 위젯이다.

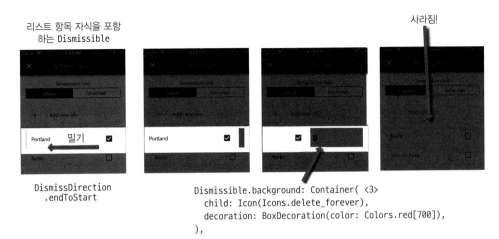

리스트 항목 자식을 포함
하는 Dismissible

사라짐!

DismissDirection
.endToStart

```
Dismissible.background: Container( <3>
    child: Icon(Icons.delete_forever),
    decoration: BoxDecoration(color: Colors.red[700]),
),
```

그림 5-3 Dismissible 위젯 예제

Dismissible의 배경처럼 일부 특별한 설정이 필요한 위젯도 있지만 모든 제스처 감지 위젯을
비슷한 API로 구현했다는 점이 핵심이다. 또한 제스처 감지와 상호작용을 내장한 많은 위젯은
필요한 UI 코드를 제공하므로 이를 직접 구현할 필요가 없다(공식 위젯 카탈로그[1]에서 모든 상
호작용 지원 위젯을 확인할 수 있다).

일부 상호작용 위젯은 지금까지 살펴본 위젯과는 다르다. 예를 들어 텍스트 입력 필드는 입력
을 받는다. 이런 위젯은 폼을 다루면서 살펴보자.

5.2 플러터 폼

플랫폼을 불문하고 폼과 사용자 입력을 처리하는 일은 상당히 까다롭다. 상태를 처리해야 하
고, 이벤트를 기다려야 하며, 입력값을 데이터베이스가 처리할 수 있는 형태로 변환해야 하는
등의 작업을 처리해야 하기 때문이다.

add_city_page.dart 페이지는 사용자가 날씨를 확인하고 싶은 도시를 추가하는 폼을 제공
한다. 이 기능 구현에 필요한 요구 사항은 다음과 같다.

---

1 https://flutter.dev/docs/development/ui/widgets/interaction

- 사용자가 데이터를 추가할 수 있는 필드를 포함하는 폼 UI 만들기
- 사용자가 폼을 제출하면 모든 데이터를 추출하는 기능 구현하기. 각각의 필드를 처리하는 것보다 모든 필드를 한 번에 처리하면 좋다(힌트: 키 활용하기!).
- 사용자가 입력한 데이터의 유효성을 확인한다. 이 기능은 필드별로 동작하면 좋다.
- 데이터를 데이터베이스로 추가할 수 있도록 비즈니스 로직으로 데이터를 전달한다.

NOTE_ 아직 비즈니스 로직과 데이터베이스를 설명하지 않았다. 책 뒷부분에서 이를 설명한다.

먼저 일반적인 플러터 폼을 살펴본 다음, 날씨 앱 구현을 살펴보자.

5.2.1 Form 위젯

Form 위젯은 모든 폼 필드 위젯을 서브트리에 포함하며 폼 작업에 필요한 메서드를 제공하는 일종의 래퍼wrapper다. 폼 안에 있는 **모든** 필드의 상태는 폼이 관리하므로 앱이 상태를 따로 관리할 필요가 없다.

```
Form(
    key: GlobalKey<FormState>,
    child: Column(
        children: [
                TextFormField(),
                TextFormField(),
                DropdownButtonFormField(),
                FormField(child: Checkbox()),
                // ...
                Button(
            child: Text("Submit"),
            onPressed: FormState.save()
        // ...
```

그림 5-4 폼 예제

폼을 자세히 살펴보기 전에 [그림 5-4]를 살펴보자. 많은 작업을 폼이 알아서 관리하므로 예제에서는 Form, FormState, 키, 폼 필드 등 핵심 요소를 쉽게 파악할 수 있다. 날씨 앱 예제는 weather_app/lib/page/add_city_page.dart에서 폼을 사용한다.

FormState 키 형식을 전달해 Form과 상호작용한다. 위젯은 전달받은 특정 폼 상태 객체를 GlobalKey와 연결하므로 어디에서든 상태 객체에 접근할 수 있다. 이 예제가 전역 키 사용을 추천하는 유일한 상황이다.

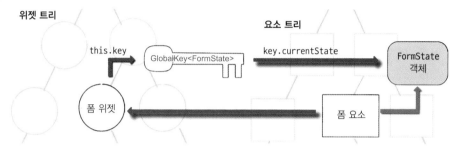

그림 5-5 요소 트리에 저장된 폼 상태

다른 모든 위젯처럼 Element가 Form을 관리한다(그림 5-5). 이 요소는 플러터가 내부에 만든 FormState 객체의 참조를 갖는다. 이 상태 객체는 모든 StatefulWidget의 State 클래스 인스턴스에 기능을 추가한다. FormState는 전역 키를 만들 때 내부적으로 만들어진다는 점이 State와는 다르다. 키 참조 덕분에 폼에서 상태 객체를 이용할 수 있다.

지금까지 폼을 간단하게 살펴봤다. 지금부터 FormState 객체를 자세히 알아보자.

5.2.2 GlobalKey〈FormState〉

폼 키(FormState 서브형식의 전역 키)는 다른 위젯에서 컨트롤러를 사용하는 것과 **상당히** 비슷하다. 예를 들어 4장에서 TabController를 살펴봤는데, 이와 비슷하게 내장 클래스 Form-State는 폼 로직 관리에 필요한 유용하고 다양한 메서드를 제공한다. 이제 구체적인 예를 살펴보자. 일반적으로 FormState.save, FormState.reset, FormState.validate, 이 세 메서드를 자주 사용한다.

일반적으로 폼을 만들 때는 키(FormState 객체의 참조를 제공함)를 사용한다. FormState 객체의 모든 로직과 프로퍼티는 이 키로 접근하며 폼의 모든 위젯과 그 자식도 FormState 객체를 이용한다.

> **NOTE_** 전역 키는 자주 사용하지 않는 것이 좋다. 폼은 이 책에서 전역 키를 사용하는 유일한 사례다.

5.2.3 AddCityPage 폼의 구조

add_city_page.dart 폼 코드는 200줄 이상으로 이루어져 있다. 우선 개별 코드를 살펴보기 전에 전체 코드(지면상 요약함)를 살펴보자. [예제 5-4]는 전반적인 API와 이동 기능을 보여주지만 아직은 모든 코드를 이해할 수 없음을 명심하자. 이 예제는 모든 기능을 어떻게 합치는지 보여준다. 다른 예제 코드도 이 파일에서 발췌한 것이므로 필요하다면 나중에라도 이 전체 코드를 다시 확인하기 바란다.

예제 5-4 add_city_page.dart 개요

```
import ...

class AddNewCityPage extends StatefulWidget {
  final AppSettings settings;
  const AddNewCityPage({Key key, this.settings}) : super(key: key);

  @override
  _AddNewCityPageState createState() => _AddNewCityPageState();
}

class _AddNewCityPageState extends State<AddNewCityPage> {
  City _newCity = City.fromUserInput();      ◁── 저장소로 제출할 값이다.
  bool _formChanged = false;      ◁── 폼의 UI 상태를 관리하는 데 사용한다.
  bool _isDefaultFlag = false;
  FocusNode focusNode;

  final GlobalKey<FormState> _formKey =
  GlobalKey<FormState>();      ◁── 폼의 현재 상태를 관리하는 데 사용한다.
```

```
@override
void initState() {...}

@override
void dispose() {...}

bool validateTextFields() {...}

@override
Widget build(BuildContext context) {
  return Scaffold(
    appBar: AppBar(...),
    body: Padding(
      padding: ...              폼의 루트. 모든 폼 필드는
      child: Form(  ◁─────┘     이 위젯의 자식이다.
        key: _formKey,
        onChanged: _onFormChange,
        onWillPop: _onWillPop,
        child: Column(
          children: <Widget>[
            Padding(  ◁────┘ City 폼 필드
              padding: ...
              child: TextFormField(...),
            ),
            Padding(  ◁────┘ State나 Territory 폼 필드
              padding: ...
              child: TextFormField(...),
            ),
            CountryDropdownField(...),  ◁────┘ 폼의 드롭다운 필드
            FormField(...),  ◁────┘ 기본 도시를 설정하는 체크박스
            Divider(...),    폼의 아랫부분으로 사용자가 입력을
            Row(  ◁──────┘   제출하거나 취소하는 기능을 제공한다.
              mainAxisAlignment: MainAxisAlignment.end,
              children: <Widget>[
                Padding(
                  padding: ...
                  child: FlatButton(...),  ◁────┘ Cancel 버튼
```

```
            ),
          Padding(
            padding: ...
            child: RaisedButton(        ←——┐ Submit 버튼
              color: Colors.blue[400],
              child: Text("Submit"),
              onPressed: _formChanged
              ? () {
                if (_formKey.currentState.validate()) {
                  _formKey.currentState.save();
                  _handleAddNewCity();
                  Navigator.pop(context);
                } else {
                  FocusScope.of(context)
                      .requestFocus(focusNode);
                }
              }
              : null,
            ),
          )
      // ... 닫는 괄호 생략
    );
  }
  void _onFormChange() {...}
  void _handleAddNewCity() {...}
  Future<bool> _onWillPop() {
    if (!_formChanged) return Future<bool>.value(true);
    return showDialog<bool>(
        context: context,
        builder: (BuildContext context) {
          // 제출하지 않은 데이터가 있는 상태에서 페이지를 나가려 하면 다이얼로그를
          보여줌
          return AlertDialog(...);
        }
  }
}
```

5.2.4 날씨 앱의 폼 구현하기

이제 날씨 앱의 구체적인 예를 확인하자. 날씨 앱에서는 weather_app/lib/page/add_city_ page.dart 파일에서 폼을 만든다. [예제 5-5]에서 중요하지 않은 행은 생략했다. 전체 코드는 잠시 뒤 확인하자.

예제 5-5 날씨 앱의 초기 폼 설정

```
// weather_app/lib/page/add_city_page.dart
class AddNewCityPage extends StatefulWidget {
  final AppSettings settings;
  const AddNewCityPage({Key key, this.settings}) : super(key: key);
  @override
  _AddNewCityPageState createState() => _AddNewCityPageState();
}

class _AddNewCityPageState extends State<AddNewCityPage> {
  // ...
  final GlobalKey<FormState> _formKey =
  GlobalKey<FormState>();  ◁──── 이 키는 플러터의 내장 상태 객체인 FormState
                                  서브형식을 갖는다. 플러터는 키처럼 접근할 수 있는
                                  FormState 객체를 만든다.
  @override
  Widget build(BuildContext context) {
    return Scaffold(
        // ... appbar
        body: Padding(
        padding: EdgeInsets.symmetric(horizontal: 8.0),
      child: Form(  ◁─────────────────────────────── 새 Form 위젯을 만든다. Form 위젯은
      key: _formKey, ◁────                            상태를 가지며 상태 객체는 키 객체로
      // ...              키를 이용해 폼의 서브트리에 있는   전달한 키와 연결된다.
                          모든 위젯에서 폼의 상태에 접근한다.
```

이 코드에서 폼을 만들고 키를 할당했다. 폼을 만들 때 키를 사용했다는 사실을 명심하자. 이제 키로 폼 상태 객체를 참조할 수 있다.

> **NOTE_** 텍스트를 입력받을 때 꼭 **Form** 위젯을 사용해야 하는 것은 아니다. **TextInput** 위젯을 이용해 입력을 개별적으로 관리한다.

5.3 FormField 위젯

관련이 있는 여러 입력 필드를 처리할 때 FormState의 유용한 기능을 이용할 수 있는 것이 폼의 장점이다. 다만 FormField 위젯을 이용해야 폼이 입력을 관리할 수 있다. 텍스트 입력 위젯뿐만 아니라 모든 입력 위젯을 폼 필드로 감싼다. 예를 들어 폼에 체크박스를 사용한다면 폼 필드로 이를 감싸는 것이 좋다.

```
return FormField(
  child: Checkbox(
    //...
```

다음처럼 세 가지 FormField 위젯이 있다.

- FormField: 모든 입력 위젯을 폼으로 바꾸는 표준 필드
- TextFormField: 텍스트 필드를 감싸는 데 특화된 필드
- DropdownButtonFormField: DropdownButton을 폼 필드로 감싸는 편리한 위젯

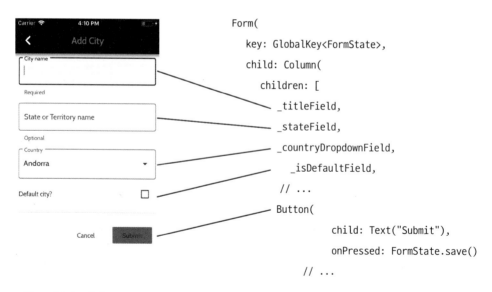

```
Form(
  key: GlobalKey<FormState>,
  child: Column(
    children: [
      _titleField,
      _stateField,
      _countryDropdownField,
      _isDefaultField,
      // ...
      Button(
          child: Text("Submit"),
          onPressed: FormState.save()
      // ...
```

그림 5-6 폼 필드 형식

날씨 앱의 **Add City** 페이지는 폼 필드 네 개를 사용한다(그림 5-6). 이 예제를 살펴보며 다양한 종류의 폼 필드 유형과 사용법을 알아보자.

5.3.1 TextFormField 위젯

이 절에서는 add_city_page.dart 파일에서 사용한 세 가지 형식의 폼 필드를 살펴본다. 먼저 _titleField라는 변수에 할당한 TextFormField를 확인하자.

예제 5-6 TextFormField 예제

```
// weather_app/lib/page/add_city_page.dart
Padding(
  padding: const EdgeInsets.symetric(verical: 8.0),
  child: TextFormField(          ←  TextFormField는 TextField와 FormField를
                                    합친 위젯이며 이 두 위젯과 비슷한 인수를 갖는다.

    onSaved: (String val) => _newCity.name = val,  ←  폼 필드의 모든 자식에서 호출하는
                                                      특별한 FormField 메서드다.

    decoration: InputDecoration(  ←  InputDecoration은 TextField
      border: OutlineInputBorder(),    폼 요소에서만 제공하는 프로퍼티다.
      helperText: "Required",
      labelText: "City name",
    ),                          이 페이지로 이동했을 때 자동으로 포커스를
    autofocus: true,  ←        받도록 설정하는 TextField의 프로퍼티다.

                              사용자가 텍스트를 입력할 때마다 입력된 내용을 검증할지
    autoValidate: true,  ←    지시한다. 잠시 뒤에 이 부분을 자세히 살펴본다.

                              사용자의 입력을 검증하는 데 사용 가능한 콜백을
    validator: (String val) {  ←  받는 특별한 FormField 메서드다.
      if (val.isEmpty) return "Field cannot be left blank";
      return null;
    },
  ),
```

무엇보다 TextFormField의 validator 콜백, autoValidate 플래그, onSaved 콜백을 자세히 살펴보자.

- validator는 콜백을 기대하는 모든 폼 필드의 인수다. 텍스트 폼 필드의 콜백은 필드의 입력값을 String으로 전달한다. 콜백으로 전달된 내용을 필드의 오류 텍스트로 표시한다. 빈 값이나 null을 반환하면 필드는 어떠한 오류 텍스트도 보여주지 않는다. validator 함수는 폼 필드의 모든 필드와 서브트리를 관리하는 FormState의 기능 중 하나다. FormState.validate()를 호출해 사용자의 입력을 검증하면 폼 필드의 validator 콜백이 호출된다. 또는 autoValidate 위젯을 사용할 수 있다.

- autoValidate는 폼 필드의 불리언 플래그다. 이를 true로 설정하면 폼 필드가 바뀔 때마다 즉시 validator 콜백을 호출한다. 사용자에게 즉각 피드백을 제공할 수 있어 이 메서드를 자주 사용한다.

- onSaved는 validator와 비슷한 기능을 제공하며 콜백으로 전달하는 인수다. FormState.save()를 호출하면 onSaved 콜백이 호출된다.

[예제 5-7]은 날씨 앱 텍스트 필드 코드다.

예제 5-7 TextFormField 예제

```
// weather_app/lib/page/add_city_page.dart
Widget get _titleField {
  // ...
  child: TextFormField(
    onSaved: (String val) => _newCity.name = val, ◁─── 포커스를 가진 상태에서 내용을 바꾸면
    decoration: InputDecoration(                         필드의 내용을 바로 검증한다.
      // ...
      autofocus: true,
      autoValidate: true, ◁─── 예제에서는 공백 여부만 확인한다.
      validator: (String val) {
        if (val.isEmpty)
          return "Field cannot be left blank"; ◁─── FormState.onSave를 호출하면 도시
        return null;                                    인스턴스를 새 이름으로 갱신한다.
      },
    ),
  ),
}
```

5.3.2 DropdownFormButton 위젯

DropdownFormButton은 FormField를 확장한 또 다른 위젯이다. TextFormField와 비슷한 점도 있지만 DropdownFormButton은 사용자가 선택할 수 있는 여러 데이터를 표시한다. [그림 5-7]은 날씨 앱의 DropdownButtonFormField 모습이다.

```
DropDownExpanded<Country>(
    decoration: InputDecoration(
        border: OutlineInputBorder(),
        labelText: "Country",
    ),
    value: _newCity.country ?? Country.AD,
    onChanged: (Country newSelection) {v
        setState(() =>
            _newCity.country = newSelection);
    },
    items: Country.ALL.map((Country country) {
        return DropdownMenuItem(
            value: country,
            child: Text(country.name));
//...
```

요소를 탭하면 항목을 표시함

그림 5-7 드롭다운 폼 필드 예제

플러터의 버그 발견!

이번 예제에서는 필자가 직접 구현한 DropDownExpanded 클래스를 사용했다. 이 클래스는 DropdownButtonFormField의 거의 모든 기능을 가져왔으며 isExpanded라는 불리언 플래그를 추가했다. isExpanded가 참이면 드롭다운 위젯은 이 정보를 자식(DropDownButton)에 전달한다. 그리고 내장된 DropDownButton의 isExpanded 역시 참이면 자식을 Expanded 위젯으로 감싼다.

내장 DropdownButtonFormField 위젯은 isExpanded 인수를 받지 않는 버그가 있어서 자식 (DropDownButton)의 isExpanded 속성을 설정할 수 없다.

DropdownButton 안의 코드는 버튼의 값을 표시하는 위젯을 만든다.

```
Widget result = DefaultTextStyle(
    style: _textStyle,
    child: Container(
    // ...
    child: Row(
    mainAxisAlignment: MainAxisAlignment.spaceBetween,
    mainAxisSize: MainAxisSize.min,          전달한 isExpanded를 이용하는 부분이다. 특히 기기의 너
    children: <Widget>[                       비가 너무 작으면 자식을 Expanded로 감싸야 한다. 그렇지
        widget.isExpanded ◁──────────────     않으면 자식이 가능한 많은 공간을 차지하기 때문이다.
            ? Expanded(child: innerItemsWidget)
            : innerItemsWidget,
        // ...
```

이 버그 때문에 폼 필드 래퍼에서 isExpanded 프로퍼티에 접근할 수 없으므로 widget.is Expanded는 항상 거짓으로 설정된다.

이 책이 출시되었을 때는 아마도 버그가 고쳐졌을지도 모른다. 하지만 이 예제는 플러터가 원하는 대로 동작하지 않으면 이를 직접 수정할 수 있다는 걸 보여준다. 플러터는 오픈 소스이므로 필요한 기능을 모두 바꾸거나 구현할 수 있다.

날씨 앱으로 돌아가 드롭다운 폼 필드의 코드를 살펴보자. TextFormField 구현과 거의 비슷하지만 버튼을 눌렀을 때, 표시할 항목을 전달한다는 점이 다르다.

폼 필드에 독립적인 위젯을 추가해 가독성을 높였다. 독립적인 위젯의 코드는 weather_app/lib/widget/country_dropdown_field.dart에서 CountryDropdownField로 찾을 수 있다.

예제 5-8 DropdownButtonFormField 예제

```
// weather_app/lib/widget/country_dropdown_field.dart
class CountryDropdownField extends StatelessWidget {
  final Function onChanged;
  final Country country;
  const CountryDropdownField({
```

```
    Key key,
    this.onChanged,
    this.country,
  }) : super(key: key);
  @override
  Widget build(BuildContext context) {
    return Padding(
      padding: const EdgeInsets.symmetric(vertical: 8.0),
      child: DropDownExpanded<Country>(
        isExpanded: true,
        decoration: InputDecoration(
          border: OutlineInputBorder(),
          labelText: "Country",        ───┐ 드롭다운을 닫으면 선택된 값을 표시한다.
        ),
        value: country ?? Country.AD, ◁──┐ 항목을 선택하면 onChanged가 호출된다.
        onChanged: (Country newSelection) ◁┤ 플러터의 드롭다운 필드 위젯은 onChanged
                                           └ 콜백으로 선택된 항목을 전달한다.
        => onChanged(newSelection),
        items: Country.ALL.map((Country country) { ◁─┐ items는 DropdownMenuItem<T>
          return DropdownMenuItem(                      형식의 위젯 리스트를 기대한다.
            value: country,                             예제에서는 List<Dropdown
            child: Text(country.name),                  MenuItem<Country>>를 반환하는
          );                                            함수를 구현했지만 직접 리스트를
        }).toList(),                                    전달해도 된다.
      ),
    );
  }
}
```

지금까지 이 메서드의 다른 프로퍼티를 확인했다. 폼 필드가 그렇듯이 이 메서드도 onSaved와
validator 콜백을 받는다.

add_city_page.dart에서 이 위젯을 확인할 수 있다. [예제 5–9]는 CountryDropdownField
코드다.

```
// weather_app/lib/page/add_city_page.dart
CountryDropdownField(
    country: _newCity.country,
    onChanged: (newSelection) {
      setState(() => _newCity.country = newSelection);
    },
),
```

5.3.3 일반 폼 필드

FormField 위젯으로 체크박스, 날짜 선택, 슬라이더 등 다른 입력 형식을 감싸서 폼에 사용할 수 있다. FormField 위젯은 기존 두 개의 폼 필드와 같은 기능을 제공하면서 모든 다른 사용자 입력 위젯의 기능을 확장한다.

날씨 앱은 [그림 5-8]에서처럼 체크박스를 FormField로 감쌌다. 기존 폼 필드 사용 예제와 크게 다르지 않다.

```
return FormField(
  onSaved: (val) => _newCity.active = _isDefaultFlag,
  enabled: _enabled,
  builder: (context) {
    return Row(
      mainAxisAlignment: MainAxisAlignment.spaceBetween,
      children: <Widget>[
        Text("Default city?"),
        Checkbox(
          value: _isDefaultFlag,
          onChanged: (val) {
            setState(() => _isDefaultFlag = val);
      //...
```

그림 5-8 폼 필드의 체크박스

```
class _AddNewCityPageState extends State<AddNewCityPage> {
  City _newCity = City.fromUserInput();
  bool _formChanged = false;
  bool _isDefaultFlag = false;
  final GlobalKey<FormState> _formKey = GlobalKey<FormState>();
  FocusNode focusNode;
  // ... 다른 클래스 멤버
  Widget build(BuildContext context) {
    return Scaffold(
      // ... 부모 위젯
      // ... 체크 박스 영역 시작
      FormField(
        onSaved: (val) => _newCity.active =
            _isDefaultFlag,
        builder: (context) {
          return Row(
            mainAxisAlignment: MainAxisAlignment.spaceBetween,
            children: <Widget>[
              Text("Default city?"),
              Checkbox(
                value: _isDefaultFlag,
                onChanged: (val) {
                  setState(
                          () => _isDefaultFlag = val
                  );
                },
              ),
            ],
          );
        },
      ),
    }
```

- `bool _isDefaultFlag = false;` ← 체크박스의 상태를 관리하는 불리언 플래그이다.

- `FormField(` ← onSaved 같은 여러 프로퍼티는 기존 위젯과 같은 기능을 제공한다.

- `_isDefaultFlag,` ← 폼 필드는 현재 필드가 처리하는 데이터 형식을 모르므로 onSaved 콜백의 동작이 기존과 조금 다르다. 형식을 선언하지 않고 인수에 val을 사용한 이유도 바로 이 때문이다.

- `builder: (context) {` ← FormField는 자식이 아니라 빌더를 인수로 받는다. 아무 위젯이든 반환할 수 있으므로 모든 위젯이 폼 필드가 될 수 있다.

- `value: _isDefaultFlag,` ← 폼에서 사용하지 않은 일반 체크박스와 똑같이 동작한다. 체크박스 상태를 확인하도록 불리언을 이용한다.

- `setState(` ← 불리언 플래그가 갱신되면 체크박스 상태를 다시 그리도록 setState를 호출한다.

폼 필드의 기능을 모두 살펴봤다. 플러터의 기능을 배우면서 대부분의 UI 동작은 프레임워크가 처리한다는 사실을 알게 되었다. 폼 필드를 배웠으니 이제 스타일링, UI, FormState 키를 총동원해 필요한 기능을 완성해보자.

5.4 Form UI와 포커스 작업

우선 폼 스타일을 간단히 살펴보자. 결국 폼도 플러터의 다른 모든 위젯과 같은 스타일 패턴을 따른다. 즉 필드를 Padding, Center 등의 위젯으로 감싸고 다른 레이아웃 위젯으로 위치를 설정하고, 각 위젯이 제공하는 프로퍼티로 스타일을 바꾼다. 프로그램으로 필드의 포커스 관리하는 FocusNode 클래스도 살펴본다.

5.4.1 InputDecoration

모든 입력 필드와 폼 필드는 decoration 인수를 가지며 InputDecoration 인스턴스를 여기에 설정한다. 이는 플러터의 공통 패턴이다. 예를 들어 Container 위젯도 decoration 인수를 가지며, 여기에 BoxDecoration 인스턴스를 설정한다. InputDecoration 클래스는 폼 필드 스타일을 바꾸는 다양한 인수를 받는다. 배경색을 설정하거나, 포커스의 유무에 따라 색을 바꾸거나, 필드의 모양을 바꾸거나 텍스트 스타일(입력, 헬퍼 레이블 모두) 등을 바꿀 수 있다. 날씨 앱에서는 [그림 5-9]처럼 외부 선을 강조하는 스타일을 사용했다. 입력하려는 필드가 포커스되면 레이블 텍스트가 위로 이동하는 애니메이션이 수행된다. 상당히 멋진 기능이다.

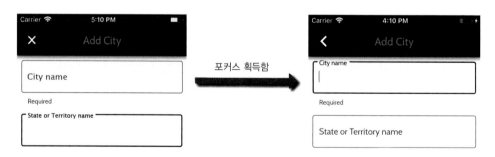

그림 5-9 폼 필드에 부드러운 UI 애니메이션 추가하기

이런 기능은 decoration 프로퍼티로 간단하게 설정한다. 예제에서는 프레임워크가 제공하는 클래스로 이를 구현했다. 다음은 두 번째 텍스트 필드의 코드다.

예제 5-11 InputDecoration 예제

```
// weather_app/lib/page/add_city_page.dart
Padding(
  padding: const EdgeInsets.symmetric(vertical: 8.0),
  child: TextFormField(
    focusNode: focusNode,
    onSaved: (String val) => print(val),
    decoration: InputDecoration(
      border: OutlineInputBorder(),
      helperText: "Optional",
      labelText: "State or Territory name",
    ),
    validator: (String val) {
      if (val.isEmpty) {
        return "Field cannot be left blank";
      }
      return null;
    },
  ),
),
```

플러터가 제공하는 OutlineInputBorder가 필요한 스타일을 알아서 적용한다.

검증 오류가 발생하지 않은 상태라면 항상 헬퍼 텍스트를 표시한다. 오류가 발생하면 오류 메시지가 헬퍼 텍스트를 대체한다.

항상 레이블 텍스트를 표시한다.

이 메서드는 기존 validator와 아주 비슷하다.

외부 라이브러리를 사용하거나 많은 코드를 구현하지 않고도 아주 멋진 UI 기능을 완성했다. 모두 프레임워크에서 기본으로 제공하는 위젯 덕분이다.

5.4.2 FocusNode로 UI 개선하기

기존의 TextFormField 위젯을 다시 떠올려보자. 다음 코드에서 확인할 수 있듯이 이 위젯은 autoFocus라는 지정 인수를 받는다.

```dart
// weather_app/lib/page/add_city_page.dart
TextFormField(
  onSaved: (String val) => _newCity.name = val,
  decoration: InputDecoration(
    border: OutlineInputBorder(),
    helperText: "Required",
    labelText: "City name",
  ),
  autofocus: true,          ◁─── 페이지가 화면에 나타나면 이 폼 필드가
                                  포커스를 갖도록 설정한다.
  autovalidate: _formChanged,
  validator: (String val) {
    if (val.isEmpty) return "Field cannot be left blank";
    return null;
  },
),
```

요즘에는 흔히 볼 수 있는 기능으로 사용자의 탭 횟수를 줄여 앱을 더 편리하게 즐길 수 있다.

autofocus와 FocusNode 객체를 이용해 폼의 포커스를 프로그램으로 제어한다. 외부 이벤트나 검증 오류 상태에 따라 포커스를 바꿔야 하는 상황이 발생한다. 예를 들어 사용자가 앱에서 회원 가입할 때 실수로 필수 입력 필드를 공백으로 비운 채 가입을 시도할 수 있다. 이때 빈 필드로 포커스를 이동시킨다면 더 좋은 사용자 경험을 제공할 수 있다.

날씨 앱의 폼에서 필드 두 개가 공백이라면 제출할 수 없다. 특히 사용자가 Submit을 눌렀을 때 State 필드가 공백이면 검증 오류가 발생하고 해당 텍스트 필드로 포커스가 이동한다. 단 몇 행의 코드로 이 기능을 구현한다.

먼저 포커스 노드를 만들어야 한다. FocusNode 객체를 정의하고 만드는 과정이므로 특별한 내용은 없다. 포커스 노드는 오래 살아남는 객체이므로 State 객체로 이들의 생명주기를 관리한다. 나중에 생명주기를 자세히 설명하겠지만 일단 생명주기를 이용하면 오래 살아남는 객체를 만들고 폐기하는 작업을 일정한 방법으로 구현할 수 있다는 걸 알아두자. 다음 코드처럼 init-State() 메서드 안에서 FocusNode 인스턴스를 만든다.

```
// weather_app/lib/page/add_city_page.dart
class _AddNewCityPageState extends State<AddNewCityPage> {
  City _newCity = City.fromUserInput();
  bool _formChanged = false;
  bool _isDefaultFlag = false;
  final GlobalKey<FormState> _formKey = GlobalKey<FormState>();
FocusNode focusNode;    ◁─┐ 포커스 노드를 정의한다.

  @override
  void initState() {
    super.initState();                      생명주기 메서드를 이용해 포커스 노드를 관리한다.
    focusNode = FocusNode();  ◁─────          initState 메서드에서 포커스 노드를 만들고
                                             나중에 다른 생명주기 메서드에서 폐기한다.
}
```

텍스트 필드로 포커스 노드를 전달하자. 다음은 _stateName 변수에 할당된 두 번째 Text-FormField로 포커스 노드를 전달한 코드다.

```
// weather_app/lib/page/add_city_page.dart
Padding(
  padding: const EdgeInsets.symmetric(vertical: 8.0),
  child: TextFormField(                   텍스트 폼 필드는 포커스 노드를 받는 focusNode
    focusNode: focusNode,  ◁──────         지정 인수를 갖는다. 이 위젯을 포커스 노드와 연결한다.
    onSaved: (String val) => print(val),
    decoration: InputDecoration(
      border: OutlineInputBorder(),
      helperText: "Optional",
      labelText: "State or Territory name",
    ),
    validator: (String val) { ◁──          FormState.validate는 잠시 뒤에 살펴본다.
      if (val.isEmpty) {                    우선은 폼을 제출하기 전에 validator가 호출되고
        return "Field cannot be left blank"; 값이 없으면 오류가 발생한다는 사실만 기억하자.
      }
      return null;
    },
  ),
),
```

위젯의 포커스 노드 기능을 살펴봤다. 이제 로직을 연결할 차례다. 텍스트 필드가 빈 상태로 사용자가 폼을 제출하려고 하면 두 번째 위젯에 포커스를 주는 것이 목표다. Submit 버튼의 on-Pressed 인수에 이 로직을 구현한다.

```dart
// weather_app/lib/page/add_city_page.dart
RaisedButton(
  color: Colors.blue[400],
  child: Text("Submit"),
  onPressed: _formChanged
      ? () {
    if (_formKey.currentState.validate()) {        // 다음 절에서 폼 상태 메서드를 설명한다.
      _formKey.currentState.save();                //   validator 콜백이 실패하면 _formKey.
      _handleAddNewCity();                         //   currentState.validate() 메서드는
      Navigator.pop(context);                      //   거짓을 반환한다.
    } else {
      FocusScope.of(context)
          .requestFocus(focusNode);                // FocusScope는 적절한 노드로
    }                                              //   포커스를 전달하고 관리하는 위젯이다.
  }
      : null,
),
```

노드에 실제 포커스를 요청하는 코드는 이미 어디선가 봤던 패턴이다. 즉 이전에 of 메서드로 트리의 어떤 위젯의 참조를 얻는 방법과 비슷하다. 예제에서는 of 메서드로 FocusScope 위젯의 참조를 얻는다. 이 클래스는 전달된 포커스 노드와 연결된 텍스트 필드로 포커스를 설정하는 requestFocus 메서드를 제공한다. 예제에서는 _stateName 텍스트 필드로 포커스를 설정한다.

포커스 노드 사용법을 간략히 살펴봤다. 실제로는 더 복잡한 상황도 발생하지만 기본 원리는 같다. FocusNode 위젯을 이용해 포커스를 요청하는 텍스트 필드에 포커스를 준다.

5.5 폼 메서드로 폼 상태 관리하기

지금까지 플러터 폼을 사용하는 데 필요한 거의 모든 정보를 살펴봤다. 지금까지 배운 내용을 모두 종합하면서 폼 상태 자체를 활용하는 방법을 알아보자. 특히 폼의 내용이 바뀌었을 때 이를 어떻게 처리하며 사용자가 폼 사용을 마쳤을 때 앱은 어떤 동작을 수행해야 하는지 확인하자. Form 위젯과 FormState가 제공하는 메서드로 이 기능을 구현한다.

날씨 앱의 폼 build 메서드를 다시 살펴보자. 4장에서도 build 메서드를 보여줬지만 그때는 몇 개의 주요 행을 생략했었다.

예제 5-12 Form 메서드

```
// weather_app/lib/page/add_city_page.dart
class _AddNewCityPageState extends State<AddNewCityPage> {      폼을 제출할 때 데이터베이스로
  City _newCity = City.fromUserInput(); ◁                      추가할 빈 City 객체이다.
  bool _formChanged = false; ◁── 처음으로 폼을 갱신하면 플래그가 참으로 바뀐다.
                                 이 플래그를 이용해 사용자가 실질적으로 폼을
  bool _isDefaultFlag = false;   사용했는지 여부를 확인하고 알맞은 동작을 수행한다.
  final GlobalKey<FormState> _formKey = GlobalKey<FormState>();
  FocusNode focusNode;


  @override
  Widget build(BuildContext context) {
    return Scaffold(
        appBar: AppBar(
        //...
        body: Padding(
          padding: const EdgeInsets.symmetric(horizontal: 8.0),
          child: Form(
              key: _formKey,
              onChanged: _onFormChange, ◁── 폼 필드가 바뀌면 호출된다.
              onWillPop: _onWillPop, ◁── 사용자가 페이지를 떠나려 할 때 호출된다.
              child: Column(          이 메서드가 얼마나 유용한지 곧 설명한다.
        // ... 폼 필드
      ),
    ),
  ),
);
```

5.5.1 Form.onChange

폼은 onChanged와 onWillPop 두 개의 메서드를 기대한다. 우선 날씨 앱에서 onChanged가 어떻게 사용되는지 확인하자.

```dart
// weather_app/lib/page/add_city_page.dart
void _onFormChange() {
  if (_formChanged) return;    // _formChanged가 이미 참이면 setState를 호출하지
                               //  않으므로 플러터가 폼을 다시 그리지 않도록 방지한다.
  setState(() {
    _formChanged = true;       // _formChanged 플래그를 참으로 설정하고
  });                          //  setState를 호출해 플러터가 해당 플래그 설정에
}                              //  의존하는 모든 위젯을 다시 그리도록 지시한다.
```

놀랍게도 플러터는 이 플래그를 설정으로 사용하는 모든 위젯을 알아서 다시 그린다. 예제에서는 이 플래그를 두 가지 용도로 사용한다. 이 플래그로 폼이 공백일 때 autovalidate 문제를 걱정하지 않도록 만든다. autovalidate에 콜백을 설정하면 위젯을 다시 그릴 때마다 이 콜백을 호출한다. 즉 사용자가 내용을 입력하기 전부터 검증을 실행하므로 검증에 실패하며, 그 결과로 오류 메시지를 보여준다.

예제 5-13 조건부 autovalidate

```dart
// weather_app/lib/page/add_city_page.dart
TextFormField(
  onSaved: (String val) => _newCity.name = val,
  decoration: InputDecoration(
    border: OutlineInputBorder(),
    helperText: "Required",
    labelText: "City name",
  ),
  autofocus: true,
  autovalidate: _formChanged,    // 사용자가 폼의 내용을 바꾸기 시작하기
                                 //  전에는 autovalidate를 사용하지 않는다.
  validator: (String val) {
    if (val.isEmpty) return "Field cannot be left blank";
    return null;
  },
),
```

_formChanged 플래그의 두 번째 용도는 onPressed 콜백이 null이면 버튼을 비활성화하는 것이다(그림 5-10). 사용자가 폼에 아무 내용도 입력하지 않았다면 당연히 폼을 제출할 필요도 없기 때문이다. 따라서 처음에는 폼 제출 버튼을 비활성화한다.

```dart
// weather_app/lib/page/add_city_page.dart
RaisedButton(
  color: Colors.blue[400],
  child: Text("Submit"),       ┐ _formChanged가 거짓이면
  onPressed: _formChanged  ◁──── 콜백을 null로 설정해 버튼을 비활성화한다.
      ? () {
    if (_formKey.currentState.validate()) {
      _formKey.currentState.save();
      _handleAddNewCity();
      Navigator.pop(context);
    } else {
      FocusScope.of(context).requestFocus(focusNode);
    }
  }
      : null,
),
```

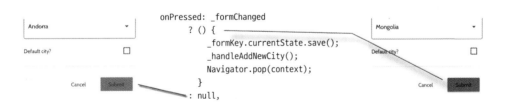

그림 5-10 콜백이 null이면 버튼 비활성화

5.5.2 FormState.save

물론 폼에서 가장 중요한 부분은 데이터를 제출하는 기능이다. Form 위젯은 FormState.save 메서드로 이 기능을 감싼다. 이전 예제에서 Submit 버튼을 눌렀을 때 수행하는 코드를 생략했다. 다음은 기존에 생략한 코드를 보여준다.

예제 5-14 버튼을 누르면 폼 상태를 저장하는 코드

```
// weather_app/lib/page/add_city_page.dart
RaisedButton(
  color: Colors.blue[400],
  child: Text("Submit"),
  onPressed: _formChanged
      ? () {
    if (_formKey.currentState.validate()) {
      _formKey.currentState.save();          ◁─ FormState.save를 호출하는 메서드로 키는
                                                위젯의 참조다. 위젯이 상태를 갖고 있으면 Key.
      _handleAddNewCity();         ◁─            currentState 게터로 상태에 접근할 수 있다.
                                                예제에서는 FormState의 참조를 가리킨다.
      Navigator.pop(context);      ◁─
    } else {                       폼의 여러 값을 이용해 새로 만든 도시 객체이며
                                   이를 데이터베이스에 추가한다.
      FocusScope.of(context).requestFocus(focusNode);
    }                              폼을 제출한 다음에는 더 이상 할 일이
  }                                없으므로 이전 페이지로 돌아간다.
      : null,
),
```

주요 작업은 _formKey.currentState.save() 메서드가 처리한다. 이전에도 설명했듯이 이 메서드는 앱의 위젯 트리에서 모든 폼 필드를 찾아 onSaved 메서드를 호출하도록 폼에 지시한다. 이는 다음 코드에서 볼 수 있는 것처럼 세 개의 메서드를 호출한다.

예제 5-15 폼이 저장될 때 호출되는 메서드

```
// weather_app/lib/page/add_city_page.dart
@override
Widget build(BuildContext context) {
  return Scaffold(
      appBar: AppBar(...),
```

```
body: Padding(
  padding: const EdgeInsets.symmetric(horizontal: 8.0),
    child: Form(
      key: _formKey,
      onChanged: _onFormChange,
      onWillPop: _onWillPop,
      child: ListView(
        shrinkWrap: true,
        children: <Widget>[
          Padding(
            padding: const EdgeInsets.symmetric(vertical: 8.0),
            // 폼 필드
            child: TextFormField(
              onSaved: (String val) =>
                _newCity.name = val,
              // ...
```
첫 번째 텍스트 필드의 값을 새 City 객체의 도시 이름으로 설정한다.

```
          Padding(
            padding: const EdgeInsets.symmetric(vertical: 8.0),
            // 폼 필드
            child: TextFormField(
              focusNode: focusNode,
              onSaved: (String val) =>
              print(val),
            // ...
```
상태를 이용하지 않으므로 값만 출력한다. 코드 동작 모습을 확인할 수 있도록 추가한 코드다.

```
          // 체크 박스 폼 필드 시작
          FormField(
            onSaved: (val) =>
              _newCity.active = _isDefaultFlag,
            builder: (context) {
```
폼을 제출하면 새 도시 객체에 적당한 값을 설정한다.

```
          // ... 클래스의 나머지 부분
```

Form 위젯의 핵심은 onSaved 메서드다. 이 메서드가 없다면 아주 복잡한 작업을 직접 처리해야 한다.

_handleAddNewCity() 메서드는 플러터와 직접 관련이 있는 코드는 아니지만 다음 기능을 수행한다.

```
// weather_app/lib/page/add_city_page.dart
void _handleAddNewCity() {
  final city = City(          ◁──┐ 날씨 정보를 확인하는 도시 목록에 추가할
    name: _newCity.name,          │ 새 도시의 인스턴스를 만든다.
    country: _newCity.country,
    active: true,
  );
  allAddedCities.add(city);  ◁──┐ 사용자 도시 목록에 새 도시를 추가한다.
}
```

폼을 이용하면 사용자가 폼을 떠나려 할 때 필요한 동작을 간단하게 구현할 수 있다.

5.5.3 Form.onWillPop

어떤 이유로 인해 다른 화면으로 이동되어 기존에 입력한 폼의 데이터가 지워진다면 정말 곤란하다.

플러터는 이런 상황을 방지하는 Form.onWillPop 메서드를 제공한다. 이 메서드를 이용해 사용자가 어떤 이유로 폼을 떠나려 할 때 필요한 작업을 처리한다. 날씨 앱에서는 폼 입력을 하다가 백(뒤로가기) 버튼을 눌러 페이지를 떠나려 할 때 사용자에게 팝업 창을 보여준다(그림 5-11). 또한 사용자가 입력한 내용을 저장했다가 폼 페이지로 돌아왔을 때 저장된 내용을 다시 보여준다면 좋을 것이다.

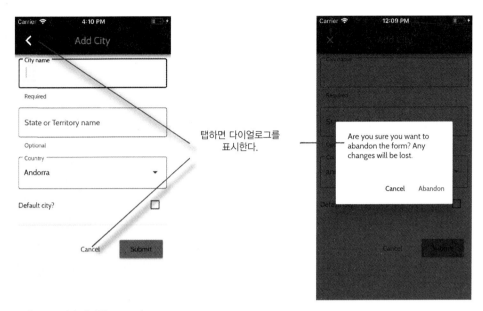

그림 5-11 알림 다이얼로그 표시

_onWillPop 메서드에서 필요한 작업을 수행하고 다음 코드에서 _onWillPop을 호출한다.

```
// weather_app/lib/page/add_city_page.dart
body: Padding(
  padding: const EdgeInsets.symmetric(horizontal: 8.0),
  child: Form(
    key: _formKey,
    onChanged: _onFormChange,
    onWillPop: _onWillPop, ◁─── 사용자가 폼을 떠나려 할 때 호출된다.
    child: Column(...)
  ),
);
```

[예제 5-16]은 관련 코드를 보여준다.

예제 5-16 폼 페이지에서 onWillPop 사용하기

```
// weather_app/lib/page/add_city_page.dart
Future<bool> _onWillPop() {

  if (!_formChanged)
    return Future<bool>.value(true);

  return showDialog<bool>(
    context: context,
    builder: (BuildContext context) {
      return AlertDialog(
        content: Text(
          "Are you sure you want to abandon
          the form? Any changes will be lost."
        ),
        actions: <Widget>[
          FlatButton(
            child: Text("Cancel"),
            onPressed: () =>
                Navigator.pop(context, false),
            textColor: Colors.black,
          ),
          FlatButton(
            child: Text("Abandon"),
            textColor: Colors.red,
            onPressed: () =>
                Navigator.pop(context, true),
          ),
        ],
      );
    });
}
```

Form.onWillPop으로 전달한 콜백은 반드시 Future<bool>을 반환해야 한다.

사용자가 폼의 내용을 편집하지 않았다면 잃을 정보가 없으므로 아무 것도 걱정할 필요가 없다.

정말 다른 화면으로 이동할 것인지 묻는 다이얼로그를 사용자에게 보여준다(showDialog는 플러터의 내장 메서드로 7장에서 살펴본다).

다이얼로그는 메시지와 Cancel, Save처럼 사용자가 선택할 수 있는 액션을 받는다.

사용자가 다른 화면으로 이동하길 원하지 않으면 Navigator.pop을 호출해 모달을 제거하고 팝업을 실행한 메서드에 false를 전달한다.

다른 화면으로 이동하길 원하면 Navigator.pop을 호출하고 팝업을 실행한 메서드에 true를 전달한다.

예제 코드는 아직 설명하지 않은 라우팅과 `Navigator` 기능을 포함한다. 일단 다음 두 가지만 알아두자.

- 네비게이터를 사용한다면 다이얼로그도 라우트다.
- 모든 라우트는 pop 메서드로 기존 라우트에 값을 전달한다.

`showDialog` 메서드는 새 라우트(다이얼로그)를 화면에 보여준다. 사용자가 Cancel이나 Abandon 버튼을 클릭하면 모달(라우트)은 바깥 함수 _onWillPop에 true나 false를 전달한다.

라우팅은 큰 주제이므로 한 문단으로 이를 설명할 수 없다. 여기서 폼이 `Form.onWillPop` 메서드를 호출하며 이 메서드는 불리언 값을 받는다는 점이 핵심이다. `false`를 받으면 이전 페이지로 이동하지 않으며 `true`를 받으면 이전 페이지로 이동한다.

5.6 마치며

- 플러터는 입력과 제스처 감지기 두 가지 유형으로 사용자 상호작용을 처리한다.
- 플러터는 GestureDetector 위젯으로 사용자 상호작용 이벤트와 제스처를 처리한다.
- FocusNode 위젯의 포커스 요청 메서드를 이용해 원하는 텍스트 필드에 포커스를 준다.
- 제스처 감지기는 다양한 콜백을 이용해 여러 제스처를 듣는다. 다음은 서른 가지 콜백 중 다섯 가지만 나열했다.
  - onTap
  - onLongPress
  - onDoubleTap
  - onVerticalDragDown
  - onPanDown
- Dismissible, Button, FormField 등의 내장 위젯도 이들 제스처를 듣는다.[2]
- 플러터 폼은 다양한 입력 위젯을 감싼 편리한 위젯으로 복잡한 폼을 쉽게 관리한다.
- 폼 상태는 FormState 객체의 참조인 GlobalKey<FormState>로 관리한다.

---

2 옮긴이_ 원문은 listen이며 정확히 말하자면 '감지한다'를 의미한다. 다만 리스너(listener)라는 표현이 일반화되어 있고, 이 책에서는 독자분들의 혼동을 최소화하고자 본래 의미에서 크게 벗어나지 않도록 listen을 '듣다'라고 표현했다.

- 폼은 자신의 위젯 트리 안에 포함된 FormField로 감싼 모든 위젯을 알고 있으며 이 관계를 이용해 필요한 기능을 수행한다.
- 폼 필드는 onChange, onSave, validator 등의 메서드를 제공한다. 메서드를 이용해 사용자 액션에 대응하고 이를 FormState로 연결한다.
- 폼은 onChange, onWillPop이라는 두 가지 주요 메서드를 제공한다.

픽셀 제어: 플러터 애니메이션과
캔버스 사용하기

이 장의 주요 내용

◆ AnimatedWidget

◆ 캔버스, CustomPaint, paint 클래스

◆ 애니메이션 컨트롤러, 트윈tween, 티커ticker

◆ SlideTransition, TweenSequence 등 편리한 위젯

지금까지 배운 내장 위젯은 구조적 인터페이스를 만든다. 6장에서는 커스텀 애니메이션을 만드는 데 필요한 몇 가지 위젯과 Canvas 위젯을 살펴본다. 위젯을 이용하면 화면을 **원하는 대로** 그릴 수 있다. 이번 장에서는 다음 두 가지를 주로 살펴본다.

- **애니메이션**: 날씨 앱 화면의 거의 모든 위젯이 애니메이션을 사용한다. 모든 텍스트 색이 바뀌며, 배경 객체의 색이 바뀌고 화면에서 이동하며, 아이콘의 모양과 색이 바뀐다. 사용자의 상호작용에 의해 거의 화면 전체가 바뀌어도 이 모든 동작은 아주 부드럽게 진행된다. forecast_page와 forecast_controller의 몇 가지 메서드를 이용해 애니메이션 구현에 필요한 로직을 구현한다. 다음 절에서 Sun 클래스 애니메이션을 자세히 살펴보며 애니메이션과 관련된 내용을 알아본다.
- **캔버스**: Canvas 위젯을 이용해 배경의 구름 모양을 만든다. 캔버스를 이용하면 픽셀 단위로 화면을 제어할 수 있다. 이때 수학이 필요하며 재미도 있다.

하지만 본론으로 들어가기 전에 애플리케이션의 애니메이션과 관련된 개념부터 알아보자.

6.1 플러터 애니메이션

애니메이션을 이용하면 앱을 더 멋지고, 직관적으로 보이게 만들 수 있다. 애니메이션을 추가하려면 많은 노력이 필요하므로 애니메이션은 작업 순서에서 뒷전으로 밀려나곤 한다. 다행히 플러터의 많은 내장 위젯, 특히 머티리얼 디자인 위젯은 모션 애니메이션을 기본으로 제공한다. 필요하면 커스텀 애니메이션도 쉽게 만들 수 있다.

플러터는 크게 트윈tween 애니메이션과 물리 기반physics-based 애니메이션을 지원한다. **트윈 애니메이션**은 처음과 끝을 정의하는 방식의 애니메이션으로 이번 장에서 살펴본다. 예를 들어 날씨 앱에서 사용자가 시간을 선택하면 태양과 구름이 다른 위치로 이동하는데, 이때 각각의 위젯은 애니메이션이 시작되기 전 자신이 이동해야 할 위치를 미리 알고 애니메이션을 진행한다.

물리 기반 애니메이션은 사용자의 동작에 의존한다. 아마도 여러분이 다른 앱에서 경험했던 **플링**fling이 좋은 예다. 스크롤할 수 있는 긴 리스트에서 화면을 세게 밀수록 더 빠르고 길게 스크롤된다. 이번 장에서 물리 기반 애니메이션은 살펴보지 않지만 기본 원리는 트윈 애니메이션과 크게 다르지 않다. 지금부터 이 책에서 말하는 **애니메이션**은 트윈 애니메이션을 가리킨다.

> **NOTE_** 물리 애니메이션에 관심이 있다면 필자가 가장 좋아하는 Tensor Programming의 영상(www.youtube.com/watch?v=LHZ0KSvTTqQ)을 참고하자.

플러터에서는 다음 네 가지를 조합해 애니메이션을 구현한다. 6장에서는 이 네 가지를 하나씩 살펴본다.

- 트윈
- 곡선
- 애니메이션 컨트롤러
- 티커(TickerProvider 이용)

6.1.1 트윈

트윈 객체로 애니메이션을 실행하려는 대상의 프로퍼티(색, 투명도, 화면의 위치 등)에 시작값과 끝값을 설정한다. 트윈은 '인비트위닝inbetweening'의 줄임말이다.

예를 들어 노란색으로 시작해서 빨간색으로 끝나는 애니메이션을 트윈으로 만들 수 있다. 애니메이션이 진행되면서 노란색에서 빨간색으로 색을 바꾸는 복잡한 부분은 애니메이션 라이브러리가 자동으로 처리한다.

> **NOTE_** 트윈이라는 개념은 플러터에서 나온 것이 아니다. 플러터 외에 다양한 플랫폼에서도 트윈으로 애니메이션을 구현한다. 트윈과 관련한 정보는 위키백과(`https://en.wikipedia.org/wiki/Inbetweening`)를 참고하자.

트윈은 애니메이션의 모든 진행 과정을 0.0과 1.0 사이의 값으로 매핑한다. 노란색을 빨간색으로 바꾸는 애니메이션을 [그림 6-1]처럼 표현할 수 있다.

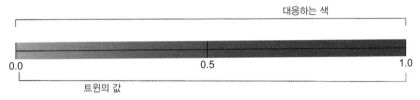

그림 6-1 트윈 값 예제

> **NOTE_** 실제로 각 프레임마다 0.0에서 1.0 사이의 트윈값이 존재한다. 즉 최상의 프레임 속도로 애니메이션이 실행된다면 초당 60개의 트윈값이 존재한다.

하지만 플러터가 이 트윈값을 알아서 결정하므로 개발자는 신경 쓸 필요가 없다. 플러터에 트윈의 시작값과 끝값을 선언하면 플러터가 알아서 트윈값을 계산한다.

날씨 앱에서 사용자가 선택한 탭 바의 시간에 따라 태양의 위치에 애니메이션을 적용한다. 이전 예제처럼 색을 바꾸는 것이 아니라 이번에는 위젯 위치의 **오프셋**offset을 이용해 이를 구현한다(그림 6-2). 오프셋은 위젯의 기존 위치를 기준으로 한 상대적인 위치를 가리킨다.

여기까지 트윈이 무엇인지 간단히 살펴봤고, 구체적인 트윈 예제는 잠시 뒤 확인해보자.

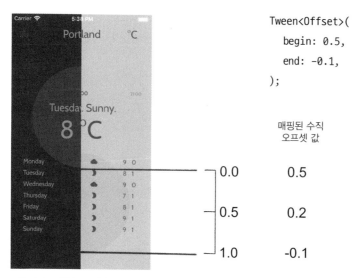

```
Tween<Offset>(
    begin: 0.5,
    end: -0.1,
);
```

매핑된 수직
오프셋 값

0.0	0.5
0.5	0.2
1.0	-0.1

그림 6-2 트윈은 0.0에서 1.0 사이의 값을 갖는다.

6.1.2 애니메이션 곡선

곡선을 이용하면 특정 시간에 애니메이션 **변화율**(애니메이션 속도를 빠르게 또는 느리게 만듦)을 조절할 수 있다. 플러터는 Curves 클래스를 기본으로 제공한다. 기본 곡선은 일정한 속도로 움직이므로 이를 선형linear이라 부른다.

선형 곡선을 가속ease in 곡선과 비교하면 곡선의 개념을 더 잘 이해할 수 있다(그림 6-3). 가속 곡선의 처음 애니메이션 속도는 느리다가 점점 **빠르게** 진행된다. 예제 코드는 뒤에서 살펴보고 우선은 개념만 설명한다는 사실을 기억하자.[1]

---

1 https://easings.net/en에서 제공하는 다양한 곡선을 확인하자. 곡선은 플러터에만 국한된 개념이 아니다.

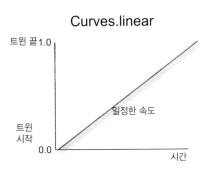
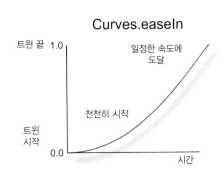

그림 6-3 기본 선형 곡선과 가속 곡선 비교

6.1.3 티커

티커ticker는 플러터가 특별히 제공하는 기능이다. 많은 플랫폼의 애니메이션은 비슷한 방법으로 동작하지만 플러터처럼 티커라는 전용 기능을 제공하진 않는다.

티커는 애니메이션이 진행되는 동안 내부 로직을 담당한다. 매 프레임마다 객체에 알림을 줄 때 티커를 사용한다. 플러터에서 화면을 바꿀 때는 일초도 안 되는 짧은 시간에 작은 변화가 일어나면서 자연스럽게 화면을 다시 그린다.

> **NOTE_** 플러터는 초당 60프레임을 그린다. 실제로 플러터는 아주 짧은 간격으로 화면을 다시 그리면서 객체의 값을 시작값에서부터 끝값까지 빠르고 점진적으로 바꾼다. 이 과정은 눈 깜짝할 사이에 일어나므로 육안으로는 애니메이션이 아주 부드럽게 진행되는 것처럼 보인다.

티커가 복잡해 보이지만 이름에서도 알 수 있듯이 티커는 매 프레임을 시계의 초침처럼 '틱tick'으로 사용한다는 사실만 이해하면 쉽다. 티커는 실전에서도 쉽게 사용할 수 있다. 플러터가 제공하는 `TickerProvider` 클래스는 이름에서도 알 수 있듯이 위젯에 티커를 제공하며, 이를 이용하면 직접 티커를 다루지 않아도 된다.

`StatefulWidget`에서 `State` 클래스를 상속받으며 `with`로 `TickerProviderStateMixin`을 가져오는 방법으로 `TickerProvider`를 사용한다. 이렇게 상태를 갖는 위젯은 매 프레임마다 알림을 받을 수 있다.

```
class _MyAnimationState extends State<MyAnimation>
    with TickerProviderStateMixin {}
```

이번에도 코드 없이 개념만 살펴봤다. 티커가 특이한 점은 티커를 사용하려는 클래스에 **with**
TickerProviderStateMixin을 추가해야 한다는 점이다. **TickerProviderStateMixin** 클
래스는 위젯이 애니메이션을 처리하는 데 필요한 특별한 메서드를 제공하며 대부분 플러터 내
부에서 사용된다.

6.1.4 AnimationController

마지막으로 애니메이션을 사용하려면 **AnimationController** 객체가 필요하다. **Animation**
Controller 객체는 이름에서도 알 수 있듯이 애니메이션을 제어한다. **AnimationController**
객체는 **Ticker** 객체를 알고 있으므로 티커로 생기를 불어넣고 새 프레임 또는 틱이 발생할 때
마다 컨트롤러에 이를 알린다. 애니메이션 컨트롤러는 애니메이션을 적용할 위젯을 알고 있으
며 위젯에서 설정한 트윈값, 곡선값에 따라 틱이 발생할 때마다 필요한 값을 계산하고 애니메이
션을 진행한다.

AnimationController 클래스는 애니메이션을 시작, 정지, 재설정, 반대로 재생, 무한 반
복 등의 기능을 수행하는 메서드를 제공한다. 이 클래스는 현재 실행 중인 애니메이션 정보를
제공하는 게터도 포함한다. **AnimationController**를 만들려면 티커와 애니메이션 길이(시
작값과 끝값을 얼마의 시간 동안 진행해야 하는지) 두 가지 인수가 필요하다. **State** 객체는
TickerProviderStateMixin을 상속받으므로 위젯 자체가 티커다.

[예제 6-1]은 애니메이션 컨트롤러를 만드는 방법이다. 이 코드는 위젯의 색을 애니메이션으
로 변경하는 애니메이션 컨트롤러의 핵심을 보여준다.

컨트롤러를 설명하는 것이 주목적이므로 트윈이나 곡선은 생략했다. 이 코드는 날씨 앱에서 가
져온 예제가 아니라 일반적인 코드다. 실제 날씨 앱에는 많은 애니메이션 관련 코드가 있으므
로 다음 간단한 예제를 통해 핵심 원리를 먼저 이해하자.

```
class _AnimatedContainerState extends State<AnimatedContainer>
    with TickerProviderStateMixin {
AnimationController _controller;

  @override
  void initState() {
    super.initState();
    _controller = AnimationController(
      vsync: this,
      duration: new Duration(milliseconds: 1000),
    );

    startAnimation();
  }

  Future<void> startAnimation() async {
    await _controller.forward();
  }

  @override
  Widget build(BuildContext context) {
    return Container(
        color: _colorTween.animate(_controller).value;
        child: //...
    );
  }
}
```

TickerProviderStateMixin 클래스를 상속받아 이 State 객체를 티커로 만든다.

모든 애니메이션 컨트롤러의 vsync 프로퍼티에 티커를 전달해야 한다. 이 예제(그리고 대부분의 상황)에서는 State 객체 자신(this)이 티커다.

다트의 Duration 클래스로 애니메이션이 시작되고 끝날 때까지의 지속 시간을 정의한다.

AnimationController.forward는 컨트롤러에 애니메이션을 시작하도록 지시한다.

트윈의 animate에 Animation Controller를 전달하고 animate을 호출해 애니메이션을 실행한다. animate가 반환한 Animation 객체를 이용해 value 프로퍼티를 얻는다. value 프로퍼티를 얻는 것이 이 코드의 주된 목표다.

지금까지 모든 것을 제어하는 컨트롤러, 생기를 불어넣는 티커, 티커에 사용할 값을 설정하는 트윈 등 플러터의 애니메이션에 필요한 모든 내용을 살펴봤다. 모든 트윈은 기본 곡선값을 갖고 있으므로 곡선은 선택 사항이다.

6.1.5 AnimatedWidget

애니메이션에 필요한 마지막 요소는 바로 애니메이션을 적용할 대상 위젯이다. 보통 `TickerStateProviderMixin`을 상속한 위젯이 아니라 이 위젯의 자식(또는 자식들)을 애니메이션을 적용할 위젯으로 설정한다. 지금까지 설명한 개념은 결국 애니메이션 설정에 필요한 지식이었다. 요약하자면 지금까지 배운 기능을 합쳐 매 프레임에 트윈의 **새 값**을 만든다는 것이다. 예를 들어 객체를 노란색에서 빨간색으로 애니메이션하려면 매 프레임마다 객체의 색을 적절한 값으로 계산해야 한다. 다행히 플러터 SDK에서 제공하는 내장 객체 `AnimatedWidget`을 사용하면 이 작업을 간단히 구현할 수 있다.

`AnimatedWidget`은 `StatefulWidget`을 확장해 기능을 추가한 클래스다. 깃허브(http://mng. bz/6w4G)에서 직접 `AnimatedWidget` 코드를 확인해보자. 코드가 너무 간단해 놀랄 것이다.

> **WARNING_** 애니메이션에서는 이동 기능을 많이 사용한다. 처음에는 이 예제를 이해하기 어려울 수 있지만 전체 그림을 보고 나면 조금 더 쉽게 전체 퍼즐을 맞출 수 있다. 예제를 보면서 더 자세히 애니메이션을 이해할 수 있는 기회가 있으므로 내용 일부분이 이해가지 않더라도 너무 고민하지 말고 일단 넘어가자.

`AnimatedWidget`의 내부 로직은 아주 단순하다. `AnimatedWidget`은 상태를 갖는 위젯으로 `Listenable` 프로퍼티가 바뀌면 자신을 리빌드한다. 따라서 `AnimatedWidget`에 `Listenable` 객체를 넘겨주어야 한다. `Listenable`은 이벤트를 기다리는 모든 객체에 비동기로 새 값을 방출하는 클래스다. 애니메이션 관점에서 보면 `AnimatedWidget`은 애니메이션이 진행되면서 만들어져 방출된 새 트윈값을 '듣는' 클래스다.

`Animation`은 `Listenable`의 서브클래스이므로 `AnimatedWidget`은 애니메이션에서 발생한 새 값을 받아 자신을 다시 빌드한다. `Tween.animate(AnimationController)` 메서드를 이용해 애니메이션을 만들어 반환한다. `Tween.animate` 메서드의 반환값을 `AnimatedWidget`에 전달하므로 `AnimatedWidget`은 새 값으로 자신을 다시 빌드한다.

예제 코드는 애니메이션과 관련된 부분이 많으므로 다시 예제를 자세히 확인하자. 날씨 앱의 배경을 표현하는 Sun 위젯을 살펴보면 태양은 위치와 색 모두 애니메이션을 사용하는데, 지금은 색 애니메이션을 살펴본다. 그리고 Sun 부모 위젯이 아니라 `AnimationController`를 만드는 Sun 위젯을 중점으로 살펴보자.

최종 애니메이션은 부모의 트윈으로 만든다. 전체 코드는 나중에 다시 설명하며 일단 위젯으로 전달한 Animation 객체가 무엇인지 이해해보자. 이 객체를 사용하면 위젯에 트윈이나 애니메이션 컨트롤러를 정의할 필요가 없다. 이 부분은 부모가 관리한다.

Sun은 AnimatedWidget으로 Listenable을 인수로 받아 슈퍼클래스로 전달한다. 슈퍼클래스에 Listenable 인수를 전달해 Sun.build 메서드를 이용하며 애니메이션을 유효하게 만든다.

그림 6-2 Sun 위젯 애니메이션 완성 코드

```dart
// weather_app/lib/widget/sun_background.dart          AnimatedWidget을 상속받아
class Sun extends AnimatedWidget {                       사용한다.
  Sun({Key key, Animation<Color> animation})           AnimatedWidget 인스턴스에는 반드시
      : super(key: key, listenable: animation);        Listenable을 전달해야 한다.

  @override                                              Listenable의 서브클래스인
  Widget build(BuildContext context) {                  Animation으로 Listenable의
    final Animation<Color> animation = listenable;      형식을 변환한다.
    double maxWidth = MediaQuery.of(context).size.width;
    double margin = (maxWidth * .3) / 2;

    return AspectRatio(
      aspectRatio: 1.0,
      child: Container(
        margin: EdgeInsets.symmetric(horizontal: margin),
        constraints: BoxConstraints(
          maxWidth: maxWidth,
        ),
        decoration: BoxDecoration(
          shape: BoxShape.circle,
          color: animation.value,                        animation.value를
        ),                                               사용하는 곳이다.
      ),
    );
  }
}
```

이제 같은 build 메서드에서 현재 애니메이션 값을 BoxDecoration의 color 인수로 전달한다.

```
decoration: BoxDecoration(
    shape: BoxShape.circle,
    color: animation.value,      ◁──  특정 프레임의 색상 정보를 포함하는
),                                     animation.value를 color 인수로
                                       전달한다.
```

특정 프레임에서 애니메이션 색 **값**으로 AnimatedWidget의 색이 바뀐다. 값이 바뀌면 AnimatedWidget은 알아서 자신을 다시 빌드하므로 직접 처리할 일은 따로 없다.

AnimatedWidget을 사용하는 방법을 살펴봤다. 대부분의 애니메이션 작업은 대상 위젯의 부모가 처리한다. 다음은 Sun 클래스의 최종 코드다(이전 예제와 코드가 같다).

```
// weather_app/lib/widget/sun_background.dart
class Sun extends AnimatedWidget {
  Sun({Key key, Animation<Color> animation})
      : super(key: key, listenable: animation);  ◁──  AnimatedWidget 슈퍼클래스
                                                        로 애니메이션을 전달한다.

  @override
  Widget build(BuildContext context) {
    final Animation<Color> animation = listenable;  ◁──  build 메서드에서 animation
                                                          레퍼런스를 올바른 형식으로 저장
    double maxWidth = MediaQuery                     한다.
        .of(context)
        .size
        .width;
    double margin = (maxWidth * .3) / 2;

    return AspectRatio(
      aspectRatio: 1.0,
      child: Container(
        margin: EdgeInsets.symmetric(horizontal: margin),
        constraints: BoxConstraints(
          maxWidth: maxWidth,
        ),
```

```
        decoration: BoxDecoration(
          shape: BoxShape.circle,
          color: animation.value,  ◁──┤ animation에서 값을 추출한다.
        ),
      ),
    );
  }
}
```

6.1.6 배경을 바꾸는 애니메이션 컨트롤러와 트윈 구현하기

Sun 위젯의 색을 바꾸려면 Sun.animation 인수로 전달할 Animation 객체를 만들어야 한다. 먼저 Sun 위젯 인스턴스를 만드는 코드를 확인해보자. 한 행의 코드지만 많은 기능을 포함한다. 이제 각각의 기능을 하나씩 살펴보자.

예제 6-3 AnimatedWidget에 애니메이션 전달

```
//weather_app/lib/page/forecast_page.dart         Sun과 같은 AnimatedWidget은 animation을
Sun(                                              인수로 받는다. 트윈 객체에 AnimationController 객체를
                                                  전달하면서 animate를 호출하면 animation 인스턴스를 만들 수 있다.
  animation: _colorTween.animate(_animationController),  ◁──
),
```

_colorTween, _animationController 변수의 값이 유효하다는 가정하에 태양의 배경색을 애니메이션하는 데 필요한 대부분의 기능을 살펴봤다. 이제 이들 변수의 값을 만들 차례다.

_colorTween은 Tween 객체고, _animationController는 _colorTween을 '관리'하는 Ani-mationController다. 이들을 만드는 방법을 살펴보자. 둘 다 _ForecastPageState 클래스에 포함된다. 6장에서는 여러 트윈과 두 개의 애니메이션 컨트롤러를 사용한다. 다음 예제 코드는 모든 클래스 멤버를 보여주는데, 특히 관심을 가져야 할 두 멤버에는 설명을 추가했다.

```
class _ForecastPageState extends State<ForecastPage>
    with TickerProviderStateMixin {
  int activeTabIndex = 0;
  ForecastController _forecastController;                관심을 갖고 살펴볼 애니메이션
  AnimationController _animationController;  ◁─────┐     컨트롤러다.
  AnimationController _weatherConditionAnimationController;
  ColorTween _colorTween;  ◁──┐ 지금은 이 트윈을 살펴본다.
  ColorTween _backgroundColorTween;
  ColorTween _textColorTween;
  ColorTween _cloudColorTween;
  Tween<Offset> _positionOffsetTween;
  TweenSequence<Offset> _cloudPositionOffsetTween;
  ForecastAnimationState currentAnimationState;
  ForecastAnimationState nextAnimationState;
  Offset verticalDragStart;

  // ... 클래스의 나머지 코드
}
```

이제 Tween, AnimationController 인스턴스를 두 변수에 할당한다. 이 앱에서는 애니메이션을 자주 사용한다. 실제로 앱 상태가 바뀔 때마다 애니메이션을 실행한다. 예를 들어 다른 도시를 선택하거나 탭 바에서 시간을 바꿀 때마다 애니메이션을 적용한다. 즉 상태가 바뀔 때마다 애니메이션을 실행하도록 준비해야 한다.

위젯을 만들자마자 AnimationController를 만들어 _animationController에 할당한다. State 객체의 initState 메서드에서 이 작업을 수행한다.

NOTE_ ForecastPage.initState 메서드 코드는 _render() 메서드를 호출한다. _render() 메서드는 실질적인 작업을 수행한다. 이렇게 코드를 구현하면 ForecastPage를 처음 빌드할 때뿐만 아니라 설정이 바뀔 때에도 로직을 재활용할 수 있다. 특히 플러터의 생명주기 메서드를 통해 메서드가 자동으로 호출된다. 생명주기 메서드는 나중에 자세히 설명한다. 우선은 initState에서 필요한 로직을 _render가 수행한다는 사실만 기억하자.

ForecastPageState._render 메서드는 ForecastPage._handleStateChange 메서드를
호출한다. ForecastPage._handleStateChange 메서드는 애니메이션의 시작 로직을 찾는
다. 그 밖에 ForecastPage._buildAnimationController, ForecastPage._buildTweens,
initAnimation 메서드도 호출한다. 지금은 태양의 색 애니메이션이 주제이므로 이와 관련된
코드만 살펴본다. 다음은 일반적인 State 객체 설정 코드다.

예제 6-4 애니메이션에 사용할 State 객체 설정

```
class _ForecastPageState extends State<ForecastPage>
    with TickerProviderStateMixin {
  // ... 클래스 멤버
  ForecastController _forecastController;
  AnimationController _animationController;
  ColorTween _colorTween;

  @override
  void initState() {
    super.initState();
    _forecastController = ForecastController(widget.settings.activeCity);
    _render();
  }

  @override
  void didUpdateWidget(ForecastPage oldWidget) {    ◄─── 위젯의 설정이 바뀌면
    super.didUpdateWidget(oldWidget);                    애니메이션을 실행한다.
    _render();
  }

  @override                      애니메이션을 더 이상 사용하지
  void dispose() {     ◄───      않을 때는 폐기해야 한다.
    _animationController?.dispose();
    _weatherConditionAnimationController?.dispose();
    super.dispose();
  }

  // ... 클래스의 나머지 코드
}
```

이 예제는 기본 설정 코드일 뿐이다. 이들 메서드를 구현해야 기능이 동작하지만 나머지 코드
에서는 이 코드를 전혀 활용하지 않는다.

이제 도메인 전용 로직을 살펴보자. 조금 복잡한 여러 메서드가 등장한다. 예제 코드를 이용해
하나씩 살펴보자. 하지만 너무 자세한 내용까지 이해하려 할 필요는 없다. 예를 들어 _render
메서드는 앱의 초기 애니메이션 데이터를 설정하는 중요한 메서드지만 단지 설정 작업일 뿐이
다. 사실 플러터 애니메이션은 _render 메서드에서 이루어지지 않는다. 다만 전체 코드를 확
인할 수 있도록 이 메서드를 소개한다.

예제 6-5 _ForecastPageState._render 메서드

```
class _ForecastPageState extends State<ForecastPage>
    with TickerProviderStateMixin {
  // ... 클래스 멤버
  void initState() {...}
  void didUpdateWidget(ForecastPage oldWidget) {...}
  void dispose() {...}

  void _render() {
    _forecastController.city =
        widget.settings.activeCity;
    intstartTime =
        _forecastController.selectedHourlyTemperature.dateTime.hour;
    currentAnimationState =
        AnimationUtil.getDataForNextAnimationState(
            selectedDay: _forecastController.selectedDay,
            currentlySelectedTimeOfDay: startTime,
        );
    final activeTabIndex =
    AnimationUtil.hours.indexOf(startTime)
    _handleStateChange(activeTabIndex);
  }
}
```

페이지를 그릴 때 필요한 설정 작업을 담당하
는 메서드. 특히 _forecastController가
현재 앱 상태와 동기화되었고 올바른 도시를
표시하는지 확인해야 한다.

가장 중요한 코드다. 이 메서드는 곧 자
세히 살펴본다. 우선은 이 메서드가 전
체 객체에 현재 애니메이션 상태, 즉 애
니메이션을 시작하는 데 필요한 모든 값
을 갖는다는 사실만 기억하자.

더 다양한 기능을 수행하는 _handleStateChange로
정보를 전달한다.

6장의 문맥을 따르면, _render 메서드는 기본적으로 시작 탭 인덱스와 현재 시간에 따른 날씨 데이터를 이용한다. 예를 들어 앱을 실행한 시간이 오전 8시 46분이라면 _render 메서드는 '9:00'으로 표시된 레이블 탭을 선택하고 이에 따른 날씨 데이터를 설정해야 한다.

앱을 실행하면 앱을 이미 상태를 갖는다. _handleStateChange 메서드는 이 상태를 이용해 데이터 변화에 따라 적절하게 애니메이션을 실행한다. 따라서 사용자가 특정 동작을 수행하면 그 반응으로 _handleStateChange 메서드를 호출한다. 특히 사용자가 TimePickerRow 위젯에서 새 탭을 선택하면 이 함수가 호출된다.

예제 6-6 TimePickerRow 위젯 만들기

```dart
// weather_app/lib/page/forecast_page.dart
final timePickerRow = TimePickerRow(
  tabItems: Humanize.allHours(),
  forecastController: _forecastController,
  onTabChange: (int selectedTabIndex) =>
      _handleStateChange(selectedTabIndex),   ◁
  startIndex: activeTabIndex,
);
```

> 사용자가 새로운 탭을 선택해 탭이 바뀌면 이 위젯은 콜백을 실행한다. 콜백은 새로 선택한 탭 인덱스를 _handleStateChange로 전달해 호출하고 애니메이션 과정이 시작된다.

지금까지 살펴본 내용은 애니메이션 자체와 관련이 있는 것이 아니라 애니메이션 실행에 필요한 상태를 준비하는 로직이었다. 애니메이션의 처음과 끝을 전체적으로 볼 수 있도록 메서드를 순서대로 설명했다. 플러터의 애니메이션 코드는 _handleStateChange 메서드에서부터 시작한다.

_handleStateChange 메서드를 설명하기 전에 이 절의 목표를 다시 되새겨보자. 이 절에서는 태양의 색을 애니메이션으로 바꾸는 것이 목표다. 여러분이 모든 조각을 조금 더 쉽게 맞출 수 있도록 목표 달성에 필요한 것보다 더 많은 코드를 보여줬다. 하지만 지금은 _colorTween과 _animationController를 만드는 일에만 집중하자.

또한 _render 메서드는 _handleStateChange를 호출하는 세 곳 중 하나의 메서드다. 기술적으로 위젯의 설정이 바뀌거나(initState나 didUpdateWidget을 통해) 사용자의 상호작용(예를 들어 TimePickerRow에서 새 시간이 선택됨)이 일어나면 상태가 변하기 때문이다.

```
class _ForecastPageState extends State<ForecastPage>
    with TickerProviderStateMixin {
  // ... 클래스 멤버
  void initState() {...}
  void didUpdateWidget(ForecastPage oldWidget) {...}
  void dispose() {...}
  void _render() {...}


  void _handleStateChange(int activeIndex) {

    if (activeIndex == activeTabIndex) return;


    nextAnimationState =
        AnimationUtil.getDataForNextAnimationState(


            selectedDay: _forecastController.selectedDay,
            currentlySelectedTimeOfDay:

            _forecastController.selectedHourlyTemperature.dateTime.hour,
        );
    _buildAnimationController();
    _buildTweens();
    _initAnimation();
    setState(() => activeTabIndex = activeIndex);


    intnextSelectedHour =
        AnimationUtil.getSelectedHourFromTabIndex(
            activeIndex,
            _forecastController.selectedDay,
        );


    _forecastController.selectedHourlyTemperature
    = ForecastDay.getWeatherForHour(
      _forecastController.selectedDay,
      nextSelectedHour,
    );
    currentAnimationState = nextAnimationState;
  }
}
```

TimePickerRow로 선택한 시간에 따라
트윈은 다른 시작값과 끝값을 가지므로
_handleStateChange. 트윈, 컨트롤러를
다시 빌드해야 한다.

같은 탭을 선택했다면 애니메이션을 수
행할 필요가 없다.

nextAnimationState는 다음 애니
메이션의 끝값을 가리킨다(그리고 이
값은 다음 애니메이션 주기의 시작값
이기도 하다).

이들 메서드는 모든 필요한 객체를 빌드한 다음
AnimationController.forward()를 호출한다.

이 시점에서 객체의 여러 값이
바뀌었다. setState 콜백에서
activeTabIndex의 값만 바뀌었
지만 다시 빌드할 때 이 객체에서
변경된 모든 값이 반영된다.

현재 선택된 탭 인덱스에
해당하는 시간을 얻는다.

컨트롤러의 selectedHourly
Temperature를 새 데이터로 설정한
다. 이런 식으로 다음 애니메이션 주기에
필요한 데이터를 가져온다.

6장 앞부분에서 _colorTween을 어떻게 Sun 위젯에 전달해 애니메이션을 수행하는지 살펴봤다. 다시 한번 살펴보자면, 코드는 다음과 같다.

```
//weather_app/lib/page/forecast_page.dart
Sun(animation: _colorTween.animate(_animationController)),
```

지금까지 _colorTween과 _animationController를 자세히 살펴봤다. [예제 6-6]의 _handleStateChange 메서드에서 알 수 있듯이 이들은 클래스 멤버 _buildAnimationController와 _buildTween의 클래스 멤버.

예제 6-8 _ForecastPageState 애니메이션 헬퍼 메서드

```
// weather_app/page/forecast_page.dart
void _initAnimation() {
  _animationController.forward();
  // ... 다른 animationControllers
}



void _buildAnimationController() {
  _animationController?.dispose();


  _animationController = AnimationController(
    duration: Duration(milliseconds: 500),
    vsync: this,
  );
}


void _buildTweens() {
  _colorTween = ColorTween(
    begin: currentAnimationState.sunColor,
    end: nextAnimationState.sunColor,
  );
  // ... 그 외의 트윈
}
```

_initAnimation 메서드는 AnimationController.forward를 호출하며 forward는 애니메이션을 시작하도록 지시하는 메서드다.

dispose는 AnimationControllers 메서드에 듣기를 중지하고 계산이나 애니메이션 실행도 중지하도록 지시하는 메서드다. 새 애니메이션 컨트롤러를 만들기 전에 dispose를 호출해 기존 애니메이션 상태를 정리하고 완료한다.

상태가 바뀔 때마다 새 애니메이션 컨트롤러 인스턴스를 만든다. 애니메이션 컨트롤러를 한 번 폐기하면 다시 시작할 수 없으니 주의하자.

ColorTween은 애니메이션 시작 색(태양의 현재 색)을 담당한다. 또한 태양의 다음 색, 즉 애니메이션의 끝 색도 담당한다.

태양의 색을 바꾸는 데 필요한 많은 내용을 살펴봤다. 이 앱의 전체 애니메이션을 이해하려면 더 다양한 **Tween** 객체, **AnimatedWidget**, 추가적인 **AnimationController**를 살펴봐야 한다.

다음으로 넘어가기 전에 아직 해야 할 일이 한 가지 더 남았다. **Clouds** 위젯을 만들어야 한다. 애니메이션과 관련된 내용은 잠시 내려놓고 쉬는 시간을 갖자. 6장의 뒷부분에서 애니메이션을 다시 설명할 때는 개념을 조금 더 정확하고 쉽게 이해할 수 있을 것이다.

6.2 CustomPainter와 캔버스

Clouds 위젯은 태양보다 조금 더 복잡하다. **Clouds**는 색을 바꿀 뿐 아니라 상황에 따라 화면에 나타나거나 사라지기 때문이다. 특히 **Clouds**는 여러 위젯으로 구성된다. **Clouds** 클래스 자체는 위젯이며 자식 **CustomPainter**도 위젯이다. 하지만 페인터의 자식은 위젯이 아닌 커스텀 페인터다(그림 6-4).

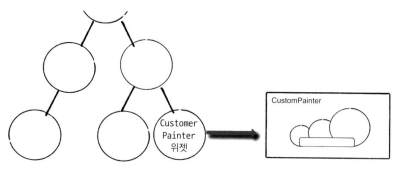

그림 6-4 위젯 트리의 커스텀 페인터

커스텀 페인터 객체를 이용해 화면에 직접 그린다. 모양, 선, 점 등을 원하는 색으로 그릴 수 있으므로 픽셀 한 개까지 제어할 수 있다. 커스텀 페인터에서는 **캔버스**canvas라는 객체에 그린다.

날씨 앱에서는 커스텀 페인터로 구름을 그린다. 이번 절에서는 캔버스와 페인터를 사용하는 방법을 설명한다. 보통 페인터를 만들려면 다음 객체와 메서드를 구현해야 한다.

- 캔버스
- Paint 클래스
- 캔버스의 크기를 정의하는 Size 파라미터
- shouldRepaint 메서드

캔버스에 원하는 그림을 그린다. 캔버스를 처음 정의하면 빈 상태이며 디바이스의 화면 비율을 가진다. Size 객체로 캔버스의 가로, 세로 크기를 정의한다(그림 6-5).

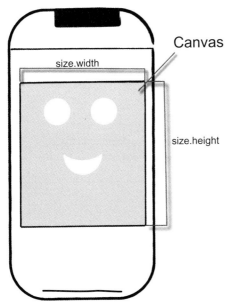

그림 6-5 캔버스는 화면에 위치하며 캔버스를 만드는 위젯이 크기를 결정한다.

캔버스에 그림을 그릴 때 사용하는 일종의 '붓'을 Paint 클래스로 정의한다. 색, 칠하려는 선의 너비를 조절하는 strokeWidth(픽셀 단위), 선 끝의 모양을 정의하는 strokeCap 등을 이 클래스로 정의한다.

Canvas 객체의 메서드(예를 들어 drawRect, drawLine)를 이용해 이 페인터로 무엇을 그릴지 결정한다. 이들 메서드는 모양을 그릴 때 사용할 스타일을 정의하는 Paint 객체를 인수로 받는다.

마지막으로 shouldRepaint 메서드는 페인터의 설정이 바뀔 때마다 호출되는 생명주기 메서드다. 반드시 이 메서드를 정의해야 하며 Boolean을 반환해야 한다. 플러터는 이 메서드를 이용해 캔버스를 다시 그릴지 말지를 결정한다(설정이 달라졌는지에 따라). 캔버스를 항상 다시 그리는 것은 효율적이지 않기 때문이다.

6.2.1 구름 모양 관찰하기

코드를 살펴보기 전에 캔버스와 페인트 객체로 만든 다양한 모양이 포함된 [그림 6-6]을 확인해보자. 실제로 다양한 모양을 섞어 구름을 그렸다. 그림을 조금 더 자세히 살펴볼 것이므로 원리를 모르겠더라도 크게 걱정하지 말자.

```
void CustomPainter.paint(Canvas canvas, Size size) {
  var paint = new Paint()..color = Colors.white;
  canvas.drawCircle(Offset center, double radius, Paint paint);
  canvas.drawCircle(Offset center, double radius, Paint paint);
  canvas.drawCircle(Offset center, double radius, Paint paint);
  canvas.drawRRect(Rect rect, Paint paint);
}
```

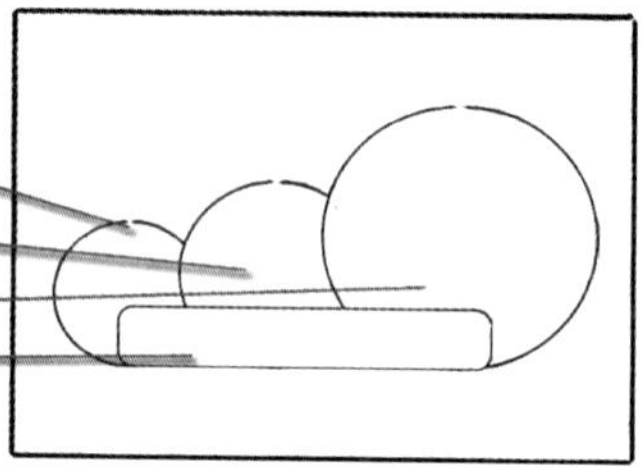

그림 6-6 캔버스 draw 메서드 예

6.2.2 CustomPainter와 Paint 객체 정의하기

구체적인 예로 날씨 앱의 Clouds 클래스를 살펴보자. 먼저 [예제 6-9]에서 Clouds 클래스는 CustomPainter에 필요한 항목을 정의한다.

```dart
// weather_app/lib/widget/clouds_background.dart
class Clouds extends AnimatedWidget {
final bool isRaining;

  Clouds({
    Key key,
    Animation<Color> animation,
    this.isRaining = false,
  }) : super(key: key, listenable: animation);

  Widget build(BuildContext context) {
    final Animation<Color> animation = listenable;

    Size screenSize = MediaQuery.of(context).size;
    Paint _paintBrush = Paint()
      ..color = animation.value
      ..strokeWidth = 3.0
      ..strokeCap = StrokeCap.round;

    return Container(
      height: 300.0,
      child: CustomPaint(
        size: screenSize,
        painter: CloudPainter(
          cloudPaint: _paintBrush,
          isRaining: isRaining,
        ),
      ),
    );
  }
}
```

구름은 배경에서 움직이므로 캔버스는 화면 전체 크기와 같은 크기를 갖는다.

Paint 클래스는 인수를 받지 않지만 설정을 바꿀 수 있는 세터를 제공한다. 보통 Paint 클래스의 여러 프로퍼티를 바꿔야 하므로 파라미터보다 세터를 이용하면 더 편리하다.

캔버스로 그릴 때 이를 CustomPaint 위젯으로 감싼다. 이때 size와 painter를 반드시 전달해야 한다.

앞서 얻은 화면 크기를 사용한다.

CustomPainter를 상속받는 클래스를 정의했다. isRaining 프로퍼티는 잠시 뒤 살펴본다.

즉 이 클래스는 필요한 객체(Paint 객체)와 프로퍼티(height 등)를 정의한다.

다음으로 캔버스에 실제로 그리는 작업을 수행하는 **CloudPainter** 클래스를 살펴보자. [예제

6-10]은 커스텀 페인터 객체가 반드시 구현해야 하는 paint 메서드와 shouldRepaint 메서드 코드다.

예제 6-10 키스텀 페인터가 반드시 구현해야 하는 메서드

```dart
// weather_app/lib/widget/clouds_background.dart
class CloudPainter extends CustomPainter {
  final bool isRaining;
  final Paint cloudPaint;
  CloudPainter({this.isRaining, this.cloudPaint});

  @override
  void paint(Canvas canvas, Size size) {
    // 캔버스에 그리기
  }

  @override
  bool shouldRepaint(CustomPainter oldDelegate) {
    return false;
  }
}
```

이 앱에서는 Paint를 생성자 인수로 사용했지만 꼭 Paint를 전달하도록 생성자를 구현할 필요는 없다. 인수로 Paint를 전달하지 않고 CustomPainter 안에서 Paint를 만들기 때문이다. 이 앱에서는 애니메이션을 추가할 때 Paint가 필요하다.

CustomPainter는 paint 메서드를 반드시 포함해야 한다. 이는 위젯의 build 메서드와 비슷하다. 플러터 프레임워크는 화면을 그리는 paint 메서드를 호출한다. 이 메서드는 Canvas와 Size(CustomPaint 위젯을 만들 때 설정한 화면 크기)를 전달한다.

CustomPainter는 추상 클래스이므로 이 메서드도 필요하다. 클래스의 새 인스턴스 Delegate를 렌더 객체에 제공했을 때 이 메서드가 호출된다. 새 인스턴스가 기존 인스턴스와 다른 정보를 가지면 true를, 같은 정보를 가지면 false를 반환한다.

지금까지 커스텀 페인터를 설정하는 방법을 살펴봤다. 이제 paint 메서드로 화면을 그리는 법을 알아보자.

6.2.3 paint 메서드

paint 메서드는 이 클래스의 로직을 포함한다. 캔버스에 그릴 때는 무엇을 어디에 그릴지 **정확하게** 지시해야 한다. 친구에게 실제 캔버스에 그림을 그리도록 지시한다면 '왼쪽 위 모서리에서 중앙으로 빨간색 선을 그려주세요', '그리고 작은 파란색 원을 중앙에 그려주세요'라고 말할 수 있다.

여기서 두 가지를 기억하자. 첫 번째는 순서가 중요하다는 것이다. 두 가지 작업을 지시했을 때 빨간 선을 그린 다음 파란 원을 그리면 기존 선과 겹친다. 두 번째로 컴퓨터는 모호한 명령을

처리할 수 없다는 점이다. 컴퓨터는 수동적이므로 명령을 수행할 정확한 위치를 알려줘야 한다. 컴퓨터는 여러분의 친구처럼 똑똑하지 않으므로 '왼쪽 위 모서리'와 같은 표현을 이해하지 못한다. paint 메서드의 핵심은 정확함이다.

코드를 살펴보기 전에 목표를 확인해보자(그림 6-7). 그림을 보면 다음을 알 수 있다.

- 중앙에 위치한다.
- 캔버스가 전체 화면 크기지만 실제 그림은 전체 화면을 모두 사용하지 않는다.
- 원 세 개와 모서리가 둥근 사각형 한 개를 조합해 구름을 그린다.
- 휴대폰 화면은 모두 크기가 다르므로 이에 대응할 수 있도록 크기를 계산해야 한다.

그림 6-7 캔버스 API로 만든 구름

이를 기억하면서 앱을 실행하는 디바이스의 정확한 크기를 기반으로 하고, 위치 정보를 포함하는 명령을 준비해야 한다. 페인터의 Size 프로퍼티와 수학을 이용해 위치를 지정하며 이를 이용해 페인터에 화면에 그리도록 지시한다.

예제 6-11 CloudPainter.paint 메서드 코드

```
// weather_app/lib/widget/clouds_background.dart
@override
void paint(Canvas canvas, Size size) {          rectTop으로 모서리가 둥근 사각형의 위치를
  double rectTop = 110.0;          ◀——————          조절한다. 보기 좋은 위치로 이동시킨다.
  double rectBottom = rectTop + 40.0;   ◀———   40픽셀을 추가해 보기 좋게 이동한다.
                                                어떤 로직에 따라 위치를 정한 것은 아니다.
  double figureLeftEdge = size.width / 4;
  double figureRightEdge = size.width - 90.0;   화면의 수평축을 따라 구름을
  double figureCenter = size.width / 2;         위치시키는 변수이다.
```

```
Rect cloudBaseRect = Rect.fromPoints(              Rect.fromPoints에 왼쪽 위
  Offset(figureLeftEdge, rectTop),                 오프셋과 오른쪽 아래 오프셋을
  Offset(figureRightEdge, rectBottom),             제공해 사각형을 만든다.
);
RRect cloudBase = RRect.fromRectAndRadius(         RRect는 모서리가 둥근 사각형이다.
  cloudBaseRect,
  Radius.circular(10.0),
);                                       canvas.drawCircle로
canvas.drawCircle(                       캔버스에 실제로 그림을 그린다.
  Offset(figureLeftEdge + 5, 100.0),
  50.0, cloudPaint,
);
canvas.drawCircle(
  Offset(figureCenter, 70.0),
  60.0,
  cloudPaint,
);
canvas.drawCircle(
  Offset(figureRightEdge, 70.0),
  80.0,
  cloudPaint,
);
cloudPaint.strokeWidth = 3.0;
canvas.drawRRect(cloudBase, cloudPaint);           canvas.drawRRect는 RRect를 그린다.
// ...
```

필자는 일반적으로 **paint** 메서드의 로직을 세 단계로 구분한다.

1 공간, 위치 변수(rectTop 등) 정의하기
2 Rect와 같은 모양 인스턴스 만들기
3 Canvas.draw 메서드로 캔버스에 그리기

첫 번째 과정은 코드를 이해하기 쉽게 만든다. 이 예제에서 `size.width / 4`는 캔버스 너비의 4분의 1을 반환하며 이를 왼쪽 패딩으로 추가한다. `size.width - 90.0`은 오른쪽으로 90픽셀의 패딩을 추가한다. 구름이 중앙에서 약간 벗어나 있어야 더 자연스럽기 때문에 90픽셀을 추가했다(이는 시각 예술을 전혀 모르는 필자의 개인적인 생각일 뿐이다).

두 번째는 준비 과정이다. 캔버스는 사각형을 그리는 drawRect, 선을 그리는 drawLine 등 모양을 그리는 내장 메서드를 제공한다. 사각형을 만들려면 drawRect 메서드에 전달해 사각형을 그린다. Rect, Line, Circle 클래스 등 모든 모양 클래스는 모양을 정의하는 다양한 단위의 생성자를 갖는다. 예를 들어 Rect.fromPoints는 두 오프셋을 받아 두 지점을 포함하는 가장 작은 사각형을 그린다. '왼쪽, 위쪽, 너비, 높이'를 의미하는 Rect.fromLTWH 메서드도 있다. 나중에 커스텀 페인터를 사용할 기회가 생기면 커스텀 페인터로 그릴 수 있는 모든 모양을 공식 문서(http://mng.bz/omZN)에서 확인하자.

이 예제에서는 두 오프셋 파라미터를 받는 Rect.fromPoints 생성자를 사용했다. UI 개발에서 오프셋을 자주 사용하므로 익숙해지면 좋다.

오프셋은 **벡터 시작점**(캔버스가 화면을 가득 채웠으므로 화면의 왼쪽 위 모서리가 시작점이다)으로부터 상대적 위치를 가리킨다. Rect.fromPoints 생성자에 사각형의 왼쪽 위 지점과 오른쪽 아래 지점을 전달해 구름의 일부를 그린다.

아직 캔버스에 아무것도 그리지 않았으며 Rect 클래스 인스턴스만 선언한 상태다.

사각형으로 구름을 그리려면 모서리를 둥글게 표시해야 한다. 다행히 플러터는 RRect 클래스를 제공한다. 기존에 만든 사각형을 RRect.fromRectAndRadius로 전달하면 모서리가 둥근 사각형이 만들어진다.

paint 메서드에서는 원으로 구름 나머지 부분을 그린다. 이 시점에 RRect를 선언했을 뿐 아직 캔버스에 **그리지 않은 상태**임을 기억하자. 한 행의 코드로 원을 정의하고 캔버스에 그린다. 다음은 paint 메서드의 나머지 코드다.

예제 6-12 CloudPainter.paint 메서드

```
// weather_app/lib/widget/clouds_background.dart
@override
void paint(Canvas canvas, Size size) {
  double rectTop = 110.0;
  double rectBottom = rectTop + 40.0;
```

```
double figureLeftEdge = size.width / 4;
double figureRightEdge = size.width - 90.0;
double figureCenter = size.width / 2;
Rect cloudBaseRect = Rect.fromPoints(
  Offset(figureLeftEdge, rectTop),
  Offset(figureRightEdge, rectBottom),
);
RRect cloudBase = RRect.fromRectAndRadius(
  cloudBaseRect,
  Radius.circular(10.0),          ┐ 원을 그리기 시작하는 부분. 원은 기존에
);                                 │ 정의하지 않았으므로 사각형을 그리는
canvas.drawCircle(  ◁──────────────┘ 과정과는 조금 다른 방식으로 원을 그린다.
  Offset(figureLeftEdge + 5, 100.0),
  50.0, cloudPaint,
);
canvas.drawCircle(
  Offset(figureCenter, 70.0),
  60.0,
  cloudPaint,
);
canvas.drawCircle(
  Offset(figureRightEdge, 70.0),
  80.0,
  cloudPaint,
);
cloudPaint.strokeWidth = 3.0;
canvas.drawRRect(cloudBase, cloudPaint);
// ...
```

원 객체는 미리 만들지 않아도 되므로 **drawCircle**은 사각형과는 다른 방식으로 그린다. 원은 여러 지점을 필요로 하지 않으며 중심을 가리키는 오프셋과 반지름을 가리키는 **double** 값만 있으면 충분하다. 그리고 **Paint** 객체로 캔버스에 원을 그린다. 이런 방식으로 세 개의 원을 정의하는 동시에 캔버스에 원을 그린다.

그리기 작업을 마무리하기 전에 구름 모양을 [그림 6-8]에서 다시 확인하자. CloudPainter.

paint 메서드에서 처음 둥근 모서리의 사각형을 정의했고 그다음 세 개의 원을 화면에 그렸다. 이제 구름 아래쪽의 평평한 바닥을 그릴 차례다. RRect는 이미 만들었으므로 canvas.drawRRect를 호출하자. 다음 코드처럼 paint 메서드에서 drawRRect를 호출한다.

```
canvas.drawRRect(cloudBase, cloudPaint);
```

drawRRect 메서드에 모양을 가리키는 cloudBase 변수와 couldPaint를 Paint 객체로 전달한다(그림 6-8).

```
void CustomPainter.paint(Canvas canvas, Size size) {
  var paint = new Paint()..color = Colors.white;
  canvas.drawCircle(Offset center, double radius, Paint paint);
  canvas.drawCircle(Offset center, double radius, Paint paint);
  canvas.drawCircle(Offset center, double radius, Paint paint);
  canvas.drawRRect(Rect rect, Paint paint);
}
```

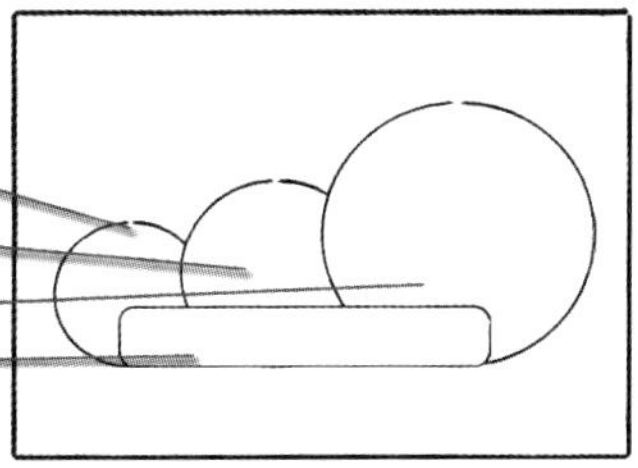

그림 6-8 캔버스 draw 메서드 예

이렇게 해서 구름을 그리는 코드를 모두 살펴봤다. paint 메서드의 두 번째 부분의 전체 코드는 빗방울을 그린다(날씨에 따라). 빗방울을 그리는 원리는 구름을 그리는 것과 크게 다르지 않다. 수학으로 계산하고, 선으로 빗방울을 그린다. 예제 코드는 https://www.manning.com/books/flutter-in-action에서 내려받을 수 있으며 관련 파일은 lib/widget/clouds_background.dart에서 확인할 수 있으니 직접 확인해보자.

이제 화면에 구름이 생겼다. 하지만 아직 색과 위치를 애니메이션으로 바꾸는 기능은 구현하지 않았다. 다음 절에서는 조금 더 복잡한 애니메이션을 살펴본다.

6.3 내장 애니메이션, 단계별 애니메이션, TweenSequence

구름을 그렸으니 이제 애니메이션을 적용한다. 이번 절에서는 기존에 살펴본 애니메이션 기초를 확장해 조금 더 복잡한 애니메이션 예제를 살펴본다.

여기서는 `ForecastPageState` 클래스에 여러 애니메이션을 적용하는 방법을 알아본다. 이 앱은 정해진 순서와 타이밍에 따라 실행되는 복잡한 애니메이션을 배경에 사용한다. 우선 각각의 애니메이션을 살펴본 다음, 두 개의 애니메이션 컨트롤러로 여러 애니메이션을 제어하는 방법을 살펴보자.

이 앱에서는 여러 위젯에 애니메이션을 사용한다. 결론적으로 앱에는 일곱 개의 트윈으로 열 개 이상의 프로퍼티를 애니메이션으로 바꾼다. 이들 애니메이션은 서로 연관되며 모든 애니메이션은 동시에 일어나야 한다. 탭 바에서 새 시간을 선택했다면 배경의 태양과 달의 색이 바뀐다. 또한 앱의 전체 배경 색도 바뀐다. 앱의 배경 색이 바뀌면 텍스트를 제대로 식별할 수 있도록 텍스트 색도 바꿔야 한다. `SlideTransition` 같은 내장 `AnimatedWidget`, 커스텀 클래스로 애니메이션 상태를 관리하는 방법과 필자가 가장 즐겨 사용하는 애니메이션 기능인 `TweenSequence`도 살펴보자.

이전에도 설명했듯이 모든 애니메이션을 이용하려면 서로 다른 시작값과 끝값을 갖는 일곱 개의 트윈을 만들어야 한다. 어떤 트윈은 색을 애니메이션으로 바꿀 때 사용하고, 다른 트윈은 위치를 애니메이션으로 바꿀 때 사용한다. 어쨌거나 핵심은 트윈을 여러 개 사용해야 한다는 사실이다.

6.3.1 커스텀 애니메이션 상태 클래스 만들기

날씨 앱은 현재 날씨에 따라 배경에 있는 태양과 달 상태를 바꾸지만, 앱이 실행된 후에도 언제든 날씨가 바뀔 수 있으므로 상태를 미리 알 수가 없다. 더욱이 이 페이지의 텍스트와 배경색에 애니메이션도 적용되어 있다. 즉 이들 위젯의 많은 프로퍼티는 상태가 변경되면 다시 계산해야 한다. 특히 사용자가 새로운 시간을 선택하면 이 정보에 따라 트윈을 빌드하고 즉시 애니메이션을 수행해야 한다. 지금부터는 이 문제를 해결하는 코드를 함께 살펴보자.

우선 상태 변화에 따른 다양한 애니메이션을 어떻게 구현할 수 있는지 논리적으로 생각해보자. 지금까지 배운 내용은 무엇이고 지금은 어떤 작업을 해야 할까?

- 모든 애니메이션 트윈은 시작값과 끝값을 갖는다.
- 사용자가 탭 바에서 새로운 시간을 선택할 때마다 트윈의 값이 바뀐다.
- 사용자가 탭 바에서 선택한 시간에 따라 날씨 예보가 바뀐다. 예를 들어 선택된 시간과 그에 따른 날씨 종류에 따라 색, 태양의 위치, 구름, 비 등의 그림이 바뀐다.

이 정보를 토대로 무엇을 할 수 있을까?

- 사용자가 시간을 선택하면 관련된 모든 정보를 수집한다(트윈 시작값을 설명하려면 현재 날씨 데이터도 필요하다).
- 이 데이터로 각 트윈의 끝값을 결정한다.
- 트윈을 빌드하고 위젯에 전달한 다음, 애니메이션 컨트롤러의 forward를 호출한다.

앱에서는 다음과 같은 이동 동작을 수행한다.

- **ForecastAnimationState**: 코드 가독성을 높이기 위해 추가한 헬퍼 클래스다. 이 클래스는 주어진 begin, end 상태와 관련해 애니메이션에 필요한 모든 값의 레퍼런스를 저장한다. 기본적으로 이 클래스는 거대한 하드코딩 switch 문이다.
- **AnimationUtil.getDataForNextAnimationState**: ForecastAnimationState를 만드는 데 필요한 로직을 조직한다. '이 탭을 선택하셨나요? 그러면 제가 이 탭에 해당하는 시간과 날씨 정보를 가져와 새 ForecastAnimationState를 만들겠습니다'라는 의미다. 앱에서는 다음과 같이 구현한다.

```
// weather_app/lib/utils/forecase_animation_utils.dart
class AnimationUtil {
  static ForecastAnimationState getDataForNextAnimationState({
    ForecastDay selectedDay,
    int currentlySelectedTimeOfDay,  // 탭 바에서 현재 선택된 시간을 가리킨다.
                                     // 3, 6, 9, 12, 15, 18, 21, 24 중
                                     // 하나의 값을 갖는다.
  }) {
    final newSelection =
    ForecastDay.getHourSelection(  // newSelection 변수는 선택된 시간에
      selectedDay,                 // 해당하는 Weather 객체다.
      currentlySelectedTimeOfDay,
    );
    final endAnimationState =
    ForecastAnimationState.stateForNextSelection(  // 날씨 정보에 맞는
      newSelection.dateTime.hour,                  // 애니메이션 상태를 만든다.
      newSelection.description,
    );
    return endAnimationState;
  }
}
```

날씨 앱의 커스텀 애니메이션 상태 클래스에 따라 작업을 수행한다.

- ForecastPageState.currentAnimationState와 ForecastPageState.nextAnimationState는 Fore-castPageState._buildTweens 메서드에 필요한 모든 트윈의 값을 설정하는 데 사용한다. 상태가 바뀌면 애니메이션을 시작하는데, 이때 필요한 애니메이션 값을 얻고, 트윈을 빌드하고, currentAnimationState의 값을 방금 시작된 애니메이션의 끝값으로 설정한다. 이 모든 작업은 ForecastPageState.handleStateChange 메서드에서 일어난다. 태양 애니메이션에서 이 메서드를 이미 살펴본 적이 있는데 이 앱에서 복잡한 메서드 중 하나이므로 다시 한번 살펴보자.

- ForecastAnimationState 객체의 값으로 트윈을 갱신하므로 실제 애니메이션이 동작할 수 있도록 준비한다.

[예제 6-13], [예제 6-14]는 지금까지의 설명을 코드로 보여준다.

예제 6-13 ForecastPageState.handleStateChange 메서드

```
// weather_app/lib/page/forecast_page.dart
void _handleStateChange(int activeIndex) {
  if (activeIndex == activeTabIndex) return;
  nextAnimationState =
      AnimationUtil.getDataForNextAnimationState(   선택한 새 탭에 따라 다음
                                                    애니메이션 상태를 가져온다.
        selectedDay: _forecastController.selectedDay,
        currentlySelectedTimeOfDay:
        _forecastController.selectedHourlyTemperature.dateTime.hour,
      );
  _buildAnimationController();    애니메이션 컨트롤러와 트윈을 만든다.
  _buildTweens();
  _initAnimation();               setState로 위젯을 리빌드한다. 아직 애니
                                  메이션이 실행 중이지만 플러터에 선택된 탭
  setState(() => activeTabIndex = activeIndex);    과 관련된 날씨 데이터를 알려줘야 한다.
  intnextSelectedHour    새 탭 인덱스에 대응하는 시간을 가져온다.
  = AnimationUtil.getSelectedHourFromTabIndex(
    activeIndex,
    _forecastController.selectedDay,    현재 선택한 시간에 대응하는 날씨 데이터를
                                        가져와 컨트롤러의 selectedHourly
  );                                    Temperature 변수에 할당한다.
  _forecastController.selectedHourlyTemperature
  = ForecastDay.getWeatherForHour(
    _forecastController.selectedDay,
    nextSelectedHour,                   애니메이션을 시작하고 다음 ForecastPage
                                        State.currentAnimationState를
  );                                    ForecastPageState.nextAnimationState
  currentAnimationState = nextAnimationState;    값으로 설정해 다음 상태 변화를 준비한다.
}
```

예제 6-14 ForecastPageState._buildTweens 메서드

```
// weather_app/lib/page/forecast_page.dart
void _buildTweens() {
  _colorTween = ColorTween(
    begin: currentAnimationState.sunColor,    ◁─── 정적인 색상 대신 애니메이션 상태의
    end: nextAnimationState.sunColor,              값을 사용한다.
  );
  _cloudColorTween = ColorTween(
    begin: currentAnimationState.cloudColor,
    end: nextAnimationState.cloudColor,
  );
  // ...
}
```

태양과 구름 위젯의 색에 애니메이션을 적용하는 데 필요한 모든 과정을 살펴봤다. 트윈, 애니메이션 컨트롤러, 애니메이션 대상 위젯을 모두 준비했으니 애니메이션이 동작할 수 있다. 이제 준비한 모든 작업을 태양과 구름 위젯으로 전달한다.

예제 6-15 애니메이션 값을 위젯으로 전달

```
// weather_app/lib/page/forecast_page.dart
child: Stack(
  children: <Widget>[
    SlideTransition(    ◁──┐ 곧 SlideTransition을 간단히 살펴본다.
    // ...
      child: Sun(
        animation:                    AnimatedWidget에 애니메이션을 전달해야 한다.
        _colorTween.animate(    ◁──── Tween.animate를 호출해 애니메이션을 만든다.
            _animationController
        ),
      ),
    ),
    SlideTransition(
    // ...
      child: Clouds(
        isRaining: isRaining,
```

```
        animation:
        _cloudColorTween.animate(  ◁──────  애니메이션을 위젯에 다시 전달하는데.
            _animationController,              이번에는 구름 색을 추적하는 트윈을
        ),                                      사용한다.
      ),
    ),
  ],
),
```

6.3.2 내장 애니메이션 위젯: SlideTransition

구름과 태양 배경에도 위치 애니메이션을 적용한다. 플러터는 이런 상황에서 사용할 수 있는 편리한 위젯을 제공한다. SlideTransition은 오프셋 좌표를 이용해 자식 위젯을 화면에서 미끄러지듯 이동시킨다. 플러터는 ScaleTransition, SizeTransition, FadeTransition 등의 기능도 제공한다.

이들 위젯은 모두 AnimatedWidget을 상속받으므로 태양과 구름에 애니메이션을 적용했던 방식 그대로 사용할 수 있다. 즉 position 프로퍼티에 애니메이션과 child 위젯을 전달하는 것이 전부다. 앱에서 Stack을 사용하므로 Positioned 위젯을 SlideTransition 위젯으로 바꾸고 나머지 위젯은 이전 그대로 child 프로퍼티에 전달한다.

이제 트윈을 만들 차례다. 태양과 구름에 사용할 두 개의 Tween<Offset> 객체가 필요하다. Tween<Offset> _positionOffsetTween 변수로 태양을 제어한다. 지금까지 살펴본 트윈과 다른 점이 없다. 관련 코드는 ForecastPageState._buildTweens에서 확인할 수 있다.

```
// weather_app/lib/page/forecast_page.dart
void _buildTweens() {
// ...
  _positionOffsetTween = Tween<Offset>(
    begin: currentAnimationState.sunOffsetPosition,
    end: nextAnimationState.sunOffsetPosition,
  );
// ...
```

태양 배경에 이 트윈을 적용해야 하므로 같은 위젯의 **build** 메서드에서 이를 설정한다.

```dart
// weather_app/lib/page/forecast_page.dart
child: Stack(
  children: <Widget>[
    SlideTransition(          위치를 애니메이션으로 움직이는 내장 애니메이션 위젯.
                              보통 Stack의 자식으로 Positioned 위젯 대신 사용한
                              다. 이 위젯은 자식의 위치를 애니메이션으로 움직인다.
      position: _positionOffsetTween.animate(     이전에 살펴본 ColorTween과 비슷한 방법으로 이
                                                  트윈을 사용한다. 다만 이 트윈은 색이 아닌 오프셋,
        _animationController.drive(               즉 다른 종류의 데이터를 추적한다는 점이 다르다.
          CurveTween(curve: Curves.bounceOut),
        ),             애니메이션 컨트롤러의 drive 메서드로 애니메이션의
      ),               기본 동작을 바꾼다. 이 예제에서는 애니메이션
      child: Sun(      경로가 달라지도록 Curve를 전달한다.
        animation: _colorTween.animate(_animationController),
      ),
    ),
    SlideTransition(          또 다른 예제로 Clouds에
                              SlideTransition을 사용한다.
      position: _cloudPositionOffsetTween.animate(
        _weatherConditionAnimationController.drive(
          CurveTween(curve: Curves.bounceOut),
        ),
      ),
      child: Clouds(
        isRaining: isRaining,
        animation: _cloudColorTween.animate(_animationController),
      ),
    ),
  ],
),
```

6.3.3 Clouds 위젯 애니메이션 만들기

구름 위젯 애니메이션은 더 흥미로우며 기존 색 애니메이션과 비슷하다.

처음 이 애니메이션을 구현할 때는 한 개의 컨트롤러로 화면 안이나 밖으로 구름을 이동했는
데, 구름이 대각선으로 이동하며 화면에서 사라지는 예상치 못한 문제가 발생했다. 구름과

태양은 시간에 따라 위나 아래로도 애니메이션을 수행하므로 [그림 6-9]처럼 사라지기도 한다.

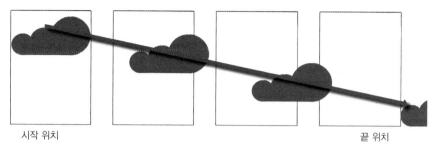

시작 위치   끝 위치

그림 6-9 특정 위치로 미끄러지는 애니메이션

위치 애니메이션은 두 과정으로 실행되어야 한다. [그림 6-10]에서 보여주는 것처럼 먼저 위나 아래로 애니메이션을 진행한 다음, 수평으로 화면에 나타나거나 사라져야 한다.

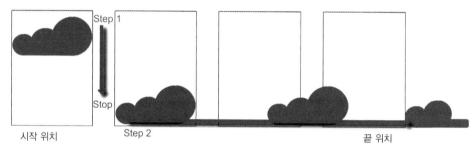

시작 위치   Step 2   끝 위치

그림 6-10 단계별 위치로 미끄러지는 애니메이션

다음의 두 과정으로 이를 구현한다.

1 더 긴 애니메이션 지속 시간을 갖는 두 번째 `AnimationController`를 사용한다. 구름은 태양과 같은 속도로 위나 아래로 이동한 다음, 남은 시간을 화면 안이나 밖으로 이동하는 데 사용한다.

2 `TweenSequence`를 사용한다. 이 클래스는 트윈 리스트를 받아 정해진 지속 시간 동안 순서대로 트윈을 실행한다.

첫 번째 과정에서 `AnimationController`를 만드는 작업은 새로울 것이 없다. 필요에 따라 한 위젯에 여러 `AnimationController`를 추가한다. 사실 플러터는 이런 상황에 활용 가능한 `TickerProviderStateMixin`이라는 티커 믹스인을 제공한다(이 상황에서는 `SingleTickerProviderStateMixin`보다 유용함).

ForecastPageState 클래스에 AnimationController _weatherConditionAnimationCon-
troller 변수를 선언했다. ForecastPageState._buildAnimationController 메서드에서
이 변수에 새로운 AnimationController 객체를 할당한 다음, ForecastPageState._init-
Animation 메서드에서 애니메이션을 초기화한다. 기존과 달라진 것이 없으므로 다시 설명하진
않겠지만 곧 관련 코드를 확인할 수 있다(전체 코드는 날씨 앱의 lib/page/forecast_page.
dart에서 확인하자).

6.3.4 TweenSequence

새로운 기능인 TweenSequence를 살펴보자. TweenSequence는 기본적으로 Tween에 내부적으
로 유용한 기능을 추가한 것이므로 Tween을 사용할 수 있는 곳이라면 어디든 TweenSequence
를 사용할 수 있다.

TweenSequence의 생성자는 TweenSequenceItem 리스트를 받는다. 각 TweenSequenceItem
은 트윈과 아이템의 **무게**weight, 두 가지 파라미터를 받는다. 아이템의 무게는 다른 아이템과 상
대적인 값이다. 플러터는 이들 무게를 모두 합해 아이템의 수로 나눈다.

> **TIP_** 필자는 수학 계산을 쉽게 할 수 있게 합이 100이 되도록 조절한다. 0.0보다 크면 어떤 값이든 무게로
> 사용할 수 있다.

ForecastPageState._buildTweens 메서드에 이를 구현한다.

예제 6-16 ForecastPageState._buildTweens 메서드

```
// weather_app/lib/page/forecast_page.dart
void buildTweens() {
  // ...
  OffsetSequence cloudOffsetSequence =
  OffsetSequence.fromBeginAndEndPositions(   OffsetSequence는 코드를
                                              이해하기 쉽도록 추가한 헬퍼
    currentAnimationState.cloudOffsetPosition,   클래스다(예제 6-17).
    nextAnimationState.cloudOffsetPosition,
  );
  _cloudPositionOffsetTween =
```

```
TweenSequence<Offset>(        ┌─ TweenSequenceItem 리스트를 받는
    <TweenSequenceItem<Offset>>[ │  새 TweenSequence<Offset>을 만든다.
        TweenSequenceItem<Offset>(
            weight: 50.0,   ◄─┤ 아이템에 임의의 무게를 할당한다.
            tween: Tween<Offset>(   ◄─┤ 트윈을 선달한다.
                begin: cloudOffsetSequence.positionA,
                end: cloudOffsetSequence.positionB,
            ),
        ),
        TweenSequenceItem<Offset>(
            weight: 50.0,
            tween: Tween<Offset>(
                begin: cloudOffsetSequence.positionB,
                end: cloudOffsetSequence.positionC,
            ),
        ),
    ],
);
```

OffsetSequence는 TweenSequence 코드를 이해하기 쉽게 도와준다. 구름의 세 가지 오프셋을 알고 있고 수직 애니메이션을 수행한 다음, 수평 애니메이션을 진행한다는 사실을 알고 있으므로 시작 위치와 끝 위치에 따라 두 번째 위치를 결정한다.

예제 6-17 OffsetSequence 클래스

```
class OffsetSequence {
  final Offset positionA;
  final Offset positionB;
  final Offset positionC;

  OffsetSequence({this.positionA, this.positionB, this.positionC});

  factory OffsetSequence.fromBeginAndEndPositions(
      Offset offsetBegin,
      Offset offsetEnd,
      ) {
```

```
        return OffsetSequence(
            positionA: offsetBegin,   ◁── 이번 예제에서는 이 오프셋이
                                           구름의 시작 위치다.

            positionB: Offset(  ◁── 항상 수직 애니메이션이 동작한 다음 수평 애니메이션이 동작하므로
                                    시작 위치와 끝 위치를 기반으로 두 번째 위치를 결정한다.
                offsetBegin.dx, offsetEnd.dy,
            ),

            positionC: offsetEnd,   ◁── 이 오프셋은 구름의 최종 위치를 가리킨다.
        );
    }
}
```

이 코드에서 특히 TweenSequence를 주목하자. 이 클래스는 단계별 애니메이션에서 유용하게 사용할 수 있다. 이 클래스가 있다는 사실을 몰랐을 때는 직접 기능을 구현하느라 공을 많이 들여야 했다. 한 아이템에 한 개의 애니메이션으로 한 프로퍼티에 여러 번 애니메이션을 적용해야 할 때 이 기능을 활용하자.

이번에도 build 메서드에서 Clouds 위젯을 SlideTransition으로 감싼다. 이전에도 이 코드를 살펴봤지만 지금 살펴보면 더 의미가 있다.

```
// weather_app/lib/page/forecast_page.dart
SlideTransition(   ◁── 구름의 위치를 애니메이션으로 바꾼다.
  position: _cloudPositionOffsetTween.animate(
    _weatherConditionAnimationController.drive(
      CurveTween(curve: Curves.bounceOut),
    ),
  ),
  child: Clouds(
    isRaining: isRaining,
    animation:
      _cloudColorTween.animate(   ◁── 구름의 색을 애니메이션으로 바꾼다.
        _animationController,
      ),
  ),
),
```

이제 앱의 복잡한 애니메이션을 대부분 살펴봤다. 날씨 앱은 상당히 많은 애니메이션을 사용한다. 특히 상태가 바뀌면 많은 위젯의 색에 애니메이션을 적용해야 한다. 이제 이 많은 위젯에 애니메이션을 적용하는 방법을 알아보자.

6.4 재사용할 수 있는 커스텀 색 변화 위젯

lib/widget/ 디렉터리에는 다음 네 가지 비슷한 클래스가 있다.

- ColorTransitionText
- ColorTransitionIcon
- ColorTransitionBox
- TransitionAppbar

날씨 앱은 이들 네 클래스를 이용해 색을 변환한다. ColorTransitionBox는 배경에 애니메이션을 적용하고, TransitionAppbar는 앱 바 색에 애니메이션을 적용한다. 앱의 배경색은 극단적으로 바뀌는 편이므로 가독성을 고려해 텍스트와 아이콘 색도 함께 바꿔야 한다.

ColorTransitionBox를 간단히 설명할 테니 더 자세한 정보는 직접 확인하자.

```
// weather_app/lib/widget/color_transition_box.dart
class ColorTransitionBox extends AnimatedWidget {        ◁──── 네 개의 색 변경 클래스는 단순히
  final Widget child;                                           AnimatedWidget 객체다.

  ColorTransitionBox({
    this.child,
    Key key,                                    애니메이션을 전달하는 것을
    Animation<Color> animation,    ◁────────    잊지 말자.
  }) : super(key: key, listenable: animation);

  @override
  Widget build(BuildContext context) {
    final Animation<Color> animation = listenable;    ◁──── build 메서드가 실행될 때마다
    return DecoratedBox(                                      애니메이션의 새 레퍼런스를
                                                             저장한다.
```

```
      decoration: BoxDecoration(
        color: animation.value,  ◁────── color 프로퍼티에 애니메이션
      ),                                  값을 전달한다.
      child: child,
    );
  }
}
```

애니메이션 구현 과정은 6장에서 이미 살펴본 기존 애니메이션 구현 과정과 비슷하다.

- 새 트윈 만들기(변수는 이미 선언했음)
- 애니메이션을 지원하는 위젯으로 기존 위젯 바꾸기(예를 들어 Text를 TransitionText로)
- Tween.animate(AnimationController) 메서드로 애니메이션 전달

여러분이 6장에서 얻은 핵심은 플러터가 앱 애니메이션에 필요한 API를 제공한다는 점이며 이는 다른 플랫폼에서 제공하는 것보다 훨씬 간단하다는 점이다. 실제 앱에서 사용하는 애니메이션은 6장의 예제보다 더 복잡할 수 있으므로 나중에 애니메이션을 더 깊이 파고들어야 할 것이다. 하지만 플러터의 내장 애니메이션 라이브러리는 필자가 구현하려 했던 거의 모든 상황에 맞는 API를 제공했다. 덕분에 커스텀 lerp 메서드나 AnimatedWidget 이상의 기능을 직접 구현할 필요가 없었다. 플러터는 충분한 애니메이션 기능을 제공하므로 이를 적극 활용하자. 특히 애니메이션은 '있으면 좋은' 기능이므로 플러터의 애니메이션 기능으로 앱 UI를 멋지게 꾸미지 못할 이유가 없다.

6.5 마치며

- 많은 머티리얼 디자인 위젯은 애니메이션을 내장한다. 머티리얼 라이브러리를 사용한다면 애니메이션을 사용하지 않는 위젯이 무엇인지 확인하는 것이 좋다. 애니메이션을 이미 내장한다는 사실을 모른 채 내장 위젯을 오버라이드한다면 시간만 낭비되는 일이다.
- 애니메이션을 구현하려면 적어도 세 가지(컨트롤러, 트윈, 티커)를 준비해야 한다. 플러터는 기본 곡선값을 제공한다.
- 트윈은 애니메이션으로 바꿀 수 있는 프로퍼티를 숫자 단위로 매핑한다.
- 티커는 매 프레임에 콜백을 호출해 애니메이션에 생기를 불어넣는다.

- AnimationController 객체를 프로퍼티로 갖는 클래스는 SingleTickerProviderStateMixin이나 TickerProviderStateMixin을 상속받아야 한다.
- AnimatedWidget을 상속받는 모든 위젯은 애니메이션을 파라미터로 받아야 한다. 이 파라미터는 애니메이션을 적용하려는 프로퍼티의 값이다.
- CustomPaint 위젯을 이용해 모든 픽셀을 원하는 대로 제어한다.
- CustomPaint 위젯은 CustomPainter를 상속받는 자식을 가지며 paint 메서드를 포함한다.
- Canvas 클래스의 여러 모양과 선을 이용해 캔버스에 그림을 그린다.
- 단계별 애니메이션을 만들 때는 TweenSequence 클래스가 매우 유용하다.

Part III

상태 관리와 비동기 작업

3부에서는 지금까지와 조금 다른 내용을 배운다. 지금까지는 아름답고 유용한 기능을 가진 플러터 앱을 구현하는 방법을 배웠다. 여기서는 플러터 SDK의 핵심 기능인 라우팅과 플러터에만 특화된 기능이 아닌, 상태 관리를 설명한다.

플러터에서는 정해진 상태 관리 방법이 따로 없다. 따라서 다양한 상태 관리 패턴의 장단점을 비교해 본인이 직접 선택해야 한다. 여기서는 블록Business Logic Component(BLoC) 패턴을 설명한다. 라우팅을 살펴본 다음, 블록 패턴을 알아보고 이를 구현하는 데 도움을 주는 플러터 전용 도구를 살펴본다. 마지막으로 블록 패턴을 이용해 다트 전용 기능인 스트림이 무엇이며 이를 이용해 플러터 비동기 프로그래밍을 쉽게 구현하는 법을 배운다.

Part III

상태 관리와 비동기 작업

## CHAPTER 7

플러터 라우팅

이 장의 주요 내용

◆ 기명 라우트^{named route} 설정

◆ 실시간으로 라우트 만들기

◆ Navigator 사용하기

◆ 커스텀 페이지 전환 애니메이션

7장을 준비하면서 '왜?' 또는 '무엇 때문에?'라는 질문에 답하기 위해 노력했다. 일반적으로 장을 집필하기 전에 출판사는 저자에게 위 두 가지 질문을 물어본다. 이번에는 이 질문에 쉽게 답할 수 있다. 많은 앱이 여러 페이지를 가지므로 라우팅이 필요하다.

많은 플랫폼에서 해결하기 어려운 문제가 라우팅이다(하지만 꼭 필요한 기능이다). 웹은 라우팅이 왜 필요한지 명확히 보여준다. 다양한 프레임워크 대상으로 라우팅을 구현한 라이브러리는 셀 수 없이 많다. 웹에서는 **리액트 라우터**^{React Router}가 튼튼한 해결책으로 자리 잡았다. 리액트 라우터는 사용하기 쉬우며 유연하다. 또한 리액트의 반응형, 조합형 UI 형식을 지원한다.

공식 문서에 따르면 리액트 라우터는 정적이 아닌 '동적 라우팅'이다. 역사적으로 대부분의 라우팅은 선언형이며 앱을 실행하기 전에 라우터를 설정한다. 리액트 라우터 제작자가 공식 문서[1]에 잘 설명해놓았다.

동적 라우팅이란 앱 실행 전에 설정한 라우팅과 달리, 앱을 실행하면서 발생하는 라우팅을 가리킨다.

---

1 https://reacttraining.com/react-router/

여기서 리액트 라우터를 살펴본 이유는 플러터에서 사용하는 라우팅과 리액트 라우터의 정신적 모델이 같기 때문이다. 솔직히 말하자면, 이 주제를 어떻게 설명해야 할지 몰라 필자보다 영리한 사람들에게 도움을 받았다(리액트 라우터 팀에 고마움을 진한다).

7.1 라우팅

동적 라우팅의 강점은 유연성이다. 필요할 때 새 페이지를 만들 수 있으므로 라우트를 선언하지 않고도 아주 복잡한 앱을 구현할 수 있다. 플러터 Navigator는 라우트와 페이지를 선언하는 정적 라우팅 옵션도 제공한다. 필요에 따라 정적 라우트와 동적 라우트를 혼합할 수도 있다(아마 여러분의 앱은 혼합 방식을 자주 사용할 것이다).

> **NOTE_** 플러터 라우팅은 실제로 정적이 아니지만 미리 라우트를 선언할 수 있으므로 사실상 정적 라우팅과 같다.

플러터에서는 페이지도 위젯이며 이를 라우트에 할당할 수 있다. Navigator가 라우트를 관리하며 라우트 역시 (여러분도 예상했겠지만) 위젯이다! Navigator 위젯은 자식들을 스택처럼 관리한다. 모든 게 위젯이므로 네비게이터를 중첩할 수 있다(라우터 안의 라우터 안의 라우터를 만들 수 있다). 라우터를 살펴보기 전에 다음 장에서도 계속 참고할 앱인 농산물 직거래 장터farmers market 앱을 살펴보자.

7.1.1 농산물 직거래 장터 앱

필자가 살고 있는 오리건주의 포틀랜드 사람들은 농산물 직거래 장터를 정말 좋아한다. 그래서 이 장터를 활용한 앱을 만들기로 했다. [그림 7-1]은 농부가 생산한 야채와 기타 물품을 직접 구매하는 화면이다.

그림 7-1 농산물 직거래 장터 앱 화면

앱은 총 네 개의 페이지를 포함하므로 라우팅 구조는 그리 복잡하지 않다. 7장에서는 메뉴를 적절한 라우트와 연결하고 실시간으로 라우트를 만드는 방법을 배우고, 페이지 전환 애니메이션도 추가한다. 이 앱의 라우트 특징은 모든 페이지가 같은 구조적 요소를 공유한다는 점이다. 앱 바, 장바구니 아이콘, 메뉴, 그 밖의 일부 기능과 Scaffold 등은 한 번만 구현한 다음, 필요한 라우트에 설정으로 전달한다. 이는 플러터의 Navigator가 최상위 수준에 있을 필요가 없고, UI의 유연성 덕분에 가능하다.

7.1.2 앱 예제 코드

깃허브 저장소에서 이 책에서 사용한 앱 파일을 찾을 수 있다. 다음은 주요 파일 목록이다.

예제 7-1 전자 상거래 농산물 직거래 장터 앱의 주요 파일 목록

```
lib                        로직을 추가하는 곳이다.
├── blocs   ◀──────────    나중에 이들 블록을 살펴본다.
│   ├── app_bloc.dart
│   ├── cart_bloc.dart
│   ├── catalog_bloc.dart
│   ├── user_bloc.dart
├── menu   ◀──┤ 7장에서 메뉴를 자세히 살펴본다.
```

```
|    ├── app_menu_drawer.dart
├── page        ◁─────┐ 대부분의 페이지를 이번 장에서 이미 만
|    ├── base          └ 들었으니 7장에서는 페이지를 연결한다.
|    |    ├── page_background_image.dart
|    |    ├── page_base.dart
|    |    ├── page_container.dart
|    ├── cart_page.dart
|    ├── catalog_page.dart
|    ├── product_detail_page.dart         ┌ material_route_transition.dart는
|    ├── user_settings_page.dart          │ 7장에서 가장 흥미로운 파일이며 페이지를
├── utils        ◁────────────────────────┘ 이동할 때 커스텀 애니메이션을 제공한다.
|    ├── material_route_transition.dart
|    ├── styles.dart
├── widget    ◁───┤ 이들 대부분의 파일은 동적 네비게이션과 관련 있다.
|    ├── add_to_cart_bottom_sheet.dart
|    ├── appbar_cart_icon.dart
|    ├── catalog.dart
|    ├── product_detail_card.dart
├── app.dart ◁───┐ 프로젝트의 루트 위젯
└── main.dart    └ (다음 절에서 살펴봄)
```

7.2 선언형 라우팅과 기명 라우트

플랫폼을 불문하고 웹 앱이나 모바일 앱을 개발했던 독자라면 선언형 라우팅을 사용한 적이 있을 것이다. 루비 온 레일즈^{Ruby on Rails}, 장고^{Django} 및 기타 프런트엔드 라이브러리 등에서는 전용 '라우트' 파일에 라우트를 선언한다. [예제 7-2]는 AngularDart 페이지의 라우트 예다.

예제 7-2 AngularDart 라우트 정의

```
static final routes = [
  new RouteDefinition(
      routePath: new RoutePath(path: '/user/1');   ◁───┤ 라우트명
      component: main.AppMainComponentNgFactory),   ◁───┤ 라우트에 그리는 컴포넌트
```

```
new RouteDefinition(
    routePath: new RoutePath(path: '/404');
    component: page_not_found.PageNotFoundComponentNgFactory)
  //... 기타 등등
];
```

앵귤러 코드는 이해 못 해도 괜찮다. 이 예제는 다트로 라우트를 미리 선언하는 평범한 예제이며 요점은 앱에 어떤 라우트가 존재하며 각 라우트는 어떤 뷰로 연결되는지 명시적으로 설정할 수 있다는 점이다. 각 RouteDefinition은 경로와 컴포넌트(아마도 페이지)를 포함한다. 일반적으로 앱 최상위 수준에 이를 선언한다.

플러터도 같은 기능을 지원한다. 내부적으로 앱이 실행되는 동안 라우터와 페이지를 만들지만 정적인 정신적 모델을 똑같이 흉내 내기 때문이다. 모바일 앱은 수십 개의 페이지를 포함하므로 이름 없는 라우터를 여기저기에 즉석으로 만드는 것보다는 한 곳에 이들을 정의하고 이름으로 참조하는 것이 좋다.

플러터 라우트는 /users/1/inbox 또는 /login 등 모든 프로그래밍과 같은 경로 규칙을 준수한다. 앱 홈페이지 루트는 예상할 수 있듯이 /(슬래시)다.

7.2.1 라우트 선언하기

기명 라우트를 사용하려면 두 가지를 준비해야 한다. 먼저 라우트 선언이다. 7장에서 만드는 전자 상거래e-commerce 앱에서는 lib/app.dart 파일에 기명 라우트를 설정한다. 이 파일을 살펴보면 라우트를 포함하는 MaterialApp 위젯을 확인할 수 있으며 utils/e_commerce_routes.dart 파일에서는 실제 라우트 이름을 가진 정적 변수를 확인할 수 있다.

예제 7-3 MaterialApp 위젯에 라우트 선언

```
// e_commerce/lib/app.dart
// ...
return MaterialApp(
  debugShowCheckedModeBanner: false,      │ 나머지 기명 라우트를 여기에 선언한다. 라우트의
  theme: _theme,                          │ 이름(/)을 키로, 위젯을 반환하는 함수를 값으로
  routes: { ◄────────────────────────────│ 갖는 Map에 기명 라우트를 저장한다.
```

```
    ECommerceRoutes.catalogPage: (context) =>
        PageContainer(pageType: PageType.Catalog),
    ECommerceRoutes.cartPage: (context) =>
        PageContainer(pageType: PageType.Cart),
    ECommerceRoutes.userSettingsPage: (context) =>
        PageContainer(pageType: PageType.Settings),
    ECommerceRoutes.addProductFormPage: (context) =>
        PageContainer(pageType: PageType.AddProductForm),
  },
  navigatorObservers: [routeObserver],   ◁─────  routeObserver는 곧 살펴볼
);                                               것이므로 신경 쓰지 말자.


// e_commerce/lib/utils/e_commerce_routes.dart
class ECommerceRoutes {  ◁─────────  ECommerceRoutes 클래스는 이들
  static final catalogPage = '/';         라우트를 정적 변수로 정의한다.
  static final cartPage = '/cart';
  static final userSettingsPage = '/settings';
  static final cartItemDetailPage = '/itemDetail';
  static final addProductFormPage = '/addProduct';
}
```

7.2.2 기명 라우트로 이동하기

Navigator.pushNamed 메서드로 쉽게 기명 라우트로 이동한다. pushNamed 메서드는 Build-
Context와 라우트 이름을 받는다. 따라서 다음 코드처럼 BuildContext를 얻을 수 있는 곳이
라면 어디서나 이 메서드를 사용할 수 있다.

```
final value = await Navigator.pushNamed(context, "/cart");
```

플러터 라우팅의 기본 원칙은 푸시push와 팝pop이다. [그림 7-2]에서 볼 수 있듯 Navigator는
자식(페이지들)을 '스택'처럼 취급한다. 스택은 '후입선출last in, first out' 방식으로 동작한다. 앱의
홈페이지에서 새 페이지로 이동하려면 새 페이지를 스택의 가장 위(홈페이지의 위)로 '푸시'한

다. 화면에는 스택에서 가장 위의 항목이 나타난다. 다른 라우트를 또 푸시했다면 '팝'을 두 번 해야 홈페이지로 돌아올 수 있다.

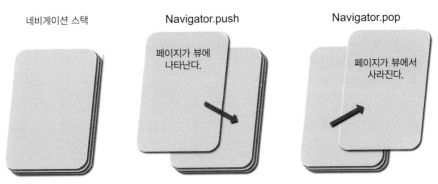

그림 7-2 플러터의 Navigator는 스택 구조로 동작한다.

`Navigator` 클래스는 스택을 관리하는 데 필요한 여러 유용한 메서드를 제공한다. 다음은 자주 사용하는 메서드를 나열한 목록이다.

- pop
- popUntil
- canPop
- push
- pushNamed
- popAndPushNamed
- replace
- pushAndRemoveUntil

기명 라우트를 푸시하면 Future를 반환한다는 점에 주목하자. await 키워드는 비동기 값을 반환하는 표현식에 사용한다. 아직 다트의 비동기를 배우지 않았지만 간단히 설명하면 Navigator.pushNamed는 즉시 Future를 반환하는데, 이는 '아직 값을 모르지만 작업이 끝나면 알려줄게요'라는 의미다. 라우팅에 이를 적용하면 '페이지 네비게이션을 마치면 다시 여기로 돌아와서 페이지의 값을 반환할게요'라는 의미다. 7장의 뒷부분에서는 라우트끼리 값을 전달하는 방법을 자세히 설명한다.

전자 상거래 프로젝트 저장소에서 **lib/widget/appbar_cart_icon.dart** 파일을 열면

AppBarCartIcon 위젯에 사용한 `Navigator.pushNamed`을 확인할 수 있다. [그림 7-3]이 그 위젯이다.

그림 7-3 AppBarCartIcon 위젯

이 아이콘은 사용자의 장바구니에 몇 개의 항목이 들어 있는지 보여주는 작은 알림 아이콘도 있다. 이는 `IconButton` 위젯이며 이 위젯을 클릭하면 장바구니 페이지로 이동하며 `onPressed` 콜백이 호출된다.

```
onPressed: () {
  return Navigator.of(context).pushNamed("/cartPage");
},
```

라우트와 관련된 내용을 모두 살펴봤다. 플러터 공식 안내 문서[2]에서도 기명 라우트 예제를 확인할 수 있다.

> **NOTE_** `Navigator.of(context).pushNamed(String routeName)` 함수 시그니처는 이전의 `Navigator.pushNamed(BuildContext context, String routeName)` 함수 시그니처와 다르다는 사실을 확인할 수 있다. 이 둘은 같은 기능을 수행한다.

7.2.3 MaterialDrawer 위젯과 전체 메뉴

여러분은 아마 [그림 7-4]와 같은 머티리얼 디자인의 앱 드로어를 본 적이 있을 것이다.

---

2 https://flutter.dev/docs/cookbook/navigation/named-routes

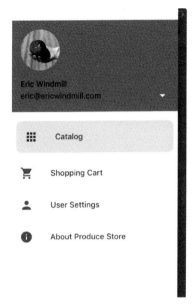

그림 7-4 농산물 직거래 장터 앱의 메뉴 드로어

메뉴 드로어는 라우팅과 밀접하게 관련되어 있으니 한번 살펴보자. 메뉴 작동 방식은 다음과 같다.

1 사용자가 메뉴 버튼을 누르면 메뉴가 나타난다.

2 메뉴에서 사용자가 항목을 선택해 특정 페이지로 이동한다.

3 [About Produce Store] 항목은 앱 정보를 보여주는 모달을 띄운다.

4 메뉴 헤더에는 사용자 정보를 보여준다. 사용자 설정을 누르면 사용자 설정 페이지로 이동한다.

5 메뉴는 현재 선택된 라우트 항목을 강조한다.

6 메뉴 항목을 선택하거나 메뉴의 오른쪽 공간을 누르면 메뉴가 닫힌다.

7 메뉴를 열거나 닫을 때 적절한 애니메이션을 제공한다.

플러터에서 제공하는 다음 다섯 개의 위젯만으로 이 메뉴 드로어를 만들 수 있다.

- Drawer
- ListView
- UserAccountsDrawerHeader
- ListTile
- AboutListTile

Drawer는 메뉴를 포함하는 위젯이다. Drawer는 child 인수로 한 개의 위젯을 받는다. 플러터의 모든 것은 위젯이므로 어떤 위젯이든 child로 설정할 수 있다. Drawer는 보통 Scaffold의 drawer 인수로 사용된다. Scaffold에 Drawer와 AppBar를 모두 포함하면 플러더는 드로어를 열 수 있는 버튼을 앱 바에 자동으로 추가한다. 메뉴를 왼쪽으로 밀거나 메뉴의 오른쪽 공간을 클릭해 메뉴를 닫으면 멋진 애니메이션이 실행된다.

> **NOTE_** Scaffold.automaticallyImplyLeading을 false로 설정해 메뉴 버튼을 직접 만들 수 있다.

7.2.4 메뉴 항목과 적합한 위젯: ListView와 ListTile

ListView는 스크롤할 수 있는 컨테이너를 이용해 위젯을 정리하는 레이아웃 위젯이다. 기본적으로 리스트 뷰는 자식들을 수직으로 정렬하지만 필요에 따라 방향을 바꿀 수 있다. 스크롤과 스크롤할 수 있는 위젯은 8장에서 자세히 살펴본다. ListView는 Column처럼 사용한다. 모든 레이아웃 위젯과 마찬가지로 ListView에 자식들을 전달하면 나머지는 플러터가 알아서 처리한다.

ListTile은 드로어 항목을 만드는 데 필요한 고정된 높이와 형식을 갖는 위젯이다. 일반 위젯과 달리 ListTile은 child 인수가 아니라 title, subtitle, leading 등의 프로퍼티를 갖는다(그림 7-5). 또한 ListTile은 onTap 프로퍼티도 제공한다.

그림 7-5 머티리얼 ListTile 위젯 설명

ListView를 조금 더 '머티리얼' 느낌의 메뉴 드로어로 개선하는 데 사용하는 특별한 플러터 위젯이 몇 가지 있다. 이들을 살펴보기 전에 메뉴 코드의 구조를 먼저 살펴보자(이 예제는 Drawer 위젯의 전체 개요를 보여주며 일부 코드는 생략했다).

예제 7-4 AppMenu 위젯의 build 메서드(위젯 위주의 코드)

```
@override
Widget build(BuildContext context) {
  _activeRoute ??= "/";
  return Drawer(
      child: ListView(                      9장에서 StreamBuilder를 자세히 살펴본다.
          children: <Widget>[               이 코드는 child를 받지 않고 빌더 패턴을 따른
              StreamBuilder( ◁─────────     다는 점만 확인하고 넘어가자.
                  // ...                    AsyncSnapshot 역시 '특수'
                  builder: ( ◁─────────     용어로 나중에 설명한다.
                  BuildContext context,
                      AsyncSnapshot<ECommerceUser>      UserAccountsDrawerHeader는 특별한
                  ) => UserAccountsDrawerHeader(), ◁──  위젯으로 다음 절에서 설명한다.
              ), // StreamBuilder           ListTile 위젯은 특별한 형식을 갖고 있어서.
              ListTile( ◁─────────          ListView의 모든 자식의 모습을 통일한다.
                  leading: Icon(Icons.apps),
                  title: Text("Catalog"),
                  selected: _activeRoute == ECommerceRoutes.catalogPage,
                  onTap: () => _navigate(ECommerceRoutes.catalogPage),
              ),
              ListTile(...),  ◁──┤ 메뉴의 각 메뉴 항목에 ListTile을 만든다.
              ListTile(...),
              AboutListTile(...),  ◁──┤ 또 다른 특별한 위젯으로 잠시 뒤에 설명한다.
          ],
      ),
  );
}
```

드로어에 사용한 위젯을 전체적으로 살펴보자. 먼저 두 개의 특별한 위젯을 확인한 다음, 일반 위젯인 ListTile을 설명한다. 지금부터 코드를 자세히 살펴보자.

UserAccountsDrawerHeader는 중요한 사용자 정보를 표시하는 데 사용하는 머티리얼 위젯 이다. 구글이 만든 지메일 앱에서는 이 버튼을 눌러 사용자 계정을 바꾼다. 플러터는 지메일과 비슷한 UI를 UserAccountsDrawerHeader라는 내장 위젯으로 제공한다. 이런 기능이 있음을 보여주려 추가했을 뿐, 예제 앱에서는 이 기능이 필요하지 않다.

AboutListTile 위젯을 ListView.children 리스트에 전달하고 간단히 다음과 같이 설정한다.

예제 7-5 플러터의 AboutListTile 머티리얼 위젯

```
// e_commerce/lib/menu/app_menu_drawer.dart
AboutListTile(
  icon: Icon(Icons.info),
  applicationName: "Produce Store",
  aboutBoxChildren: <Widget>[
    Text("Thanks for reading Flutter in Action!"),
  ],
),
```

메뉴 버튼을 누르면 모달이 나타나고, 닫는 버튼도 동작하는 기능을 간단한 플러터 코드로 완성했다. [그림 7-6]은 모달이 나타난 화면이다.

그림 7-6 [About Produce Store] 앱 다이얼로그

요구 사항을 다시 확인해보자.

1 사용자가 메뉴 버튼을 누르면 메뉴가 나타난다.

2 메뉴에서 사용자가 항목을 선택해 특정 페이지로 이동한다.

3 [About Produce Store] 항목은 앱 정보를 보여주는 모달을 띄운다.

4 메뉴 헤더에는 사용자 정보를 보여준다. 사용자 설정을 누르면 사용자 설정 페이지로 이동한다.

5 메뉴는 현재 선택된 라우트 항목을 강조한다.

6 메뉴 항목을 선택하거나 메뉴의 오른쪽 공간을 누르면 메뉴가 닫힌다.

7 메뉴를 열거나 닫을 때 적절한 애니메이션을 제공한다.

사실 요구 사항은 조금 과장된 부분이 있다. `AboutListTile`에서 다섯 행의 코드를 실제로 구현해야 한다. 하지만 이는 모달을 보여주거나 모달의 레이아웃을 구현하는 코드에 비하면 정말 단순한 작업이다.

메뉴 드로어 구현하기

편리한 위젯 덕분에 대부분의 작업을 플러터가 알아서 처리한다. 메뉴에서 신경 써야 하는 부분은 라우팅을 구현하는 작업이다. 라우팅 관련 동작은 `lib/menu/app_menu_drawer.dart` 파일에서 구현한다.

메뉴 항목을 선택하면 새 페이지로 이동한다. `build` 메서드에는 각 메뉴 항목에 대응하는 `ListTile`이 있다. [예제 7-6]은 그중 하나의 `ListTile` 코드이다.

예제 7-6 ListTile 위젯으로 구현한 메뉴 드로어 항목

```
// e_commerce/lib/menu/app_menu_drawer.dart
ListTile(
  leading: Icon(Icons.apps),
  title: Text("Catalog"),
  selected:
      _activeRoute == ECommerceRoutes.catalogPage,    ← selected가 참이면 현재 활성화
                                                          된 라우트를 알 수 있도록 자식의
                                                          색을 바꾼다. 다음 절에서 더 자세
                                                          히 알아본다.

  onTap: () =>
      _navigate(ECommerceRoutes.catalogPage),    ← 새 라우트로 이동하도록 ListTile.
                                                      onTap에서 메서드를 호출한다.
),
```

리스트 항목을 누르면 AppMenu._navigate를 호출한다. 다음은 AppMenu._navigate 코드다.

예제 7-7 AppMenu 위젯에서 이동

```
void _navigate(String route) {
   Navigator.popAndPushNamed(context, route);
}
```
Navigator.popAndPushNamed는 pushNamed 처럼 라우트 스택을 관리하는 또 다른 메서드다. 이 메서드는 다른 페이지를 푸시하기 전에 현재 페이지를 팝하는 기능을 포함한다.

같은 build 메서드의 UserAccountsDrawerHeader 위젯에서 페이지를 스택에 추가하는 또 다른 예제를 확인해보자.

예제 7-8 AppMenu 위젯에서 UserAccountsDrawerHeader를 사용하는 예

```
UserAccountsDrawerHeader(
   currentAccountPicture: CircleAvatar(
     backgroundImage:
     AssetImage("assets/images/apple-in-hand.jpg"),
   ),
   accountEmail: Text(s.data.contact),
   accountName: Text(s.data.name),
   onDetailsPressed: () {
     Navigator.pushReplacementNamed(
         context, ECommerceRoutes.userSettingsPage);
   },
),
```
CircleAvatar를 자식으로 갖는다. CircleAvatar는 이미지를 원 모양으로 잘라내는 위젯이다.

연락처, 이름 등 중요한 사용자 정보를 받는다.

이전에 언급한 AsyncSnapshot을 이용해 사용자 정보를 전달한다. AsyncSnapshot을 이용해 비동기로 데이터를 받을 수 있다(잠시 뒤에 살펴봄).

Navigator.pushReplacementNamed를 이용하면 스택이 계속 커지지 않도록 방지한 다. 이 메서드는 새 라우트의 추가 애니메이 션이 끝나면 기존 라우트를 제거한다.

7.2.5 NavigatorObserver: RouteAware로 활성 라우트 표시하기

플러터 라우터의 흥미로운 기능 중 하나는 바로 **옵저버**observer다. 옵저버, 스트림, 이벤트 방출 등의 기능 없이는 제대로 다트 프로그래밍을 활용할 수 없다. 따라서 나중에 한 장을 할애해 이 를 설정한다. 7장에서는 NavigatorObserver에만 집중하자. 네비게이터 옵저버(그림 7-7)는 듣고 있는 모든 위젯에 '네비게이터가 어떤 이벤트를 수행하고 있어요'라고 소식을 알리는 객체 다. 옵저버의 역할은 이게 전부지만 반드시 알아야 할 중요한 기능이다.

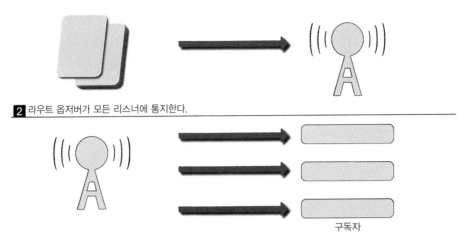

1 Navigator.push(또는 pop)을 호출한다. 라우트 옵저버가 이를 인지한다.

2 라우트 옵저버가 모든 리스너에 통지한다.

구독자

그림 7-7 라우트 옵저버 처리 다이어그램

RouteObserver는 NavigatorObserver를 상속받는다. 이 옵저버는 현재 활성화된 특정 형식 (예를 들어 PageRoute)의 라우트가 바뀌면 이를 모든 리스너에 통지한다.

예제 앱에서는 RouteObserver를 이용해 현재 활성화된 페이지를 추적하고 메뉴에서 올바른 항목을 강조한다. 보통은 Navigator당 한 개의 RouteObserver가 필요하다. 즉 일반적인 앱은 한 개의 RouteObserver를 사용한다. 예제 앱은 앱 파일에 RouteObserver를 선언한다.

```
final RouteObserver<Route> routeObserver =
    RouteObserver<Route>(); ◁
```


<Route> 형식을 지정하므로 라우트가 바뀌면 옵저버가 리스너에 통지한다. <PageRoute>를 사용하면 오직 페이지 라우트가 바뀌었을 때만 이를 통지한다.

```
class ECommerceApp extends StatefulWidget {
  @override
  _ECommerceAppState createState() => _ECommerceAppState();
}

// ... 파일의 나머지 코드
```

예제에서는 옵저버를 아무런 클래스의 보호를 받지 않는 **전역 범위**global scope로 만들었으므로 전체 앱에서 옵저버를 이용할 수 있다. 옵저버를 클래스에 추가한다 해도 결국 그 클래스는 옵

저버 한 개의 자식을 가질 뿐이므로 불필요한 절차일 뿐이다. 이런 이유로 일반적으로 Route
Observer 객체는 전역으로 선언한다. [예제 7-9]에서 알 수 있듯이 MaterialApp에 옵저버를
설정한다.

예제 7-9 MaterialApp 위젯에 라우트 옵저버 전달

```
// e_commerce/lib/app.dart
return MaterialApp(
  debugShowCheckedModeBanner: false,
  theme: _theme,
  home: PageContainer(pageType: PageType.Catalog,),
  routes: { ... }
  navigatorObservers: [routeObserver],    ←┤ 라우트가 바뀌면 이를 통지할 수 있도록
);                                          │ MaterialApp에 routeObserver를 전달한다.
```

모든 설정을 마쳤으니 이제 모든 State 객체에서 이 옵저버를 등록할 수 있다. 다만 상태 생명
주기 메서드를 이용해야 하므로 **상태를 포함하는 위젯**이어야 한다. 예제 앱에서는 AppMenu 위젯
에 이를 적용한다. 다음 코드처럼 상태 객체를 믹스인 RouteAware로 상속받는다.

```
// e-commerce/lib/menu/app_menu_drawer.dart
class AppMenu extends StatefulWidget {
  @override
  AppMenuState createState() => AppMenuState();
}

class AppMenuState extends State<AppMenu>
    with RouteAware { ... }    ←┤ 다트에서는 키워드 with로 믹스인을 사용한다.
```

RouteAware 믹스인은 추상 클래스로 라우트 옵저버와 상호작용하는 인터페이스를 제공한다.
덕분에 상태 객체는 didPop, didPush 등의 메서드를 이용할 수 있다.

현재 활성화된 라우트로 메뉴를 갱신하려면 새 페이지가 선택되었을 때 이를 알아채야 한다.
먼저 라우트 옵저버로부터 이벤트를 듣고 있어야 하며 라우트가 바뀌면 옵저버의 알림을 받아
야 한다.

```dart
// e_commerce/lib/menu/app_menu_drawer.dart
class AppMenuState extends State<AppMenu> with RouteAware {
  String _activeRoute;
  UserBloc _bloc;


  @override
  void didChangeDependencies() {
    super.didChangeDependencies();
    routeObserver.subscribe(
      this,
      ModalRoute.of(context),
    );
    _bloc = AppStateContainer.of(context)
        .blocProvider.userBloc;
  }
  // ... 클래스의 나머지 코드
}
```

`String _activeRoute;` ← 현재 활성된 라우트를 추적하는 데 사용하는 클래스 변수

`void didChangeDependencies() {` ← 위젯 생명주기 메서드다. 여기서 새 스트림과 옵저버를 듣는다. 이 부분은 8장에서 살펴본다.

`routeObserver.subscribe(` ← 새로 만든 전역 변수 routeObserver를 이용한다. subscribe는 옵저버를 듣는 메서드다. 이 메서드는 RouteAware 객체(현재 클래스는 RouteAware를 상속받았으므로 this 상태 객체)와 관심 대상 라우트를 받는다(예제에서는 현재 라우트).[3]

`.blocProvider.userBloc;` ← UserBloc 코드는 아직 배우지 않았으니 일단 무시하자.

이제 라우트가 바뀌면 위젯이 이를 인지하므로 **Navigator**가 동작할 때 활성 라우트 변수를 갱신해야 한다. 이 작업은 **RouteAware**에서 상속받은 **didPush** 메서드에 구현한다.

```dart
// e_commerce/lib/menu/app_menu_drawer.dart
@override
void didPush() {
  _activeRoute =
      ModalRoute.of(context).settings.name;
}
```

`void didPush() {` ← 라우트를 스택으로 푸시하고 메뉴 자체가 화면에서 사라졌을 때 호출된다. 다음에 메뉴를 열어 드로어가 화면에 나타나면, build 메서드가 다시 호출되므로 setState를 따로 호출할 필요가 없다.

`ModalRoute.of(context).settings.name;` ← 현재 라우트의 이름을 얻는다. context를 이용해 라우트 설정을 얻는 과정은 4장에서 살펴본 테마와 비슷하다. 이 부분은 8장에서 더 자세히 설명한다.

네비게이션 옵저버와 **RouteAware** 사용 방법은 7장에서 가장 복잡한 주제다. 다음 자료들에서 더 다양한 예제를 확인하기 바란다.

---

3 ModalRoute는 화면을 덮는 라우트다(보통 전체 화면을 차지하지는 않음). 즉 ModalRoute는 자신의 아래에 있는 라우트와의 상호작용을 막는다. 팝업 페이지나 드로어가 이 예다.

- https://api.flutter.dev/flutter/widgets/RouteObserver-class.html
- https://stackoverflow.com/questions/46165705/flutter-how-the-navigatorobser
  ver-class-works

7.3 즉석 라우팅

이벤트에 응답하기 전에는 이동할 페이지가 존재하지 않는 방식을 **즉석 라우팅**routing on the fly이라
한다. 예를 들어 사용자가 리스트 항목을 누르면 새 페이지로 이동한다. 라우트도 위젯이므로
라우트를 미리 설정할 필요가 없다. [예제 7-11]을 확인하자.

예제 **7-11** 즉석 라우팅 예제 코드

```
void _showListItemDetailPage() async {
  await Navigator.push(        기명 라우트로 이동할 때는 Navigator.pushNamed를
    context,                   사용한다. Navigator.push는 라우트 대신 위젯을 받는다.
    MaterialPageRoute(      페이지처럼 보이는 내장 위젯이다.
      builder: (context) => SettingsPage(
        settings: settings,
      ),
      fullscreenDialog: true,      원한다면 전체 화면으로 설정한다.
    ),
  );
}
```

플러터에서 라우트 스택의 모든 새 위젯은 라우트다. 모달, 하단 시트, 스낵 바snack bar, 다이얼
로그 모두 라우터이며 즉석으로 라우팅을 만들 수 있다.

7.3.1 MaterialRouteBuilder

예제 앱의 카탈로그 페이지에서 상품을 누르면 제품 상세 페이지로 이동하는 기능을 즉석 라우
팅으로 구현한다.

lib/widget/catalog.dart 파일에서 ProductDetailCard를 만들었으며 이 위젯을 누르면 다른 페이지로 이동한다(그림 7-8).

ProductDetailCard

Asparagus Broccoli

Brussel Sprouts Carrots

그림 7-8 제품 상세 카드 화면

다음은 제품 상세 화면의 페이지 코드다.

```
// e_commerce/lib/widget/catalog.dart
return ProductDetailCard(
  key: ValueKey(_product.imageTitle.toString()),
  onTap: () => _toProductDetailPage(_product),
  onLongPress: () => _showQuickAddToCart(context, _product),
  product: _product,
);
```

위젯을 누르면 onTap이 실행되며 중요한 메서드인 _toProductDetailPage 메서드를 호출한다.

항목을 누르면 [예제 7-12] 메서드를 실행한다.

```
// e_commerce/lib/widget/catalog.dart
Future _toProductDetailPage(Product product) async {
  await Navigator.push(         ◁──── 이전 라우팅처럼 Navigator.push로
    context,                            새 페이지를 스택에 추가한다.
    MaterialPageRoute(  ◁─────
      builder: (context) =>            MaterialPageRoute는 PageRoute를
                                       상속받으며 위젯 트리의 새 위치에 모든
          ProductDetailPageContainer( ◁──  머티리얼 위젯 기능을 제공한다.
            product: product,
          ),                           MaterialPageRoute처럼 Route 객체는
      ),                               콜백을 받아 위젯을 반환하는 builder 인
  );                                   수를 받는다.
}
```

설정되지 않은 새로운 페이지로 이동하는 기능을 구현했다. 전체 화면을 덮지 않는 라우트(모달, 다이얼로그, 하단 시트 등)도 비슷한 방법으로 구현한다. [4]

7.3.2 showSnackBar, showBottomSheet 등

플러터는 모달, 스낵 바처럼 페이지가 아닌 라우트를 쉽게 이용할 수 있는 위젯과 로직을 제공한다. 이들도 기술적으로는 라우트지만 내부적으로는 전체 페이지처럼 화면을 그리지는 않는다. 이들은 위젯이며 페이지가 아닌 **Navigator** 스택에 추가된다(그림 7-9).

---

[4] 공식 문서(https://flutter.dev/docs/cookbook/navigation/navigation-basics)는 기명 라우트를 사용하지 않는 다른 예제를 제공한다.

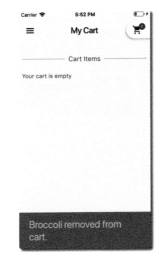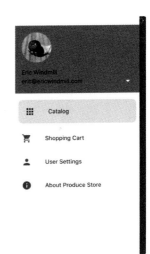

그림 7-9 전체 화면을 사용하지 않는 라우트

예제 앱에서는 하단 시트와 스낵 바를 이용한다. 두 위젯 모두 화면 아래에 나타난다. 하지만 하단 시트는 ModalRoute, 즉 하단 시트가 화면에 나타난 동안에는 배경의 페이지와 상호작용할 수 없다. 반면, 스낵 바는 앱의 화면을 가리지 않으므로 스낵 바가 화면에 있는 상태로 배경의 뷰와 상호작용할 수 있다.

하단 시트는 Catalog 위젯과 같은 방식으로 구현하며 ProductDetailCard를 길게 누르고 있으면 ProductDetailCard.onLongPress 메서드가 실행되고 하단 시트를 화면에 추가한다.

```
// e_commerce/lib/widget/catalog.dart
return ProductDetailCard(
  key: ValueKey(_product.imageTitle.toString()),
  onTap: () => _toProductDetailPage(_product),
  onLongPress: () =>
      _showQuickAddToCart(_product),   ⟵─┐ 버튼을 길게 누르면 하단 시트를 보여준다.
  product: _product,
);
```

BottomSheet의 비즈니스 로직을 담당하는 _showQuickAddToCart 메서드는 사용자가 하단 시트를 누르면 발생하는 이벤트를 기다렸다가 전달된 데이터를 처리한다(그림 7-10).

1 제품 상세 카드를 누르면 showBottomSheet를 호출한다.

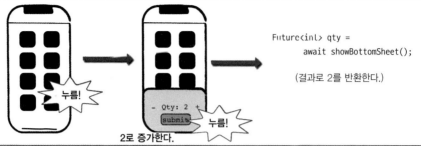

2 Submit을 누르면 showBottomSheet가 Future 값을 반환하면서 완료한다.

그림 7-10 하단 시트 위젯 예

다음은 _showQuickAddToCart 메서드 구현 코드다.

```
// e_commerce/lib/widget/catalog.dart
void _showQuickAddToCart(BuildContext context, Product product) async {
  CartBloc _cartBloc = AppState.of(context).blocProvider.cartBloc;

  int qty = await showModalBottomSheet<int>(  ◁
```
여기서 많은 일이 일어난다. 우선 showModalBottomSheet는 플러터가 제공하며, 라우팅을 관리하는 전역 메서드다. 형식 선언(<int>)을 보면 하단 시트가 어떤 데이터 형식을 반환할지 예상할 수 있다. 이 행에서 showModalBottomSheet의 반환값도 할당한다. 이 메서드는 Future를 반환하므로 await 키워드를 사용해야 한다. Future는 '사용자가 하단 시트를 종료하면서 값이 발생하면 그때 값을 알려줄게요'라는 의미다.

```
    context: context,  ◁
    builder: (BuildContext context) {  ◁
      return AddToCartBottomSheet(
        key: Key(product.id),
      );
    });
  _addToCart(product, qty, _cartBloc);
}
```
모든 라우트는 플러터가 트리의 정확한 위치에 위젯을 삽입할 수 있도록 BuildContext를 받는다.

모든 라우트 변환 메서드는 위젯을 반환하는 콜백을 받는다.

이제 마지막으로 AddToCartBottomSheet 코드를 살펴보자. 이 위젯은 [그림 7-11] 화면에서 확인 가능한 RaisedButton을 포함한다.

그림 7-11 농산물 직거래 장터 앱 하단 시트

AddToCartBottomSheet 메서드는 거의 백 행에 가까운 코드를 포함하지만 대부분의 코드는 기본적인 플러터 위젯을 만드는 부분이다. 그중에서 중요한 코드 일부만 확인하자(여기서 가장 중요한 코드는 예제의 아래쪽에 있는 RaisedButton 관련 코드다).

예제 7-13 AddToCartBottomSheet 위젯에서 발췌한 코드

```
// e_commerce/lib/widget/add_to_cart_bottom_sheet.dart
class AddToCartBottomSheet extends StatefulWidget {
  const AddToCartBottomSheet({Key key}) : super(key: key);
```
> 하단 시트는 특별한 종류의 부분 라우트이며 위젯이라는 사실을 알 수 있다. 그 외에 특별한 점은 없다.

```
  @override
  _AddToCartBottomSheetState createState() => _AddToCartBottomSheetState();
}

class _AddToCartBottomSheetState extends State<AddToCartBottomSheet> {
  int _quantity = 0;
  // ...

  @override
  Widget build(BuildContext context) {
    return ConstrainedBox(
```
> BoxConstraints를 이용해 하단 시트의 크기를 제한하는 좋은 예다.

```
      constraints: BoxConstraints(
        minWidth: MediaQuery
```

```dart
              .of(context)
              .size
              .width,
          minHeight: MediaQuery
              .of(context)
              .size
              .height / 2,
      ),
      child: Column(
        children: <Widget>[
          Padding(
            // ...
            child: Text("Add item to Cart"),
          ),
          Padding(
            // ...
            child: Row(
              children: <Widget>[
                IconButton(...) // decrease qty button
                Text(...) // current quanity
                IconButton(...) // increase qty button
              ],
            ),
          ),
          RaisedButton(
            color: AppColors.primary[500],
            textColor: Colors.white,
            child: Text(
              "Add To Cart".toUpperCase(),
            ),
            onPressed: () =>
                Navigator.of(context).pop(_quantity),
          )
        ],
      ),
    );
  }
}
```

사용자가 장바구니에 추가할
항목의 개수를 조절하는 Row다.

RaisedButton 안의 코드가 핵심이다.

이 한 행의 코드가 바로
라우팅을 수행한다.

이는 지극히 평범한 버튼이며 가장 중요한 부분은 onPressed 콜백이다. 버튼을 누르면 Navigator에서 가장 위에 있는 라우트(하단 시트 자체)를 팝하고 스택에 라우트를 추가한 코드로 돌아온다. Catalog._showQuickAddToCart 메서드에서 하단 시트를 스택에 추가했었다. 다시 이 메서드 코드를 확인해보자.

예제 7-14 _showQuickAddToCart 메서드 재확인

```
// e_commerce/lib/widget/catalog.dart
void _showQuickAddToCart(BuildContext context, Product product) async {
  CartBloc _cartBloc = AppState.of(context).blocProvider.cartBloc;
  int qty = await showModalBottomSheet<int>(      ◁──── 이 메서드는 하단 시트를 Navigator
      context: context,                                   스택으로 푸시한다. 그리고 응답을
      builder: (BuildContext context) {                   기다렸다가 변수에 저장한다.
        return AddToCartBottomSheet(   ◁──── AddToCartBottomSheet 위젯을
          key: Key(product.id),                  만드는 코드다.
        );
      });
  _addToCart(product, qty, _cartBloc);   ◁──── 예제의 핵심이다. 하단 시트의
}                                                반환값을 다른 메서드로 전달한다.
```

한 마디로 하단 시트는 라우트처럼 동작한다는 사실을 확인했다. Navigator에서 이들 라우트를 팝하면 이전 화면으로 데이터를 전달한다(qty 변수 참고).

다른 팝업 스타일 위젯도 쉽게 구현할 수 있다. 예를 들어 Scaffold.of(context).showSnackBar(Widget content);를 이용해 스낵바를 보여줄 수 있다.

7.4 라우팅 애니메이션

마지막으로 라우팅을 멋지게 꾸미는 작업이 남았다. 믿기 힘들겠지만 사실 별 다른 작업을 하지 않고도 커스텀 라우트 애니메이션을 추가할 수 있다. 정말 멋진 애니메이션을 원한다면 애니메이션을 직접 구현해야 한다. 하지만 이전 앱에서도 봤듯이 플러터는 멋진 애니메이션을 기본으로 제공한다.

플러터에서는 페이지 전환이 어떻게 이루어지는지 살펴보자. 일단 다음 사실을 기억하자.

- 페이지도 위젯이므로 다른 위젯과 마찬가지로 애니메이션을 적용한다.
- 페이지는 플랫폼 형식에 따른 기본 변환을 제공한다(iOS 형식 또는 머티리얼 형식).
- 모든 전환은 두 개의 페이지 즉 뷰로 나타나는 페이지와 뷰에서 사라지는 페이지를 사용한다.

이를 기억하면서 라우팅 애니메이션을 살펴보자. 페이지 전환은 `ModalRoute`를 상속받는 `PageRoute` 또는 예제처럼 `PageRoute`를 상속받는 `MaterialPageRoute`가 처리한다. `buildTransitions` 메서드는 두 개의 애니메이션을 인수로 받는다. 한 애니메이션은 종료할 때 사용하며 다른 애니메이션은 현재 화면을 교체할 때 사용한다. `MaterialPageRoute`는 이미 전환을 구현하므로 `MaterialPageRoute.buildTransitions` 메서드를 오버라이드할 수 있다.

이 메서드는 위젯을 반환한다. 이 메서드를 오버라이드하면 상위 클래스에서 애니메이션을 처리하므로 `AnimationController`나 `Tween`을 구현할 필요가 없다. 따라서 간단하게 `AnimatedWidget` 안에 페이지를 감싸면 알아서 애니메이션이 일어난다. `lib/util/material_route_transition.dart` 코드를 직접 살펴보자.

예제 7-15 커스텀 페이지 전환 구현

```
// e_commerce/lib/util/material_route_transition.dart
class FadeInSlideOutRoute<T> extends          플러터에서 제공하는 기능으로 전환을 구현한다.
MaterialPageRoute<T> {          ◀          MaterialPageRoute를 상속받은 다음 super()를 호출해
                                           이 클래스의 프로퍼티를 슈퍼클래스로 전달한다.
  FadeInSlideOutRoute({WidgetBuilder builder, RouteSettings settings})
      : super(builder: builder, settings: settings);

  @override
  Widget buildTransitions(
    BuildContext context,                  오버라이드한 메서드는 내부에서 호출되므
    Animation<double> animation,  ◀         로 애니메이션 자체를 구현할 필요가 없다
    Animation<double> secondaryAnimation,  (물론 필요하면 직접 구현할 수 있다).
    Widget child,
    ) {
  if (settings.isInitialRoute) return child;
  if (animation.status == AnimationStatus.reverse) {
    return super.buildTransitions(
```

```
      context,
      animation,
      secondaryAnimation,
      child,
    );
  }
  return FadeTransition(
    opacity: animation,
    child: child,
  );  ◁─────   내장 플러터 FadeTransition를 반환하고 이를 슈퍼클래스에서 만든
}                     애니메이션으로 전달한다. 이제 FadeInSlideOutRoute를 스택으로
}                     푸시하면 설정한 애니메이션이 실행된다.
```

지면상 모든 코드를 보여줄 순 없었지만 예제에서 가장 중요한 행은 return 문이다. build-Transitions 메서드는 슈퍼클래스(MaterialPageRoute)의 메서드를 오버라이드하며, 페이지를 전환할 때 애니메이션을 계산하고 전환을 구현한다.

buildTransitions 메서드의 FadeTransition은 새 페이지로 전환할 때 희미하게 사라지는 애니메이션 효과를 구현한다. buildTransitions은 내부에서 호출되는 메서드이므로 직접 호출하지 않는다. 아주 정밀하게 애니메이션을 설정하는 상황에서만 buildTransitions 메서드를 직접 호출하며 이때는 앱 루트로 MaterialApp 대신 WidgetsApp을 사용한다.

결국 앱 개발자가 신경 써야 하는 위젯은 FadeTransition이다. 플러터의 머티리얼 라이브러리는 이외에도 다음과 같은 다양한 전환 기능을 제공한다.

- SlideTransition
- SizeTransition
- RotationTransition
- AlignTransition
- 기타 등등

이들은 모두 프레임워크에서 제공하는 기능이므로 간단하게 구현할 수 있다.

Catalog._toProductDetailPage에서 MaterialPageRoute를 FadeInSlideOutRoute로 바꾸는 방법으로 이들 위젯을 사용한다. 이제 제품 상세 카드를 누르면 라우트가 천천히 사라

진다. 여러분은 이제 다양한 전환 기능으로 원하는 애니메이션을 구현할 수 있다. 추가로 미디엄 기사[5]에서 또 다른 좋은 애니메이션 예를 확인해보아도 좋다.

7.5 마치며

- 플러터는 동적 라우팅을 사용하므로 유연하게 라우팅을 구현할 수 있다.

- 플러터 Navigator를 이용해 사용자가 어떤 동작을 수행하거나 앱이 새 데이터를 받았을 때 '즉석으로' 라우트를 만들 수 있다.

- 결과적으로 플러터는 기명 라우트를 이용해 정적 라우팅도 지원한다(하지만 기술적으로 이들 라우트는 앱이 실행될 때 만들어진다).

- MaterialApp 위젯 또는 App 위젯의 최상위 수준 안에 기명 라우트를 정의한다.

- Navigator는 모든 라우트를 스택으로 관리한다.

- Navigator.push, Navigator.pop 등의 메서드로 라우트를 탐색한다.

- Navigator.push는 새 라우트가 전달하는 값을 기다리는 Future를 반환한다.

- Drawer, ListView, ListTile, AboutListTile, DrawerHeader 등의 평범한 위젯으로 머티리얼 형식의 메뉴 드로어를 구현한다.

- RouteObserver를 설정하고 위젯의 상태 객체에서 이를 구독해 라우팅 변화 시 알림을 받는다.

- 스낵 바, 하단 시트, 드로어, 메뉴 등 Navigator가 관리하는 일부 요소는 페이지가 아니지만 기술적으로 모두 라우트다.

- GestureDetector 위젯으로 사용자의 상호작용을 듣는다.

- Route 클래스를 상속받아 커스텀 페이지 전환을 구현한다.

---

5 https://medium.com/flutter-community/everything-you-need-to-know-about-flutter-page-route-transition-9ef-5c1b32823

## CHAPTER 8

상태 관리

이 장의 주요 내용

◆ StatefulWidget과 상태 객체

◆ 위젯 트리 vs 요소 트리

◆ 상태 객체 생명주기

◆ InheritedWidget과 블록을 이용한 상태 관리

◆ 스트림과 비동기 다트 소개

8장은 필자가 가장 좋아하는 장이다. 여러 종류의 상태 관리 기법과 패턴이 있지만 개발자라면 누구나 자신만의 의견을 펼치기 좋아하기 때문이다.

요즘 인기 있는 상태 관리 패턴을 모두 살펴보진 않는다. 필자는 다음 두 가지 질문을 기준으로 이번 장에서 다룰 상태 관리 패턴을 선택했다.

1 플러터와 다트 기술을 확장하는 데 도움을 주는가

2 이 개념을 다른 상황에 응용할 수 있을 정도로 개방적인가

따라서 8장에서는 다음 주제를 살펴본다.

• StatefulWidget 자세히 살펴보기. 상태 관리 기법 종류와 관계없이 일반적으로 알아야 할 내용이다.

• InheritedWidget은 상태를 포함하는 StatelessWidget, StatefulWidget에 이어 등장한 '세 번째' 위젯이다. 작은 앱이라면 직접 상태를 처리할 수 있으며 조금 큰 라이브러리도 내부적으로는 직접 상태를 처리한다. 플러터 앱을 개발할 때 멋진 라이브러리가 있더라도 InheritedWidget을 자주 사용한다.

• 구글의 블록^{BLoC} 패턴은 앱 상태 관리 기능을 제공한다. 기본적으로 블록은 간단하며 외부 라이브러리를 필요로 하지 않아 가장 살펴볼 가치가 큰 패턴이다. 리덕스^{Redux} 같은 패턴을 사용하려면 많은 코드를 구현해야 하

고 외부 라이브러리(이들 라이브러리는 보통 강한 주장을 내포, 즉 라이브러리가 지정한 방식을 따라야 함)를 사용해야 한다.

NOTE_ 블록 패턴 구현을 추상화한 멋지고 유명한 오픈 소스 라이브러리도 있다. 블록의 개념은 특정 구현에 의존하지 않는다.

8.1절에서는 상태를 포함하는 위젯과 상태 객체를 살펴본다. 이는 거의 개념적인 내용이며 코드 구현은 그다음 절에서 살펴본다.

8.1 StatefulWidget 자세히 살펴보기

StatefulWidget은 StatelessWidget처럼 변하지 않는 변수를 포함하며 StatefulWidget 의 프로퍼티는 갱신할 수 없다. 프로퍼티를 갱신할 수 없으므로 State 객체가 필요하다.

예제 8-1 StatefulWidget 예제

```
class ItemCounter extends StatefulWidget {
final String name;  ← 이 프로퍼티는 바꿀 수 없도록
                       final로 선언한다.
ItemCounter({this.name});

  @override
  _ItemCounterState createState() =>  ← 상태 객체를 만든다.
      _ItemCounterState();
}
```

State 객체는 다양한 작업을 수행한다. 기본적으로는 내부(가변) 상태를 관리하며 State. build로 자식 위젯을 빌드한다. 상태 객체는 실제로 더 복잡한 기능을 포함한다. 위젯 트리에서는 상태 객체를 어떻게 취급하며 생명주기는 어떻게 활용하는지 살펴보자.

8.1.1 위젯 트리와 요소 트리

플러터는 **요소 트리**를 만들어 화면에 위젯을 그린다. 플러터는 위젯 트리를 바로 화면에 그리지 않는다. 위젯 트리는 그릴 수 있는 요소의 '청사진'일 뿐이기 때문이다. 앱 개발자가 위젯 트리로 청사진을 만들면 플러터가 이를 요소 트리로 맵핑한다.

다양한 위젯이 어떻게 요소 트리와 상호작용하는지 살펴보자. 상태를 포함하지 않는 위젯은 요소와 일대일로 맵핑된다. 앱이 화면을 그리면 플러터는 위젯 트리를 훑으면서 '요소 트리 님, 이 위젯에 대응하는 요소를 만들어주시겠어요?'라고 요청하고, 요소 트리가 이를 제공한다.

요소 트리(그림 8-1)는 상태를 포함하는 객체를 다른 방식으로 처리한다. 플러터가 상태를 포함하는 위젯의 요소를 요청하면 '상태를 포함하는 위젯 님, 먼저 상태 객체를 만들어주시겠어요?'라고 요청한다.

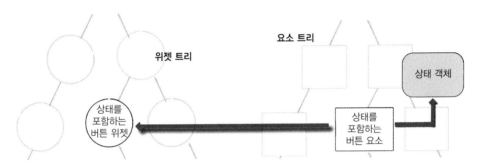

그림 8-1 요소는 위젯과 위젯의 상태 객체 참조를 갖는다.

내부적으로 알아서 처리된다면 이 과정을 왜 알아야 할까? 상태 객체와 요소는 오래 살아남으므로long-lived 이를 이해하면 좋다. `StatefulWidget`이 트리에서 같은 종류의 새 위젯으로 교체되면(같은 키를 가짐) 대응 요소는 트리에서 같은 위치를 그대로 참조하므로 새 위젯을 가리키지만 State 객체는 그대로 남아 재사용된다.

플러터는 요소 트리의 변화에 대응할 수 있도록 상태 객체에 메서드를 제공한다. 이들 메서드는 특별한 순서로 호출된다. 이러한 메서드 호출 순서를 위젯의 **생명주기**라 부른다.

8.1.2 StatefulWidget 생명주기와 활용 방법

필자는 생명주기를 두 부분으로 구분한다. 첫 번째는 상태 객체의 생명주기 동안 적어도 한 번 이상 호출되는 일련의 메서드다. 두 번째는 다양한 이벤트에 따라 호출되는 세 가지 메서드다. 이들은 모두 위젯을 다시 빌드하도록 만들 수 있다.

> **NOTE_** 8.2절부터 코드를 구현한다. 이 코드를 통해 생명주기 메서드를 어떻게 활용하며 어떤 일이 일어 나는지 자세히 알 수 있다. 우선은 전체적으로 생명주기를 설명하는 것이므로 너무 자세한 내용에 얽매이지 말자.

[그림 8-2]는 생명주기를 순서대로 보여준다.

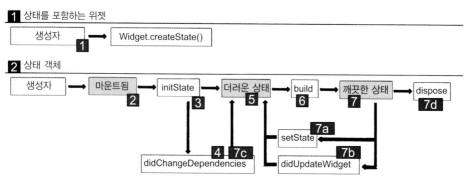

그림 8-2 상태 객체 생명주기

그림을 자세히 살펴보자.

1. 상태 클래스 생성자가 호출된다(다트의 다른 모든 클래스와 마찬가지). 위젯은 아직 트리에 추가되지 않은 상태이므로 대부분의 상태 초기화도 진행되지 않은 상태다.

2. 상태 객체가 BuildContext나 트리의 특정 위치와 연결된다. 위젯은 '마운트된' 상태다. Widget.mounted 메서드로 위젯의 마운트 상태를 확인할 수 있다.

3. State.initState 메서드가 호출된다. 이 메서드는 한 번만 호출된다. 이 메서드를 이용해 State 객체의 프로퍼티(연결된 상태를 포함하는 위젯이나 빌드 콘텍스트에 의존하는)를 초기화할 수 있다.

4. State.didChangeDependencies 메서드가 호출된다. 이 메서드는 initState 메서드 다음으로 한 번만 호출되지만 생명주기에 따라 다시 호출될 수 있다는 점이(뒤에서 설명한다) 독특하다. 이 메서드에서 Inhe ritedWidget과 관련된 초기화를 수행한다.

5. 이제 State 객체가 '더러운dirty' 상태이므로 플러터는 이를 다시 빌드해야 한다. 상태 객체를 다시 빌드해야 하는 상황에서는 자신을 '더러운' 상태로 설정한다.

6 상태 객체 초기화를 마쳤으며 `State.build` 메서드가 호출된다.

7 새로 상태를 빌드하면 '깨끗한clean' 상태로 바뀐다. 이제 생명주기 메서드의 절반을 완료했다. 상태가 깨끗하면 아무 일도 일어나지 않는다. 의도한 대로 상태 객체가 표시되며 프레임워크가 다른 지시를 내릴 때까지 기다린다. 이제 다음과 같은 일이 벌어진다.

    a 코드에서 `State.setState`를 호출하므로 더러운 상태로 설정한다.

    b 부모 위젯은 트리에서 이 위치를 다시 빌드하도록 요청한다. 해당 위치의 위젯이 같은 형식과 같은 키로 다시 빌드되면 프레임워크는 이전 위젯을 인수로 `didUpdateWidget` 메서드를 호출한다. 이 시점에서 위젯을 다시 빌드한다.

    c 위젯이 `InheritedWidget`에 의존하고 있는데 이 위젯이 바뀌면 프레임워크는 `didChangeDependencies`를 호출한다. 이 시점에서 위젯을 다시 빌드한다.

    d 마지막으로 한 가지 액션이 항상 발생한다. 트리에서 상태 객체를 제거할 때 `State.disposed`가 호출된다. 이 메서드에서는 위젯이 사용한 모든 자원(활성 애니메이션 종료, 스트림 닫기 등)을 정리한다. `disposed`가 호출된 다음에는 위젯을 다시 빌드할 수 없다. 이후로 `setState`를 호출하면 오류가 발생한다.

지금부터 위 순서를 하나씩 자세히 살펴볼 것이므로 아직 모든 내용을 이해할 수 없더라도 괜찮다.

이제 다른 **상태 관리** 패턴을 살펴보자. 상태 관리는 앱에서 데이터를 전달하고 적절한 때에 필요한 부분을 다시 그리는 기능을 담당한다. 플러터의 모든 렌더링은 State 객체와 그 생명주기에 의존한다.

8.2 순수 플러터 상태 관리: InheritedWidget

플러터는 기본적으로 트리의 위젯에서 다른 위젯으로 상태를 전달하는 방식으로 상태를 관리한다. 하지만 이 방식으로는 상태를 관리하는 데 한계가 있다. 대신 **상태 올리기**lifting state up라는 개선된 방법이 있다.

상태 올리기(그림 8-3)는 위젯 트리의 높은 곳에서 가변 상태가 존재하며 프로퍼티를 트리 아래로 내려보내는 방식(setState 호출도 트리 아래로 발생)으로 상태를 관리하는 패턴이다. 하지만 이런 방식으로는 상태가 어떻게 변하는지 확인하기 어려우며 위젯 아래로 프로퍼티를 내려보내는 과정에서 많은 코드를 추가로 구현해야 한다.

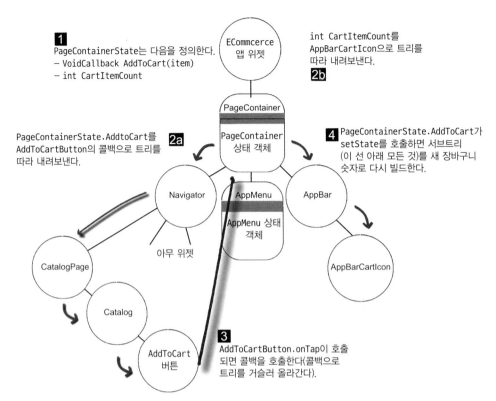

1 PageContainerState는 다음을 정의한다.
— VoidCallback AddToCart(item)
— int CartItemCount

int CartItemCount를
AppBarCartIcon으로 트리를
따라 내려보낸다.
2b

PageContainerState.AddtoCart를
AddToCartButton의 콜백으로 트리를
따라 내려보낸다. **2a**

4 PageContainerState.AddToCart가
setState를 호출하면 서브트리
(이 선 아래 모든 것)를 새 장바구니
숫자로 다시 빌드한다.

3
AddToCartButton.onTap이 호출
되면 콜백을 호출한다(콜백으로
트리를 거슬러 올라간다).

그림 8-3 위젯 트리는 상태를 트리 아래로 전달하는데 이 때문에 많은 코드를 추가해야 하고 상태 추적도 어려워진다.

이로 인해 개발 과정이 복잡해진다. [그림 8-3]과 같은 상태에서 **AppBarCartIcon**을 **Cart-Page**의 자식으로 만들려면 아이콘으로 프로퍼티를 전달하는 모든 구현 코드를 **Navigator**와 **CartPage**로 바꿔야 한다(그림 8-4).

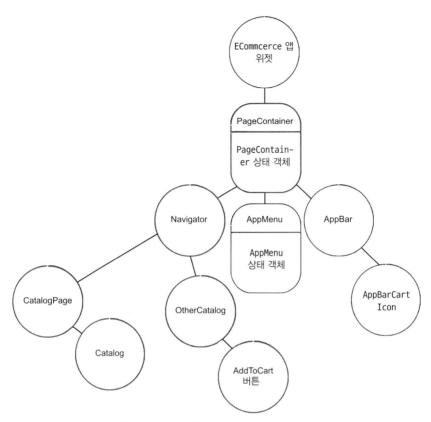

그림 8-4 상태 관리를 잘 구현하지 않으면 위젯을 옮길 때 위젯 코드를 많이 바꿔야 한다.

다행히 플러터는 InheritedWidget을 제공한다. 지금까지 살펴본 Theme, MediaQuery, Scaffold도 사실 InheritedWidget이다. InheritedWidget의 서브트리의 모든 위젯은 이 InheritedWidget에 접근할 수 있다. InheritedWidget에서 직접 프로퍼티를 얻을 수 있으므로 전처럼 프로퍼티를 한 위젯에서 다른 위젯으로 전달할 필요가 없다. 트리에서 위젯을 움직일 때에도 다른 위젯의 코드를 바꿀 필요가 없다.

8.2.1 InheritedWidget, StatefulWidget으로 중앙 저장소 만들기

여전히 InheritedWidget으로 상태 관리를 구현하는 데에는 많은 코드가 필요하다. InheritedWidget 클래스 문서를 보면 이는 세 번째 유형의 위젯으로 StatefulWidget 클래스를 상속받지 않는다. 문서에 따르면 InheritedWidget은 '트리에서 효과적으로 자식에 정보를 전파하는 기초 클래스'다. [1]

InheritedWidget은 정보를 전송하거나 받지 않는다는 사실에 주목하자. 따라서 Inherited-Widget과 StatefulWidget을 합쳐야 중앙 저장소를 만들 수 있다. 먼저 runApp을 호출하는 lib/main.dart 파일 코드를 확인하자.

```
// e_commerce/lib/main.dart
runApp(
  AppStateContainer(        ←── AppStateContainer는 StatefulWidget이다.
                                State.build 메서드는 InheritedWidget을
    blocProvider: blocProvider,    반환한다.
    child: ECommerceApp(),
  ),
);
```

코드 예제와 설명만으로 무슨 상황인지 이해가 가지 않을 수 있다. 핵심은 AppState 클래스다. 앱 코드가 AppState 클래스와 상호작용할 수 있도록 AppStateContainer.of 메서드에 많은 코드를 추가해야 한다.

8.2.2 inheritFromWidgetOfExactType 메서드와 of 메서드

위젯은 of 메서드를 이용해 트리의 상위에 위치한 InheritedWidget의 참조를 얻는다. of 메서드는 트리를 탐색해 가장 가까운 InheritedWidget 형식을 가진 부모를 찾아 반환한다. 예를 들어 Theme.of(BuildContext).primaryColor를 호출하면 플러터는 가장 가까운 Theme 위젯을 찾아 그 위젯의 primaryColor 프로퍼티를 가져온다(그림 8-5).

---

[1] InheritedWidget 문서는 https://docs.flutter.dev/flutter/widgets/InheritedWidget-class.html를 참고하자.

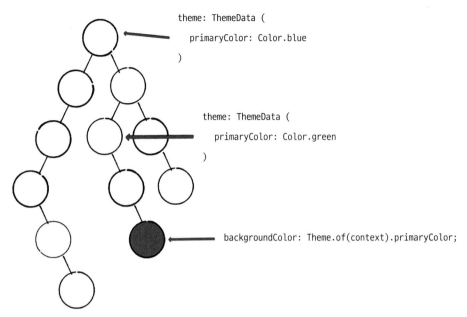

그림 8-5 InheritedWidget을 이용해 of 메서드로 트리의 상위에 있는 위젯 참조를 얻는다.

of 메서드는 플러터의 규칙 중 하나다. 대부분 InheritedWidget 자체에 of 메서드를 정의하며 이때 파라미터로 전달된 BuildContext로 BuildContext.inheritFromWidgetOfExactType 메서드를 호출한다. inheritFromWidgetOfExactType은 실제로 트리를 검색하는 메서드이며 BuildContext로 트리의 부모 위젯에 접근한다.

inheritFromWidgetOfExactType은 정적 메서드이므로 어디에서나 호출할 수 있다. Inher-itedWidget의 비밀은 of 메서드에 숨어 있다.

예제 8-2 커스텀 of 메서드

```
// e_commerce/lib/blocs/app_state.dart
class AppStateContainer extends StatefulWidget {
  final Widget child;
  final BlocProvider blocProvider;
  const AppStateContainer({
    Key key,
    @required this.child,
    @required this.blocProvider,
```

```
})  : super(key: key);

  @override                                              of 메서드에 BuildContext 객체를 전달
  State<StatefulWidget> createState() => AppState();     해야 한다. BuildContext로 위젯 트리를
  static AppState of(BuildContext context) {        ◁── 자유롭게 탐색한다.
    return (context.inheritFromWidgetOfExactType(_AppStoreContainer)
      as _AppStoreContainer).appData;     │ inheritFromWidgetOfExactType 메서드로 원하는
  }                                        │ InheritedWidget의 참조(곧 살펴보겠지만 이는 Stateful
}                                          │ Widget이다)를 얻은 다음 appData 프로퍼티를 가져온다.
```

of 메서드에서 다음 네 가지를 기억하자.

- **AppState**: 접근하려는 위젯이며 예제에서는 상태 객체다.
- **BuildContext**: 새로운 AppState 인스턴스가 아니라 상태를 관리하는 기존 위젯(현재 빌드 콘텍스트와 연결된)을 트리에서 가져와야 한다.
- **inheritedWidgetOfExactType**: 전달한 InheritedWidget 형식의 조상을 찾는 BuildContext 인스턴스 메서드이다.
- **as 문**: 반환된 InheritedWidget의 멤버에 접근할 수 있도록 형을 appData로 변환한다. appData는 우리가 정의한 프로퍼티(InheritedWidget 구현의 일부가 아님)이며 곧 살펴본다.

이제 AppStateContainer.of 메서드가 반환하는 InheritedWidget인 _AppStoreContainer를 살펴보자.

예제 8-3 InheritedWidget으로 상태 객체 처리

```
// e_commerce/lib/blocs/app_state.dart
class _AppStoreContainer extends InheritedWidget {
  final AppState appData;           ◁──  appData 프로퍼티는
  final BlocProvider blocProvider;  │    AppState(상태 객체)다.

  _AppStoreContainer({
    Key key,                              InheritedWidget은
    @required this.appData,     ◁──│      AppState 객체를 받는다.
    @required child,     ◁──│ 위젯도 자식 위젯을 받는다.
    @required this.blocProvider,
  }) : super(key: key, child: child);  ◁──│ 슈퍼클래스로 자식을 전달한다.
                                          │ 이번 앱에서는 특별히 처리할 일이 없다.
```

```
    @override
    bool updateShouldNotify(_AppStoreContainer oldWidget)    ⟵─┐ InheritedWidget에서 꼭
    => oldWidget.appData != this.appData;                         구현해야 하는 메서드 중
                                                                  하나로 잠시 뒤 살펴본다.
}
```

이제 위젯 서브트리의 어디에서나 of 메서드로 **InheritedWidget.appData**를 얻을 수 있다. 그리고 **InheritedWidget.appData**는 상태 객체다! 즉 앱의 어디에서나 같은 상태 객체를 공유한다. 이는 정말로 멋진 기능이며 필자가 가장 좋아하는 플러터의 내장 기능 중 하나다.

마지막으로 **AppState.build** 메서드를 살펴보자.

예제 8-4 AppState.build 메서드

```
// e_commerce/lib/blocs/app_state.dart
class AppState extends State<AppStateContainer> {
BlocProvider get blocProvider => widget.blocProvider;

  @override
  Widget build(BuildContext context) {       ┌ InheritedWidget 인스턴스
    return _AppStoreContainer(      ⟵────────┤ _AppStoreContainer를 반환한다.
      appData: this,    ⟵─┤ appData 프로퍼티로 자신을 전달한다.
      blocProvider: widget.blocProvider,
      child: widget.child,  ⟵─┐ StatefulWidget 자식을 InheritedWidget
    );                           으로 전달한다. runApp 메서드에서 자식을 전
  }                              달하며 이는 위젯 트리의 나머지를 가리킨다.
}
```

예제에서 세 번째 설명이 핵심이다. 상태를 포함하는 **AppStateContainer** 위젯으로 child 위젯을 전달하면 **widget.child**를 통해 **AppState** 상태 객체로 이를 전달하고, 다시 build 메서드에서 _AppStoreContainer로 전달하면 결국 child 위젯이 자신의 슈퍼클래스로 전달된다 (그림 8-6). 이는 전체 상태 관리 구현에서 child 위젯은 건드리지 말아야 한다는 사실을 보여준다(물론 불가능한 것은 아니다. 기존 상태 객체를 처리하듯이 **AppState** 클래스의 build 메서드를 개선할 수 있다).

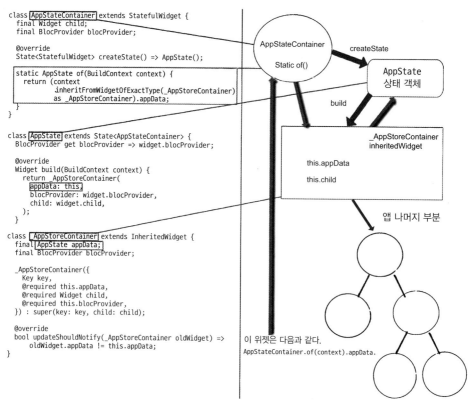

그림 8-6 InheritedWidget을 이용해 트리의 어디에서나 상태 객체에 접근할 수 있다.

---

updateShouldNotify 메서드

잠시 InheritedWidget에 유일하게 구현해야 하는 updateShouldNotify 메서드를 살펴보자. InheritedWidget을 다시 빌드하면 자신의 데이터에 의존하는 모든 위젯들도 다시 빌드해야 한다는 사실을 알려야 한다. updateShouldNotify 메서드는 InheritedWidget을 다시 빌드한 다음에 호출되며 항상 기존 위젯을 인수로 전달한다. 이를 이용해 플러터가 위젯을 다시 빌드해야 하는지 확인한다. 예를 들어 새 위젯을 같은 데이터로 다시 빌드하는 상황이라면 비싼 작업을 반복 수행할 필요가 없다. 다음 예제 코드를 살펴보자.

```
// e_commerce/lib/blocs/app_state.dart
bool updateShouldNotify(_AppStoreContainer oldWidget) =>
    oldWidget.appData != this.appData;
```

8.2.3 of 메서드로 상태 올리기

InheritedWidget을 이용하면 깔끔하게 상태를 트리 위로 올릴 수 있고 쉽게 관리할 수 있다. of 메서드로 AppState 상태 객체 내에서 모든 setState 메서드를 사용할 수 있으므로 AppState.of(context).callMyMethod()처럼 필요한 메서드를 호출할 수 있다.

InheritedWidget의 상태를 바꾸는 메서드는 트리 아래에 있는 모든 위젯을 다시 빌드해야 한다는 사실을 기억해야 한다. 예제 코드에서 실제로 상태를 바꾸는 AppState 클래스부터 확인해보자. 이 클래스에서 '상태 올리기 영역'이라는 주석을 확인할 수 있다. [예제 8-5]는 상태를 올리는 메서드를 사용하는 몇 가지 클래스 멤버를 보여준다. 앱의 어디에서나 AppState.of(context).updateCartCount를 호출할 수 있다.

예제 8-5 InheritedWidget 내의 수량 제어 기능

```
// e_commerce/lib/blocs/app_state.dart
  class AppState extends State<AppStateContainer> {
  BlocProvider get blocProvider => widget.blocProvider;

  // ... build 메서드와 그 밖의 클래스 멤버

  // 상태 올리기 영역
  int cartCount = 0;
  void updateCartCount(int count) {          위젯을 다시 빌드해야 하므로
    setState(() => cartCount += count); ←──── setState를 호출해야 한다.
  }
}
```

AppState.setState를 호출하면 자신을 다시 빌드해야 한다. InheritedWidget의 자식 위젯들도 다시 빌드하도록 만들면서 내부적으로 updateShouldNotify를 호출한다. 이 메서드가 true를 반환하면 이 InheritedWidget에 의존하는 상태를 포함하는 위젯들을 다시 빌드하도록 didChangeDependencies 메서드가 호출된다.

AddToCartBottomSheet에서 updateCartCount 메서드를 사용했다. [예제 8-6]에서 볼 수 있듯이 didChangeDependencies 메서드를 오버라이드한다. InheritedWidget을 사용할 때 기억해야 할 중요 메서드다.

AddToCartBottomSheet가 의존하는 위젯이 바뀌면 위젯은 갱신된 InheritedWidget의 참조를 다시 할당받아야 한다.

예제 8-6 didChangeDependencies 메서드 오버라이드

```
// e_commerce/lib/widget/add_to_cart_bottom_sheet.dart
class _AddToCartBottomSheetState extends State<AddToCartBottomSheet> {
  int _quantity;
  AppState state;            ◁─── AppStateContainer 참조를 클래스
                                  수준의 멤버로 정의한다.

  @override
  void didChangeDependencies() {           이 오버라이드 메서드는 항상
    super.didChangeDependencies();    ◁─── super를 호출해야 한다.

    state = AppStateManager.of(context);   ◁─── 때가 되면 처음으로 AppStateContainer 클래스
  }                                             를 참조한다. of 메서드는 AppStateContainer.
                                                appData(InheritedWidget이 아니라 상태 객체
                                                임)를 반환한다.

  @override
  Widget build(BuildContext context) {
    return ConstrainedBox(…),
      child: Column(
        children: <Widget>[
          // ...
          RaisedButton(
              color: AppColors.primary[500],
              textColor: Colors.white,
              child: Text(
                "Add To Cart".toUpperCase(),
              ),
              onPressed: () =>
                  state.updateCartTotal(_quantity)   ◁─── InheritedWidget 자체를 호출한다.
          )                                                잠시 뒤에 자세히 설명한다.
        ],
      ),
    );
  }
}
```

상태 관리 위젯 자체를 호출하는 RaisedButton 코드 부분만 따로 살펴보자.

예제 8-7 하단 시트의 InheritedWidget에서 메서드 호출

```
// e_commerce/lib/blocs/add_to_cart_bottom_sheet.dart
//...
RaisedButton(
    color: AppColors.primary[500],
    textColor: Colors.white,
    child: Text(
      "Add To Cart".toUpperCase(),
    ),
    onPressed: () => state.updateCartTotal(_quantity)
    // onPressed: () =>
    // Navigator.of(context).pop(_quantity),
)
```

> 위젯의 상태 프로퍼티는 AppState 클래스의 인스턴스이므로 updateCartTotal을 호출할 수 있다. 이때 올바른 상태로 갱신하는지 확인하자.

> 이 행은 주석 처리했다. 8장에서는 두 가지 상태 관리 모델을 사용했으므로 상황에 따라 일부 코드를 주석 처리하거나 적용된 주석을 제거해야 한다.

지금까지 상태 올리기 패턴을 살펴봤다. InheritedWidget으로 저장소를 구현해 앱 수준의 모든 상태를 AppState 클래스로 관리한다. 덕분에 상태 관리 부분을 코드에서 어느 정도 분리할 수 있다.

8.2.4 플러터에 종속되지 않는 상태 관리 패턴

8장을 시작하면서 다양한 상태 관리 옵션이 있다고 언급했다. 이제 플러터에서 사용할 수 있는 모든 옵션을 살펴보려 한다.

플러터는 앱의 렌더링 계층일 뿐이라는 사실을 기억하자(물론 이는 정확한 표현은 아닐 수 있지만 코드 구현 관점에서 플러터는 UI 라이브러리이기 때문이다). 따라서 플러터에서는 원하는 상태 관리 패턴을 사용할 수 있다. 플러터는 데이터를 어떻게 얻는지 상관하지 않으며 화면에 데이터를 그리는 일에만 집중하기 때문이다. 따라서 커뮤니티에서 개발한 멋진 라이브러리를 사용할 수 있다(예를 들어 리덕스Redux, 몹엑스MobX, 스콥트모드ScopedMode 등).[2] 물론 어떤 옵

---

2 커뮤니티 리더 브라이언 이건(Brian Egan)의 웹사이트(http://fluttersamples.com)에서 다양한 상태 관리와 아키텍처 스타일 예제를 확인할 수 있다. 브라이언의 깃허브는 다음과 같다. https://github.com/brianegan

션이 가장 좋다는 보장은 없다. 모든 옵션이 저마다 다른 의견을 주장한다. 하지만 이런 주장에 신경 쓰기 보다는 본인에게 더 맞는 패턴을 찾는 것이 중요하다.

오늘 아침 트위터에서 자바스크립트의 유명 인사 중 한 명이 이벤트 방출기가 얼마나 끔찍한지 설명하는 글을 보았다. 이 사람은 의심할 여지없이 똑똑하지만 필자는 이벤트 기반 아키텍처를 좋아한다. 누구나 다른 의견을 가질 수 있으며 이는 멋진 일이다.

이 책에서 모든 것을 살펴볼 순 없으므로 필자가 가장 좋아하는 상태 관리 기법을 살펴본다. 특히 플러터로 앱을 개발할 때 가장 도움을 주는 일반적인 개념인 블록 패턴을 주로 살펴본다. 다른 라이브러리인 리덕스는 많은 로직을 추상화할 수 있어 유용하다. 이 패턴을 따르면 큰 문제가 없지만 이 책에서는 조금 더 교육적으로 좋은 기법에 집중해본다.

내부적으로 리덕스는 `InheritedWidget`과 이벤트 방출기를 사용하는데 블록 패턴은 이를 직접 처리한다. 스트림, `InheritedWidget` 없이는 다트 프로그래밍과 플러터를 이해하기 어려우므로 이 모든 컴포넌트가 어떻게 서로 연결되는지 알아보자.

8.3 블록

블록BLoC은 비즈니스 로직 컴포넌트business logic component의 줄임말이다.

이는 UI 비즈니스 로직의 재사용성을 높일 목적으로 만든 패턴이며 다트 콘퍼런스(DartConf) 2018에서 처음 소개되었다. 특히 DartConf에서 플러터와 앵귤러다트가 모든 UI 로직을 공유하는 멋진 예를 보여주었다.

위젯은 가능한한 수동적이어야 하며 비즈니스 로직은 별도의 컴포넌트로 존재해야 한다는 것이 블록 패턴의 핵심 개념이다. 물론 이는 다른 상태 관리 기법과 특별히 다르지 않지만 세부 내용에서 차이가 드러난다. 보통 블록은 다음 두 가지를 제공한다.

- 블록의 공개 API는 간단한 입출력을 사용한다.
- 블록은 주입할 수 있어야injectable 한다. 즉 플랫폼 의존성이 없어야 한다. 따라서 같은 블록을 플러터와 웹에 모두 이용할 수 있다.

이는 상당히 추상적인 개념이지만 다음의 협상할 수 없는non-negotiable 규칙을 살펴보면 개념이

더 명확해진다. 이들 규칙은 다트 콘퍼런스 2018의 앱 디자인과 UI 규칙 두 가지 세션에서 처음 소개되었다.

앱 디자인 관련 규칙은 다음과 같다.

1 입출력은 오직 싱크^{sink}와 스트림을 통한다. 함수, 상수, 변수를 사용하지 않는다. 스트림은 잠시 뒤에 설명한다.

2 반드시 의존성을 주입할 수 있어야 한다. 블록에 플러터 라이브러리를 임포트할 때, 이는 비즈니스 로직이 아니라 UI관련 기능이어야 하며 이들은 UI로 이동해야 한다.

3 플랫폼 분기는 허용하지 않는다. 블록을 구현하면서 `if (device == browser)` 같은 표현식을 사용한다면 이는 뭔가 잘못된 것이다.

4 위 규칙을 따르는 한, 다른 모든 작업은 허용된다.

UI 기능 관련 규칙은 다음과 같다.

1 보통 블록과 최상위 수준 플러터 패키지는 일대일 관계를 맺는다. 따라서 논리 상태의 주제는 각각의 블록을 갖는다. 예를 들어 농산물 직거래 장터 앱은 `CartBloc`과 `Catalog` 블록을 포함한다.

2 컴포넌트는 위젯의 비즈니스 로직이 아니므로 입력을 있는 그대로 전송해야 한다. 텍스트를 포맷하거나 모델을 직렬화하는 등의 작업은 블록에서 수행한다.

3 출력은 위젯이 사용할 수 있는 형태로 전달한다. 예를 들어 숫자에 화폐 단위를 붙여야 하는 상황이라면 이 작업은 블록에서 처리한다.

4 모든 분기문은 단순 블록 Boolean 로직을 사용한다. 한 개의 Boolean 스트림만 사용하도록 블록을 제한해야 한다. 예를 들어 `color: bloc.isDestructive ? Colors.red : Colors.blue` 같은 코드는 괜찮다. 하지만 `if (bloc.buttonIsDestructive && bloc.buttonIsEnabled && bloc.userIsAdmin)`처럼 복잡한 Boolean 문은 뭔가 잘못된 것으로 간주해야 한다.

하지만 누가 무슨 권리로 여러분의 앱 설계에 이런 딱딱한 규칙을 추가하는 걸까? 이 규칙은 플러터 앱을 가능한 단순하게 만들도록 돕는 것이 목적이며 권고 사항일 뿐이다. [그림 8-7]은 블록을 이용한 플러터 앱 아키텍처 모습이다.

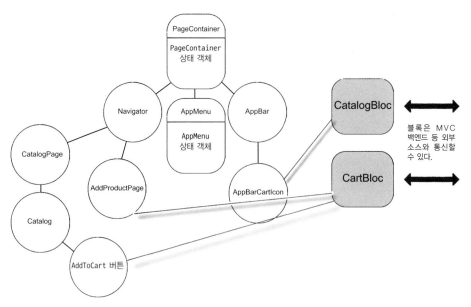

그림 8-7 뷰 계층 위젯은 블록을 이용해 상태를 포함하는 일부 클래스 참조를 공유한다.

> **NOTE_** [그림 8–7]은 여러 위젯이 논리적 상태를 대표하는 두 개 블록(`CatalogBloc`과 `CartBloc`)과 상호작용하는 모습을 보여줄 뿐, 위젯에서 블록으로 데이터가 어떻게 흐르는지는 보여주지 않는다.

블록은 서비스와 백엔드, 심지어 두 위젯 사이의 중개인middleman이다. 블록을 이용하면 `StatefulWidget`을 사용하는 상황이 줄어든다(폼의 위젯이나 제출하지 않은 상태를 포함하는 위젯은 예외).

가능하면 위젯은 상태가 없는 수동 위젯(외부에서 다시 빌드하라고 지시해야만 자신을 다시 빌드함)을 사용한다. 플러터는 블록과 `StatefulWidget`을 함께 사용하는 상황을 피하는 해결책을 제시하는데, 이는 비동기 플러터를 살펴볼 때 설명한다.

8.3.1 블록 동작 원리

블록은 크게 두 가지 역할을 수행한다. 블록은 위젯이 상태를 갱신할 수 있도록 스트림을 제공(데이터가 흘러 들어감)하고 위젯에 새 정보가 있으니 다시 그리도록 지시한다.

[그림 8-8]은 사용자가 전자 상거래 앱에서 결제하는 과정을 보여준다. 블록은 외부로부터 새 정보를 얻으며 관련 위젯을 어떻게 갱신해야 할지 알고 있다. 이때 두 가지 동작이 독립적으로 일어난다.

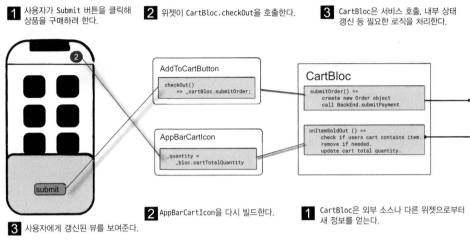

1 사용자가 Submit 버튼을 클릭해 상품을 구매하려 한다. **2** 위젯이 CartBloc.checkOut을 호출한다. **3** CartBloc은 서비스 호출, 내부 상태 갱신 등 필요한 로직을 처리한다.

2 AppBarCartIcon을 다시 빌드한다. **1** CartBloc은 외부 소스나 다른 위젯으로부터 새 정보를 얻는다.

3 사용자에게 갱신된 뷰를 보여준다.

그림 8-8 두 위젯이 한 블록으로 상태를 관리

이 다이어그램의 왼쪽 위에서 시작하는 3단계 과정을 살펴보자.

1 사용자가 Submit 버튼을 누르면 CartBloc.checkOut 메서드가 호출된다.

2 이 메서드는 모델을 JSON으로 직렬화하는 등 필요한 로직을 수행하고 서비스를 호출한다.

3 서비스는 hypotheticalBackend.submitPayment 메서드를 호출한다.

이렇게 한 과정이 끝난다. 블록이 듣고 있는 백엔드에서 새 정보가 있을 때 오른쪽 아래 모서리의 이벤트가 시작된다.

1 성공적으로 구매가 완료되었다는 정보를 전달받는다. 블록이 백엔드에서 정보를 받으면 '좋습니다. 사용자가 보는 내부 상태를 갱신할게요'라고 말한다.

2 앱의 위젯은 수동적이므로 내부 상태가 바뀌어 위젯을 다시 빌드하라고 누군가 지시하면 그때서야 자신을 다시 빌드한다.

3 위젯이 다시 빌드되면 새 정보를 표시한다.

뒤의 과정은 앞의 과정에 의해 발생할 수 있으므로 서로 관련이 있지만 독립적으로 실행된다. 여기까지가 블록의 기본 내용이다. 블록은 데이터나 정보를 받아서 이를 처리하고 적절한 대상

으로 이를 전달한다.

8.3.2 블록 아키텍처 구현

블록 패턴의 아키텍처는 InheritedWidget 예제(예제 8-3)와 크게 다르지 않다. Inherited Widget에서 AppState를 전달했던 부분 대신 블록을 위젯에 제공한다는 부분만 달라진다. 블록을 사용하려면 어떤 작업이 필요한지 살펴보자.

- InheritedWidget과 관련해 추가한 코드를 없애거나 갱신한다.
- 블록을 InheritedWidget에 제공한다.
- 블록에 필요한 외부 API를 연결한다.

지금까지 배운 내용을 다음 절에서 연결해보고 블록 내부에서 어떤 일이 일어나는지 살펴보자.

AppStateManager와 BlocProvider

먼저 일부 코드의 주석을 제거하자. AppBarCartIcon 위젯의 Text 관련 행을 주석 처리하고 StreamBuilder 코드의 주석은 제거해야 한다. [그림 8-8]은 주석을 추가, 제거한 이후의 코드다.

예제 8-8 스트림 빌더를 이용하는 블록(출력은 모두 스트림)

```
// ecommerce/lib/widget/appbar_cart_icon
//child: Text(
// AppStateContainer.of(context).cartCount.toString(),
// style: TextStyle(fontSize: 8.0, color: Colors.white),
// textAlign: TextAlign.center,
//),
child: StreamBuilder(            지금은 이 기능이 이해가지
                                 않더라도 신경 쓰지 말자!
  initialData: 0,
  stream: _bloc.cartItemCount,
  builder: (BuildContext context, AsyncSnapshot snapshot) => Text(
    snapshot.data.toString(),
    style: TextStyle(fontSize: 8.0, color: Colors.white),
    textAlign: TextAlign.center,
  ),
),
```

AddToCartBottomSheet에 있는 RaisedButton의 onPressed 콜백도 다음처럼 바꾼다.

```
// ecommerce/lib/widget/add_to_cart_bottomsheet.dart
RaisedButton(
color: AppColors.primary[500],
  textColor: Colors.white,
  child: Text(
    "Add To Cart".toUpperCase(),
  ),
// onPressed: () => state.updateCartTotal(_quantity)
  onPressed: () => Navigator.of(context).pop(_quantity),
```

이 두 가지 작업을 완료했으니 블록이 어떻게 동작하는지 살펴보자.

이 예제에서 블록은 기존에 구현한 InheritedWidget 클래스를 이용한다. 하지만 블록과 InheritedWidget은 서로 신경 쓰지 않는다는 사실을 기억하자. 위젯 트리 아래로 전달해 블록을 사용할 수도 있다(물론 그리 바람직한 방법은 아니다). InheritedWidget을 Provider로 활용하는 방법이 가장 좋다.

우선 lib/bloc/app_state.dart 파일을 열어 다음 코드를 확인하자.

예제 8-9 BlocProvider 클래스(코드 가독성 개선)

```
class BlocProvider
{
  CartBloc cartBloc;
  CatalogBloc catalogBloc;

  BlocProvider({@required this.cartBloc, @required this.catalogBloc});
}
```

블록을 쉽고 깔끔하게 전달할 수 있도록 이 클래스를 만들었다. 파일의 아랫부분에 정의했으며 윗부분에서 이 클래스를 사용한다. of 메서드를 정의한 같은 클래스라는 사실을 기억하자.

예제 8-10 상태를 포함하는 AppStateContainer

```
class AppStateContainer extends StatefulWidget {
  final Widget child;
  final BlocProvider blocProvider;  ◁─────┐ 이 위젯은 생성자의 인수로
  const AppStateContainer({                │ BlocProvider를 받는다.
    Key key,
    @required this.child,
    @required this.blocProvider,  ◁─────┐ 비즈니스 로직을 없애는 앱이 동작하지
  }) : super(key: key);                  │ 않으므로 이 인수를 @required로
  //...                                  │ 설정했다.
```

다음으로 상태 클래스 **AppState**는 간단한 게터와 **build** 메서드를 포함한다.

예제 8-11 AppState 클래스 코드

```
class AppState
    extends State<AppStateManager> {
  BlocProvider get blocProvider => ◁────┐ 게터는 외부 클래스에
      widget.blocProvider;                │ BlockProvider 참조를 제공한다.

  //...

  @override
  Widget build(BuildContext context) {
    return AppStateContainer(       ┌ this 키워드는 이 위젯을
      appData: this,          ◁─────┘ 가리키는 변수임을 기억하자.
      blocProvider: widget.blocProvider,  ◁────┐ InheritedWidget을 통해
      child: widget.child,                       │ 블록을 전달한다.
    );
  }
}
```

이제 앱 어디에서든 블록을 사용할 수 있다.

위젯에서 블록 참조하기

이전 장에서 한 위젯이 다른 InheritedWidget을 참조했던 것과 같은 방식으로 블록을 참조한다. lib/widget/appbar_cart_icon.dart 파일의 코드를 살펴보자. AppBarCartIcon.build 메서드의 윗부분에서 CartBloc의 참조를 얻는다.

```
// ecommerce/lib/widget/appbar_cart_icon.dart
CartBloc _bloc = AppStateContainer.of(context).blocProvider.cartBloc;
```

그리고 같은 파일의 아래쪽에 StreamBuilder가 있다.

> **WARNING_** 코드를 모두 이해하려 하지 말자. StreamBuilder를 포함한 플러터 비동기는 다른 장에서 설명한다. 중요한 코드 부분에는 설명을 추가했다.

예제 8-12 플러터 스트림 빌더 예제

```
child: StreamBuilder(
  initialData: 0,
  stream: _bloc.cartItemCount, ◁───  stream 프로퍼티는 정보 소스를
                                      가리킨다. 이 예제에서는 정수를
                                      방출하는 블록을 참조한다.
  builder: (BuildContext context, AsyncSnapshot snapshot) => Text(
    snapshot.data.toString(),
    style: TextStyle(fontSize: 8.0, color: Colors.white),
    textAlign: TextAlign.center,
  ),
),
```

드디어 앱 어디에서나 블록을 사용할 수 있도록 InheritedWidget와 블록을 연결했다. 이제 블록을 구현할 수 있지만 그 전에 다트의 스트림을 알아야 한다.

8.3.3 다트의 비동기와 스트림

스트림은 다트 프로그래밍에서 큰 비중을 차지한다. 다트에서 스트림은 객체이면서 동시에 비동기 프로그래밍 개념을 지칭한다. 많은 언어에서는 스트림을 옵저버블이라 부른다. 이벤트 방출기가 이벤트를 방출하면 다른 클래스는 이를 듣고 있다가 응답하는데 스트림 덕분에 이를 쉽게 구현한다.

> **NOTE_** Stream은 실제 클래스이며 옵저버블 패턴의 일부다. 보통 이 전체 개념을 스트림이라 부른다.

스트림은 새로운 값을 반복적으로(그리고 필요한 만큼 자주) 방출하므로 이 클래스에 딱 맞는 이름이다. StreamController가 정보를 방출하면 '스트림을 따라 아래로' 흐른다. 다른 객체는 이 스트림을 '듣고' 있다가 스트림을 통해 흘러온 값을 얻는다. 스트림이란 다음처럼 각 작업을 담당하는 세 기능을 합친 것으로 생각하면 이해하기 쉽다.

- StreamController는 새 값을 전달하면, 이벤트를 방출하는 객체다.
- 스트림 자체는 컨트롤러가 방출한 모든 새 이벤트를 포함한다.
- 스트림에 새 정보가 방출되면 리스너에 등록한 객체에 이를 통지한다.

> **NOTE_** Sink는 스트림 컨트롤러(표준 형식)의 서브형식이다. 개념을 설명할 때 싱크는 스트림 컨트롤러를 지칭한다.

농산물 직거래 장터 앱에서 예를 살펴보자. 장바구니에 항목을 담을 때마다 장바구니 아이콘의 숫자를 바꾸는 기능은 스트림으로 구현한다.

장바구니에 항목을 추가할 때 바뀐 수량을 스트림 컨트롤러에 전달한다. 컨트롤러는 '숫자를 스트림으로 추가', 즉 이 스트림을 듣고 있는 모든 객체에 메시지를 전달한다. 스트림으로 새로운 값이 내려오면 리스너로 등록된 콜백이 호출된다. 예를 들어 장바구니 아이콘은 수량을 바꾸는 함수를 호출하고, setState를 호출해 위젯을 다시 그린다. 이는 중요한 개념이지만 이해하기 쉽지 않으므로 다른 예제를 살펴보자.

스트림은 실제 시냇물과 비슷하다. StreamController가 새로운 값을 받으면 이를 스트림으로 내보낸다. 이 값은 스트림을 따라 흘러내려가며 스트림에 등록된 모든 리스너는 이 새로운 값을 받아 필요한 작업을 수행한다.

사실 RouteObserver를 살펴볼 때 스트림을 사용했다. 라우트가 바뀌면 Navigator는 모든 라우트 옵저버에 '여러분 라우트가 바뀌었어요'라고 알려준다. 라우트 옵저버는 필요한 동작을 수행한다.

스트림은 새 정보를 언제 받을지 혹은 반드시 받을 수 있는지 미리 알 수 없다. 이벤트가 발생하기 전까지 스트림 리스너는 새 정보를 조용히 기다린다.

8.3.4 CartBloc에 스트림 구현하기

스트림이 어떻게 동작하는지 개념적으로 살펴봤는데 물론 이를 구현하는 것은 또 다른 일이다. 이 책을 집필하면서 모든 스트림 로직은 한 클래스에 나란히 존재하므로 블록이야말로 스트림을 가르치는 데 완벽한 예제라고 느꼈다. 이제 8장의 나머지 부분에서는 CartBloc 클래스를 구현하면서 스트림 코드를 살펴본다.

블록의 기본은 입출력이다. 이전에도 설명했듯이 블록은 데이터를 받아, 이를 처리하거나 가공한 다음 데이터를 내보낸다. 입력으로 블록이 해야 할 일을 '지시'하며 '요청'한 내용이 출력으로 돌아온다.

CartBloc의 입출력 API는 단순하다.

- 입력
  - 장바구니에 항목 추가
  - 장바구니에서 항목 제거
- 출력
  - 장바구니의 모든 항목 얻기
  - 장바구니의 항목 개수 얻기

장바구니에 항목 추가하기

앱의 위젯 입장에서는 간단하고 수동적으로 장바구니에 항목을 추가할 수 있으면 좋다. 예를 들어 다음처럼 장바구니에 항목을 추가할 수 있다.

```
CartBloc.addProductSink.add(Product item, int qty)
```

다음 과정으로 이 블록을 구현한다.

1 CartBloc.addProductSink를 구현한다. 싱크는 StreamController의 한 형식이다. 싱크에 add를 호출하면 스트림으로 데이터가 추가된다.

2 addProductSink로부터 스트림을 듣는다.

3 스트림으로 데이터가 흘러오면 데이터베이스의 장바구니에 항목을 추가하는 서비스를 호출한다.

입력 과정을 모두 살펴봤다. 입력과 출력은 서로 별개의 과정임을 기억하자. 서비스가 출력을 갱신할 수 있는데 이때 입력은 이를 전혀 신경 쓰지 않는다. lib/blocs/cart_bloc.dart 파일에서 다음 세 과정을 거쳐 입력을 구현한다.

1 StreamController 정의

```
// ecommerce/lib/blocs/cart_bloc.dart
class CartBloc {
//...
  StreamController<AddToCartEvent> addProductSink =
    StreamController<AddToCartEvent>();
```

> 스트림 컨트롤러를 정의할 때 서브형식(StreamController<AddToCartEvent>)을 제공해야 한다. 또한 이는 공개적으로 노출되는 입력이다.

2 스트림 듣기

```
CartBloc(this._service) {
  addProductSink.stream.listen(
    (_handleAddItemsToCart)
  );
}
```

> StreamController.stream은 다른 객체가 들을 수 있는 스트림 객체다. 스트림의 listen 메서드는 콜백을 받으며 스트림 컨트롤러로 새 값이 전달되면 이를 호출한다.

3 _handleAddItemsToCart 구현

```
void _handleAddItemsToCart(AddToCartEvent e) {
  _service.addToCart(e.product, e.qty);
}
```

> 문맥상 비즈니스 로직은 포함하지 않았지만, 실제 앱에서는 여기에 비즈니스 로직(예를 들어 객체를 JSON으로 직렬화)을 추가할 수 있다.

마지막으로 `lib/widget/catalog.dart` 파일의 `_addToCart` 메서드는 제품을 스트림으로 추가하는 코드다.

```
// ecommerce/lib/widget/catalog.dart
void _addToCart(Product product, int quantity, CartBloc _bloc) {
  _bloc.addProductSink.add(
    AddToCartEvent(product, quantity),
  );
}
```

StreamController.add 메서드로 새 이벤트를 스트림으로 추가한다. 그러면 스트림은 리스너에 새 값을 방출한다.

싱크에 타입 안정성을 추가하고 코드를 단순화하도록 AddToCartEvent 클래스를 만들었다.

여기까지 전체 과정을 살펴봤다. 보통 다트에서는 스트림이 이렇게 동작한다(다르게 동작할 수 있는 부분은 비동기 플러터 장에서 설명한다).

옵저버블과 스트림을 직접 사용해본 적이 없는 독자라면 이해하기 어려운 내용이다. 아직 이 내용이 잘 이해가지 않더라도 낙담하지 말자. 잠시 휴식도 가지고 간식도 먹은 후에 다시 도전해보자.

장바구니 항목 제거하기

이번에는 블록의 출력을 살펴본다. 출력도 스트림이므로 입력과 비슷한 방법으로 설정한다.

보통 출력 이벤트는 API 같은 외부 소스에서 시작된다. 예제로 살펴보는 출력은 앱 내부의 이벤트(사용자가 장바구니에 항목을 추가하거나 기존 항목을 삭제)로 동작하지만 이 데이터는 백엔드에서 전달된다(파이어베이스Firebase의 파이어스토어Firestore를 흉내내는 가상의 백엔드를 이용한다. 파이어스토어는 실시간, 반응형이므로 관심 대상의 값이 바뀌면 언제든 통지받을 수 있다). 농산물 직거래 장터 앱에서는 장바구니의 항목 개수가 바뀌면 가상의 파이어스토어가 이를 알리도록 만들었다. 통지의 결과가 출력 이벤트이며 이 출력 이벤트가 직접 클라이언트 코드를 구동시키진 않는다.

이제 출력 구현 코드를 살펴보자. 출력 구현 코드는 `lib/bloc/cart_bloc.dart` 파일에 있다.

1 필요한 객체의 인스턴스를 만든다.

```
// e_commerce/lib/bloc/cart_bloc.dart
StreamController _cartItemCountStreamController =
    BehaviorSubject<int>(seedValue: 0);
Stream<int> get cartItemCount =>
    _cartItemCountStreamController.stream;
```

BehaviorSubject는 StreamController에 시드seed 값이라는 기능을 추가한 클래스다. 앱을 실행했을 때 파이어스토어에 값이 없거나, 값을 아직 로드하지 않았으면 시드 값을 사용한다.

UI는 공개된 스트림을 통해 정보를 얻는다.

2 외부 소스로부터 스트림 컨트롤러로 데이터를 추가한다. CartBloc 클래스의 생성자에서 이를 설정한다.

```
// e_commerce/lib/bloc/cart_bloc.dart
CartBloc(this._service) {
//...
  _service
      .streamCartCount()
      .listen((int count) =>
      _cartItemCountStreamController.add(count));
```

실시간 데이터베이스로부터 얻은 새 값을 스트림 컨트롤러에 추가한다.

> **NOTE_** _service.streamCartCount는 외부 서비스의 메서드다. 이 메서드도 스트림으로 구현했지만 블록과는 관계가 없는 내용이므로 헷갈리지 말자. 플러터 파이어스토어는 실시간이므로 스트림을 사용한다. REST API를 호출했을 때 성공 응답을 얻을 때마다 호출되는 메서드와 비슷한 기능을 제공한다.

블록 완성

이 앱에서 사용한 블록 기능 중 일부를 살펴봤는데 나머지도 기술적으로는 구현 방법이 같다. 블록은 아키텍처 설정, 입력 구현, 출력 구현 세 가지 과정을 단순화한다. 다른 블록 기능을 추가로 살펴보면서 블록을 더 잘 이해해보자. 다음은 8장에서 살펴보진 않았지만 같은 개념을 사용하는 블록이다.

- 장바구니 블록
  - 장바구니 입력에서 제거
  - 장바구나 항목 출력

- 카탈로그 블록
  - 새 제품 입력 추가
  - 기존 제품 입력 갱신
  - 모든 제품 출력
  - 카테고리 출력별 제품

카탈로그 블록의 카테고리 출력별 제품 기능은 스트림 리스트를 만들어야 하므로 쉽지 않다. 특히 처음 스트림을 접한 독자라면 더욱 그렇다. 이 기능은 9장 플러터 비동기를 설명하면서 더 자세히 알아본다.

8.4 마치며

- 상태를 갖는 위젯은 다음의 생명주기 메서드로 위젯을 다시 빌드하는 과정을 정교하게 제어한다.
  - initState
  - didChangeDependencies
  - build
  - widgetDidUpdate
  - setState
  - dispose
- 상태 객체는 오래 살아남으며 심지어 재사용할 수 있다.
- 상태가 있는 객체만으로 '상태 올리기'라는 상태 관리 패턴을 구현할 수 있다.
- `InheritedWidget`을 이용해 데이터를 트리 아래로 전달한다. `of` 메서드(`inheritFromWidgetOfExact-Type`를 호출함)로 서브트리 어디에서나 `InheritedWidget` 참조를 얻는다.
- `InheritedWidget`과 `StatefulWidget`을 이용해 상태 올리기 패턴을 깔끔하게 구현한다.
- 블록 패턴은 단순한 API와 재사용할 수 있는 비즈니스 로직 컴포넌트를 촉진하는 상태 관리 패턴이다.
- 블록의 입력과 출력은 각각 싱크, 스트림으로 구성한다.
- 스트림은 옵저버블로도 알려져 있으며 반응형, 비동기 프로그래밍에서 사용한다. 다트에서 스트림은 일급 시민first-class citizen이다.
- 스트림은 리스너(스트림의 이벤트를 참을성 있게 기다림)에 이벤트를 방출한다.

비동기 다트와 플러터 그리고 무한 스크롤

이 장의 주요 내용

◆ 다트의 퓨처

◆ 다트의 스트림과 싱크

◆ 플러터의 비동기 빌더

◆ 슬리버와 스크롤 위젯

◆ 스크롤 physics

비동기 UI 프로그래밍에 익숙하지 않은 독자라면 이번 장이 가장 어렵게 느껴질 수 있다. 먼저 비동기 개념과 이를 다트로 구현하는 방법을 소개하고 이 개념을 플러터에서 어떻게 사용하는 지 알아본다.

> **NOTE_** 다음 코드를 이해할 수 있는 독자라면 플러터를 설명하는 9.2절로 넘어가도 좋다.

예제 9-1 스트림과 싱크를 사용하는 다트 코드 예제

```
// 스트림과 싱크
StreamController<bool> _controller = StreamController<bool>();
Stream get onEvent => _controller.stream;

void handleEvent() {
  onEvent.listen((val) => print(val));
}
```

```
// async / await
void getRequest() async {
  var response = await http.get(url);
  return response;
}
```

최신 UI에서는 비동기 프로그래밍이 필수다. 하지만 초보자에게는 비동기 프로그래밍이 쉽지 않다.

다트 프로그래밍은 **옵저버블**이라 불리는 특정 비동기 패턴을 주로 사용한다(옵저버블은 Rx 라이브러리의 핵심 개념이다). 다트에서는 옵저버블을 **스트림**이라 부른다. 다트에서 스트림 없이 구현할 수 있는 기능은 극히 제한적이다. 사실 다트 스트림은 효과적인 플러터 프로그래밍의 필수 요소다.

하지만 다트의 비동기 프로그래밍에 스트림만 있는 것은 아니다. 앞으로 퓨처, 완성자completer, 스트림, 싱크, async와 await 키워드, listen 키워드 등의 다트 클래스와 기능을 자주 접하게 될 것이다. 스트림은 이해하기 어려운 내용 중 하나이므로 먼저 기초를 설명한 다음 스트림을 자세히 살펴본다.

9.1 비동기 다트

이번 절에서는 Future 클래스부터 간단히 살펴보자. async/await 같은 편의 기능도 알아본다. 9.3절부터는 플러터로 돌아가 배운 내용을 농산물 직거래 장터 앱에 어떻게 적용하는지 살펴본다.

9.1.1 다시 보는 Future

Future는 다트 비동기 프로그래밍의 기본 클래스다. 4장에서 Future 클래스를 간단히 설명했는데 이번에는 구체적인 예제로 Future를 자세히 살펴본다.

여러분이 패스트푸드점을 방문했다고 가정하자. 카운터에서 햄버거를 주문하고 영수증을 받았다.

퓨처는 영수증과 같다. 햄버거 주문자가 직원에게 버거를 주문하면 직원은 영수증을 주면서 햄버거가 준비되면 알려주겠다고 한다.

이제 직원이 내 주문 번호를 부르면 영수증을 제시하고 햄버거를 받을 수 있다(그림 9-1). 이 시나리오에서 영수증이 퓨처다. 영수증은 햄버거를 구매했고 이를 기다린다는 증명서다. 이 영수증이 있으면 잠시 뒤에 값이 준비되었을 때 값을 얻을 수 있다. 여기서 값은 버거이며 버거는 퓨처가 아니다.

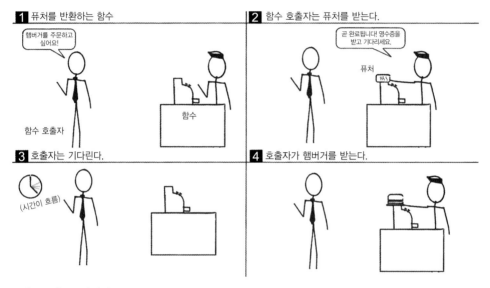

그림 9-1 다트 퓨처 만화

코드에서 퓨처는 존재할 값의 플레이스홀더placeholder다. 네트워크로 값을 얻어올 때 퓨처를 사용한다. UI에서는 사용자에게 보여줄 리스트로 Future<List<String>>을 전달한다.

퓨처에는 then을 적용할 수 있으므로 다음과 같이 퓨처를 사용한다.

```
myFutureMethod().then((returnValue) => ... 필요한 코드 ... );
```

Future.then은 퓨처에 값이 생겼을 때 수행할 콜백을 받는다. 패스트푸드점에서는 햄버거를 받았을 때 수행할 일에 해당한다. 원래 퓨처의 반환값을 콜백으로 전달한다. 이 과정을 의사코드로 표현하면 orderBurger().then(eatBurger());와 같다.

[예제 9-2]의 퓨처 예제 코드를 살펴보자. 이 코드 블록은 퓨처가 **비동기로** 동작하는 모습을 보여준다. 코드 구현 순서는 실제 코드의 실행 순서와 상관이 없으며 퓨처는 본인 뒤에 있는 코드 실행을 막지 않는다.

예제 9-2 퓨처 예제

```
void main() {
  print("A");
  futurePrint(Duration(milliseconds: 1), "B")
      .then((status) => print(status));    ◁── Duration은 시간의 길이를 정의하는
  print("C");                                    다트 클래스다. 예제에서는 1ms로
  futurePrint(Duration(milliseconds: 2), "D")    정의한다.
      .then((status) => print(status));
  print("E");
}


Future<String> futurePrint(Duration dur, String msg) {
  return Future.delayed(dur)    ◁── 모든 퓨처는 작업이 끝났을 때 전달된
      .then((onValue) => msg);        콜백을 수행한다. Future.delayed는
}                                     타이머를 실행하는 특별한 생성자이며
                                      지정한 시간만큼 시간이 흘러 타이머가
// 출력                                끝나면 콜백을 실행한다.
A
C
E
B
D
```

이 예제는 then 함수를 어떻게 사용하는지 간단하게 보여준다. '첫 번째 함수가 끝나면 콜백을 실행하세요. 이때 콜백 실행이 끝날 때까지 기다려야 합니다'라는 의미다. 즉 지정된 시간이 흐르기 전까지는 futurePrint 메서드를 호출하지 않는다. futurePrint를 호출하려고 기다리는 동안 다음 코드로 실행이 이어진다. 다트에서는 이처럼 **비동기** 작업이 이루어진다(컴퓨터는 아주 빠르므로 1밀리초를 기다리는 동안에도 다음 코드를 실행한다).

다트를 포함한 많은 언어는 비동기 코드를 간단하게 구현해 가독성을 높이는 특별한 키워드를 제공한다. 다트가 제공하는 키워드를 살펴보자.

9.1.2 async, await 키워드

async, await는 손쉽게 비동기 프로그래밍을 구현하도록 돕는 키워드다. 함수를 async로 설정한 다음 await를 이용해 어떤 작업이 끝날 때까지 기다리도록 지시한다. '함수 님, 다음 행을 실행하지 말고 작업이 끝날 때까지 여기서 기다리세요'라는 의미다. 이들 키워드 덕분에 비동기 코드를 동기 코드 처리하듯이 구현한다.

때로는 다른 작업이 먼저 끝나야만 진행할 수 있는 작업이 있다. 예를 들면 외부 API에서 데이터를 가져오는 작업이 끝나야만 데이터 처리 작업을 시작할 수 있는 경우다. [예제 9-3]은 기존 예제에 await와 async를 추가한 코드다. await는 해당 코드의 실행이 끝날 때까지 기다리도록 지시하는 키워드다.

예제 9-3 async, await 예제

```
void main() async {          ◁── async 키워드로 함수가
  print("A");                    비동기로 동작함을 가리킨다.
  await futurePrint(Duration(milliseconds: 1), "B")
      .then((status) => print(status));   ◁── await로 이 행(퓨처)의 결과가
  print("C");                              반환되기를 기다린다.
  await futurePrint(Duration(milliseconds: 2), "D")
      .then((status) => print(status));   ◁── await로 이 행(퓨처)의 결과가
  print("E"); }                            반환되기를 기다린다.
Future<String> futurePrint(Duration dur, String msg) {
  return Future.delayed(dur).then((onValue) => msg);
}

// 출력
A     ◁──┤ 알파벳순으로 철자를 출력한다.
B
C
D
E
```

비동기 코드를 동기 코드처럼 구현할 수 있다는 것이 핵심이다. 당장은 이상한 말처럼 들릴 수 있지만 실제 코드를 구현해보면 얼마나 편리한지 알 수 있다. 사실 이전 예제는 억지스러운 코드다. 비동기 코드를 이용하지 않고도 다음처럼 간단히 구현할 수 있기 때문이다.

```
void main() {
  print("A");
  print("B");
  print("C");
  print("D");
  print("E");
}
```

이는 비동기 코드가 어떤 작업을 수행하는지 정확하게 알고 있기 때문에 가능하다. 하지만 현실에서는 HTTP 요청을 보낸 다음 결과가 돌아올 때까지 '기다리는' 등 결과를 알 수 없는 상황이 많다. [예제 9-4]는 비동기로 데이터를 얻는 의사 코드다.

예제 **9-4** 비동기로 데이터 얻기

```
void main() async {
  var user = await http.get("http://my-database.com/user/1");
  print(user); ←──── HTTP 요청이 완료될 때까지
}                      기다린다.
```

9.1.3 퓨처로 오류 발견하기

비동기 코드에서 발생하는 오류를 발견해야 한다. API를 호출하는 비동기 코드가 있는데 서버가 다운된 상태라 가정하자. 하지만 서버가 다운되었어도 앱은 충돌하지 않고 동작해야 한다. 비동기 코드에서 오류를 두 가지 방법으로 잡을 수 있으며 오류를 잡아야 네트워크 호출에 실패하거나 오류가 발생했을 때 이를 부드럽게 처리할 수 있다.

퓨처 형식을 이용해 오류를 잡을 수 있다. [예제 9-5]에서 보여주는 것처럼 퓨처는 catchEr-
ror 메서드를 제공한다.

예제 9-5 catchError 메서드

```
Future futrePrint(Duration dur, String msg) async {
  return Future.delayed(dur).then((onValue) => msg);
}

main() {
  futrePrint(Duration(milliseconds: 2), "D")      이 코드에서 오류가 발생하면
    .then((status) => print(status))              이를 잡아 출력하므로 앱은
    .catchError((err) => print(err));   ◄──       충돌하지 않는다.
}
```

async, await로 Future 코드를 더 깔끔하게 만들 수 있었던 것처럼 try, catch(많은 언어에
서 비슷한 문법을 지원함)를 이용하면 오류를 더 깔끔하게 잡을 수 있다.

9.1.4 try, catch로 오류 발견하기

try, catch 블록은 async, await과 함께 사용할 때 특히 유용하다. [예제 9-6]에서 try 블록
의 코드는 조건 없이 실행된다. 오류 없이 실행을 완료하면 컴파일러는 catch 블록을 생략하고
다음 코드를 실행한다. catch 블록은 try 블록에서 오류가 발생했을 때 실행하는 안전장치다.

예제 9-6 비동기 코드에 try, catch 사용하기

```
void main() async {
  try {   ◄──          try 블록({...}) 안에서 오류가 발생하면
                       catch 블록이 실행된다.
    print("A");
    await futrePrint(Duration(milliseconds: 1), "B")
        .then((status) => print(status));
    print("C");
    await futrePrint(Duration(milliseconds: 2), "D")
        .then((status) => print(status)).catchError((err) => print);
```

```
      print("E");
  } catch(err) {
      print("Err!! -- $err");
  }
}
```

오류가 없으면 catch 블록이 실행되지 않는다.
비동기 프로그래밍에서는 이를 유용하게 활용할 수
있는데 실제 사용 예제는 뒤에서 소개한다.

지금까지는 비동기 작업에 필요한 기초 내용만 살펴봤다. 중요한 작업은 스트림을 이용하는 부분이다. 지금까지 배운 내용을 간단히 정리해보자.

- 다트의 비동기 프로그래밍의 기초는 Future다.
- Future.then이나 async, await를 이용해 비동기 코드 실행이 완료될 때까지 기다리거나 퓨처의 작업이 완료될 것임을 가정하고 다음 코드를 수행한다.
- onError와 try, catch를 이용해 다트의 비동기 오류를 처리한다.

9.2 싱크와 스트림 그리고 StreamController

UI를 만들 때 어떻게 비동기로 얻는 데이터를 처리하는지가 가장 큰 문제다(예를 들어 HTTP 요청으로 데이터를 가져와 리스트로 보여주는 상황). 플러터에서는 스트림으로 인터넷의 데이터를 가져와 그린다. 스트림은 다트 프로그래밍의 커다란 기능 중 하나다. 다트에서 스트림은 일급 시민이며 스트림 없이는 유용한 다트 프로그램을 구현하기 어렵다.

스트림은 비동기 프로그래밍 패턴이며 다른 언어에서는 옵저버블이라고 부르기도 한다. 스트림은 클래스나 객체를 **반응형**reactive으로 만든다. 즉 클래스나 객체는 수동적으로 기다리다가 이벤트가 발생하면 코드를 실행한다. 아직 무슨 말인지 정확하게 이해가 가지 않더라도 괜찮다. 예제를 살펴보면 이 의미를 명확하게 이해할 수 있다.

> **NOTE_** Stream은 다트의 클래스이며 옵저버블 패턴의 일부다. 하지만 보통 옵저버블 패턴 전체를 스트림이라는 단어로 표현하기도 한다.

스트림(또는 옵저버) 패턴은 다른 아키텍처 패턴에 비해 현실을 더 잘 반영한다. 일상에서 이메일, 앱, 다른 사람과의 대화 도중 얼마나 많은 정보를 얻고 이에 반응하는가? 어떤 작업을 처리해달라는 이메일이 도착한다면 이메일을 확인하기 전까지는 어떤 작업을 처리해야 하는지 알 수 없다. 즉 이메일을 확인한 후 적절히 반응해야 한다(**반응형** 프로그래밍이라는 이름이 붙은 이유다).

현실에서 우리는 수동적이다. 우리는 보통 이메일을 받고 나서 답장을 보낸다. 즉 수신한 이메일에 **반응**한다. 친구에게 '너한테 이메일을 보내야 할까?'라고 시도 때도 없이 질문할 필요가 없다. 누군가 친구에게 이메일을 보내야 한다는 신호나 정보를 줄 때까지는 그냥 기다린다.

옵저버 패턴이 이렇게 동작한다. 한 객체는 다른 누군가가 자신에게 알림을 보낼 때까지 수동적으로 기다린다. 알림을 받으면 적절한 동작을 수행한다.

햄버거 퓨처 예제에서는 햄버거를 만드는 요리사가 구독자subscriber다. 요리사는 반응형이다. 즉 요리사는 주문이 들어왔을 때 햄버거를 만들지만 그렇다고 적극적으로 햄버거를 먹을 사람을 찾기 위해 돌아다니는 건 아니다. 요리사는 그릴 앞에 앉아 누군가 주문하기를 기다린다.

이 상황에서 점원이 사용하는 서버가 활동적인 기능을 담당한다. 이 서버는 고객의 주문을 받아 이를(이벤트) 요리사에게 전달한다. 이벤트는 수신자에게 알림을 전달하는 작업을 수행하는 코드를 가리키는 추상적 개념이다. [그림 9-2]는 이 관계를 묘사한다.

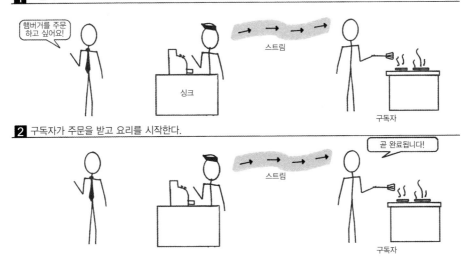

그림 9-2 햄버거 주문 과정으로 살펴보는 다트 스트림

9.2.1 다트 스트림으로 옵저버 패턴 이해하기

옵저버 패턴은 세 가지로 구성된다.

- **옵저버 패턴에서 이벤트의 첫 번째 종착지는 싱크다.** 싱크에 데이터를 추가한다. 전체 과정의 중앙 소스central source 역할을 한다. 다트의 Sink는 추상 클래스이며 다른 특정 클래스가 Sink를 구현한다. 대표적으로 Stream-Controller를 꼽을 수 있다.
- **스트림은 Sink의 프로퍼티다.** 싱크는 스트림을 이용해 새 이벤트를 리스너에 알린다.
- **구독자는 알림을 기다리는 외부 클래스나 객체다.** 이들은 스트림을 들으면서 알림을 기다린다.

9.2.2 스트림 구현하기

[예제 9-7]은 스트림에 필요한 기본 코드다. 햄버거 예제에서 스트림은 새 주문이 들어왔을 때 이를 요리사에게 알린다. 전체 코드는 **chapter_9/streams_part_one/main.dart**에서 확인할 수 있다.

예제 9-7 패스트푸드점 예제를 스트림으로 구현한 코드

```dart
import 'dart:async';

class BurgerStand {
  StreamController _controller = StreamController();
  Stream get onNewOrder => _controller.stream;
Cook cook = Cook();

  void deliverOrderToCook() {
    onNewOrder.listen((newOrder) {
      cook.prepareOrder(newOrder);
    });
  }

  void newOrder(String order) {
    _controller.add(order);
  }
}

class Cook {
```

> 스트림 컨트롤러는 싱크에 추가 기능을 제공하는 부분이다. stream 프로퍼티를 포함한다.

> Cook 클래스는 예제를 깔끔하게 만든다(햄버거 판매대burger stand에 요리사cook가 있다는 의미).

> 다른 함수가 들을 수 있도록 이 게터는 스트림을 노출시킨다.

> 스트림과 요리사가 대화를 시작하면 최소 한 번 이 메서드를 호출해야 한다.

> listen 메서드로 간단하게 스트림을 듣는다. 싱크에 새 값이 추가되면 이 콜백이 호출된다.

> 컨트롤러에 새 이벤트나 데이터가 있음을 알릴 때 StreamController.add(value)(또는 Sink)를 사용한다. 구독자(혹은 리스너)에게 새 정보가 있음을 알리는 과정을 시작한다.

```dart
  void prepareOrder(newOrder) {
    print("preparing $newOrder");
  }
}

main() {
  var burgerStand = BurgerStand();
  burgerStand.deliverOrderToCook();

  burgerStand.newOrder("Burger");
  burgerStand.newOrder("Fries");
  burgerStand.newOrder("Fries, Animal Style");
  burgerStand.newOrder("Chicken nugs");
}
```

[그림 9-3]은 이 예제를 더 자세히 설명한다.

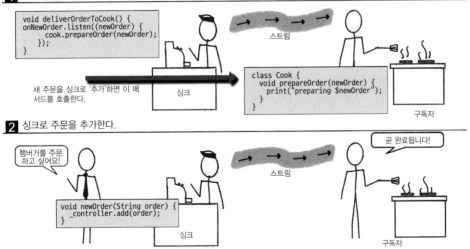

그림 9-3 [그림 9-2]와 같은 예제에 설명만 더 추가했다.

9.2.3 브로드캐스팅 스트림

햄버거 예제에서 요리사는 점점 바빠진다. 요리사는 햄버거 기계, 튀김 기계, 치킨 너겟 기계 등을 많은 일을 처리하기 때문이다. 따라서 역할을 분담할 요리사를 한 명 더 채용해야 할 상황 이다.

예제에서는 두 명의 요리사가 서버를 듣고 있다가 이벤트가 발생하면 반응하도록 구현하면 된 다. 하지만 싱크는 기본적으로 한 번만 들을 수 있다. 따라서 여럿이 들으려면 **브로드캐스트 스트 림**broadcast stream이 필요하다. `StreamController.broadcast()` 생성자는 여러 구독자가 들을 수 있는 컨트롤러를 반환한다. [그림 9-4]는 이 상황을 묘사한다.

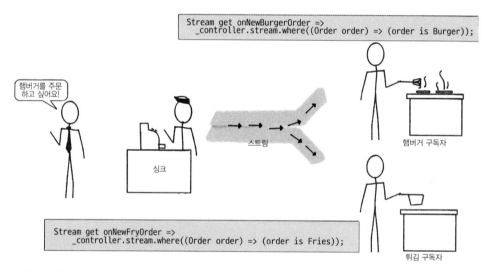

그림 9-4 여러 구독자를 갖는 브로드캐스트 스트림

햄버거 예제를 상황에 맞게 바꾸면서 필요한 부분에 주석을 추가했다. `chapter_9/broad-cast_streams/main.dart`에서 코드를 확인할 수 있다.

예제 9-8 브로드캐스트 스트림 컨트롤러 예제

```dart
import 'dart:async';

class Cook {
  void prepareOrder(newOrder) {
    print("preparing $newOrder");
```

```
    }
}
```

class Order {} ◁─── 컨트롤러로 전달할 데이터 형식
을 클래스로 정의했다.

```
class Burger extends Order {}
class Fries extends Order {}
class BurgerStand {
  StreamController<Order> _controller = StreamController.broadcast();
  Cook grillCook = Cook();   ◁─── 각 요리 기구를 담당하는 두 요리사가 있다.
Cook fryCook = Cook();
```

가장 흥미로운 코드다. 이들 두 게터는 같은
스트림을 듣지만 기다리는 데이터 형식은 다르다.
뒤에서 더 자세히 설명한다.

```
  Stream get onNewBurgerOrder =>  ◁───
      _controller.stream.where((Order order) => (order is Burger));
  Stream get onNewFryOrder =>
      _controller.stream.where((Order order) => (order is Fries));

  void deliverOrderToCook() {  ◁───
    onNewBurgerOrder.listen((newOrder) {
      grillCook.prepareOrder(newOrder);
    });
```

이 메서드에서 두 개의 리스너가 같은
스트림을 듣지만 각 이벤트는 알맞은
요리사에게 전달한다.

```
    onNewFryOrder.listen((newOrder) {
      fryCook.prepareOrder(newOrder);
    });
}

  void newOrder(Order order) {
    _controller.add(order);
  }
}

main() {
  var burgerStand = BurgerStand();
burgerStand.deliverOrderToCook();

  burgerStand.newOrder(Burger());◁───  newOrder 메서드는
  burgerStand.newOrder(Fries());        Order 형식(서브형식)을 기다린다.
}
```

두 게터 모두 같은 스트림을 참조한다는 사실에 주목하자. deliverOrderToCook 메서드에서 두 리스너를 만들 때 한 개의 스트림은 두 개의 참조로 두 개의 메서드(onNewBurgerOrder, onNewFryOrder) 중 하나를 호출한다(그림 9-5). 이는 일반 스트림은 지원하지 않는 브로드캐스트 스트림만의 기능이다.

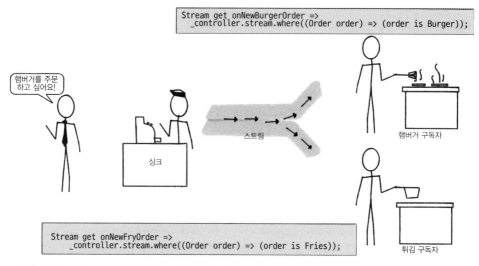

그림 9-5 브로드캐스트 스트림은 일반 스트림과 비슷하지만 여러 구독자를 가진다.

where는 각 항목에 정해진 액션을 수행하도록 제공하는 여러 메서드 중 하나다. 이외에도 리스트는 forEach, map 등의 메서드를 제공한다. List.where 메서드는 콜백 메서드가 참을 반환하는 요소만 걸러 남긴다.

onNewBurgerOrder 메서드는 'Burger 형식의 요소만 처리해요'라는 의미다. Burger와 Fries는 Order의 서브클래스이므로 이 동작을 수행한다.

9.2.4 고차 스트림

다트와 플러터에서는 스트림을 흔히 사용하므로 스트림이 방출하는 데이터에 어떤 동작을 수행하는 일을 자주 보게 된다. 스트림을 반환하는 스트림을 **고차 스트림**higher-order stream이라 부른다(마찬가지로 함수를 반환하는 함수도 고차 함수라 부른다).

햄버거 예제를 다시 살펴보자. 다음처럼 모든 주문은 번호를 갖는다.

1:	햄버거, 음료
2:	치즈 버거, 음료
3:	등등

이 패스트푸드점은 대략 만 가지 음식을 판매하며 사실 요리사는 이진수를 이해하는 로봇이다. 즉 사람이 만든 서버가 스트림으로 정보를 방출하면 데이터를 처리하고, 새 스트림으로 로봇이 이해할 수 있는 이진수로 변환한 정보를 방출해야 한다. [그림 9-6]에서 더 살펴보자.

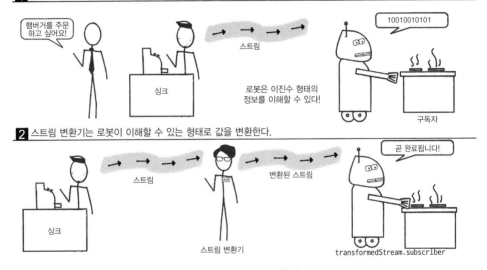

그림 9-6 스트림 변환기로 스트림의 값을 새 스트림으로 변환해 전달한다.

chapter_9/stream_translator/에서 코드를 확인할 수 있다. 이 디렉터리는 예제에 사용한 BurgerStand, Cook 클래스 등을 포함하는 main.dart와 스트림을 변환하는 새 클래스를 구현하는 translator.dart를 포함한다.

예제 9-9 GoodBurgerRestaurant 클래스

```
class GoodBurgerRestaurant {
  Cook cook = Cook();
  StreamController _controller = StreamController.broadcast();
  Stream get onNewBurgerOrder => _controller.stream;
  void turnOnTranslator() {
    onNewBurgerOrder
        .transform(BeepBoopTranslator())
        .listen((data) => cook.prepareOrder(data));
  }
  void newOrder(int orderNum) {
    _controller.add(orderNum);
  }
}
```

Stream.transform 메서드는 제공된 로직으로 데이터를 변환하는 StreamTransformer를 받는다.

Stream.transform는 스트림을 방출한다.

이전 예제처럼 _controller로 데이터를 추가한다. 여전히 같은 진입점을 갖는다.

다음은 StreamTransformer 코드다.

예제 9-10 커스텀 스트림 변환기 클래스

```
class BeepBoopTranslator<S, T>
    extends StreamTransformerBase<S, T> {
  final StreamTransformer<S, T> transformer;
  BeepBoopTranslator() : transformer =
  createTranslator();
  @override
  Stream<T> bind(Stream<S> stream) =>
      transformer.bind(stream);
  // 다음 코드 블록에서 코드가 이어짐
```

변환기와 관련 기능을 감싸는 StreamTransformerBase를 상속받는다.

이 클래스는 StreamTransformer를 갖는다.

정적 메서드로 변환기를 만들고 초기화한다.

StreamTransformer가 내부적으로 호출하는 메서드를 오버라이드해야 한다. bind를 호출하면 나머진 알아서 동작한다.

예제 9-11 커스텀 스트림 변환기 클래스(이어서)

```
static StreamTransformer<S, T>
  createTranslator<S, T>() =>
    StreamTransformer<S, T>(
        (Stream inputStream, bool cancelOnError) {
```

변환기를 만드는 메서드다.

새 StreamTransformer는 콜백을 받으며 이 콜백의 inputStream(변환할 데이터를 방출하는 스트림)과 cancelOnError 프로퍼티를 전달한다.

```
        StreamController controller;
        StreamSubscription subscription;
        controller = StreamController<T>(
          onListen: () {
            subscription = inputStream.listen(
                    (data) => controller.add(binaryNum(data)),
                onDone: controller.close,
                onError: controller.addError,
                cancelOnError: cancelOnError);
          },
          onPause: ([Future<dynamic> resumeSignal]) =>
              subscription.pause(resumeSignal),
          onResume: () => subscription.resume(),
          onCancel: () => subscription.cancel(),
        );
        return controller.stream.listen(null);
      },
    );
  static int binaryNum(int tenBased) {
    // 숫자를 이진수로 변환
  }
}
```

이 콜백에서 새로운 내부 StreamController를 만든다. 데이터를 변환한 다음, 이 컨트롤러의 스트림을 반환한다.

onListen에서 기본 데이터를 방출하는 스트림을 듣고 있다가 콜백을 이용해 새 컨트롤러로 변환한 데이터를 방출한다. 조금 복잡한 과정이지만 쉽게 말하자면 원래 스트림을 듣고 있던 스트림 컨트롤러는 콜백을 이용해 데이터를 변환하고, 반환되는 새 스트림 컨트롤러로 변환된 데이터를 방출하는 과정이다.

새 스트림에 listen 함수 호출 결과를 반환한다.

스트림을 전달하고 조작하는 것은 쉬운 일이 아니므로 코드를 이해하기 어려울 수 있다. 만약 고차 스트림을 제대로 이해하지 못했더라도 크게 걱정하지 말고 다음으로 넘어가자. 앞으로도 반복해서 스트림을 접하면서 이를 이해할 수 있는 기회가 많다.

9.3 블록에 스트림 사용하기

농산물 직거래 장터 앱 예제를 살펴보자. 장바구니에 항목을 추가할 때마다 장바구니 아이콘의 숫자가 바뀐다. CatalogBloc에서 스트림으로 이 기능을 구현했다.

장바구니에 항목을 추가할 때 수량을 스트림 컨트롤러에 추가한다. 컨트롤러는 스트림을 듣고 있는 모든 객체에 메시지를 보낸다. 리스너가 새로운 이벤트 도착을 알리면 정해진 콜백 함수를 호출한다. 예를 들어 장바구니 아이콘은 수량 표시를 바꾸는 함수를 호출하며 setState 메서드를 호출해 위젯을 다시 그리도록 지시한다. UI 관련 코드는 이미 8장에서 살펴봤으니 여기서는 블록 코드를 살펴보자.

9.3.1 블록의 입출력

다음 블록에는 세 가지 종류의 스트림이 있다. 첫 번째 스트림은 카탈로그의 모든 제품을 보여준다. 새 제품을 추가하면 갱신된 제품 리스트를 푸시한다. 이는 블록의 **출력**이다. 이 스트림 설정 코드는 상당히 간단하다.

```
// e_commerce/lib/blocs/catalog_bloc.dart
class CatalogBloc {
  StreamController _productStreamController =
  StreamController<List<Product>>();
  Stream<List<Product>> get allProducts =>          앱에 소속된 모든 위젯은
      _productStreamController.stream; ◁─────┐      allProducts를 구독할 수 있다.
// ...

  final _productInputController =
  StreamController<ProductEvent>.broadcast();
// ...                              여기서 _productStreamController를 듣는다. 이 컨트롤러
                                    에 값을 추가하면 allProducts 스트림은 자신의 리스너에
                                    알림을 방출한다. 이들 블록 입력은 잠시 뒤 더 자세히 살펴본다.
  CatalogBloc(this._service) { ◁──
    _productInputController.stream
        .where((ProductEvent event) => event is UpdateProductEvent)
        .listen(_handleProductUpdate);
    _productInputController.stream ㄹ
        .where((ProductEvent event) => event is AddProductEvent)
        .listen(_handleAddProduct);
  }
}
```

두 번째 예제는 또 다른 출력이며 위젯들은 이를 이용해 다른 프로젝트 카테고리를 듣는다. 이 방법으로 카탈로그 페이지를 카테고리별로 정리했다. [그림 9-7]에서 볼 수 있듯이 카테고리는 각각의 헤더를 갖는다.

그림 9-7 농산물 직거래 장터 앱의 카탈로그 페이지다. 각 페이지는 고유의 헤더를 갖는다.

출력은 조금 더 복잡하다. 기본적으로 패턴은 같지만 각 **ProductCategory**별로 새 스트림을 만들었다.

예제 9-12 카테고리별 스트림

```
// e_commerce/lib/blocs/catalog_bloc.dart
class CatalogBloc {
  StreamController _productStreamController =
  BehaviorSubject<List<Product>>(
    seedValue: populateCatalog().availableProducts,
  );

  Stream<List<Product>> get allProducts => _productStreamController.stream;

  // 새 스트림 컨트롤러
  List<StreamController> _controllersByCategory = []; ◁
  List<Stream<List<Product>>> productStreamsByCategory = [];
```

스트림 리스트와 스트림 컨트롤러 리스트다. 제품 카테고리별로 새 스트림과 스트림 컨트롤러를 만드는 셈이다.

```
CatalogBloc(this._service) {
  _productInputController.stream
      .where((ProductEvent event) => event is UpdateProductEvent)
      .listen(_handleProductUpdate);
  _productInputController.stream
      .where((ProductEvent event) => event is AddProductEvent)
      .listen(_handleAddProduct);
  // 새 코드
  ProductCategory.values.forEach(                    생성자에서 각 ProductCategory를
      (ProductCategory category) { ◁──────           루프로 반복한다.
    var _controller =                                카테고리별로 새 스트림 컨트롤
    StreamController<List<Product>>(); ◁──────        러를 만든다.
    _service.streamProductCategory(category)          이 코드는 크게 신경 쓰지 말자. 파이어스토어
        .listen((List<Product> data) {                처럼 실시간 데이터베이스 구독을 흉내 내는
    return _controller.add(data); ◁──────             가짜 서비스를 만들었다.
    });                                               서비스가 새 데이터를 푸시하면 이 콜백이 반
    return _controllersByCategory.add( ◁──────        환되면서 _controller.add(data)를 호출
        _controller                                   하므로 올바른 카테고리의 스트림 컨트롤러로
    );                                                데이터를 추가한다.
  });                                                 스트림 컨트롤러 리스트에 새 스트림
  _controllersByCategory.forEach(◁──┤ 각 컨트롤러의 스트림 참조를 만들어 새 리스트에 추가한다.
      (StreamController<List<Product>> controller,) {
    productStreamsByCategory.add(controller.stream);
  });
  }
}
```

스트림에 익숙하지 않은 독자라면 이 코드가 복잡하고 혼란스러울 수 있다. 이 코드는 책 전체
에서 가장 복잡하고 이해하기 어려운 코드다. 이를 다음과 같이 더 단순한 코드로 구현할 수도
있다.

예제 9-13 컨트롤러 리스트를 만드는 또 다른 방법(더 길어진 코드)

```
StreamController _veggieStreamController =
StreamController<List<Product>>();
```

```
Stream<List<Product>> get veggieProducts =>
    _productStreamController.stream;

StreamController _fruitStreamController =
StreamController<List<Product>>();
Stream<List<Product>> get fruitProducts =>
    _productStreamController.stream;

StreamController _proteinStreamController =
StreamController<List<Product>>();
Stream<List<Product>> get proteanProducts =>
    _productStreamController.stream;

// 이하 생략
```

이 코드는 컨트롤러 리스트를 만들고 각 컨트롤러의 스트림 리스트를 만든다. Catalog 위젯 UI에서 CatalogBlog.productStreamsByCategory를 반복하면서 각 스트림으로 위젯을 만든다. 이 부분은 잠시 뒤에 설명한다.

요점은 같은 패턴을 여기에 활용할 수 있다는 것이다. 스트림의 개념은 쉬워 보일 수도 있고 그렇지 않을 수도 있다. 스트림 구현도 기억하기 쉽거나 그렇지 않을 수 있다. 어쨌든 스트림 구현 패턴은 바뀌지 않는다는 것이 핵심이다. 스트림을 구현하려면 다음 세 가지가 필요하다.

- StreamController(또는 Sink)
- Stream
- 구독자(옵저버나 리스너라고 부르기도 함)

9.3.2 블록 입력 구현하기

CatalogBloc에서는 스트림으로 블록의 **입력**을 구현한다. 8장에서는 항상 싱크를 사용해 블록의 입력을 구현했다. 이 블록에서는 싱크로 새 제품을 카탈로그에 추가하거나 기존 제품 정보를 갱신한다. 새 제품을 만드는 상황을 살펴보자.

다음 예제는 이미 살펴본 코드지만 이번에는 블록 관련 내용을 더 자세히 살펴보자. [예제 9-14]의 블록은 스트림을 입력(위젯 외부 상태)으로 사용한다.

```
// lib/e_commerce/blocs/catalog_bloc.dart
// ...
final _productInputController =
StreamController<ProductEvent>.broadcast();     ◁─── 브로드캐스트 스트림을 만든다.
Sink<ProductEvent> get addNewProduct =>
    _productInputController.sink;     ◁─── 스트림 컨트롤러의 싱크를 참조한다.
CatalogBloc(this._service) {  ◁─────── 생성자에서 컨트롤러를 들으면서 AddProductEvent 형식의
  _productInputController.stream        새 이벤트가 발생하면 콜백 _handleAddProduct를 호출한다.
    .where((ProductEvent event) => event is AddProductEvent)
    .listen(_handleAddProduct);
}
// ...
_handleAddProduct(ProductEvent event) {
  var product = Product(
      category: event.product.category,
      title: event.product.title,
      cost: event.product.cost,
      imageTitle: ImageTitle.SlicedOranges); // 가상의 서비스다.
    _service.addNewProduct(product);  ◁─── 가상 서비스를 호출하고 새 제품을 추가한다.
}                                           실제 앱이라면 제품을 데이터베이스에 추가할 것이다.
```

이번에도 코드가 길다. 하지만 약 20행의 코드의 목표는 한 가지다. '앱 님, 저는 addNewProd-uct라는 싱크를 제공해요. addNewProduct로 이 스트림에 데이터를 추가할 수 있어요. 그러면 제가 생성자의 _productInputController.stream을 이용해 데이터를 데이터베이스로 추가할게요'라는 의미다.

AddProductForm 위젯이 모든 UI를 처리한다. 블록과 소통하는 폼을 제출하면 정해진 메서드를 호출한다. 관련 행에 주석을 추가했다.

```
// e_commerce/lib/page/add_product_form.dart
void _submitForm() {
  _formKey.currentState.save();         CatalogBloc.addNewProduct.add를
  _bloc.addNewProduct.add(              호출하면서 AddProductEvent 형식의 새 이벤트를
                                        전달해 예제를 완성시킨다. 새 제품을 데이터베이스에
    AddProductEvent(_newProduct),       추가하는 작업을 시작한다.
```

```
  );
  _userBloc.addNewProductToUserProductsSink.add(
    NewUserProductEvent(_newProduct),
  );
  Navigator.of(context).pop();
}
```

이제 필자가 플러터에서 가장 좋아하는 주제인 스트림을 살펴볼 준비가 끝났다. Stream Builder는 스트림 데이터를 소비하면서 이를 자동으로 위젯으로 만드는 놀라운 기능이다.

9.4 비동기 플러터: StreamBuilder

StreamBuilder는 비동기 데이터로 위젯을 만드는 클래스다. 예를 들어 전자 상거래 앱에서 항상 데이터가 바뀌는 제품 목록을 화면에 표시해야 할 때 스트림 빌더를 이용한다. 이 클래스는 전달된 스트림을 자동으로 듣다가 새 정보가 스트림으로 전달되면 생산하는 위젯을 갱신하고 다시 그린다. 물론 직접 위젯이나 위젯 빌더를 구현할 수도 있다. 하지만 플러터에서 이미 이 기능을 제공하므로 개발자는 앱 기능을 구현하는 일에만 집중하면 된다.

앱의 여러 곳에서 스트림 빌더를 사용했지만 Catalog 위젯을 다시 살펴보자. 이 위젯은 한 개의 CustomScrollView 위젯(필자가 구현한 _buildSlivers 메서드 호출)을 포함하며 이 메서드의 반환값을 커스텀 스크롤 뷰로 전달한다. 이렇게 해서 스크롤 뷰에 표시할 리스트 항목을 만든다. 여기서는 _buildSlivers 메서드가 핵심 코드다.

> **NOTE_** 슬리버sliver는 특정 위젯 형식을 가리키는 단어다. 이 장의 뒷부분에서 자세히 살펴보니 이 예제에서는 신경 쓰지 말자.

예제 9-15 StreamBuilder는 연속으로 변하는 데이터를 표시한다.

```
// e_commerce/lib/widget/catalog.dart
List<Widget> _buildSlivers(BuildContext context) {
  if (slivers.isNotEmpty && slivers != null) {
```

```
      return slivers;
    }
    _bloc.productStreamsByCategory.forEach(
        (Stream<List<Product>> dataStream) {
        slivers.add(StreamBuilder(
        stream: dataStream,
        builder: (context, AsyncSnapshot snapshot) {
          return CustomSliverHeader(
            headerText:
            Humanize.productCategoryFromEnum(
              snapshot?.data?.first?.category,
            ) ?? "header",
          );
        }));
      slivers.add(StreamBuilder(
        stream: dataStream,
        builder: (context, AsyncSnapshot<List<Product>> snapshot) {
          return SliverGrid(
            gridDelegate: SliverGridDelegateWithFixedCrossAxisCount(
              crossAxisCount: 2,
              mainAxisSpacing: 8.0,
              crossAxisSpacing: 8.0,
            ),
            delegate: SliverChildBuilderDelegate(
                (BuildContext context, int index) {
                var _product =
                snapshot.data[index];
                return ProductDetailCard(
                  key: ValueKey(_product.imageTitle.toString()),
                  onTap: () => _toProductDetailPage(_product),
                  onLongPress: () => _showQuickAddToCart(context, _product),
                  product: _product,
                );
              },
              childCount: snapshot.data?.length ?? 0,
            ),
          );
        }));
```

StreamBuilder 클래스는 StatefulWidget을 상속받으므로 위젯 어디에서나 StreamBuilder를 사용할 수 있다. 이 빌더는 카테고리 제목을 표시한다.

StreamBuilders에 스트림이 무엇인지 알려줘야 한다. 예제에서는 각 카테고리를 대변하는 카탈로그 블록의 스트림 리스트의 스트림 인스턴스다.

빌더도 builder 인수를 받으며 builder 인수에는 현재 BuildContext와 스트림의 snapshot을 전달한다. snapshot은 현 시점의 스트림 데이터를 가리킨다.

snapshot을 이용해 블록에서 데이터를 추출한다.

제품 자체에 사용하는 또 다른 스트림 빌더.

이 스트림 빌더도 같은 정보를 처리한다.

델리게이트는 커스텀 스크롤 뷰와 관련된 기능이다(이 장의 뒤에서 자세히 설명한다). snapshot(제품 리스트)의 각 Product를 처리할 때 이 델리게이트를 사용한다는 사실만 기억하자.

인덱스를 이용해 snapshot에서 제품 정보를 얻는다.

```
        });
    return slivers;
  }
```

조금 긴 코드다. 안타깝게도 순환된 방식으로 여러 기능이 서로를 참조하므로 코드가 길어질 수밖에 없다. 우선은 그중에서도 StreamBuilder 위젯 위주로 살펴보자. 이 예제에서는 플러터가 스트림 데이터를 처리하는 **내장** 위젯을 제공한다는 사실이 핵심이다. 언제든 바뀔 수 있는 위젯 리스트를 구현해야 한다면 StreamBuilder로 손쉽게 처리할 수 있다.

이제 거의 모든 앱에서 필요한 주요 플러터 기능인 일급 스크롤 동작을 구현할 수 있다.

9.5 무한, 커스텀 스크롤 위젯

농산물 직거래 장터 위젯은 이론적으로 무한대의 항목을 가질 수 있다. 데이터베이스에 저장된 모든 데이터를 리스트로 표시하기 때문이다.

최신 UI에서 무한대의 리스트는 꼭 필요한 기능이다. 인스타그램, 페이스북, 트위터 모두 무한 스크롤을 지원한다. 미리 알 수 없는, 무한한 수의 항목을 리스트로 표현하는 기능을 각각의 서비스가 다르게 구현했을 수는 있지만 어쨌든 무한 스크롤이 앱의 핵심 기능임은 틀림없다.

UI를 만드는 것이 이 책의 주요 목표이므로 스크롤 기능에서 UI 관련 부분에 집중한다. 현실에서는 서비스가 데이터를 점진적으로 가져올 가능성이 크다. 하지만 이 절에서는 리스트 항목의 수를 미리 알 수 없으며 아마도 한 화면으로 표시할 수 없을 만큼 많은 항목이 있다고 가정한다.

9.5.1 CustomScrollView와 슬리버

스크롤 위젯의 기본은 CustomScrollView 클래스다. ListView는 이 위젯을 이용한다. ListView는 선형(열이나 행)으로 위젯을 정렬하며 이들을 스크롤할 수 있기에 스크롤 위젯으로 가장 많이 사용한다. Row나 Column처럼 모든 자식은 children 프로퍼티에 설정한다.

CustomScrollView는 조금 다른데 이 위젯은 **슬리버**를 직접 이용한다. 슬리버는 스크롤할 수 있는 뷰의 일부분이다. 실제로 이들은 위젯이지만 뷰로 스크롤될 때 게으르게[lazily] 만들어지는 방법으로 성능을 개선한다. 그리드와 Column을 혼용하는 스크롤 리스트를 만든다면 슬리버를 이용하는 편이 좋다. ListView로도 복잡한 스크롤 뷰를 구현할 수 있지만 리스트를 커스터마이즈할수록 움직임이 매끄럽지 않아진다.

Catalog 위젯에는 각 카테고리에 커스텀 헤더가 필요하며 이를 상단에 '고정'해야 하므로 CustomScrollView를 사용했다. 보통 이 같은 비표준 동작은 커스텀 스크롤 뷰를 이용해야 더 매끄럽게 동작한다.

> **NOTE_** 모든 스크롤 기능은 비슷한 방식으로 동작한다. 실제 이들은 여러 자식을 갖는 Row, Column 위젯과 다르지 않다. 더불어 많은 사람이 슬리버라는 단어가 어려워 기피하는 경향이 있지만 이번 기회에 여러분은 슬리버가 무엇인지 배워볼 수 있다. 처음에는 필자도 슬리버가 어렵다고 느껴졌지만 알고 보면 이는 단지 저수준 위젯에 불과하다.

공식 문서에 따르면 '슬리버는 스크롤할 수 있는 영역이며 슬리버로 커스텀 스크롤 효과를 구현할 수 있다. 특히 커스텀 스크롤 뷰에 이들 위젯을 사용한다.

9.5.2 카탈로그 위젯 스크롤 뷰

앱에서는 Catalog 위젯에 커스텀 스크롤 뷰를 구현했으며 이 위젯은 CatalogState.build, CatalogState._buildSlivers 이 두 개 메서드와 여러 다른 위젯을 포함한다. 우선 build 메서드를 살펴보자.

```
// e_commerce/lib/widget/catalog.dart
@override
Widget build(BuildContext context) {
  return CustomScrollView(          CustomScrollView는 슬리버
    slivers: _buildSlivers(context), ◀── 리스트를 받는다.
    physics: BouncingScrollPhysics(), ◀── physics를 이용해 스크롤 방법을
  );                                      바꿀 수 있다. 이는 뒤에서 살펴본다.
}
```

이는 스크롤 뷰를 구현하는 표준 방식이다. 커스텀 스크롤 뷰는 동작을 제어하는 다양한 설정 옵션을 제공한다. 예를 들어 수직이 아니라 수평으로 스크롤 방향을 바꿀 수 있다. 스크롤 컨트롤러로 스크롤 위치를 저장하고 감지한다. 이 위젯의 핵심은 **커스텀**(그리고 **성능**)이다. 실제 동작은 _buildSlivers 메서드에서 일어난다.

예제 9-16 StreamBuilder 위젯

```
// e_commerce/lib/widget/catalog.dart
List<Widget> _buildSlivers(BuildContext context) {
  _bloc.productStreamsByCategory.forEach((          _bloc.productStreamsByCategory은
                                                     스트림 리스트다.
      Stream<List<Product>> dataStream          카테고리 제목별로 각 스트림마다
    ) {                                         새 스트림 빌더를 만들고 슬리버
                                                리스트로 추가한다.
    slivers.add(StreamBuilder(
      stream: dataStream,
      builder: (context, AsyncSnapshot<List<Product>> snapshot) {
        return CustomSliverHeader(          이 위젯은 커스텀 스크롤 뷰이므로 스트림
          headerText:                       빌더는 슬리버를 반환해야 한다.
          snapshot?.data?.first?.category.toString() ?? "header",
        );
      }));
    slivers.add(StreamBuilder(          스트림 리스트를 반복하는 코드 안이므로
      stream: dataStream,               해당 카테고리의 제품 그리드를 만든다.
      builder: (context, AsyncSnapshot<List<Product>> snapshot) {
        return SliverGrid(          SliverGrid는 그리드 뷰 레이아웃을 제공하는 내장 슬리버 빌더.
          gridDelegate:             여러 자식을 갖는 슬리버 빌더는 위젯 빌더와 비슷하게 델리게이트를
                                    이용해 새 슬리버를 만든다. 잠시 뒤에 자세히 살펴본다.
          SliverGridDelegateWithFixedCrossAxisCount(
            crossAxisCount: 2,
            mainAxisSpacing: 8.0,
            crossAxisSpacing: 8.0,
          ),
          delegate: SliverChildBuilderDelegate(          SliverGrid는 그리드 레이아웃용.
              (BuildContext context, int index) {        그리드 셀용 이 두 델리게이트를 갖는다.
            var _product = snapshot.data[index];         두 델리게이트도 뒤에서 설명한다.
            return ProductDetailCard(
              key: ValueKey(_product.imageTitle.toString()),
              onTap: () => _toProductDetailPage(_product),
              onLongPress: () => _showQuickAddToCart(context, _product),
```

```
                    product: _product,
                  );
              },
              childCount: snapshot.data?.length ?? 0,
            ),
          );
        }));
    });
    return slivers;
  }
```

이 앱에서 만드는 위젯 중 가장 복잡한 위젯이므로 슬리버 그리드와 델리게이트delegate를 자세히 살펴보기 전에 위젯 전체를 먼저 살펴보자. 우선 [예제 9-17]에서 볼 수 있듯이 카테고리별로 구분된 스트림 리스트를 전달하는 CatalogBloc을 확인하자.

예제 9-17 카테고리별로 제품을 출력하는 Catalog 블록

```dart
// e_commerce/lib/blocs/catalog_bloc.dart
List<StreamController<List<Product>>> _controllersByCategory = [];
List<Stream<List<Product>>> productStreamsByCategory = [];

// ...
ProductCategory.values.forEach((ProductCategory category) {
  var _controller = BehaviorSubject<List<Product>>();
  _service.streamProductCategory(category).listen((List<Product> data) {
    return _controller.add(data);
  });
  return _controllersByCategory.add(_controller);
});

_controllersByCategory
    .forEach((StreamController<List<Product>> controller) {
      productStreamsByCategory.add(controller.stream);
});
```

앱은 CatalogState._buildSlivers 메서드의 출력을 사용한다. 이 스트림 리스트를 _bloc.
productStreamsByCategory 출력으로 얻은 다음 루프를 수행하면서 [그림 9-8]처럼 각 카
테고리의 헤더와 그리드를 만든다.

그림 9-8 카테고리별로 구분한 카탈로그 페이지

루프는 두 가지 작업을 수행한다. 다음 예제에서 확인할 수 있듯이 루프에서 헤더를 만든 다음
현재 메서드가 반환할 slivers 리스트에 추가한다.

예제 9-18 현재 카테고리의 헤더 슬리버

```
// e_commerce/lib/widget/catalog.dart
List<Widget> _buildSlivers(BuildContext context) {
  if (slivers.isNotEmpty && slivers != null) {
    return slivers;
  }
  _bloc.productStreamsByCategory.forEach(
        (Stream<List<Product>> dataStream
        ) {
      slivers.add(StreamBuilder(
          stream: dataStream,
          builder: (context, AsyncSnapshot<List<Product>> snapshot) {
```

```
        return CustomSliverHeader(
          onTap: (String text) => print(text),
          headerText:
          Humanize.productCategoryFromEnum(
              snapshot?.data?.first?.category
          ) ?? "header",
        );
      }));
    slivers.add(StreamBuilder(...);
    });
  return slivers;
}
```

그리고 같은 카테고리의 제품 카드를 이 부분의 바디에 포함한다. [예제 9-19]가 보여주는 것처럼 이 코드 블록은 카테고리의 제품을 표시한다. 다른 스트림이 제품 데이터를 제공하므로 여기서 StreamBuilder를 다시 사용한다.

예제 9-19 카테고리의 제품 표시

```
List<Widget> _buildSlivers(BuildContext context) {
  if (slivers.isNotEmpty && slivers != null) {
    return slivers;
  }
  _bloc.productStreamsByCategory.forEach(
        (Stream<List<Product>> dataStream) {
      slivers.add(StreamBuilder(...);
        // important code for this sample:
        slivers.add(StreamBuilder(
        stream: dataStream,
        builder: (context, AsyncSnapshot<List<Product>> snapshot) {
          return SliverGrid(
            gridDelegate: SliverGridDelegateWithFixedCrossAxisCount(
              // ...
            ),
            delegate: SliverChildBuilderDelegate(
                (BuildContext context, int index) {
```

```
                var _product = snapshot.data[index];
                return ProductDetailCard(
                  key: ValueKey(_product.imageTitle.toString()),
                    // ...
                  product: _product,
                );
              },
              // ...
            ),
          );
        }));
      });
  return slivers;
}
```

이 코드에서 스트림 빌더는 dataStream(단일 카테고리 스트림)을 받아 이를 builder 함수의
snapshot으로 변환한다. 델리게이트는 snapshot.data에 인덱스를 이용해 특정 제품을 얻
는다.

지금부터는 플러터의 새로운 용어와 위젯인 SliverGrid와 델리게이트를 살펴보자.

9.5.3 SliverGrid 위젯

SliverGrid 위젯은 이차원으로 위젯을 정렬한다. 슬리버 그리드에 열의 개수를 설정하면 위
젯을 이에 맞게 왼쪽에서 오른쪽으로 정렬한다. 행이 다 차면 다음 행의 왼쪽부터 위젯을 배치
한다. SliverGrid는 SliverGrid.gridDeletate와 SliverGrid.delegate 두 개의 프로퍼
티를 받는 단순한 위젯이다.

9.5.4 델리게이트

델리게이트는 슬리버에 자식을 제공하는 클래스다. 곧 살펴볼 델리게이트 중 일부는 빌더 함수
를 감싸면서 레이아웃 정보를 제공한다. 이들은 게으른 방식으로 자식을 만드는 슬리버 전용
델리게이트다.

델리게이트는 항상 뷰포트로 보이는 위젯만 만든다. 그래야 성능을 높일 수 있기 때문이다. 따라서 사용자가 화면을 스크롤할 때마다 500개의 리스트 항목을 모두 다시 그릴 필요가 없으며 슬리버가 이 문제를 알아서 처리한다. 델리게이트는 자식을 게으르게 빌드할 뿐만 아니라 뷰 밖으로 스크롤된 요소와 상태를 효율적으로 파괴한 다음, 새 슬리버로 해당 위치의 항목을 바꾼다. 델리게이트는 모두 공통점을 가지므로 두 개의 델리게이트를 살펴보면서 델리게이트가 어떻게 동작하는지 알아가보자.

SliverChildBuilderDelegate: 기본 빌더 델리게이트

[예제 9–20]의 SliverChildBuilderDelegate는 빌더의 함수를 감싸면서 스크롤 동작 기능을 외부로 노출하는 클래스다. 여기서 핵심은 빌더다. 예제의 빌더는 다른 빌더 함수와 크게 다른 점이 없어 보인다. 실제로 이 클래스는 슬리버의 자식을 게으르게 빌드하는 빌더 함수다.

예제 9-20 SliverChildBuilderDelegate 사용

```
// e_commerce/lib/widget/catalog.dart          SliverChildBuilderDelegate를 SliverGrid.
delegate: SliverChildBuilderDelegate( <─────── delegate로 전달한다(이 예제의 코드).
      (BuildContext context, int index) {  <──┤ 빌더 함수를 전달한다.
    var _product = snapshot.data[index];
    return ProductDetailCard(  <───┤ 평소처럼 빌더 함수는 위젯을 반환한다.
      key: ValueKey(_product.imageTitle.toString()),
      onTap: () => _toProductDetailPage(_product),
      onLongPress: () => _showQuickAddToCart(context, _product),
      product: _product,
    );
  },
                                                플러터가 효과적으로 동작하도록
  childCount: snapshot.data?.length ?? 0, <───── childCount를 설정한다.
),
```

슬리버 자식들을 만드는 방법을 확인했다. 슬리버가 복잡해 보일 수 있지만 이들도 결국은 위젯일 뿐이다.

SliverGridDelegateWithFixedCrossAxisCount: 엄청나게 긴 이름을 가진 델리게이트. 하지만 알고 나면 간단하다.

이전에도 언급했듯이 레이아웃과 구조를 정의하는 델리게이트도 있다. 아주 긴 이름의 SliverGridDelegateWithFixedCrossAxisCount도 이들 중 하나다(SliverGridDelegate-WithMaxCrossAxisExtent 위젯도 있다). 이 델리게이트는 카탈로그 그리드의 열 개수를 정의한다.

```
// e_commerce/lib/widget/catalog.dart
return SliverGrid(
  gridDelegate:                                    SliverGrid.gridDelegate 프로퍼티
  SliverGridDelegateWithFixedCrossAxisCount( ←────  로 전달해 이 델리게이트를 사용한다.
    crossAxisCount: 2,   ←──┤ crossAxisCount가 필요하다. crossAxisCount는 열의 수를 정의한다.
    mainAxisSpacing: 8.0, ←──┐ 이 두 프로퍼티는
    crossAxisSpacing: 8.0,   │ 그리드 셀 사이의 간격을 정의한다.
  ),
  delegate: SliverChildBuilderDelegate(...),
);
```

델리게이트가 얼마나 단순한지 확인할 수 있다.

9.5.5 커스텀 슬리버

플러터는 오픈 소스이며 앱 개발자가 모든 것을 직접 구현할 수 있는데, 슬리버도 마찬가지다. 예제 앱에서는 카탈로그의 카테고리 헤더를 커스텀 슬리버로 구현했다. 다음은 커스텀 슬리버를 반환하는 StreamBuilder 코드를 보여준다.

```
slivers.add(StreamBuilder(
    stream: dataStream,
    builder: (context, AsyncSnapshot<List<Product>> snapshot) {
      return CustomSliverHeader(
        onTap: (String text) => print(text),
        headerText:
```

```
        Humanize.productCategoryFromEnum(
            snapshot?.data?.first?.category
        ) ?? "header",
      );
    }));
```

CustomSliverHeader는 커스텀 위젯이다. sliver_header.dart 파일에서 관련 코드를 확인할 수 있다.

이 파일은 CustomSliverHeader 위젯을 정의하며 이 위젯은 플러터의 내장 위젯 Sliver PersistentHeader를 반환하는데, 이 방식으로 커스텀 슬리버 델리게이트를 구현한다. 설명만으로는 무슨 말인지 조금 헷갈릴 수 있으니 코드를 살펴보자. 다시 요약하면 슬리버란 잠재적으로 무한 스크롤할 수 있는 위젯으로 이를 이용하면 플러터가 효과적으로 자식들을 화면에 표시할 수 있다.

[그림 9-9]는 CustomSliverHeader 위젯 클래스를 보여준다.

■ 고정된 제목을 포함하는 카탈로그 페이지 슬리버

그림 9-9 각 카테고리는 슬리버로 구현한 제목을 갖는다.

```
// e_commerce/lib/widget/scrollables/sliver_header.dart
class CustomSliverHeader extends StatelessWidget {     ◁── 평범한 StatelessWidget 위젯이다.
  final String headerText;
  final GestureTapCallback onTap;
  const CustomSliverHeader(
      {Key key, this.scrollPosition, this.headerText, this.onTap})
      : super(key: key);
  @override                              내장 슬리버 위젯 SliverPersistentHeader로
                                         헤더를 구현한다
  Widget build(BuildContext context) {
    return SliverPersistentHeader(  ◁──         pinned 프로퍼티를 true로 설정하면 이 위젯은
      pinned: true,  ◁───                       화면 위에 고정되며 스크롤 동작을 수행해도 화면
                                                밖으로 이동하지 않는다.
      delegate: SliverAppBarDelegate(  ◁──
        minHeight: Spacing.matGridUnit(scale: 4),   이 클래스도 커스텀 슬리버다
        maxHeight: Spacing.matGridUnit(scale: 8),   (잠시 뒤에 살펴봄).
        child: Container(
          color: Theme.of(context).backgroundColor,
          child: GestureDetector(
            onTap: () => onTap(this.headerText),
            child: Stack(
              children: <Widget>[
                Center(
                  child:
                  Container(decoration: BoxDecoration(
                      color: AppColors.textColor),
                    height: .5,
                  ),
                ),
                Center(
                  child: Container(
                    padding: EdgeInsets.symmetric(
                      horizontal: Spacing.matGridUnit(),
                    ),
                    decoration: BoxDecoration(
                      color: Theme.of(context).backgroundColor,
                    ),
                    child: Text(
```

```
                    headerText,
                    style: Theme.of(context).textTheme.subhead,
                  ),
                ),
              ),
            ],
          ),
        ),
      ),
    ),
  );
  }
}
```

shouldRebuild 메서드(SliverAppBarDelegate 코드에서 확인할 수 있음)를 포함하느냐가
위젯과 슬리버 위젯의 차이점이다. Sliver를 구현하는 내장 플러터 클래스를 상속받아 커스텀
슬리버를 구현한다.

예제 9-22 커스텀 슬리버

```
// e_commerce/lib/widget/scrollables/sliver_header.dart
class SliverAppBarDelegate                          위젯을 만들 때처럼 슬리버 클래스를
    extends SliverPersistentHeaderDelegate { ◁──── 확장해 슬리버를 만든다.
  final double minHeight;          ◁──── 위젯을 만들 때 사용하는 값과 비슷하다.
  final double maxHeight;                 이 클래스 멤버로 슬리버를 설정한다. 물론
  final Widget child;                     이들 프로퍼티는 이 슬리버의 전용 값이다.
  SliverAppBarDelegate({
    @required this.minHeight,
    @required this.maxHeight,
    @required this.child,
});

                                      수직으로 스크롤할 수 있는 레이아웃이므로 최소 높이와
  @override                           최대 높이를 전달한다. 높이뿐 아니라 너비에 적용할 수
  double get minExtent => minHeight; ◁ 있으므로 minExtent라는 이름을 사용한다.
  @override
  double get maxExtent => math.max(maxHeight, minHeight);
```

```
    @override
    Widget build(                    ← shrinkOffset과 overlapsContent 두 개의 정보를
                                       전달하므로 슬리버의 build 메서드와는 조금 다르다.
        BuildContext context, double shrinkOffset, bool overlapsContent) {
      return SizedBox.expand(child: child);
    }
    @override
    shouldRebuild(SliverAppBarDelegate oldDelegate) {   ← shouldRebuild는 슬리버를 특별
      return maxHeight != oldDelegate.maxHeight ||          하게 만든다. 슬리버를 리빌드해야
          minHeight != oldDelegate.minHeight ||            하는지 결정하는 데 사용된다.
          child != oldDelegate.child;
    }
  }
}
```

shouldRebuild 메서드의 이름 자체가 이 메서드의 역할을 잘 설명한다. 이 메서드는 슬리버의 효율성을 결정하므로 앱 개발자는 이 메서드를 잘 구현해야 한다. 기본적으로 이 메서드를 이용해 '같은 위젯이고 크기도 같다면 스크롤할 때 다시 빌드하지 마세요'라고 명령할 수 있다.

minExtent와 maxExtent를 설정하면 슬리버가 바뀔 수 있으므로 이들은 중요한 프로퍼티다. 하지만 예제의 슬리버는 항상 크기가 같다.

9.6 마치며

- 비동기 프로그래밍은 UI 개발의 중요한 기능이지만 구현하기 쉽지 않다.
- 퓨처는 현재 존재하지 않지만 곧 얻을 수 있는 값을 제공한다.
- async, await를 이용하면 퓨처에 비해 이해하기 쉬운 비동기 프로그래밍 코드를 구현할 수 있다. 결과적으로 async, await과 퓨처는 같은 기능을 제공한다.
- StreamController를 이용해 스트림과 싱크를 정의한다.
- Sink는 스트림 데이터의 진입점이다.
- 앱은 Stream을 들으면서listen 스트림으로 흘러온 데이터를 받는다. 스트림을 변형할 수 있으며 스트림을 받아 변환된 데이터 스트림을 반환하는 함수를 **고차 스트림**이라 부른다.
- 블록은 스트림으로 입출력을 관리하는 비즈니스 로직 컴포넌트이며 위젯의 상태 관리 로직과 상호작용한다.
- 플러터의 StreamBuilder 위젯을 이용해 손쉽게 비동기 UI를 구현한다.

- 스트림 빌더를 이용해 무한, 동적 스크롤 뷰를 구현한다. 보통 `CustomScrollView` 위젯을 활용한다.

- `Sliver`는 스크롤할 수 있는 대상을 효율적으로 다시 빌드하는 특별한 위젯이다.

- `Sliver`는 **델리게이트**로 자식들을 빌드한다.

IV

기초를 넘어

4부에서는 외부 데이터 처리와 테스팅을 살펴본다. 두 가지 주제는 앱을 만드는 데 꼭 필요한 기능은 아니다.

10장에서는 HTTP 라이브러리를 사용하고, JSON을 처리하며, 파이어베이스를 활용해 데이터를 처리하는 법을 소개한다. 여기에서 소개하는 도구는 아주 유용하지만 다른 도구도 많으니 선택해서 사용하면 된다.

테스트도 선택 사항이지만 되도록이면 앱에 테스트를 추가하는 것이 좋다. 처음 플러터를 배울 때는 테스트를 신경 쓸 여력이 부족할 수 있다. 하지만 테스트가 중요하다는 사실을 차차 알게 된다. 플러터에서는 테스트가 중요한 기술이며 쉽게 구현할 수 있다. 테스트는 필자가 가장 좋아하는 주제이므로 가장 마지막 장에서 소개한다.

Part IV

기초를 넘어

## CHAPTER 10

데이터 처리: HTTP, 파이어스토어, JSON

이 장의 주요 내용

◆ JSON 데이터 직렬화

◆ HTTP로 백엔드와 상호작용하기

◆ 파이어베이스를 백엔드로 사용하기

◆ 파이어스토어 NoSQL 데이터베이스 사용하기

◆ 의존성 주입으로 코드 재사용하기

지금까지 책을 순서대로 읽은 독자라면 완전한 기능을 갖춘 멋진 앱을 플러터로 만들 수 있다. 앱 구현에 필요한 내용은 모두 배웠기 때문이다! 여러분의 회사가 플러터로 앱을 구현할 계획이라면 여러분은 관리자에게 왜 플러터가 좋은 선택인지 설득할 수 있는 충분한 정보를 갖췄다.

어떤 SDK든 마찬가지지만 플러터로 앱을 구현할 때 도움이 되는 수많은 기능이 존재한다. 지금부터는 플러터 자체에서 조금 벗어나 대부분의 모바일 앱에서 필요한 기능을 살펴본다. 특히 10장에서 소개하는 앱을 통해 백엔드나 데이터 저장소와 상호작용하는 방법을 배운다. 백엔드와 통신하려면 다트 객체를 JSON과 같은 범용 데이터 형식으로 변환해야 하므로 10장에서는 백엔드와 통신하는 방법을 소개한다.

따라서 지금부터 UI 구현 내용은 많이 다루지 않는다. [그림 10-1]은 10장에서 구현하는 앱 화면이다. 일부러 단순한 앱을 선택했다. 10장의 목표는 다른 소프트웨어와 상호작용하는 것이므로 겉모습은 중요하지 않다.

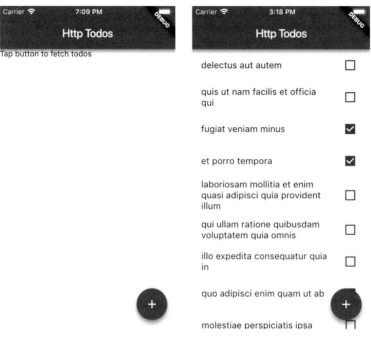

그림 10-1 이 장에서 만들 할 일 앱 화면

10.1 HTTP와 Flutter

이 책을 집필하면서 예제로 사용할 앱을 많이 고민했는데 특히 '설정'을 최소로 줄이려 노력했다. 예를 들어 날씨 데이터를 특정 공개 API에서 얻어오는 일은 피하고 싶었다.

이 장의 전반부에서는 HTTP 통신을 설명하면서 백엔드에 무게를 두고 싶지 않았다. 따라서 JSONPlaceholder 사이트에서 제공하는 Typicode 서비스로 네트워크 호출을 흉내 낸다.[1] 덕분에 백엔드 코드나 데이터베이스 설정 코드는 전혀 신경 쓸 필요가 없다. Typicode 서비스를 이용해 HTTP 요청을 보내면 미리 정의한 JSON 객체를 반환받는다.

이 절에서는 HTTP GET, POST 요청을 보내면서 '현실의' 백엔드와 통신을 흉내 내는 방법을 살펴본다. Typicode가 할 일 목록을 반환하면 이를 다트 객체로 변환한 다음, 화면에 그린다.

---

1 JSONPlaceholder의 Typicode 서비스는 `https://jsonplaceholder.typicode.com/` 사이트에서 확인할 수 있다.

또한 완료로 표시한 할 일 목록을 갱신하는 POST 요청도 구현한다. 이 절에서는 다음 네 가지 단계를 완성한다.

1 플러터 http 패키지를 프로젝트에 추가하기

2 http 패키지로 Typicode에서 할 일 목록 얻기

3 JSON 응답을 다트 객체로 변환하기

4 ListView로 데이터 표시하기

10.1.1 HTTP 패키지

플러터의 http 패키지가 제공하는 HTTP로 다른 API와 쉽게 상호작용할 수 있다. 먼저 [예제 10-1]처럼 pubspec.yaml 파일에 패키지를 추가한다.

예제 10-1 플러터 앱에 HTTP 의존성 추가하기

```
// backend/pubspec.yaml
dependencies:
    http: ^0.12.0+2
```

이 책을 집필하던 당시에는 이 버전이 가장 최신이었다. 여러분이 이 책의 예제를 따라 할 때는 새로운 버전이 나왔을 수 있지만 이 책의 예제가 제대로 동작할지 보장할 수 없으므로 예제와 같은 버전을 사용할 것을 권장한다.

의존성을 추가했으면 프로젝트 루트에서 터미널을 열어 flutter packages get을 실행해야 한다. 이 명령을 실행해야 패키지를 다운로드하고 프로젝트에서 패키지를 사용할 수 있다.

10.1.2 GET 요청

http 패키지를 설치한 다음 앱의 services 디렉터리에서 이를 어떻게 사용했는지 확인할 수 있다. 다음 예제 코드와 설명을 먼저 확인하면 코드를 이해하는 데 도움이 된다. 먼저 예제 코드를 살펴본 다음, 필요한 개념을 잘 이해할 수 있겠지만 문맥을 먼저 이해하는 것도 도움이 된다.

```
// data_backend/lib/firestore/services.dart
class HttpServices implements Services {

    Client client = Client();

  Future<List<Todo>> getTodos() async {
    final response =
    await client.get(
      'https://jsonplaceholder.typicode.com/todos',
    );

    if (response.statusCode == 200) {
      var all =
      AllTodos.fromJson(
          json.decode(response.body),
      );
      return all.todos;
    } else {
      throw Exception('Failed to load todos ');
    }
  }
 }
}
```

HttpServices는 패키지가 제공하는 클래스
가 아닌 커스텀 클래스다. 곧 자세히 살펴본다.

Client는 http 패키지에서 제공하는 클래스로
HTTP 요청을 보내는 데 필요한 메서드를 제공한다.

실질적으로 HTTP 요청을 보내는 행
이다. 네트워크 요청은 비동기로 동작
하므로 await를 사용해야 한다.

getTodos는 GET 요청을 만들 때 사용
하도록 필자가 구현한 함수다. 플러터가
표시할 Todo 객체 목록을 제공한다.

요청이 성공적인지 확인한다. 요청이 성공적으로
완료되었다면 반환된 데이터를 처리한다.

HTTP 요청에서 얻은 response의 body를 비직렬화해서 플러
터에서 사용할 수 있는 데이터 형식으로 바꾼다. JSON 직렬화
는 뒤에서 더 자세히 설명한다. 우선 JSON 문자열을 앱에서
사용할 수 있는 다트 객체로 바꾸는 작업이라고 이해하자.

Todo 객체 리스트 반환

요청이 실패하면 오류를 던진다.

예제에서 확인할 수 있듯이 손쉽게 HTTP 요청을 보낸다. HTTP 요청과 관련해서는 더 살펴
볼 내용도 별로 없다(물론 실전에서는 예제와 달리 헤더, 인증 등 추가 정보를 요구할 수 있
다).[2] 플러터 앱(그리고 다트 서버 앱)은 HTTP 요청을 정말 쉽게 만들어 보낸다.[3]

예제 코드는 받은 데이터를 JSON 직렬화를 통해 다트 객체로 변환하는 코드도 포함한다. 이제
이 부분을 조금 더 자세히 살펴보자.

---

2 HTTP 요청, 헤더와 관련한 더 자세한 정보는 https://developer.mozilla.org/en-US/docs/Web/HTTP/Headers에서 확인하자.
3 http 패키지 정보는 https://github.com/dart-lang/http에서 확인하자.

10.2 JSON 직렬화

직렬화serialization란 무엇일까? 네트워크 요청에서 직렬화란 '프로그래밍 언어의 객체를 네트워크로 전송할 수 있도록 가벼운 표준 데이터 형식으로 변환함'을 의미한다. 비직렬화de-serialization는 직렬화와 반대로 변환하는 과정을 가리킨다. 즉 비직렬화는 '가벼운 표준 데이터 형식을 특정 프로그래밍에서 사용할 수 있는 코드로 변환함'을 가리킨다. 보통 JSON을 표준 데이터 형식으로 사용하는데 이는 뒤에서 설명한다.

> **NOTE_** 다른 옵션: 물론 XML처럼 HTTP 요청에 다른 표준 데이터 형식을 사용할 수 있다. 어떤 형식을 사용하든 기본 원리는 같다. 다만 이 책에서는 JSON을 다트 객체로 변환하거나 다트 객체를 JSON으로 변환하는 과정을 위주로 설명한다.

플러터 앱은 두 가지 방법 중 하나로 직렬화를 수행한다.

- 수동 직렬화
- 패키지를 이용한 직렬화 자동 생성

두 가지 방법을 모두 살펴보자. 클래스가 복잡하지 않은 작은 앱에서는 수동으로 직렬화하는 방법을 선택한다. 직렬화에 익숙하지 않은 독자는 구현 코드를 보면 더욱 명확하게 직렬화를 이해할 수 있다. 자동 생성 방법을 이용하면 다트 코드를 직접 구현하지 않으므로 편리하게 직렬화할 수 있어 실생활에서 자주 사용한다. 경험이 많은 앱 개발자라면 수동 직렬화를 생략하고 바로 자동 생성 기법을 확인해도 괜찮다.

10.2.1 수동 직렬화

지금까지 한 개의 HTTP GET 요청을 만드는 한 개의 예제만 살펴봤다. GET 요청은 JSON 객체를 반환한다. JSON 객체는 특정 형식을 가진 중괄호와 세미콜론으로 이루어진 문자열이다. GET 요청으로 다음과 같은 JSON이 반환된다.

예제 10-3 getPosts 호출에서 반환하는 JSON 객체

```
// JSON
'[
  {
  "userId": 1,
  "id": 1,
  "title": "delectus aut autem",
  "completed": false
  },
  {
  "userId": 1,
  "id": 2,
  "title": "quis ut nam facilis et officia qui",
  "completed": false
  },
  {
  "userId": 1,
  "id": 3,
  "title": "fugiat veniam minus",
  "completed": false
  },
  // ... 비슷한 할 일 정보 반복
]'
```

이 객체의 가장 바깥쪽 작은따옴표를 주목하자. 이 '맵'은 실질적으로 문자열이며 특정 형식을 갖는다. 문자열이라는 사실을 빼면 내부는 맵으로 이루어진 데이터 목록으로 구성되어 있다(특히 최상위 수준도 Map으로 구성할 수 있다. 이 예제에서는 List를 활용했는데 JSON은 보통 맵, 리스트, 숫자, 불리언, 문자열로 데이터를 구성한다).

JSON 문자열을 다트 객체로 변환해야 플러터 앱에서 데이터를 사용할 수 있다. 할 일 데이터를 다트 코드가 이해할 수 있는 객체로 변환한 다음, UI로 이들을 표현한다.

먼저 이들 객체를 위젯에서 어떻게 사용하는지 살펴본 다음 JSON을 다트 객체로 바꾸는 방법을 설명한다.

예제 10-4 UI에서 todos 사용하기

```
// todos는 JSON을 변환한 Todo 객체 목록을 포함하는 변수다.
// 다음과 같은 코드로 JSON을 변환했다고 가정하자.
// List<Todo> todos = TodoController.getTodosAsObjects();
ListView.builder(
    itemCount: todos != null ? todos.length : 1,
    itemBuilder: (ctx, idx) {
        if (todos != null) {
            return CheckboxListTile(
                onChanged:(bool val) => updateTodo(todos[idx], val),
                value: todos[idx].completed,
                title: Text(todos[idx].title),
            );
        } else {
            return Text("Tap button to fetch todos");
        }
    });
```

> todos는 런타임에 List<Todo> 형식을 할당받으며 길이 정보를 갖는다. ListView 위젯의 itemCount는 0이 될 수 없으므로 기본값으로 최소 1을 할당한다.

> 빌더 메서드에서 CheckboxListTile의 value와 title은 한 개의 할 일 항목을 가리킨다. todos를 얻어왔으면 다트 객체로 변환한 다음 ListView의 children을 만든다. 그렇지 않으면 데이터를 가져와야 하므로 버튼을 표시한다.

> ListView.builder 콜백은 todo 인덱스를 제공하므로 이를 이용해 ListView의 자식을 설정한다.

이 코드는 다트 객체를 UI로 설정하는 방법을 보여준다. 데이터 목록의 길이를 미리 알 수 없으므로 **ListView**와 같은 위젯을 이용해야 한다.

하지만 이 객체를 UI에 사용하려면 데이터를 얻어와서 다트 객체로 변환해야 한다. 이 부분이 핵심인데 다음 세 과정을 거쳐 이 동작이 일어난다.

1 HTTP를 통해 JSON 형식의 데이터를 얻는다.
2 JSON을 일반 다트 객체(Map 같은)로 파싱한다.
3 객체를 특정 형식(Todo)으로 변환한다.

마지막으로 JSON은 Map 형식의 List이므로 최종 단계가 추가된다. 다트의 JsonSerialization 라이브러리는 객체를 가리키는 JSON(리스트를 최상위에 포함하는 JSON과 달리)을 처리하도록 특화되었다(다트 같은 객체 지향 언어에서는 당연히 필요한 기능이다. 직렬화는 원시 데이터를 언어가 이해할 수 있는 객체로 변환하는 과정이다. 이 절의 끝부분에 가면 이 부분을 더 명확히 이해할 수 있다). 우선은 JSON에서 한 개의 할 일을 Todo로 변환하는 과정에 집중하자. 다음은 예제에서 사용하는 JSON의 모습이다.

예제 10-5 Typicode JSONPlaceholder 서비스에서 반환한 할 일 예제

```
{
  "userId": 1,
  "id": 1,
  "title": "delectus aut autem",
  "completed": false
}
```

위 JSON은 키와 값 쌍의 컬렉션으로 구성된 맵이다. 키와 값을 객체의 프로퍼티로 바꾼다. 다음은 Todo 클래스 코드다.

예제 10-6 Todo 클래스

```
// shared/lib/src/todo_model.dart
class Todo {
  final int userId;
  final int id;
  final String title;
  bool completed;
  Todo(            ┌─ JSON 맵의 키를 클래스의
      this.userId,  ◄─┘  프로퍼티로 사용한다.
      this.id,
```

```
      this.title,
      this.completed,
      );
  // ...
```

맵을 Todo로 변환하는 과정을 살펴보자. 우선 다트 Map을 Todo로 변환하는 메서드를 구현한다(HTTP 응답 문자열을 Map으로 변환하는 문제는 그다음에 해결한다).

fromJson()이라는 factory 메서드를 Todo 클래스에 구현하면 편리하게 Map을 변환한다. 이 메서드는 Map을 인수로 받아 새 Todo 객체를 만든다. 다음은 Todo.fromJson 구현 코드다.

예제 10-7 fromJson factory 메서드

```
class Todo {
  final int userId;
  final int id;
  final String title;
  bool completed;
  Todo(this.userId, this.id, this.title, this.completed);
  factory Todo.fromJson(
      Map<String, dynamic> json,   ◁   json이라는 인수 이름은 사실 올바른 이름이
      ) {                               아니다. 이 시점에서 이미 Map으로 변환된 상
    return Todo(                        태기 때문이다. 하지만 이 이름은 다트 코드의
                                        관행으로 자리 잡았다.
        json['userId'] as int,   ◁
        json['id'] as int,           Todo 클래스의 각 프로퍼티에 JSON에서 추출한
        json['title'] as String,     대응된 프로퍼티를 저장한다. 이 예제에서는 JSON의
        json['completed'] as bool    프로퍼티와 클래스 프로퍼티의 이름이 같다.
    );
  }
}
```

fromJson 메서드는 대괄호로 맵에서 프로퍼티를 추출해 인스턴스를 만든다. as 키워드를 이용해 프로퍼티를 알맞은 형식으로 변환했는데, 실제 데이터를 지정한 형식으로 변환할 수 없으면 오류가 발생한다.

JSON을 객체로 변환하는 데 필요한 대부분의 내용을 살펴봤다. 복잡한 클래스라면 수동으로 직렬화를 하는 것이 그리 즐거운 일이 아님을 알 수 있다(객체 List와 다른 커스텀 객체를 프로퍼티로 갖는 클래스를 상상해보자. userId 대신에 User 객체가 있다면 어떨까? 이런 상황이라면 Todo.fromJson 메서드에서 User.fromJson을 호출해야 한다. 이 방법은 조금 뒤에 설명한다).

아직 한 가지 과정이 남았다. 이 과정은 다음 코드에서 볼 수 있듯이 GET 요청에서 처리한다.

예제 10-8 HTTP 응답 데이터 파싱하기

```
// backend/lib/services/todos.dart
Future<List<Todo>> getTodos() async {
  final response =
  await client.get('https://jsonplaceholder.typicode.com/todos');
  if (response.statusCode == 200) {
    // 서버 요청 결과가 성공이면 JSON을 파싱
    var all =                       여기서 가장 중요한 행은
    AllTodos.fromJson( ◁————        json.decode 메서드다.
      json.decode(response.body),
    );
    // ...
```

Todo.fromJson factory 메서드는 Map<String, dynamic> 형식의 인수를 받는데 서버 응답으로 받은 데이터는 문자열이다. 다행히 다트 표준 라이브러리는 편리한 JSON 변환기를 제공한다. json.decode(String)을 호출하면 Map을 반환한다. JSON 데이터를 직접 변환할 수 있지만 이를 직접 구현할 이유가 없다. 따라서 JSON 데이터를 직접 변환하는 코드는 소개하지 않는다.

10.2.2 JSON 직렬화 자동 생성

다트 클래스를 생성하는 패키지는 다양한다. 필자는 그중에서도 가장 단순한 패키지인 json_serializable을 추천한다. 이 패키지를 이용하려면 필요한 클래스를 만들고 fromJson, toJson 메서드를 정의한다. 이 클래스의 fromJson 메서드와 toJson 메서드는 패키지가 생성

할 메서드를 호출할 뿐 실제 구현 코드는 포함하지 않는다. 즉, 키와 값 쌍을 추출하는 코드를 직접 구현할 필요가 없다. 정말 멋진 패키지다.

`json_serializable`을 사용하려면 다음처럼 세 가지 패키지 의존성을 추가해야 한다.

```
// backend/package.yaml
dependencies:
  flutter:
    sdk: flutter
    http: ^0.12.0
    json_annotation: ^2.0.0 ◁────  json_annotation으로 이 클래스의
                                    JSON 직렬화 코드를 생성하라고
                                    프로젝트에 지시한다.

dev_dependencies:
  flutter_test:                     build_runner 패키지를 이용해
    sdk: flutter                    json_serializable 패키지를 실행한다.
                                    다트 웹 앱을 개발 모드에서 실행할 때도
    build_runner: ^1.0.0 ◁────      이 패키지가 필요하다.
    json_serializable: ^2.0.0  ◁──┤ json_serializable 패키지가 실제로 코드를 생성한다.
```

`flutter packages get`을 실행한 다음 `fromJson`, `toJson` 메서드를 생성하는 코드를 구현한다. 먼저 Todo 클래스부터 갱신한다.

10.2.3 Todo 클래스 갱신

[예제 10-9]는 Todo 클래스에서 `json_serializable`를 사용하는 방법을 보여준다. 이와 같은 코드만 준비하면 JSON 직렬화와 비직렬화에 필요한 모든 코드를 자동으로 얻는다.

예제 10-9 직렬화 모델 만들기

```
import 'package:json_annotation/json_annotation.dart'; ◁────  json_annotation 패키지를
                                                              임포트한다.
                              Todo 클래스가 생성된 파일의 비공개 멤버에
part 'todo.g.dart'; ◁────     접근할 수 있도록 허용한다. 생성된 파일은
                              모두 *.g.dart 확장자를 갖는다.

@JsonSerializable() ◁────
class Todo {                  이 클래스의 로직을 생성하도록
                              코드 생성기에 지시한다.
```

```
    final int userId;
    final int id;
    final String title;
    bool completed;

    Todo(this.userId, this.id, this.title, this.completed);

    factory Todo.fromJson(Map<String, dynamic> json) =>
        _$TodoFromJson(json);     이 factory 메서드는 생성된 메서드
                                  _$TodoFromJson(json)을 호출한다.
    Map<String, dynamic> toJson() =>
        _$TodoToJson(this);       JSON을 만들 때도 생성된
}                                 메서드를 호출한다.
```

새 프로젝트에서 코드를 생성하지 않았다면 todo.g.dart 파일이 존재하지 않으므로 오류가
발생한다(예제 코드를 내려받아 이 과정을 따라 하는 중이라면 todo.g.dart 파일을 삭제하
자). 터미널을 열어 다음 명령을 실행하면 파일이 만들어진다.

```
flutter packages pub run build_runner build
```

프로젝트 루트 디렉터리에서 이 명령을 실행하면 build_runner가 모든 코드를 검색하면서 필
요한 파일을 생성한다(@JsonSerializable() 애너테이션을 포함하는 클래스). 패키지는 로직
을 포함하는 todo.g.dart 파일을 생성(또는 기존 파일을 덮어 쓰기)한다.

예제 10-10 json_serialization 패키지로 생성한 코드

```
// backend/lib/model/todo.g.dart
// GENERATED CODE - DO NOT MODIFY BY HAND

part of 'todo.dart';

// **************************************************************************
// JsonSerializableGenerator
// **************************************************************************
```

```
Todo _$TodoFromJson(Map<String, dynamic> json) {    ⟵    생성된 코드는 JSON을 Todo로
  return Todo(                                              변환하는 로직을 포함한다.
    json['userId'] as int,
    json['id'] as int,
    json['title'] as String,
    json['completed'] as bool,
  );
}

Map<String, dynamic> _$TodoToJson(Todo instance) =>    ⟵    이 코드는 반대 동작을 수행한다.
    <String, dynamic>{
      'userId': instance.userId,
      'id': instance.id,
      'title': instance.title,
      'completed': instance.completed
    };
```

지금까지 직렬화를 생성하는 패키지 기능을 살펴봤다. 복잡한 클래스를 포함하는 큰 앱을 구현한다면 직접 맵을 파싱하는 것보다 터미널에 이 명령을 실행하는 것이 훨씬 편리하다.

10.2.4 UI 완성

네트워크로 데이터를 얻어와 이를 다트 클래스로 직렬화했으니 UI로 이 정보를 표현할 차례다. 코드가 너무 길어지지 않도록 상태 관리 패턴은 적용하지 않았다. 즉 위젯이 컨트롤러를 통해 정보를 직접 얻는 구조다. 다음과 같이 세 가지 코드로 UI를 구현한다.

- Todo 컨트롤러
- main.dart 갱신
- todo_page.dart의 위젯

Todo 컨트롤러

HTTP 서비스와 위젯 사이의 메신저 역할을 담당하는 클래스다. Todo 컨트롤러는 UI에 어떤 할 일이 있으면 무엇을 그릴지 알려준다. [예제 10-11] 코드를 살펴보자.

```
// backend/lib/controllers/todo.dart
class TodoController {
  final Services services;     ◁─┤ 서비스를 클래스로 전달한다.
  List<Todo> todos;  ◁─┤ todos를 화면에 그린다.
  StreamController<bool> onSyncController =
  StreamController();  ◁─────────────────
  Stream<bool> get onSync => onSyncController.stream;
  TodoController(this.services);
  Future<List<Todo>> fetchTodos() async {  ◁─
    onSyncController.add(true);  ◁─
    todos = await services.getTodos();  ◁─
    onSyncController.add(false);  ◁─
    return todos;
  }
}
```

이 스트림은 현재 todos가 로딩 중인지 UI에 전달한다. Todos가 로딩 중이라면 UI는 로딩 중임을 표시하는 위젯을 화면에 그린다.

서비스와 통신하는 메서드다.

데이터가 로딩 중이므로 리스트에 표시할 데이터가 없음을 앱에 알린다.

이 메서드를 호출해 todos를 얻는다. await 호출이므로 함수가 완료될 때까지 여기서 실행이 멈춘다.

todos를 가져왔으므로 앱은 이를 그릴 수 있다.

이 컨트롤러는 'UI 님, 데이터가 필요하죠? 제가 서비스에서 데이터를 가져오는 동안 화면을 로딩 중으로 설정하세요'라고 말한다. 그리고 컨트롤러는 시간이 지난 다음 '데이터를 가져왔어요. 로딩 중 화면 대신 데이터를 표시하세요'라고 말한다. 컨트롤러 덕분에 UI는 수동적인 상태가 된다. UI는 main.dart에서 전달한 컨트롤러를 활용한다.

main 함수에서 컨트롤러 만들기

앱을 그리기 전에 필요한 모든 설정을 main 함수에서 수행한다. 예제에서는 main 함수에서 컨트롤러와 서비스를 만든다.

예제 10-12 플러터 앱 루트

```
void main() async {
  var services = HttpServices();  ◁─
  var controller = TodoController(services);  ◁─
  runApp(TodoApp(controller: controller));  ◁─
}
class TodoApp extends StatelessWidget {
```

실제 HTTP 호출을 실행하는 클래스 인스턴스를 만든다.

서비스를 호출하는 컨트롤러 인스턴스를 만든다.

컨트롤러를 앱에 전달한다.

```
    final TodoController controller;
    TodoApp({this.controller});
    @override
    Widget build(BuildContext context) {
      return MaterialApp(
        home: TodoPage(controller: controller),  ◄─── 위젯이 사용할 수 있도록 컨트롤러를
      );                                                위젯으로 전달한다.
    }
  }
```

필요한 코드를 모두 살펴봤다. 이제 위젯에서 **controller**를 참조할 수 있다.

Todo 페이지 UI

[예제 10-13]에서 보여주는 것처럼 Todo 페이지는 **todos**를 얻어와 리스트로 표시하는 **StatefulWidget**이다(그림 10-2).

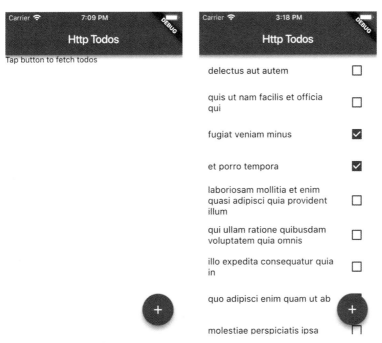

그림 10-2 iOS에서 할 일 앱 화면

이 위젯의 상태 객체는 세 가지 작업을 담당한다.

1 todos를 ListView로 표시하기

2 Todos가 로딩 중이면 ListView 대신 CircularProgressIndicator 보여주기

3 버튼을 누르면 todos 얻어오기.

예제 10-13 Todo 리스트 페이지

```dart
// backend/lib/todo_page.dart
class _TodoPageState extends State<TodoPage> {
  List<Todo> todos;
  bool isLoading = false;   ◁——  버튼을 누르기 전까지 todos를
  void initState() {              로딩하지 않는다.
    super.initState();
    widget.controller.onSync.listen(
          (bool syncState) => setState(() {   ◁——  위젯은 컨트롤러에 todos가 로딩 중인
        isLoading = syncState;                      지 알려 달라고 요청한다.
      }));
  }
  void _getTodos() async {
    var newTodos =
    await widget.controller.fetchTodos();  ◁——|  이 메서드는 컨트롤러 메서드를 호출한다.
    setState(() => todos = newTodos);   ◁——
  }                                              todos를 얻으면 위젯을 다시 그리도록
  // ...                                         setState를 호출한다.
```

_TodoPageState의 코드 절반을 확인했다. build 메서드에서 구현해야 할 내용을 이해하려면
위 예제의 기능을 먼저 알아야 한다.

예제 10-14 _TodoPageState build 메서드

```dart
// backend/lib/todo_page.dart                이 위젯의 바디는 controller.onSync의
Widget get body => isLoading   ◁——           응답값에 따라 다른 코드를 실행한다.
    ? CircularProgressIndicator()   ◁——
    : ListView.builder(   ◁——                CircularProgressIndicator는 스피너spinner를
        itemCount:                           보여주는 내장 머티리얼 위젯이다(나중에 살펴봄).
                                    ListView.builder로 todos를 화면에 그린다.
```

```
      todos != null ? todos.length : 1,  ⟵┐  todos가 있을 때와 없을 때 각각
      itemBuilder: (ctx, idx) {                └  다른 화면을 표시한다.
        if (todos != null) {
          return CheckboxListTile(⟵─┤ CheckboxListTile로 개별 todos를 표시한다.
            onChanged:(bool val) => updateTodo(todos[idx], val),
            value: todos[idx].completed,
            title: Text(todos[idx].title),
          );
        } else {
          return Text("Tap button to fetch todos");
        }
      });


  @override
  Widget build(BuildContext context) {
    return Scaffold(
      appBar: AppBar(
        title: Text("Http Todos"),
      ),
      body: Center(child: body),  ⟵─┤ body 위젯의 값을 표시한다.
      floatingActionButton: FloatingActionButton(
        onPressed: () => _getTodos(),  ⟵─┤ 버튼을 눌러야만 todos를 가져온다.
        child: Icon(Icons.add),
      ),
    );
  }
```

이 화면은 세 가지 상태(로딩 중, 로딩 중은 아니지만 데이터가 없는 상태, 로딩 중이 아니며 데이터가 있는 상태) 중 하나를 갖는다. [그림 10-3]은 세 가지 상태를 보여준다.

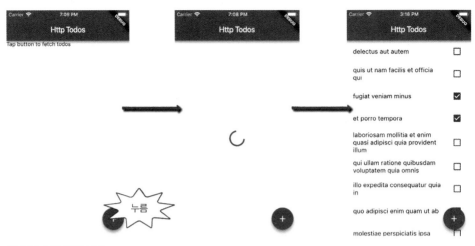

그림 10-3 할 일 앱 동작

플러터가 어느 정도 익숙하고 기존에 앱을 여러 개 만들어본 독자라면 지금까지 소개한 내용이 간단하게 느껴질 것이다. HTTP로 JSON을 가져와 비직렬화하는 동작은 플러터에서만 수행하는 기능이 아니다. 플러터와 다트는 이 작업을 쉽게 수행할 수 있는 API를 제공한다.

플러터는 지금까지 살펴본 것과 다른 방식으로 백엔드 데이터를 처리한다. 플러터 팀은 특히 파이어베이스를 백엔드로 사용하는 방식을 염두에 둔 것으로 보인다(오해의 소지가 없도록 설명을 덧붙이자면, 사실 플러터 팀은 이를 명시적으로 설명한 적은 없다. 다만 구글의 공식 설명서와 문서 대다수가 파이어베이스를 사용한다). 따라서 지금부터는 HTTP 패키지 대신 파이어베이스를 사용한다. 외부 백엔드와 소통하는 방식은 다양하다는 사실을 기억하자.

10.3 플러터로 파이어베이스 사용하기

파이어베이스는 여러 기능을 제공하는 구글의 클라우드 플랫폼이다. 간단히 말하자면 파이어베이스는 '서비스형 백엔드^{backend as a service}(BaaS)'다. 파이어베이스는 인증을 처리하며, 데이터베이스를 제공하고, 이미지 저장 등 다양한 기능을 포함한다. 실제로 파이어베이스가 제공하는 기능을 살펴보면 파이어베이스가 얼마나 놀라운 제품인지 실감하게 된다. 하지만 이 책에서는 파이어베이스의 여러 서비스 중에서도 파이어스토어라는 데이터베이스 서비스를 집중적으로 살펴본다.

파이어스토어는 단지 NoSQL 데이터베이스가 아니다. 파이어스토어는 데이터를 **반응형**으로 처리하는 기능을 제공한다. 특히 앱은 데이터에 가입할 수 있다.

코드가 파이어스토어의 데이터에 가입하면 해당 데이터가 바뀔 때마다 알림을 받고, 앱은 적절하게 이에 반응한다. 간단한 예제 앱에서는 이 부분을 아주 자세히 살펴보진 않지만 파이어스토어가 반응형 프로그래밍을 지원한다는 사실을 기억하면 언젠가 도움이 된다(플러터 팀이 파이어스토어를 예제에서 자주 사용하는 이유도 이 때문이다. 플러터와 파이어스토어는 실과 바늘 같은 존재다).

NoSQL 간단 정리

파이어스토어는 몽고Mongo 같은 NoSQL 데이터베이스다(하지만 더 많은 기능을 포함). 우선 NoSQL(그리고 SQL)은 이 책의 주제와는 거리가 멀다는 사실을 기억하자.

NoSQL 데이터베이스는 데이터를 중첩된 객체 형태(커다란 JSON 덩어리처럼)로 저장한다. 데이터는 특정 방식으로 구조화되거나 테이블로 이루어지지 않는다. 데이터 사이에는 관계도 없으므로 SQL처럼 데이터 테이블에 조인join 연산을 적용할 수도 없다. NoSQL 데이터베이스는 컬렉션과 문서로 데이터를 저장한다. 컬렉션은 문서 List를 가리키며 문서는 기본적으로 데이터 레코드를 대변하는 Map 객체다. 문서는 컬렉션을 프로퍼티로 가진다. 복잡한 앱이라면 거대한 키와 값 맵을 갖는 한 문서로 데이터를 저장한다.

파이어스토어는 이렇게 데이터를 저장한다. 즉, 파이어스토어는 구조화되지 않은 JSON과 같은 덩어리로 데이터를 제공한다. 바람직한 상황은 아니지만 사실 컬렉션의 모든 문서는 다른 형제와 다른 고유의 프로퍼티를 가진다.

10.3.1 파이어스토어 설치하기

이 책에서는 되도록 설정을 피하려 했는데 이번만은 설정 작업이 필요하다. 특히 파이어베이스를 사용하려면 플러터 lib 폴더 안의 android, iOS 폴더에 몇 가지 설정을 해야 한다. 이는 특정 플랫폼 전용 코드와 상호작용하는 데 필요한 유일한 설정이다. 조금 단조롭지만 이 과정을 참을성 있게 따라 해보자.

좋은 소식은 설정에 로직이 없어 복사, 붙여넣기로 쉽게 따라 할 수 있다. 설정에 큰 문제가 없으면 몇 분 안에 작업이 끝난다. 또한 오브젝티브 C나 자바 코드를 구현할 필요가 전혀 없으며 설정만 바꾸면 된다.

다음과 같은 과정으로 파이어베이스를 설정한다(그리고 각 과정을 하나씩 살펴보자).

1 파이어베이스에 가입한다(무료).
2 새 파이어베이스 프로젝트를 시작한다.
3 파이어스토어 데이터베이스를 프로젝트에 추가한다.
4 파이어스토어에 Android나 iOS 앱을 등록한다.
5 네이티브 폴더를 조금 손본다.
6 pubspec.yaml 파일에 파이어베이스와 파이어스토어를 추가한다.
7 파이어베이스와 파이어스토어를 사용한다.

> **NOTE_** 책은 와이파이나 데이터 요금제를 제공하지 않으니 여러분이 링크에 바로 접속할 수 없다. 따라서 파이어스토어 설치 방법을 설명할 때 방문해야 할 정확한 웹사이트를 소개하고 해당 웹사이트에서 진행할 내용을 순서대로 자세히 설명한다. 이 방식으로 파이어스토어를 성공적으로 설정할 수 있다. 하지만 도중에 문제가 발생했다면 구글에서 제공하는 가이드(https://codelabs.developers.google.com/codelabs/flutter-firebase/)를 참고하기 바란다.

10.3.2 파이어스토어 프로젝트 만들기

우선 firebase.google.com을 방문해 계정을 설정한다. 계정 설정은 특별한 내용이 없는 표준적인 절차이므로 따로 소개할 내용은 없다. 그리고 프로젝트를 만든다. 파이어베이스에서는 새 앱을 만들 때마다 이에 대응하는 새 프로젝트를 만들어야 한다. 다음은 파이어베이스 문서

에서 인용한 내용이다. [4]

1 파이어베이스 콘솔에서 [Add Project]를 클릭한 다음 프로젝트 이름을 선택하거나 새로 입력한다.

2 (선택 사항) 프로젝트 ID를 편집한다. 파이어베이스는 프로젝트에 자동으로 고유 ID를 할당한다. 파이어베이스가 파이어베이스 프로젝트에 필요한 리소스를 만든 이후에는 프로젝트 ID를 바꿀 수 없다. 특정 식별자를 사용하려면 이 설정 과정에서 프로젝트 ID를 편집해야 한다.

3 파이어베이스 콘솔에서 설명하는 과정을 차례로 진행한 다음 [Create Project]를 클릭한다.

4 파이어베이스는 여러분의 파이어베이스 프로젝트에 필요한 리소스를 자동으로 만든다. 이 과정이 끝나면 파이어베이스 프로젝트 개요 페이지로 화면이 바뀐다.

10.3.3 앱 설정하기

이제 재미있는 부분이다. 플러터에서 파이어베이스 패키지를 이용하려면 먼저 네이티브 플랫폼(iOS와 안드로이드)에 이들을 사용할 것임을 설정으로 알려야 한다. 두 플랫폼별로 설정 과정이 다르므로 여러분이 사용하는 플랫폼에 맞는 설정을 참고하자. 만약 iOS로 플러터를 테스트할 때 안드로이드 앱을 출시할 계획이 아니라면 안드로이드 쪽 설정은 생략한다.

iOS 설정

1 파이어베이스 콘솔의 왼쪽 탐색 창에서 [Project Overview]를 선택한다. 그리고 [Get started by adding Firebase to your app] 아래의 [iOS] 버튼을 클릭하면 [그림 10-4] 같은 모달 다이얼로그 창이 나타난다.

그림 10-4 파이어베이스의 웹 GUI 화면

---

4 이 과정은 https://firebase.google.com/docs/flutter/setup에서 인용했다.

2 그리고 다음 세 과정으로 iOS 번들 ID를 얻는다.

3 명령줄 도구에서 플러터 앱의 최상위 디렉터리로 이동하자.

4 `open ios/Runner.xcworkspace`를 입력해 Xcode를 실행한다.

5 Xcode에서 왼쪽 창에 있는 최상위 수준의 [Runner]를 클릭하면 오른쪽 창에 [그림 10-5] 화면이 나타난다. 이 화면에서 Bunder Identifier 값을 복사하자.

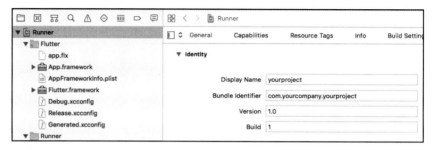

그림 10-5 파이어스토어 데이터베이스 설정에 필요한 값을 보여주는 Xcode 화면

6 파이어베이스 다이얼로그로 돌아와서 복사한 Bundler Identifier 값을 붙여넣고 [App]을 클릭한다.

7 파이어베이스에서 `GoogleService-Info.plist` 설정 파일을 내려받는 과정을 따라 하자.

8 Xcode로 돌아간다. Runner는 Runner라는 하위 폴더를 포함한다(그림 10-5).

9 방금 내려받은 `GoogleService-Info.plist` 파일을 Runner 하위 폴더로 드래그한다.

10 Xcode 다이얼로그 창이 나타나면 [Finish]를 클릭한다.

11 파이어베이스 콘솔로 돌아가자. 설정 과정에서 [Next]를 클릭하고 나머지 과정은 생략한다. 파이어베이스 콘솔 메인 페이지로 돌아가자.

안드로이드 설정

안드로이드 설정은 Xcode 같은 서드파티 앱을 사용할 필요가 없으므로 iOS보다 조금 간단하다.

1 파이어베이스 콘솔의 왼쪽 창에서 [Project Overview]를 선택한 다음 [Get started by adding Firebase to your app] 아래의 [Android] 버튼을 클릭하면 [그림 10-6] 다이얼로그가 나타난다.

그림 10-6 파이어베이스 웹 GUI 화면

2 다음 두 과정을 통해 안드로이드 패키지 이름을 얻는다.

3 플러터 앱 디렉터리에서 file android/app/src/main/AndroidManifest.xml 파일을 연다.

4 파일 안에서 package 속성의 문자열 값이 바로 안드로이드 패키지 이름(예를 들어 com.yourcompany.yourproject)이므로 이 값을 찾아 복사하자.

5 파이어베이스 다이얼로그에 방금 복사한 값을 Android package name 필드에 붙여넣는다.

6 [App]을 클릭한다.

7 파이어베이스에서 google-services.json 설정 파일을 내려받는 과정을 따라 파일을 내려받는다.

8 플러터 앱 디렉터리로 이동한 다음 방금 내려받은 the google-services.json 파일을 android/app 디렉터리로 추가한다.

9 파이어베이스 콘솔로 돌아오고 나머지 과정은 생략한다. 파이어베이스 콘솔 메인 페이지로 이동한다.

10 마지막으로 파이어베이스가 생성한 google-services.json 파일을 읽을 수 있도록 구글 서비스 그레이들[Gradle] 플러그인을 설치해야 한다. IDE나 편집기로 android/app/build.gradle 파일을 연 다음, 파일의 마지막 행에 다음을 추가한다.

```
apply plugin: 'com.google.gms.google-services'
```

11 android/build.gradle 파일을 열고 buildscript 태그 안에 새 의존성을 추가한다.

```
buildscript {
  repositories {
    // ...
  }
  dependencies {
    // ...
    classpath 'com.google.gms:google-services:3.2.1' // 새로 추가
  }
}
```

10.3.4 pubspec에 파이어베이스 추가하기

설정 과정이 조금 어려웠을 수도 있다. 소프트웨어 개발에서 설정 과정은 필자가 가장 피하고 싶은 일이다. 어쨌든 플러터로 돌아가자. 마지막으로 pubspec.yaml 파일에 패키지를 추가한다. 다음 코드는 예제 앱의 **dependencies**에 새 의존성을 추가한 모습이다.

예제 **10-5** 완성된 pubspec 파일

```
// backend/pubspec.yaml
dependencies:
  flutter:
    sdk: flutter
  http: ^0.12.0
  json_annotation: ^2.0.0
  firebase_core: ^0.3.4 ◁──── 파이어베이스 기능에 필요한
                               파이어베이스 코어다.
  cloud_firestore: ^0.9.1 ◁── 클라우드 파이어스토어는 앱에서 사용할
                               특정 데이터베이스 패키지다.
```

10.3.5 파이어스토어 사용하기

파이어베이스는 크게 두 가지 과정으로 구분된다. 먼저 파이어스토어와 통신하는 서비스를 구현한다. 그리고 앱에서 이 서비스를 호출한다(물론 이 밖에도 처리해야 할 일들이 있다).

먼저 [예제 10-16]은 서비스 코드를 보여준다. 전체 코드는 lib/services/todo.dart에서 확인할 수 있다.

예제 10-16 파이어베이스 서비스 구현

```
import
  'package:cloud_firestore/cloud_firestore.dart';    ← Firestore 패키지를 임포트
                                                        해야 API를 사용할 수 있다.
class FirebaseServices implements Services {   ← 이 클래스는 http 패키지와 같은 인터페이스를 구
  // ...                                          현하므로 의존성 주입을 이용할 수 있다. 무슨 말인
                                                   지 이해가 가지 않더라도 몇 페이지를 더 읽으면서
  @override                                        이해가 갈 것이다. 이 장의 마지막 부분에서 의존성
  Future<List<Todo>> getTodos() async {            주입을 설명한다.
    QuerySnapshot snapshot =   ← 파이어베이스는 snapshots이라는 객체를 이용한다.
    await Firestore              이 객체는 특정 시점의 데이터베이스를 가리킨다.
        .instance               snapshots도 뒤에서 설명한다.
        .collection("todos")
        .getDocuments();
    AllTodos todos =
    AllTodos.fromSnapshot(snapshot);   ← 필자가 구현한 AllTodos.fromSnapshot
    return todos.todos;                   메서드도 뒤에서 설명한다.
  }
}
```

위 예제에서 가장 중요한 대목은 QuerySnapshot 객체를 사용하는 코드다. 여러 작업을 수행하므로 한 개씩 자세히 살펴보자.

QuerySnapshot은 데이터베이스가 제공하는 특정 시점의 데이터를 가리키는 클래스다. 파이어스토어는 실시간 데이터베이스이므로 데이터는 항상 변한다. 따라서 특정 시점의 데이터 상태를 가리키는 스냅숏[snapshot]이라는 용어를 사용한다. 스냅숏은 '여러분이 요청한 시점의 데이터입니다'라는 의미다. NoSQL 데이터베이스에서는 흔히 스냅숏이라는 용어를 사용한다. 등호(=)의 오른쪽 부분에 위치한 코드에서 Firestore.instance의 instance는 데이터베이스 자체를 가리키는 Firestore 패키지의 정적 게터 메서드다. Firestore가 제공하는 메서드를 호

출하려면 먼저 Firestore.instance를 얻어야 한다.

다음으로 collection은 데이터베이스의 **컬렉션**을 얻는 메서드다. 파이어스토어에는 문서와 컬렉션(문서의 Map), 이 두 가지 형식의 객체가 존재한다. collection은 데이터베이스의 데이터 경로를 인수로 받는다. 예제에서 todos는 데이터베이스의 최상위 컬렉션이다. todos의 서브 todos 데이터를 찾으려면 todos/$id/subtodos 식의 경로를 제공해야 한다(여기서 id는 특정 todo를 가리키며, subtodos는 해당 문서의 컬렉션을 가리킨다. 이 앱에서는 서브 todos 를 사용하지 않으므로 이는 예시일 뿐이다). 그리고 마지막으로 getDocuments는 컬렉션의 모든 문서를 얻어와 이를 QuerySnapshot으로 반환한다.

결국 이 함수는 '파이어스토어 님, 현재 todos 키에 존재하는 모든 문서를 주세요'라는 의미다. 그리고 이 함수는 QuerySnapshot를 AllTodos.fromSnapshot로 전달하므로 스냅숏을 다트 클래스로 변환한다. 다음은 AllTodos.fromSnapshot 코드다.

예제 10-17 Firestore QuerySnapshot을 다트 객체로 변환

```
factory AllTodos.fromSnapshot(QuerySnapshot s) {
  List<Todo> todos = s.documents.map<Todo>(        ┐ 모든 문서(DocumentSnapshot 형식)를
      (DocumentSnapshot ds) {          ◁────────────┘ 반복한다.
        return Todo.fromJson(ds.data); ◁──────┐ 이 문서를 UI가 사용할 수 있도록
    }).toList();                               └ Todo 객체로 변환한다.
  return AllTodos(todos);
}
```

간단한 예제를 통해 파이어스토어의 모든 기능은 아니더라도 어떻게 사용하는지는 충분히 알수 있다. 9장에서 배운 스트림을 잘 이해하고 QuerySnapshots과 Firestore.instance를 어렵지 않게 이용할 수 있다면 파이어스토어의 거의 모든 기능을 활용하는 것이다. 기본적으로 파이어스토어는 질의를 만들고 응답을 다트 객체로 비직렬화하는 과정을 포함하기 때문이다.

10.4 의존성 주입

의존성 주입dependency injection은 여러 클라이언트 앱(예를 들어 웹 앱, 플러터 앱)을 만들 때 특히 중요한 개념이다. 의존성 주입을 이용하면 여러 플랫폼에서 코드를 재사용할 수 있다. 다트로 서버용 앱, 웹 앱, 플러터 앱을 구현한다고 가정해보자. 하지만 다트에는 HTTP 요청을 만드는 두 가지 패키지, 즉 브라우저가 실행할 수 있도록 자바스크립트로 컴파일되는 패키지와 자바스크립트로 컴파일하지 않는 서버 앱, 플러터 앱 패키지가 있다. 플러터 앱과 웹 앱을 동시에 개발한다면 Typicode에서 같은 데이터를 얻지만 다른 서비스를 사용한다.

플랫폼에 종속되지 않는 컨트롤러를 구현한다면 얼마나 멋질까? 즉 UI는 `service.getTodos`를 호출하고 이 서비스가 정확히 누구인지는 신경 쓸 필요가 없다. 이런 식으로 웹 UI도 플러터 UI와 같은 메서드를 호출할 수 있으며 내부적으로만 HTTP 요청 방식이 달라진다. 이와 같은 개념을 의존성 주입이라 부른다(그림 10-7). 의존성 주입을 이용하면 무엇보다 여러 앱에서 코드를 공유할 수 있다.

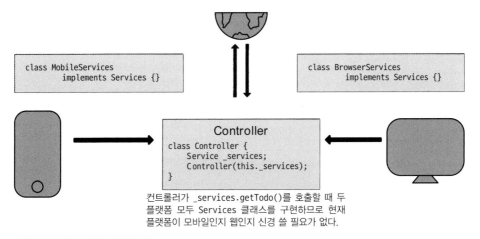

컨트롤러가 _services.getTodo()를 호출할 때 두
플랫폼 모두 Services 클래스를 구현하므로 현재
플랫폼이 모바일인지 웹인지 신경 쓸 필요가 없다.

그림 10-7 의존성 주입 다이어그램

10장에서 구현한 백엔드 앱에서는 의존성 주입을 이용해 서비스 의존성을 앱 컨트롤러에 '주입'한다. `_TodoPageState` 객체는 `widget.controller.fetchTodos`를 호출해 `todos`를 가져온다. 이 메서드는 `services.getTodos` 메서드를 호출하고 `Services`에 `TodoController`를 전달한다. 컨트롤러는 어떤 서비스를 호출했는지 신경 쓸까? 그렇지 않다. 컨트롤러는

services.getTodos를 호출했을 때 돌아오는 Todo 객체 리스트만 신경 쓸 뿐이다.

이 설명이 잘 이해가지 않는다면 TodoController를 잠시 살펴보자. TodoController는 final Services services 멤버를 선언한다. 하지만 lib/services/todos.dart 파일에는 [예제 10-18]에서 보여주듯이 세 개의 클래스만 포함한다.

예제 10-18 의존성 주입에 추상 클래스 사용

```
abstract class Services {
  Future<List<Todo>> getTodos();
  Future<Todo> updateTodo(Todo todo);
  Future addTodo();
}


class HttpServices implements Services {
// ...


class FirebaseServices implements Services {
// ...
```

첫 번째 클래스는 **추상 클래스**abstract class다. 다른 언어에서는 이를 인터페이스라 부른다. 인터페이스란 다른 클래스가 구현해야 하며, 직접 인스턴스화할 수 없는 클래스다.

다음 두 클래스는 추상 클래스를 구현하면서 '나는 Service와 같은 형식이지만 Service를 구현하는 다른 클래스와는 다른 로직을 포함할 수 있어요'라는 의미를 갖는다.

main.dart 파일을 살펴보자. main 함수의 윗부분에 필요한 서비스를 컨트롤러로 주입한다.

예제 10-19 의존성 주입 사용

```
//backend/lib/main.dart
void main() async {
// var services = HttpServices();          파이어베이스를 사용할 수 있도록 준비된
   var services = FirebaseServices();   ←   Services 인스턴스를 만든다.
   var controller = TodoController(services);   ←   서비스 객체를 컨트롤러로 전달한다.
```

컨트롤러는 Services.getTodos를 호출할 수 있다면 어떤 Services 클래스 인스턴스를 받는지는 상관하지 않는다는 점이 핵심이다. 기본 Services 클래스는 getTodos를 정의하므로 이 클래스를 구현하는 모든 클래스도 같은 형식을 반환하는 같은 메서드를 구현해야 한다. 따라서 HttpServices와 FirebaseServices 클래스는 모두 getTodos라는 Future<List<Todo>>를 반환하는 메서드를 구현한다.

이 예제는 현실과는 조금 괴리가 있다. 한 클라이언트(예를 들어 플러터 앱)에서 다른 서비스를 구현하는 일은 흔하지 않다. 하지만 웹 앱과 플러터 앱을 구현하는 여러 서비스를 구현해야 할 때가 있다. 이때 의존성 주입을 이용하면 두 앱 모두 같은 컨트롤러 클래스를 공유할 수 있으므로 앱 로직을 따로 구현할 필요가 없다.

플러터 앱에서 같은 모델과 컨트롤러를 사용하는 웹 앱을 예제로 준비했다. 앱을 실행하면 todos를 가져와 이를 콘솔에 출력한다. 이 예제는 의존성 주입을 여러 클라이언트에 어떻게 활용하는지 보여준다.

예제는 공유된 컨트롤러와 모델을 포함하는 shared 프로젝트와 다트 웹 앱 핵심 코드를 포함하는 data_backend_web 두 가지 프로젝트를 포함한다. 웹 앱 구현은 이 책에서 다루고자 하는 내용이 아니므로 관련 코드만 간단하게 살펴본다. main.dart 파일에서 플러터 앱을 어떻게 실행하는지 다시 확인하자.

예제 10-20 플러터 앱 시작

```
void main() async {
  var services = FirebaseServices();          플러터용 FirebaseServices 인스턴스를 만든다.
                                              이들 서비스는 플러터 프로젝트에 위치한다.
  var controller = TodoController(services);
  runApp(TodoApp(controller: controller));    TodoController 인스턴스를 만들어 서비스
}                                             로 전달한다. TodoController는 크로스 플랫
          컨트롤러로 앱을 실행한다.             폼 클래스다. TodoController가 Services
                                              를 구현한 클래스라면 내부 구현 방법은 신경 쓰
                                              지 않는다.
```

다음처럼 FirebaseServices 클래스를 만든다.

```
class FirebaseServices implements Services {
```

implements는 Services가 선언한 모든 메서드를 해당 클래스가 구현함을 의미한다. 따라서 Services를 구현한 모든 클래스에 services.getTodo를 호출할 수 있으며 Services가 정의한 형식을 반환한다. shared 프로젝트에서 WebHttp 서비스를 다음처럼 구현한다.

```
class WebHttp implements Services {
Client client = Client();

  @override
  Future<List<Todo>> getTodos() async {
  // ...
```

Services 클래스 형식을 요구하는 모든 곳에서 WebHttp 클래스를 사용할 수 있도록 WebHttp 클래스는 Services 클래스를 구현한다. 마지막으로 다음은 웹 앱을 시작하는 코드다.

```
// data_backend_web/lib/main.dart
import 'package:shared/shared.dart';       ◁── 공유된 코드를 포함하는 shared 라이브
                                                러리를 임포트한다.

void main() {                               웹 앱 전용 WebHttp 서비스
  var service = WebHttp();        ◁──       인스턴스를 만든다.
  var controller = TodoController(service);   ◁──
                                                TodoController 인스턴스를 만들어 서비
                                                스로 전달한다. TodoController는 크로
  runApp(controller);   ◁──┤ 컨트롤러로 앱을 실행한다.   스 플랫폼 클래스다. TodoController는
}                                             Services 클래스를 구현하는 클래스를
                                              받으며 내부 구현은 상관하지 않는다.

runApp(TodoController controller) async {
  List<Todo> todos = await controller.services.getTodos();
  todos.forEach((Todo t) => print(t.toString()));
}
```

여기까지 모든 예제를 살펴봤다. 의존성 주입으로 모델과 컨트롤러를 재사용할 수 있었다. 복잡한 앱에서는 다음과 같은 장점을 얻을 수 있다.

- 로직 계층에 버그가 있을 때 이를 한 번에 해결할 수 있다.
- 클라이언트는 그대로 유지된다. 앱에 새 기능을 추가할 때 로직은 한 번만 구현하고, UI는 두 번 구현한다. UI는 쉽게 구현할 수 있으므로 큰 문제가 되지 않는다.
- UI를 가능한한 '수동적dumb'으로 만들 수 있으므로 버그를 쉽게 발견할 수 있다.

의존성 주입은 다트로 웹 앱과 모바일 앱(플러터 덕분에 가능해짐)에서 코드를 공유할 때 사용할 수 있는 강력한 기능이다. 다양한 클라이언트를 갖는 앱을 만들 때 모든 앱이 같은 기능을 구현하도록 만드는 훌륭한 방법이다. 필자는 실제로 앱에서 버그를 발견하면 한 번만 고치는데(보통 플러터 개발 환경이 좋아서 플러터로 고침), 이 수정 내역이 웹과 모바일에 같이 적용된다. 덕분에 시간과 노력을 크게 절약할 수 있다.

10.5 마치며

- 구글은 전통적인 백엔드와 소통할 때 사용하는 HTTP 패키지를 제공한다.
- 파이어베이스 패키지를 이용하면 쉽게 파이어베이스를 백엔드로 활용할 수 있다. 파이어베이스는 반응형이며, 파이어스토어라는 플러터와 궁합이 잘 맞는 NoSQL 데이터베이스를 제공한다.
- 로직을 UI에서 빼내 컨트롤러에 구현하므로 컨트롤러는 UI와 서비스의 중간자 역할을 하며 로직 계층의 재사용성을 높인다.
- 의존성 주입으로 웹 앱과 모바일 앱에서 코드를 공유한다.
- 어떤 백엔드를 사용하든 외부 소스에서 얻어온 데이터는 JSON 직렬화를 이용해 다트 객체로 바꾼다.
- JSON 직렬화는 수동으로 구현하거나 자동 코드 생성 패키지를 이용한다.

플러터 앱 테스트

필자는 지금까지 약 백 번의 인터뷰를 치렀는데 면접관이 가장 많이 물었던 질문 중 하나는 '업무에서 어떤 종류의 테스트를 구현하셨나요?'다. 그때의 나 '별로 많이 구현하지 못했습니다'라고 답했는데 지금 돌이켜보면 이는 결코 좋은 답변이 아니었다.

면접관이 이런 질문을 던지는 이유는 테스트가 매우 중요하지만 뒷전으로 밀리곤 하기 때문이다. 그래서 필자는 테스트가 잊기 쉬운 중요한 주제라 생각해 가장 마지막 장에서 테스트를 소개한다. 우선 플러터 앱의 테스트를 살펴본다. 그리고 플러터의 내장 접근성 기능도 살펴본다. 11장에서는 '실제 출시할 앱에는 꼭 필요한 기능이지만, 출시하지 않을 앱이라면 필요하지 않은 기능'을 설명한다.

11.1 플러터 테스트

플러터 테스트에는 세 가지 종류가 있다.

- **다트 유닛 테스트**: 클래스나 함수를 테스트하지만 위젯은 사용하지 않는다. 모키토^{mockito} 패키지를 사용해 HTTP 호출을 테스트한다.
- **위젯 테스트**: 위젯을 간단하게 테스트한다.
- **통합 테스트**: 실제 사용자가 앱을 이용하는 것처럼 앱을 동작시키며 전체 기능이 동작하는지, 성능이 안정적인지 테스트한다.

여기서는 이전 장에서 만든 간단한 할 일 앱을 활용한다. 간단한 앱은 테스트가 필요 없지만 테스트를 설명하기 위해 군이 복잡한 앱을 만드는 건 불필요하다고 생각하므로 간단한 앱으로 살펴본다. [그림 11-1]은 할 일 앱 화면이다.

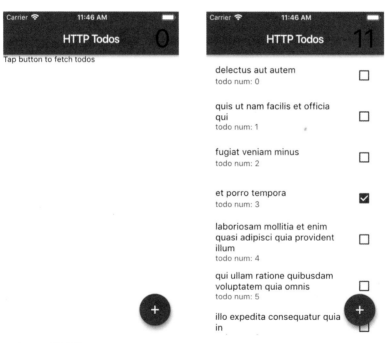

그림 11-1 할 일 앱

11.1.1 다트 유닛 테스트

다트 유닛 테스트는 플러터와는 직접적인 관련이 없다. 즉 플러터 앱뿐 아니라 모든 다트 웹 앱, 서버 앱을 유닛 테스트할 수 있다. 보통 한 개의 클래스나 메서드를 대상으로 여러 유닛 테스트를 구현한다. 플러터 앱에서는 컨트롤러, 블록, 모델, 유틸리티 함수 등을 유닛 테스트한다. 모키토 패키지를 이용해 의존성을 검사하며 HTTP나 다른 외부 소스를 이용하는 가상 클래스를 만들기도 한다.

다트 유닛 테스트 설정

우선 테스트에 필요한 의존성을 추가한다. 이 절에서는 다음 코드에서 보여주는 것처럼 test, mockito 두 가지 테스트 의존성을 추가한다.

예제 11-1 할 일 앱 pubspec 의존성

```
// backend/pubspec.yaml
dev_dependencies:
  flutter_test:
    sdk: flutter
  flutter_driver:
    sdk: flutter
  build_runner: ^1.0.0
  json_serializable: ^2.0.0
  mockito: 4.0.0   ◁─┤ 모키토를 이용해 가상 기능을 만든다
  test: any   ◁─┤ test는 다트의 표준 테스트 라이브러리다.
```

pubspec.yaml 파일에 두 의존성을 추가하고 `flutter pub get`를 실행했다면 이제 테스트 파일을 만든다. 테스트 파일은 프로젝트 경로 디렉터리의 test 폴더에 만든다.

```
| backend
├── lib
├── pubspec.lock
├── pubspec.yaml
├── test   ◁─┤ 이 폴더와 파일을 추가한다.
|  ├──dart_test.dart
```

테스트를 구현할 준비가 끝났다.

테스트할 코드

여기서 일부 기능에 유닛 테스트를 적용할 수 있도록 필요 이상으로 복잡하게 만들었다. 시간이 지나면서 코드가 점점 더 복잡해지는데 테스트로 코드가 '올바르게' 동작함을 확인한다.

[그림 11-2]는 할 일 앱의 두 뷰 화면을 보여준다. 그림의 오른쪽 위 앱 바에 나타나는 CompltedTodoCounter 구현 코드를 예제로 사용한다.

그림 11-2 할 일 앱

이 기능의 상태는 todos_controller.dart 파일의 두 클래스(컨트롤러와 CompletedTodo Counter 클래스)가 제어한다. 두 번째 클래스 코드는 테스트할 내용이 없으므로 첫 번째 클래스를 살펴본다.

예제 11-2 할 일 앱 카운터에서 테스트할 코드

```
// backend/lib/controllers/todo_controller.dart
class CompletedTodoCounter {          완료된 할 일의 개수 추적 기능을
  int completed = 0;                  제공하는 클래스다.
  void increaseCounter() => completed++;
  void decreaseCounter() => completed--;
  void resetCounter() => completed = 0;
}

class TodoController {                 컨트롤러 클래스에서 카운트
  var counter = CompletedTodoCounter();  인스턴스를 만든다.
```

```
// ... 다른 클래스 메서드

int getCompletedTodos() {          이 메서드를 호출할 때마다 모든 할 일 목록을 반복
  counter.resetCounter();          하면서 완료된 할 일을 찾는다. 카운터를 재설정한
  todos?.forEach((Todo t) {        다음 완료된 할 일 목록을 다시 센다.
    if (t.completed) {
      counter.increaseCounter();
    }
  });
  return counter.completed;
}
}
```

사실 이 코드는 단순히 카운터를 유지하는 방법치고는 너무 장황하다. 하지만 모키토 테스트 라이브러리를 조금 더 자연스럽게 소개하기 위해 이렇게 카운터를 구현했다.

다트 유닛 테스트 구현

다트 유닛 테스트는 test, expect, group 세 가지 테스트 라이브러리의 주요 함수를 사용한다. 테스트 코드 예제를 보면 더욱 쉽게 이해할 수 있다. 다음 코드는 전체 예제가 아니라 한 테스트의 예제(가장 단순한 형태의 테스트)일 뿐임을 기억하자. 다른 최신 언어로 테스트를 구현해본 경험이 있는 독자라면 큰 어려움 없이 테스트 코드를 이해할 것이다.

테스트는 'counter increases라는 새 테스트를 실행한 다음 제가 제공한 함수를 호출해 테스트를 진행합니다. 인스턴스를 만들고 increaseCounter를 호출하면 counter.completed 프로퍼티 값은 1을 가져야 합니다'라는 의미다.

예제 11-3 다트의 기본 유닛 테스트

```
// backend/test/dart_test.dart          모든 테스트는 test 함수를 호출한다. test 함수는
test("counter increases", () {          첫 번째 인수로 설명을, 두 번째 인수로 콜백 함수를 받는다.
  final counter = CompletedTodoCounter();  콜백 함수에 실제 테스트 코드를 구현한다.
  counter.increaseCounter();              CompletedTodoCounter 인스턴스를 만들었
                                          으므로 테스트에 필요한 설정을 마쳤다.
        테스트할 함수를 호출한다.
```

```
expect(counter.completed, 1);   ◁─┤ expect 함수가 참이면 테스트를 통과한다.
// ...
```

expect 함수는 검사 대상인 Actual을 첫 번째 인수로 받으며 두 번째 인수 Matcher로는 Actual의 기댓값을 설정한다. 두 값이 같으면 테스트를 통과한다. 그렇지 않으면 expect는 오류를 던지고 테스트가 실패한다.

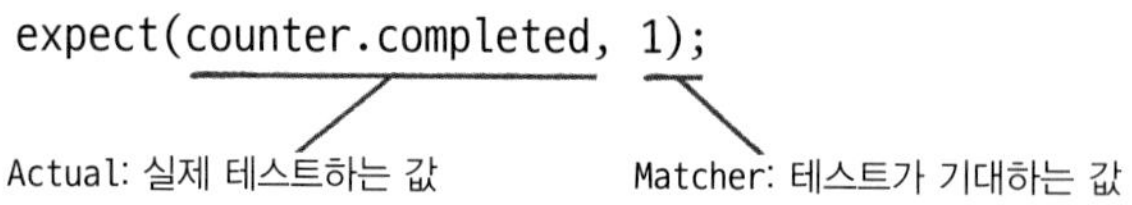

```
expect(counter.completed, 1);
```

Actual: 실제 테스트하는 값   Matcher: 테스트가 기대하는 값

그림 11-3 테스트 프레임워크의 expect 메서드

한 테스트에 여러 expect 함수를 추가하는 등 더 복잡한 테스트도 구현해보자. 다음은 카운터로 여러 번 동작을 수행한 다음, 예상 결괏값을 갖는지 여러 번 확인하는 예제다.

예제 11-4 expect 여러 번 호출

```
// backend/test/dart_test.dart
test("counter increases and decreases", () {
final counter = CompletedTodoCounter();

  counter.increaseCounter();
  expect(counter.completed, 1); ◁─── 첫 번째 expect가 실패하면 나머지 테스트의 결과
                                      와 상관없이 전체 테스트가 실패한다. 첫 번째 호출을
                                      통과하면 나머지 테스트를 진행한다.

  counter.increaseCounter(); // +1
  counter.decreaseCounter(); // -1
  counter.increaseCounter(); // +1
  counter.increaseCounter(); // +1
  counter.decreaseCounter(); // -1   두 번째 expect 호출을 통과하면 테스트를
  expect(counter.completed, 2); ◁─── 통과로 처리하면서 실행을 종료한다.
});
```

여러 테스트 그룹화

한 기능이나 클래스를 검증하는 테스트가 여러 개 있으면 같은 자원을 사용하도록 그룹으로 묶는다. 다음 예제는 기본 다트 유닛 테스트의 최종 코드다.

예제 11-5 유닛 테스트 예제 전체 코드

```
void main() {        ◁── 보통 다트 프로그램처럼 테스트도 main 함수에서 출발한다.
  group(
                                              group 함수를 이용해 여러 테스트가
      "counter keeps track of completed todos", () { ◁──  같은 자원을 사용하도록 만든다.

    expect(counter.completed, 1);               여러 테스트가 CompletedTodoCounter
    final counter = CompletedTodoCounter();  ◁── 인스턴스를 사용한다.


    test("counter increases and decreases", () { ◁──  카운터를 사용하는 그룹의
      counter.increaseCounter();                      첫 테스트다.
      expect(counter.completed, 1);

      counter.increaseCounter(); // +1
      counter.decreaseCounter(); // -1
      counter.increaseCounter(); // +1
      counter.increaseCounter(); // +1
      counter.decreaseCounter(); // -1
      expect(counter.completed, 2);
    });

    test("counter resets to 0", () {  ◁──  이 테스트도 카운터를 사용한다.
      counter.increaseCounter();
      counter.increaseCounter();
      counter.increaseCounter();
      counter.increaseCounter();

      counter.resetCounter();

      expect(counter.completed, 0);
    });
  });
}
```

한 테스트에 여러 번 expect를 호출하는 대신, 여러 테스트를 그룹으로 만들면 모듈화를 달성할 수 있다. 일부 테스트는 통과하고 일부 테스트는 실패한다. 이 예제에서 increaseCounter와 decreaseCounter 메서드는 잘 동작하지만 resetCounter는 잘 동작하지 않는다. 이 테스트는 resetCounter가 잘 동작하지 않는다는 사실을 검출한다.

11.1.2 모키토로 외부 의존성이 필요한 메서드 테스트하기

테스트 앱에서 HTTP를 사용할 때 HTTP 호출 결과가 어떻든 앱은 예상대로 동작해야 한다. 예를 들어 할 일 데이터를 얻어오는 API 서버가 다운된 상태여서 404 오류를 반환한다고 가정하자. 이는 서버 문제이므로 앱이 이 상황을 해결할 수는 없다. 앱은 이런 일이 발생할 수 있음을 미리 고려해야 한다. 모키토로 가능한 모든 상황을 '흉내mock' 낸다.

특정 클래스를 흉내 내는 버전을 구현해 이를 처리하는 방법이 있다. 이 앱의 모든 서비스는 Services라는 추상 클래스를 구현한다. 따라서 이 클래스를 구현하는 새 클래스를 만든다. [예제 11-6]은 Services를 구현하는 테스트용 클래스 코드다.

예제 11-6 MockServices 클래스

```
// backend/lib/controllers/todo_controller.dart
class MockServices implements Services {
  // ...

  @override
  Future<List<Todo>> getTodos() async {      ◁── 실제 HTTP 호출을 요청하는 대신 가상의 데이터를 반환
    return [                                      한다. 예제에서는 Typicode를 호출했을 때 반환하는 데
      Todo(1, 1, "delectus aut autem", false),    이터를 그대로 반환한다.
      Todo(1, 2, "quis ut nam facilis et officia qui", false),
      Todo(1, 3, "fugiat veniam minus", false),
      Todo(1, 4, "et porro tempora", true),
      Todo(1, 8, "et porro tempora", true),
      Todo(1, 9, "et porro tempora", true),
      Todo(1, 10, "et porro tempora", true),
      Todo(1, 11, "et porro tempora", true),
      Todo(1, 12, "et porro tempora", true),
```

```
      Todo(1, 13, "et porro tempora", true),
      Todo(1, 14, "et porro tempora", true),
      Todo(1, 15, "et porro tempora", true),
      Todo(1, 16, "et porro tempora", true),
    ];
  }
  // ...
```

멋지게 가상 서비스를 구현했지만 여러 서비스를 포함하는 복잡한 앱에서는 일일이 가상 서비스를 구현하기가 큰 부담이다. 하지만 모키토를 이용하면 문제가 쉽게 해결된다.

모키토로 앱이 제어할 수 없는 외부 소스의 응답을 원하는 대로 조절한다. 모키토 덕분에 예상되는 외부 의존성의 동작에 따라 앱이 제대로 동작하는지 테스트할 수 있다. 따라서 테스트하기 어려운 기능도 테스트할 수 있으므로 더 많은 테스트를 구현할 수 있다.

서비스 클래스의 **getTodos** 메서드에 모키토를 적용한다. 다음 코드는 원래 **getTodos** 메서드 코드다(기억을 돕는 목적일 뿐 테스트에서 이 코드를 사용하진 않는다).

예제 11-7 HTTP 요청을 보내는 getTodos 메서드

```
// backend/test/http_test.dart
Future<List<Todo>> getTodos(Client client) async {
  final response =
await client.get('https://jsonplaceholder.typicode.com/todos');

  if (response.statusCode == 200) {
    var all = AllTodos.fromJson(json.decode(response.body));
    return all.todos;
  } else {
    throw Exception('Failed to load todos');
  }
}
```

다음 예제 코드에서 모키토 패키지를 어떻게 활용하는지 살펴보자.

```
// backend/test/http_test.dart
class MockClient extends Mock implements Client {} ◁─── Mock을 상속받고 Client를 구현하므
                                                        로 HTTP 클라이언트(dart:http)의
                                                        목 클래스를 만든다.

void main() {  ◁──┤ 평소처럼 테스트를 실행한다.
  group('getTodos', () {
    test('returns a list of todos if the http call completes', () async {
      final client = MockClient();  ◁──┤ 목 클라이언트의 인스턴스를 만든다.

                        모키토의 함수를 호출하면 실제 함수 호출을 실행하는
      when(client.get(  ◁── 대신 개발자가 미리 지정한 응답을 반환한다.
        'https://jsonplaceholder.typicode.com/todos')
      ) .thenAnswer(  ◁──┤ thenAnswer는 콜백을 인수로 받으며 개발자가 원하는 반환값을 반환한다.
            (_) async => Response('[]', 200)
      );
                     테스트하려는 함수를 호출한다. 모키토는
                     실제로 client.get() 메서드를 호출하는
      expect(  ◁──┤ 대신 개발자가 지정한 응답을 반환한다.
        await getTodos(client),
        isInstanceOf<List<Todo>>(),
      );
    });
```

중요한 내용은 when/thenAnswer 호출에서 일어나므로 이를 자세히 살펴보자. 이 테스트는 getTodos를 호출하는데 이때 dart:http의 Client가 아니라 목 클라이언트를 전달한다. 목 클라이언트는 자신이 가상의 클래스이므로 개발자가 when 함수에 **지정한 동작**을 수행한다. 다음은 when 함수를 호출하는 코드다.

```
when(client.get('https://jsonplaceholder.typicode.com/todos'))
    .thenAnswer((_) async => Response('[]', 200));
```

목 클라이언트 클래스에 get 메서드를 호출하면 실제 HTTP 호출을 요청하지 않고 준비된 Response('[]', 200));를 반환한다.

다음은 호출 실패를 흉내 내는 테스트다.

```
// backend/test/http_test.dart
test('throws an exception if the http call completes with an error', () {
    final client = MockClient();     ◄─── 목 클라이언트를 만든다.

                                                            client.get을 호출했을 때
                                                            어떤 동작을 수행할지 모키토에 지정한다.
    when(client.get('https://jsonplaceholder.typicode.com/todos'))     ◄───
        .thenAnswer((_) async => Response('Not Found', 404));     ◄───  404 Not Found로 HTTP
    expect(getTodos(client), throwsException);     ◄───                  응답 실패를 반환한다.
});                        호출이 실패하면 예상대로 오류를 던지는지 테스트한다.
```

모키토를 이용하면 앱에서 제어할 수 없는 외부 의존성에서 반환하는 다양한 응답을 앱이 **제대로 처리하는지** 테스트할 수 있다. 모키토는 반드시 알아두어야 할 중요한 도구다.

11.1.3 플러터 위젯 테스트

플러터 위젯 테스트는 다트의 유닛 테스트를 활용한다. 하지만 위젯 테스트는 test 패키지 대신 flutter_test 패키지를 사용한다. API는 같지만 위젯과 UI를 테스트하는 데 필요한 추가 메서드를 제공한다. 다음 과정으로 위젯을 테스트한다.

1 테스트에 진입점으로 사용할 위젯을 알린다. 테스트는 해당 위젯과 위젯의 서브트리를 만든다.

2 서브트리에서 위젯을 찾는다.

3 이 위젯 트리의 특정 프로퍼티가 참인지 테스트한다.

어려운 내용은 없지만 그 전에 알아야 할 몇 가지 사항이 있다. 이번 절에서는 먼저 위젯 테스트 예제 코드를 보여주는데 이 코드에는 기존에 보지 못한 몇 가지 낯선 용어를 포함한다. 이 예제 코드는 전체 문맥을 제공하는 것이 목표이며 뒤에서 자세히 설명할 것이므로 낯선 용어는 크게 신경 쓰지 말자.

플러터 테스트 설정

이미 앱 테스트에 필요한 구조를 완성했으므로 pubspec.yaml 파일에 한 가지 라이브러리만 추가하면 된다.

```
// backend/pubspec.yaml          flutter_test 패키지를 임포트하고 sdk를
dev_dependencies:                설정한다. 플러터 프로젝트를 새로 만들 때
  flutter_test:      ◁────────   자동으로 이 설정이 추가된다.
    sdk: flutter
  flutter_driver:
    sdk: flutter
  build_runner: ^1.0.0
  json_serializable: ^2.0.0
  mockito: 4.0.0
  test: any
```

설정은 이게 끝이다.

위젯 테스트 구현

다음 예제는 AppBar의 제목이 있는지 테스트하는 코드다.

예제 11-9 기본적인 위젯 테스트 함수

```
// backend/test/widget_test.dart              test 메서드 대신 testWidgets
testWidgets(                                  메서드를 호출한다. WidgetTester
'App has a title', (WidgetTester tester) async { ◁  를 콜백에 전달한다.
                                              lib/services/todos.dart 파일의 MockServices 클래스
                                              를 사용한다. 이 클래스는 모키토 패키지와는 관련이 없다. 지금
  var services = MockServices(); ◁───────    은 플러터 테스트에 집중하고 서비스는 신경 쓰지 말자.
  await tester.pumpWidget( ◁────────
                                              pumpWidget 메서드는 전달한 위젯과
    TodoApp(controller: TodoController(services)) 서브클래스를 만든다. 예제에서는 앱 경로
  );                                          위젯을 전달했으므로 전체 앱을 만든다.
                          flutter_test에서 큰 비중을 차지하는
                          Finder 클래스다. 특정 위젯을 찾을 때 사용한다.
  final titleFinder = find.text("HTTP Todos"); ◁
  expect(titleFinder, findsOneWidget); ◁──────
});           이전에 살펴본 expect 함수다. 테스트 위젯의 큰 비중을 차지하는
              다양한 내장 Matcher 객체를 이용해 플러터를 테스트한다
```

테스트 구현 방법은 크게 다르지 않다. 다만 플러터 테스트는 다음 설명처럼 flutter_test에서 제공하는 메서드와 객체를 사용한다는 점이 다르다.

1 **Finder 객체**: 위젯 트리를 탐색하면서 특정 프로퍼티를 갖는 위젯을 찾는다. find 객체는 다양한 Common-Finders(byText, byWidget, byKey, byType 등)를 모은 것이고 언제나 Finder를 사용할 수 있다. 이전 테스트 함수에서 사용한 find.byText는 해당 텍스트를 갖는 위젯을 검색한다.

2 **Matcher 객체**: 유닛 테스트와 같은 기능을 제공한다. 실제 반환된 결과를 예상값과 비교한다. 위젯은 단순한 값(예를 들어 유닛 테스트에서 사용한 정수)에 비해 복잡하므로 flutter_test 라이브러리는 다양한 기능을 제공하는 여러 내장 Matcher를 제공한다. 가장 흔히 사용하는 Matcher로는 findsNothing, findsOneWidget, findsNWidgets(int n) 등이 있다. 위젯을 테스트할 때는 대상 위젯이 존재하는지 먼저 확인하는데 이때 Matcher를 사용한다.

3 **WidgetTester 클래스**: 모든 flutter_test 기능의 기본 클래스다. 사용자가 위젯과 상호작용하는 기능을 제공한다. 즉 위젯을 누르거나, 드래그, 스와이프, 텍스트 필드에 텍스트 입력하기 등의 기능을 수행한다.

4 **WidgetTester.pump(및 비슷한 메서드들)**: 위젯 테스터를 '펌핑[pumping]'하는 다양한 메서드가 있다. 펌핑 메서드는 보통 Widget.build를 호출한다. 사용자 상호작용을 흉내 내려면 먼저 앱을 pump해야 한다. 다음 코드를 보면 이 설명을 더 잘 이해할 수 있다.

위 설명을 유념하며 예제 코드를 다시 확인해보자.

예제 11-10 위젯 테스트 기본 함수

```
// backend/test/widget_test.dart
testWidgets(
  'App has a title', (WidgetTester tester) async {        플러터 테스트 기능에 필요한
                                                          WidgetTester다.

  var services = MockServices();         pumpWidget은 전달한 위젯의 build 메서드를
                                         호출한다. 탐색 등 어떤 테스트를 수행하기 전에
                                         반드시 이를 수행해야 한다.
  await tester.pumpWidget(
    TodoApp(controller: TodoController(services)),
  );

                                                      find.text는 "Http Todos"라는 문자열을
                                                      포함하는 위젯을 위젯 트리에서 검색한다.
  final titleFinder = find.text("HTTP Todos");
  expect(titleFinder, findsOneWidget);        findOneWidget은 Matcher로 트리에서
});                                           파라미터를 만족하는 위젯 하나를 찾는다.
```

위젯과 상호작용하는 API를 제외하면 플러터 테스트는 다트 유닛 테스트와 크게 다르지 않다. 다만 flutter_test 패키지는 위젯과 상호작용하는 다양한 기능을 제공한다. 버튼을 누르거나, 위젯을 드래그하거나, 입력 필드에 텍스트를 입력하는 등 동작을 수행한다.

할 일 앱이 어떻게 동작하는지 살펴보자. 앱을 처음 실행하면 아무 일도 일어나지 않는다. FloatingActionButton을 누르면 HTTP 요청이 발생하면서 데이터를 가져오고 할 일 목록으로 데이터를 표시한다.

버튼을 눌러 HTTP 요청을 보내고 리스트를 그리는 과정을 테스트하려면 FloatingAction-Button을 tap하는 기능이 필요하다. 플러터에서는 간단하게 이를 구현한다. 다음 예제는 키로 위젯을 찾고 필요한 동작을 수행하는 코드다.

예제 11-11 버튼을 찾고 누르기

```
// backend/test/widget_test.dart
testWidgets(
    'finds and taps the floating action button',
        (WidgetTester tester) async {
    var services = MockServices();
    await tester.pumpWidget(    ⟵─┤ tester.pumpWidget은 앱을 만든다.
        TodoApp(controller: TodoController(services))
    );


        Finder floatingActionButton =
        find.byKey(Key('get-todos-button')); ⟵
```

> 고유 키로 원하는 위젯을 찾는다. 필자는 이 방법이 가장 간단한 방법이라 생각하는데 뒤에서 자세히 설명한다.

```
    await tester.tap(floatingActionButton); ⟵
```

> tester.Tap 메서드에 Finder 결과를 인수로 전달해 원하는 위젯을 누른다.

```
    // 앱 다시 빌드
    await tester.pumpAndSettle(  ⟵
        Duration(seconds: 2),
    );
```

> 중요한 부분이다! setState를 호출하는 함수를 호출했다면 앱을 다시 펌프해야 한다. pumpAndSettle 메서드는 지정한 시간동안 pump를 반복 호출한다. 이 메서드는 비동기 작업 시 매우 유용하다.

```
    final firstTodoFinder =
    find.text("delectus aut autem"); ⟵
```

> 특정한 할 일 항목이 있는지 찾는다. 가상 데이터는 이 항목을 포함하므로 이 위젯을 찾을 수 있어야 한다.

```
    expect(firstTodoFinder, findsOneWidget);
});
```

통합 테스트를 살펴보기 전에 알아두어야 할 것은 키로 요소를 쉽게 찾을 수 있는데 이는 한 개의 위젯을 찾을 때만 해당한다는 점이다. 이전 예제에서 키로 FloatingActionButton을 찾았다. [예제 11-12]에서 보여주는 것처럼 단순한 Key를 갖는다.

예제 11-12 테스트에서 키로 위젯 찾기

```
// backend/lib/todo_page.dart
floatingActionButton: FloatingActionButton(
  key: Key("get-todos-button"),     ◁──────┐ 모든 Key 형식을 이용할 수 있는데
  onPressed: () => _getTodos(),             │ 예제에서는 표준 형식을 사용했다.
  child: Icon(Icons.add),
),


// backend/test/widget_test.dart 테스트
testWidgets(
    'finds and taps the floating action button', (WidgetTester tester) async {
  var services = MockServices();
  await tester.pumpWidget(TodoApp(controller: TodoController(services)));
  Finder floatingActionButton =
    find.byKey(Key('get-todos-button'));    ◁──┤ String 값을 사용한다.
```

어려운 부분은 없다. 이전 테스트에서 눈여겨봐야 할 다른 점은 pump 참조다. pump 참조와 관련해 두 가지를 기억하자.

- 테스트하려는 위젯은 테스트에 MediaQuery와 다른 콘텍스트를 제공하도록 App과 Scaffold로 감싸야 한다. 즉 위젯을 '펌프'할 때 전체 앱을 전달해야 한다. 커다란 전체 앱을 펌프하지 않으려면 위젯을 MaterialApp과 Scaffold로 감싸는 작은 테스트 앱을 만들어야 한다.
- Widget.build를 호출하고 싶으면 위젯을 펌프해야 한다. 즉, 위젯을 누르는 등 상호작용을 수행한 다음에 펌프를 호출해야 한다. 위젯의 setState를 호출한 다음에도 반드시 펌프를 호출해야 한다!

이 방법으로 간단한 위젯은 테스트할 수 있지만 전체 UI 흐름을 테스트하기엔 번거로울 수 있다. 다행히 플러터 팀은 이미 이를 예상하고 통합 테스트를 구현하는 데 도움을 주는 멋진 도구를 제공한다.

11.1.4 플러터 통합 테스트

플러터는 여러 골칫거리를 해결한다는 점을 이미 여러 차례 확인했다. 통합 테스트도 예외가 아니다. 플러터 팀이 만든 통합 테스트 라이브러리로 쉽게 통합 테스트를 실행하자. 통합 테스트를 이용해 모든 기능이 어떻게 서로 동작하는지 확인하고 앱 성능도 테스트한다.

먼저 flutter_driver 패키지가 필요하다. 플러터 드라이버 테스트는 위젯 테스트와 비슷한 방법으로 구현하지만 플러터 드라이버는 실제 사용자를 흉내 내는 기능을 포함한다. 드라이버 테스트는 실제로 앱을 실행하면서 앱과 상호작용한다. 앱에서 스크롤이 일어나는 모습이나 버튼을 누르는 모습을 직접 확인할 수 있다. 이전에 셀레늄 웹드라이버^{Selenium WebDriver} 같은 기능을 사용해본 독자라면 플러터 드라이버도 비슷한 종류라고 생각하자. 이제 플러터 드라이버를 살펴보자.

플러터 드라이버 설정

flutter_driver 설정은 이전에 비해 조금 복잡하지만 그래도 크게 어렵지 않다. 먼저 pubspec.yaml 파일에 패키지를 추가한다.

예제 11-13 할 일 앱 pubspec 의존성

```
// backend/pubspec.yaml
dev_dependencies:
  flutter_test:
    sdk: flutter              flutter_driver 패키지를 추가한다.
  flutter_driver: ◄          이 패키지도 sdk를 받는다.
    sdk: flutter
  build_runner: ^1.0.0       반드시 test를 임포트해야 한다. 이전 예제에서는 test나 flutter_test
  json_serializable: ^2.0.0  둘 중 하나를 사용했다. 하지만 플러터 SDK를 flutter_driver와 같은 파
  mockito: 4.0.0             일에서 사용할 수 없으므로 test가 필요하다. flutter_test를 앱 의존성
  test: any ◄               에 추가하는 것은 괜찮다. 하지만 드라이버 테스트와 플러터 테스트 패키지를
                            같은 파일에 사용할 수 없다.
```

필요한 의존성을 추가한 다음에는 관련 파일을 만든다. 드라이버 파일은 기존 테스트와는 독립적으로 저장한다. 보통 플러터 경로의 **test_driver**라는 폴더에 드라이버 파일을 저장한다.

두 파일을 추가한다. 한 파일은 앱을 실행하고 다른 파일은 테스트를 실행한다. flutter_

driver를 사용하면 실제로 앱을 실행한다는 사실을 기억하자. 이때 다른 프로세스로 앱을 실행하므로 각각 다른 파일로 저장해야 한다. 다음은 완성된 프로젝트 구조다.

```
| backend
├── lib
├── pubspec.lock
├── pubspec.yaml
├── test
|   ├── dart_test.dart
|   ├── http_test.dart
|   ├── widget_test.dart
├── test_driver   ←─┤ 이 폴더를 만들고 안에 두 파일을 추가한다.
|   ├── app.dart
|   └── app_test.dart
```

앱(app.dart)을 실행하는 코드는 다음과 같이 간단하다.

예제 11-14 flutter_driver 확장 설정

```
// backend/test_drive/app_test.dart
import 'package:flutter_driver/driver_extension.dart';
import 'package:backend/main.dart' as app;   ←─┤ 앱을 임포트한다.
void main() {
  // 확장 활성화
  enableFlutterDriverExtension();   ←─┤ 확장을 활성화한다.
  // 앱 실행
  app.main();   ←─┤ 앱을 실행한다.
}
```

파일 내용이 아주 단순하다. 물론 현실의 복잡한 앱이라면 미리 처리해야 할 일을 이 파일에서 설정한다.

마지막으로 앱을 실행할 디바이스를 연결한다. iOS 에뮬레이터나 안드로이드 에뮬레이터, 컴퓨터와 연결된 실제 디바이스 등 앱을 설치할 공간이 충분한 디바이스를 사용한다.

플러터 드라이버 테스트 구현

test_app.dart 파일에 테스트를 구현한다. 테스트 구현 방법은 기존과 크게 다르지 않다. Finder(용어는 조금 다르다)로 위젯을 찾고, Matcher를 사용하고 expect를 호출하면서 결과를 확인한다. 설정 부분만 조금 다르다. 플러터 드라이버에 연결하는 데 필요한 특별한 함수를 사용하기 때문이다. 다음 예제는 설정 코드를 보여준다.

예제 11-15 flutter_driver 통합 테스트 구현

```
// backend/test_drive/app.dart
import 'package:flutter_driver/flutter_driver.dart';
import 'package:test/test.dart';   ←─┐ flutter_test 패키지 대신 test
                                      │ 패키지를 사용한다는 사실을 기억하자.
void main() {
  group("Todo App", () {
    final buttonFinder =                      ┌ 비슷한 방법으로 Finder를 사용한다.
    find.byValueKey("get-todos-button");  ←───┘ 키로 여러 위젯을 찾는다.
    final completedTodoCounter = find.byValueKey("counter");
    final listViewFinder = find.byValueKey("list-view");
    final lastTodoFinder = find.byValueKey("todo-19");
    final lastTodoSubtitleFinder = find.byValueKey('todo-19-subtitle');

                              ┌ FlutterDriver 참조를 선언하고 이를 이전 예제의
    FlutterDriver driver;  ←──┘ WidgetTester 클래스처럼 활용한다.

    // 테스트를 시작하기 전에 플러터 드라이버 연결
    setUpAll(() async {  ←──────────────────┐ driver.connect를 호출해
      driver = await FlutterDriver.connect();│ 드라이버를 설정한다.
    });

    // 테스트를 완료하기 전에 드라이버 연결 닫기
    tearDownAll(() async {  ←──┐ driver.close로 연결을 닫는다.
      if (driver != null) {    │ 그렇지 않으면 프로세스가 앱을 계속 실행한다.
        driver.close();
      }
    });
```

필요한 설정을 확인했다. 테스트를 실행하기 전에 드라이버에 연결하고 테스드를 마치면 드라이버 연결을 닫는다. 연결을 닫으면 앱 실행도 중단된다. 테스트는 두 가지를 확인한다. 우선 FloatingActionButton을 누를 수 있으며, FloatingActionButton을 누르면 [그림 11-4] 처럼 할 일 목록을 가져온다.

그림 11-4 할 일 앱 완성 화면

완료된 할 일 개수를 확인하는 방법으로 이 기능을 테스트한다. 테스트 데이터가 무엇인지 미리 알고 있기에 테스트할 수 있다. 데이터를 알 수 없으면 데이터 집합에 완료된 할 일이 항상 있다고 가정할 수 없다. 하지만 테스트에서 목 API를 사용하므로 매번 같은 데이터를 반환한다는 사실을 아는 상황이다.

두 번째로 할 일 목록을 스크롤할 수 있으며 할 일 목록에는 여러 할 일 항목이 있는지 테스트한다. 이 테스트를 통해 flutter_driver의 능력(앱에서 자동으로 스크롤이 일어나는 것을 확인)이 무엇이며 앱 성능을 어떻게 프로파일링하는지 배운다. 이 부분은 잠시 뒤에 설명한다.

다음은 할 일 앱의 테스트 코드다.

```
//lib/test_drive/test_app.dart
test('taps fab button', () async {              tester.tap 대신
  await driver.tap(buttonFinder);  ◄━━━━       driver.tap을 사용한다.
  expect(
    await driver.getText(completedTodoCounter),
    isNot("0"),
  );  ◄━━━        driver.getText는 이전과 비슷한 메서드다.
});              isNot은 !=을 의미하는 Matcher다.
```

```
test('can scroll to bottom', () async {
  final timeline =
    await driver.traceAction(() async {          traceAction은 프로파일링에 사용하는
                                                  메서드다. 잠시 뒤에 살펴본다.
      await driver.scrollUntilVisible(
                                                  driver.scrollUntilVisible은
                                                  스크롤을 일으킨다.
                              listViewFinder는 앱에서 ListView를
                              찾도록 필자가 구현한 메서드다.
        listViewFinder,
        lastTodoFinder,      lastTodoFinder는 마지막 할 일을 찾는 메서드다.
                              테스트가 찾아야 할 위젯을 인수로 전달한다.
        dyScroll: -150.0,    한 번의 동작으로 몇 개의 픽셀만큼 스크롤을 수행할지 지정한다. 즉 150픽셀을 스크
      );                     롤한 다음 멈춰서 위젯을 찾고, 위젯을 찾지 못하면 다시 150픽셀만큼 스크롤하고 찾
      expect(               기를 반복한다. 실행 중인 디바이스의 뷰포트보다 큰 픽셀값을 넣지 않도록 주의하자.
        await driver.getText(lastTodoSubtitleFinder),
        "todo num: 19",
      );
```

위젯 테스트와는 세 가지 다른 점이 있다. 먼저 tester 대신 driver를 사용한다. 하지만 각 객체로 접근하는 기능은 서로 비슷하다.

두 번째로 테스트가 더 명확하다. 드라이버의 scrollUntilVisible 메서드는 강력하다! flutter_test 패키지로도 스크롤을 동작할 수 있지만 scrollUntilVisible만큼 '영리하고 재미있게' 기능을 지원하지는 못한다. 테스트 예제에서 버튼을 눌렀을 때 할 일 목록이 표시되고 'todo-19' 키를 갖는 할 일 항목을 찾으면 테스트를 통과한다. 5,000개의 할 일이 있어도 이 테스트는 자기의 기능을 잘 수행한다. 즉 정해진 픽셀만큼 목록을 스크롤하면서 정해진 항목 찾기를 반복한다. scrollUntilVisible은 flutter_driver가 제공하는 한 가지 기능일 뿐이다. flutter_driver로 실제 사용자의 동작을 쉽게 흉내낼 수 있다.

위젯 테스트와 마지막 차이점은 driver.traceAction 메서드다. driver.traceAction는 앱의 성능 프로파일링에 사용하는 메서드로 다음 절에서 설명한다.

11.1.5 통합 테스트의 성능 프로파일링

스크롤을 테스트하는 이유는 모바일 앱에서 스크롤은 비싼 동작이기 때문이다. 스크롤하는 동안 앱은 일 초에도 여러 번 화면을 다시 그린다. 플러터는 60fps(초당 프레임 수)로 화면을 그

린다. 스크롤을 하는 동안 앱은 전체 페이지를 반복해서 다시 그린다. 스크롤의 부드러움은 쉽게 사라진다. `flutter_driver`는 앱의 버벅거림을 해결할 수 있도록 내장 성능 프로파일링 기능을 제공한다.

통합 테스트를 수행하면서 성능 지표를 기록하도록 앱에 지시하면 테스트가 끝난 후 성능 데이터를 제공한다. 프로파일링은 애니메이션이 얼마나 부드럽게 실행되는지, fps는 몇으로 유지되었는지 등 UI와 관련한 정보를 제공한다. 이 결과를 이용해 앱 성능의 병목이 일어나는 곳을 확인한다(예를 들어 스크롤 시 성능이 저하되었다면 스크롤 시 항목을 그리는 데 비용이 많이 든다는 사실을 알 수 있다).

`flutter_driver`를 이용하면 두 가지 과정을 거쳐 앱 성능을 프로파일링한다. 먼저 `traceAction` 메서드로 테스트에 프로파일링을 지시한다. 그리고 `TimelineSummary`라는 객체로 요약 결과를 출력하도록 지시한다. 이전에 보여준 테스트(스크롤 테스트) 예제는 사실 전체 코드가 아니었다. 다음은 전체 코드를 보여준다.

예제 11-16 flutter_driver로 앱 프로파일링하기

```
// backend/test_drive/app_test.dart
test('can scroll to bottom', () async {
  final timeline =
  await driver.traceAction(() async {        ◁─── traceAction으로 추적할 대상을 flutter_driver에
                                                    알려준다. 콜백으로 테스트를 전달한다.
    await driver.scrollUntilVisible(
      listViewFinder,
      lastTodoFinder,
      dyScroll: -150.0,
    );
    expect(await driver.getText(lastTodoSubtitleFinder), "todo num: 19");
  });
  final summary =                              TimelineSummary 클래스는 traceAction이 만든
  TimelineSummary.summarize(timeline);   ◁─── 모든 데이터를 파싱해 이해할 수 있는 데이터로 변환한다.
                                                traceAction의 결과를 timeline 변수로 전달한다.

  await summary.writeSummaryToFile(      ◁─── 모든 데이터를 포함하는 새로운 파일을 만든다. 첫 번째
    "scrolling_summary", pretty: true,          인수(scrolling_summary)는 새 파일의 이름이며 두
  );                                            번째 인수 pretty: true는 가독성을 높이는 옵션이다.
```

```
  await summary.writeTimelineToFile(   ◁────┐
    "scrolling_timeline",
  );
});
```

writeTimelineToFile은 전체 time-
line을 기록한다. 파일에는 많은 내용이 기
록되는데 각 기능은 잠시 뒤에 살펴본다.

플러터가 자동으로 여러분의 앱을 프로파일링하므로 정말 멋진 기능이다. 하지만 데이터를 분
석하는 일은 또 다른 영역이다. 먼저 테스트를 실행하려면 두 가지 작업이 필요하다.

1 디바이스(iOS 에뮬레이터)를 실행한다.

2 프로젝트 경로에서 flutter drive --target=test_driver/app.dart를 실행한다.

잠시 기다리면 flutter_driver가 앱을 실행한다. 테스트를 실행한 다음에는 플러터 앱을 실
행할 때 생성되는 build 폴더에 두 개의 파일이 만들어진다. 첫 번째 파일은 JSON 형식으로
다음과 같은 내용을 포함한다.

```
// backend/build/scrolling_summary.json
{
  "average_frame_build_time_millis": 4.57943661971831,
  "90th_percentile_frame_build_time_millis": 8.045,
  "99th_percentile_frame_build_time_millis": 10.86,
  "worst_frame_build_time_millis": 13.751,
  "missed_frame_build_budget_count": 0,
  "average_frame_rasterizer_time_millis": 2.4071690140845066,
  "90th_percentile_frame_rasterizer_time_millis": 2.85,
  "99th_percentile_frame_rasterizer_time_millis": 3.234,
  "worst_frame_rasterizer_time_millis": 3.551,
  "missed_frame_rasterizer_budget_count": 0,
  "frame_count": 71,
  // ...
```

모두 읽기엔 정보가 너무 많다. 특히 이들 숫자의 의미를 파악하려면 테스트를 여러 번 실행하
면서 시간에 따라 데이터가 어떻게 변하는지 확인해야 한다. 숫자 자체로는 많은 정보를 포함
하지 않는다. 다만 missed_frame_build_budget_count의 값이 0이라는 사실을 알 수 있는
데 이는 좋은 상황이다. 이 값은 플러터가 모든 프레임을 처리할 수 있었음을 의미한다. 이외에

조금 더 쉽게 이해할 수 있는 상세 데이터 집합도 있다. scrolling_timeline.json 파일은 이 정보를 포함한다.

이 파일 자체로는 유용한 정보를 얻기 어렵다. 무슨 의미인지 알기 힘든 숫자들로 가득하기 때문이다. 하지만 구글의 크롬 브라우저 안의 도구를 이용하면 데이터를 그래프로 확인할 수 있다. 프로파일링 데이터 분석은 이 책의 주제에서 벗어나므로 주요 팁만 간단하게 설명한다.

데이터를 그래프로 변환하는 도구는 무료다. 크롬 브라우저를 설치한 독자는 바로 도구를 사용할 수 있다. 크롬 브라우저의 주소창에 chrome://tracing/을 입력하자. 그러면 [그림 11-5] 같은 화면이 나타난다.

그림 11-5 크롬 프로파일링 도구

빈 화면이 나타난다. 하지만 이 화면에서 [Load] 버튼을 누르고 scrolling_timeline.json 을 열자. 그러면 [그림 11-6]처럼 데이터가 화면에 나타난다.

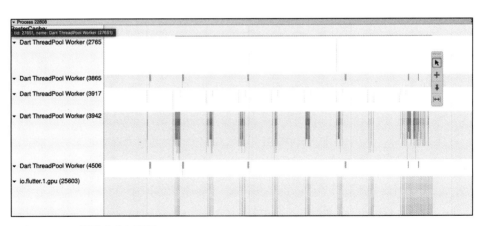

그림 11-6 프로파일링 데이터 시각화

이제 그래프가 나타난다. 이 그래프는 크롬 개발자 도구 네트워크 탭(웹 개발자라면 익숙할 것이다)과 비슷하게 생겼다. 이 도구로 특정 시간을 확대하면 플러터가 처리하는 데 가장 시간이 오래 걸린 작업을 확인할 수 있다(그림 11-7).

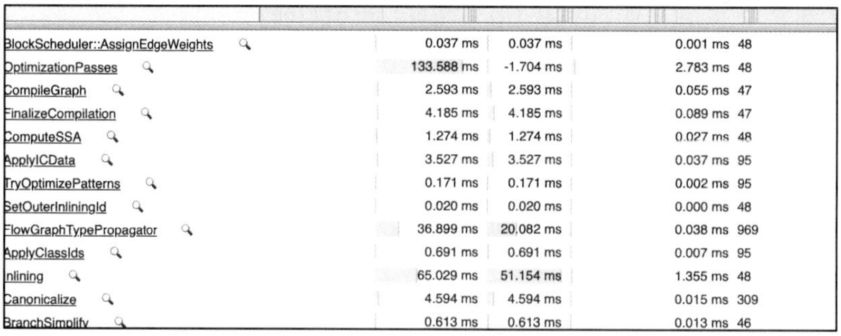

BlockScheduler::AssignEdgeWeights	0.037 ms	0.037 ms	0.001 ms	48
OptimizationPasses	133.588 ms	-1.704 ms	2.783 ms	48
CompileGraph	2.593 ms	2.593 ms	0.055 ms	47
FinalizeCompilation	4.185 ms	4.185 ms	0.089 ms	47
ComputeSSA	1.274 ms	1.274 ms	0.027 ms	48
ApplyICData	3.527 ms	3.527 ms	0.037 ms	95
TryOptimizePatterns	0.171 ms	0.171 ms	0.002 ms	95
SetOuterInliningId	0.020 ms	0.020 ms	0.000 ms	48
FlowGraphTypePropagator	36.899 ms	20.082 ms	0.038 ms	969
ApplyClassIds	0.691 ms	0.691 ms	0.007 ms	95
Inlining	65.029 ms	51.154 ms	1.355 ms	48
Canonicalize	4.594 ms	4.594 ms	0.015 ms	309
BranchSimplify	0.613 ms	0.613 ms	0.013 ms	46

그림 11-7 각 프로세스와 실행 시간

이 데이터로 각 프로세스가 걸린 시간을 확인하면서 성능 병목이 발생한 위치를 좁힌다. 이들 프로파일링 도구는 문맥이 중요하다. 테스트 앱에서 발생한 결과는 실생활의 결과와 거리가 있다. 프로파일링 도구 설명은 이쯤에서 마친다. 하지만 언젠가 여러분의 플러터 앱이 부드럽게 동작하지 않을 때 이 문제를 어떻게 조사해야 하는지 힌트를 얻었을 것이다.

11.2 Semantics 위젯의 접근성

접근성은 모든 사람이 사용할 수 있는 앱을 의미한다. 좋은 예로 화면의 색을 어떻게 지정할 것인가이다. 많은 사람은 색맹이므로 플러터 앱, 웹 앱 그 밖에 사람이 읽는 모든 것의 색을 신중히 선택해야 한다. 예를 들어 텍스트와 배경이 크게 대비되도록 설정하면 좋다.

접근성과 관련된 대부분의 원칙과 사례(예를 들어 높은 대비를 갖는 이미지를 사용하거나 충분히 큰 텍스트 사용)는 플러터에만 국한되지 않으므로 플러터와 관련해 특별히 설명할 내용은 많지 않다. 일반적인 접근성과 관련된 내용만으로도 책 한 권을 집필할 수 있을 정도다. 가능한한 접근성 원칙을 배우고 나서 접근성을 사용하는 것을 추천한다. 플러터는 접근성과 관련된 한 가지 위젯, 즉 Semantics 위젯을 제공한다.

Semantics 위젯은 HTML의 <a> 태그로 설정하는 alt 프로퍼티와 같은 방식으로 동작한다. 즉 Semantics 위젯은 앱이 무엇을 하고 어떻게 동작하는지에 대한 정보를 제공한다. Semantics 위젯은 위젯 트리에 직계 자식의 설명을 추가한다. 예를 들어 Semantics 위젯으로 Button 위젯의 동작 설명을 추가한다. 또는 Semantics으로 시각 장애를 갖는 사람이 특정 텍스트를 읽을 수 있도록 주석을 추가하거나 현재 화면에서 일어나는 일을 화면 읽기 기능으로 사용자에게 들려준다.

지금까지 배운 것처럼 플러터는 앱을 구성하는 여러 트리가 있다. Semantics 위젯도 같은 방법으로 동작한다. 다만 Semantics 위젯에는 시맨틱스 트리라는 화면 읽기용 정보를 포함하는 전용 트리가 존재한다. 앱을 구현하면서 자동으로 시맨틱스 트리가 어느 정도 만들어지지만 직접 필요한 정보를 추가할 수 있다.

Semantics 위젯으로 대상 노드를 감싸서 시맨틱스 트리에 추가한다. 다음 예제를 살펴보자.

```
Semantics(          ◁── Semantics도 위젯이다.          참이면 시맨틱스 트리에 새 노드를 만든다. 노드와 노드의 부모가 한 UI
    container: true,  ◁──                              요소(버튼과 버튼 안의 텍스트처럼)라면 이를 참으로 설정하지 않는다.
    properties: SemanticsProperties( ◁──   프로퍼티는 Semantics 동작의 핵심 요소 중 하나다.
                                           다양한 프로퍼티가 있는데 예제는 그중 일부다.
                       자식이 버튼이면 button은 참이다. 화면 읽기 기능에 이 컴포넌트는
        button: true,  ◁── 액션을 수행할 수 있음을 알려준다. textField(텍스트용),
                       checked(체크박스용) 등의 프로퍼티도 있다.
        hint: "Performs action when pressed", ◁──
                                                  이 컴포넌트가 수행하는 동작을
        onTap: () => { ... },  ◁──                사용자가 알 수 있게 화면 읽기
    ),                     onTap은 화면 읽기 기능 같은   기능으로 힌트를 제공한다.
                           접근성 도구가 활용하도록 전
                           달하는 다양한 콜백 중 하나다.

    child: Button(  ◁── 모든 위젯을 자식으로 설정할 수 있다.
    // ...
```

Semantics 위젯 사용법을 확인했다. 위젯에서 제공하는 더 많은 프로퍼티가 있다. 하지만 핵심은 플러터는 접근성을 이미 고려했으며 앱의 접근성을 높이는 다양한 기능을 제공한다는 사실이다. 시장에 출시할 앱을 만들 때는 이 기능을 **반드시** 활용하자.

11.3 다음 여정

드디어 책의 내용을 모두 마스터했다. 이 책을 집필하는 동안에도 플러터의 미래에 다가올 큰 변화와 기능을 생각하면 흥분을 감출 수 없다. 우리의 여정은 아직 끝나지 않았다!

앞으로 여러분이 꾸준히 플러터를 사용하면서 커뮤니티에도 기여하길 바란다. 한 권의 책으로 모든 것을 설명할 순 없으며 플러터 자체도 빠른 속도로 발전하고 있으므로 앞으로 플러터를 배우는 데 도움이 될 리소스를 소개하려 한다.

- flutterSamples.com: 이 사이트는 다양한 플러터 앱 아키텍처와 상태를 구현하는 다양한 플러터 앱 예제를 제공한다. 블록, 리덕스, InheritedWidget 등 다양한 기능을 사용하는 앱도 있다.
- 『Accessibility Handbook』(O'Reilly Media, 2012): 이 책은 거의 10년 전에 출간되었지만 여전히 웹사이트의 접근성과 관련된 훌륭한 정보를 제공한다. 웹사이트의 원칙은 모바일에도 적용된다.
- **플러터 유튜브 채널**(https://flutter.dev/youtube): 플러터 개발 부서는 수많은 자료와 문서를 만들었다. 플러터가 훌륭한 이유는 이런 수많은 자료 덕분이다. 공식 플러터 유튜브 채널은 다양한 주제로 구성된 수많은 비디오를 제공한다.
- **코드매직**^{CodeMagic}(https://codemagic.io/start/): 플러터용 CD/CI 플랫폼이다. 코드 매직은 사용하기 쉬워서 이를 이길 수 있는 제품은 아직 없다.

마지막으로 플러터 내부 동작을 컴퓨터 공학적으로 자세히 알고 싶다면 플러터 웹 사이트의 'Inside Flutter'라는 글(https://flutter.dev/docs/resources/inside-flutter)을 참고 하자.

11.4 마치며

- 다트 유닛 테스트, 위젯 테스트, 통합 테스트 이 세 가지 방법으로 플러터 코드를 테스트한다.
- 유닛 테스트는 클래스와 함수를 검증하기 좋은 방식이다.
- 서비스를 호출하는 클래스가 있다면 모키토 라이브러리로 클래스의 동작을 흉내 낼 수 있다.
- 위젯 테스트를 이용해 특정 위젯을 테스트한다.
- 위젯 테스트에서는 Matcher와 Finder 객체로 **어떤 일이 벌어지길 기대하며 실제로 어떤 일이 일어났는지** 확인한다.
- 전체 기능이 어떻게 함께 동작하는지 테스트할 때 통합 테스트를 이용한다. 플러터는 flutter_driver 패키지로 통합 테스트를 구현한다.
- 통합 테스트를 구현할 때 앱의 성능을 프로파일링할 수 있다.
- flutter_driver로 구현한 테스트는 위젯 테스트 코드와 비슷하다. 두 테스트 모두 앱 실행을 흉내 내는 '펌핑' 개념을 사용한다.
- 시장에 출시할 앱은 접근성을 지원하는 것이 좋다.
- Semantics 위젯을 이용하면 접근성을 쉽게 추가할 수 있으므로 이를 적극 활용하자!

Part

부록

Part V

부록

다트 2와 플러터 설치

A.1 다트 2 설치

여러분의 컴퓨터에서 다트를 실행하려면 다트 SDK를 설치해야 한다.

> **NOTE_** 지금부터 다트 2 설치 방법을 설명한다. 이 책에서는 다트 2를 사용하므로 다트 1으로는 코드가 동작하지 않는다! 컴퓨터에 이미 다트 SDK가 설치되어 있다면 버전이 2.0.0 이상인지 확인하자.

다음처럼 간단하게 명령줄로 다트 SDK를 설치한다.

명령줄

이 책에서는 터미널에서 실행할 수 있는 여러 명령이 등장한다. 필자는 GUI를 좋아하며 명령줄은 즐겨 사용하지 않는다. 이 책을 배우는 데 명령줄을 잘 다룰 필요는 없다. $는 터미널의 명령줄이 시작됨을 의미하며, =>는 반환값을 가리킨다. 예를 들어 which dart를 유닉스 시스템 터미널에서 실행하면 다트 SDK가 설치된 경로를 반환한다. 다음처럼 다트를 제대로 설치했는지 확인할 수 있다.

```
$ which dart
=> /usr/local/bin/dart
```

여러분이 사용하는 운영체제에 따라 설치 방법이 다르다.

A.1.1 맥OS

맥을 사용하는 독자는 컴퓨터의 홈브루Homebrew 프로그램을 사용한다. 홈브루를 설치하지 않았다면 먼저 홈브루를 설치한다. 홈브루는 터미널로 소프트웨어 패키지를 관리하도록 돕는 명령줄 프로그램이다. 명령줄로 간단하게 홈브루를 설치한다. 우선 홈브루가 설치되어 있는지 확인한다.

> **WARNING_** 명령줄에 명령을 복사해서 붙여넣을 때 앞에 붙은 $를 제거해야 한다.

```
$ brew -v
```

터미널이 Homebrew 1.x.x라는 메시지를 출력하면 홈브루가 설치되어 있음을 의미한다. 그렇지 않으면 홈브루를 설치해야 한다. https://brew.sh의 지시에 따라 명령줄로 홈브루를 설치하자.

이제 홈브루로 쉽게 다트 SDK를 설치한다.

```
$ brew tap dart-lang/dart
$ brew install dart
```

터미널에서 다음 명령어를 입력해 다트가 제대로 설치되었는지 확인한다.

```
$ dart -version
=> Dart VM version: 2.x.x...
```

A.1.2 윈도우

윈도우에서는 Chocolately 패키지 관리자[1]로 다트를 설치하는 것이 가장 쉬운 방법이다. Chocolately로 다음처럼 간단하게 다트를 설치한다.

```
C:\> choco install dart-sdk
```

A.1.3 리눅스

우분투Ubuntu에 다트를 설치한다. 다음 명령을 이용하면 새 버전의 다트가 출시되었을 때 자동으로 다트를 업데이트한다.

한 번만 설정한다.

```
$ sudo apt-get update
$ sudo apt-get install apt-transport-https
$ sudo sh -c 'curl
➥ https://dl-ssl.google.com/linux/linux_signing_key.pub | apt-key add -'
$ sudo sh -c 'curl https://storage.googleapis.com/download.dartlang.org/
➥ linux/debian/dart_stable.list > /etc/apt/sources.list.d/dart_stable.list'
```

다트 SDK를 설치한다.

```
$ sudo apt-get update
$ sudo apt-get install dart
```

---

1 https://chocolatey.org/

A.2 플러터 SDK 설치

플러터 웹 페이지(https://flutter.dev/get-started/install/)를 방문해 SDK zip 파일을 내려받아 플러터를 설치한다. 플러터 웹 페이지의 자세한 설치 방법을 따라 하면 큰 문제없이 플러터 SDK를 설치할 수 있다. 이 책에서는 설치 방법을 간략히 소개한다.

A.2.1 맥OS

1 https://flutter.dev/get-started/install/에서 SDK를 내려받는다.

2 적절한 폴더에서 압축을 해제한다.

```
$ cd ~
$ unzip ~/Downloads/flutter_macos_v0.9.4-beta.zip
```

3 PATH에 임시로 플러터의 경로를 추가한다.

```
$ export PATH=`pwd`/flutter/bin:$PATH
```

4 bash_profile을 열어 PATH를 영구적으로 갱신한다.

```
$ cd ~
$ nano .bash_profile
```

5 다음을 bash_profile에 추가한다.

```
$ export PATH=$HOME/flutter/bin:$PATH
```

6 터미널에서 flutter doctor를 실행한다.

flutter doctor를 실행하면 플러터를 실행하는 데 필요한 모든 컴포넌트가 여러분의 컴퓨터에 갖춰져 있는지 알려준다. Xcode, 안드로이드 스튜디오 같은 도구는 쉽게 설치할 수 있으므로 따로 설치 방법을 설명하지 않는다. flutter doctor를 실행하면 어떤 도구가 필요한지 알려준다.

A.2.2 윈도우

1 https://flutter.dev/get-started/install/에서 SDK를 내려받는다.

2 zip 파일의 압축을 풀어 원하는 위치(예를 들어 C:\src\flutter)에 플러터 SDK를 설치한다.

3 플러터 설치 디렉터리에서 flutter_console.bat 파일을 찾아 더블클릭해 파일을 실행한다.

4 명령줄로 플러터를 실행하려면 플러터 설치 디렉터리를 PATH에 추가한다. 제어판 〉 사용자 계정 〉 사용자 계정에서 [환경 변수 변경]을 선택한다. '사용자 변수' 항목에서 Path라는 항목을 찾아본다.

    – Path 항목이 이미 있으면 기존 값에 ;를 구분자로 붙인 다음 flutter\bin의 전체 경로를 추가한다.

    – Path 항목이 없으면 [새로 만들기]를 클릭해 Path 변수를 만들고 flutter\bin의 전체 경로를 값으로 추가한다.

5 윈도우를 재부팅해 환경 변수를 적용한다.

6 터미널에서 flutter doctor를 실행한다.

flutter doctor를 실행하면 플러터를 실행하는 데 필요한 모든 컴포넌트가 여러분의 컴퓨터에 갖춰져 있는지 알려준다. Xcode, 안드로이드 스튜디오 같은 도구는 쉽게 설치할 수 있으므로 따로 설치 방법을 설명하지 않는다. flutter doctor를 실행하면 어떤 도구가 필요한지 알려준다.

A.2.3 Linux

1 https://flutter.dev/get-started/install/에서 SDK를 내려받는다.

2 적절한 폴더에서 압축을 해제한다.

```
$ cd ~/development
$ tar xf ~/Downloads/flutter_linux_v0.9.4-beta.tar.xz
```

3 PATH에 임시로 플러터 경로를 추가한다.

```
$ export PATH=`pwd`/flutter/bin:$PATH
```

4 bash_profile을 열어 PATH를 영구적으로 갱신한다.

```
$ cd ~
$ nano .bash_profile
```

5 다음을 bash_profile에 추가한다.

```
$ export PATH=$HOME/development/flutter/bin:$PATH
```

6 터미널에서 flutter doctor를 실행한다.

flutter doctor를 실행하면 플러터를 실행하는 데 필요한 모든 컴포넌트가 여러분의 컴퓨터에 갖춰져 있는지 알려준다. Xcode, 안드로이드 스튜디오 같은 도구는 쉽게 설치할 수 있으므로 따로 설치 방법을 설명하지 않는다. flutter doctor를 실행하면 어떤 도구가 필요한지 알려준다.

A.3 텍스트 편집기와 도구 사용 팁

시중에는 다양한 편집기가 있다. 모든 편집기는 각각 유용한 기능을 제공한다. 필자는 프로그래머이므로 다른 프로그래머와 마찬가지로 고집이 있다. 그래서 필자는 여러분이 인텔리제이^{IntelliJ}를 사용해야 한다고 주장한다. 하지만 자본주의 시장은 다다익선을 강조하므로 텍스트 편집기 두 가지를 추천한다.

- 비주얼 스튜디오 코드(VSCode)
- 제트브레인^{JetBrains} 인텔리제이

두 편집기 모두 다트 플러그인을 공식 지원한다.

VSCode는 현존하는 최고의 무료 IDE 중 하나다. 지구상의 모든 웹 개발자가 서서히 VSCode로 갈아타고 있다. VSCode는 웹 세계로 귀환한 IDE의 제왕이며 훌륭한 선택이다.

인텔리제이는 완벽한 기능을 갖춘 IDE로 필자가 추천하는 IDE다. 코드를 구현할 때 프로젝트 관리는 피할 수 없는 작업이다. 인텔리제이 같은 IDE를 이용하면 개발자의 삶이 편리해진다. 인텔리제이 커뮤니티 에디션^{IntelliJ Community Edition}은 무료이며 무료 버전은 다트와 플러터 기능을 완벽 지원한다.

웹 앱을 구현할 때 사용하는 다른 언어와 비교했을 때 다트 커뮤니티의 가장 큰 강점은 **간결함**이다. 다양한 IDE 플러그인과 도구 덕분에 린터^{linter}, 코드 정렬 등은 자동으로 해결된다. 플러

그인은 무료다. 다트 개발에는 왕도가 있다(물론 농담이다).

다음 절로 넘어가기 전에 두 가지 편집기 중 하나와 다트 플러그인을 설치하자.

A.4 다트패드

다트패드^{DartPad}를 이용하면 설정이나 설치를 할 필요도 없다. 다트패드는 브라우저 기반의 텍스트 편집기로 다트, HTML, CSS를 구현하고 실행할 수 있다. 자세한 사항은 `https://dart-pad.dartlang.org/`를 참고하자.

다트패드는 간단한 로직을 테스트하는 유용한 도구다. 여러분의 브라우저에 다트패드 사이트를 즐겨찾기로 추가해두고 간단한 다트 코드를 테스트할 때 사용하자.

Pub 패키지 관리자

Pub은 다트 패키지 관리자다. 오픈 소스 라이브러리나 여러분이 등록한 라이브러리의 저장소다. 대부분의 패키지는 https://pub.dartlang.org/에서 가져온다. 여기서 플러터 팀, 다트 팀, 다트 커뮤니티 멤버가 개발한 패키지를 찾을 수 있다.

다트 커뮤니티는 작은 편이다. 자바스크립트나 자바를 예로 들면 보통 한 문제를 해결하는 라이브러리가 45개에서 445개까지 존재한다. 다트는 현재 패키지에 기능을 추가하는 정도의 수준으로 기여하고 있다. 이는 특정 패키지를 자신 있게 사용할 수 있게 하며 시간과 에너지를 절약할 수도 있다.

pubspec.yaml 파일에 사용하려는 Pub의 패키지를 정의한다. 모든 다트 응용프로그램은 반드시 프로젝트 루트에 pubspec 파일을 포함해야 한다. 다트 앱을 실행하거나 빌드할 때 엔진은 이 파일을 가장 먼저 확인한다.

다음은 프로젝트를 만든 직후의 pubspec.yaml 파일 모습이다.[1]

```
name: my_dart_app   ◁── 프로젝트의 메타데이터를 설명하는 영역이다.
description: An absolute bare-bones dart app.
```

---

1 dev_dependencies는 개발 환경의 앱에서만 사용하고 실제 앱 빌드에는 포함되지 않는다.

```
# version: 1.0.0
# homepage: https://www.example.com
# author: eric <email@example.com>
environment:    ←—| 사용하는 다트 버전을 설명한다.
sdk: '>=2.0.0 <3.0.0'
# dependencies: ←
                      ┌ dependencies와 dev_dependencies로
# path: ^1.4.1        └ 필요한 다른 패키지를 기술한다.
dev_dependencies:
  build_runner: ^0.10.0
  build_web_compilers: ^0.4.01
```

B.1 Pub 패키지 호스팅과 버전 관리

Pub 웹사이트에서 호스팅하는 모든 의존성은 **제목: 버전** 구조를 갖는다. 특별 문자 ^로 버전 범위를 지정한다. 다음처럼 비교 연산자를 이용해 필요한 버전을 설정한다.

```
sdk: '>=2.0.0 <3.0.0'
```

위 코드는 '2.0.0에서 3.0.0 사이의 버전(3.0.0은 제외)에서 새로운 버전을 사용'하라는 의미다.

Pub에서 호스팅 하는 패키지에 ^ 문자로 범위를 지정한다. 예를 들어 path: ^1.4.1는 '1.4.1 버전과 호환되는 가장 최신 버전을 주세요'라는 의미다.

> **WARNING_** pubspec에 > 문자를 사용할 때는 >를 포함하는 행을 작은따옴표로 감싸야 한다. 작은따옴표를 사용하지 않으면 이를 YAML 문법으로 해석하므로 오류가 발생한다.

B.2 깃허브의 패키지 사용하기

Pub이 아닌 다른 소스에서 제공하는 패키지를 사용하는 방법도 있다. 특히 패키지를 개발하는 과정에서 패키지를 오픈 소스로 공개하고 싶지 않을 때 이 방법을 사용한다.

B.2.1 깃

깃에서 패키지를 임포트하는 방법은 Pub 사용 방법과 크게 다르지 않다.

```
dependencies:
  cool_package:
    git: git://github.com/cool_company/cool_packages.git
```

또는 깃 저장소의 특정 브랜치를 지정한다.

```
dependencies:
  kittens:
    git:
      url: git://github.com/munificent/kittens.git
      ref: some-branch
```

저장소의 서브폴더를 사용할 수 있다(단일 저장소 형식 프로젝트를 사용할 때 유용함).

```
dependencies:
  kittens:
    git:
      url: git://github.com/munificent/cats.git
      path: path/to/kittens
```

B.2.2 지역 패키지

다음처럼 path를 이용해 패키지의 위치를 지정한다.

```
dependencies:
  cool_local_package:
    path: /Users/me/cool_local_package
```

B.3 패키지 사용하기

패키지를 어디서 가져왔는지 관계없이 사용 방법은 같다. 패키지의 진입점을 다트 파일의 맨 위에서 임포트하고 cool_package의 라이브러리를 사용한다. 보통 진입점은 전체 패키지의 이름과 비슷하다. 다음 예를 확인하자.

```
import "package:cool_package/cool_package.dart";
```

웹 개발자를 위한 플러터

플러터 문서는 웹 개발자를 위한 멋진 페이지를 제공한다. 부록 C에서는 플러터에 입문한 웹 개발자가 궁금해할 법한 질문과 답변을 소개한다. 자바스크립트에 익숙하지만 플러터 코드에 익숙하지 않은 독자라면 여기서 많은 플러터 용어가 등장할 예정이니 먼저 1장이나 2장을 먼저 읽는 것을 추천한다.

하지만 여기서 모든 것을 다루진 못했다. 특히 애니메이션은 UI 구현의 큰 비중을 차지하며 난도가 높은 편이다. 이 책에서는 플러터 애니메이션을 한 장을 할애해 소개한다. 따라서 부록에서는 여러분이 참고할 만한 자료 위주로 소개한다.

C.1 좋은 소식

두 가지 좋은 소식이 있는데 우선 플러터는 리액트의 영향을 크게 받았다는 점이다. 모던 웹 개발 경험이 있는 독자라면 플러터가 익숙하게 느껴질 것이다. 두 번째로 다트 언어는 자바스크립트와 일맥상통한다. 다트의 클래스, 형식을 제외하면 두 언어는 비슷하다.

필자는 웹 개발자이며 iOS나 안드로이드 개발자가 아니다. 따라서 웹에서 플러터로 전향하는 개발자 관점에서 최대한 지식을 전달하려 노력했다. iOS 개발자와 안드로이드 개발자에게는 이 점이 아쉬움으로 남을 것이다.

웹 개발과 플러터 개발의 큰 차이점은 **플러터의 모든 것이 다트 코드**라는 것이다. HTML 같은 마크업이나 CSS 같은 스타일 언어가 따로 없다. 모든 것을 다트로 구현한다. 자바스크립트 커뮤니티에서는 CSS-in-JS 등의 주제로 다투곤 하는데 플러터에서는 HTML조차 필요가 없다.

부록 C는 HTML, CSS를 플러터로 어떻게 구현하는지 설명한다. 자바스크립트는 다트와 비슷하므로 크게 걱정하지 말자. 모바일에는 DOM이 없으므로 핸들러와 통신할 필요가 없다.

C.2 플러터의 레이아웃 구성 방법과 Flexbox와 비슷한 기능

플러터는 Flexbox와 같은 기능을 제공한다. 기본적으로 플러터 앱은 Flex를 이용한다. 플러터는 Row, Column 등 Flex 규칙을 강제하는 수많은 레이아웃 위젯을 제공한다. 이 위젯을 사용할 때 justify-content 등을 포함한 다양한 프로퍼티로 자식들의 레이아웃 방식을 결정한다. 다음 예제는 레이아웃 예다.

예제 C-1 카운터 앱의 Column 위젯

```
// Column 위젯 예제
body: new Center(          Column이라는 이름으로
  child: new Column( ←      알 수 있듯 Column은 모든 자식을
                            수직 방향으로 배치한다.
    mainAxisAlignment: MainAxisAlignment.center, ←   이 정렬 프로퍼티는 CSS의 Flexbox와 비
    children: <Widget>[                              슷한 기능을 제공한다. 정렬 프로퍼티는 플
                                                     러터에 Column의 자식들이 서로 어떻게 배
      new Text(                                      치되어야 하는지 지정한다.
        'You have pushed the button this many times:',
      ),
      new Text(
        '$_counter',
      ),
    ],
    // ...
```

Row 위젯은 Column과 비슷하지만 자식을 수평으로 배치하는 점이 다르다. MainAxis

Alignment 프로퍼티에는 Center뿐 아니라 다음과 같은 위젯도 사용할 수 있다.

- Start
- End
- Center
- SpaceAround
- SpaceBetween
- SpaceEvenly

Row, Column은 2장에서 자세히 설명한다.

C.3 절대 위치 사용 방법

위젯의 절대 위치를 x, y 좌표로 지정하려면 Stack 안의 Positioned 위젯의 자식으로 원하는 위젯을 설정한다. Positioned 위젯은 CSS와 비슷하게 top, left, right, bottom 등의 프로퍼티를 제공한다.

다음은 Positioned 사용 예제다.

```
Stack(         ◁─── 스택의 모든 자식에 Positioned를 사용할 수 있다.
  children: [           이 위젯은 CSS의 position:absolute와
    Positioned( ◁─┐     같은 효과를 갖는다.
      child: Text("Lorem ipsum"),
      left: 24.0,
      top: 24.0,
    ),                   Positioned로 감싸지 않은 스택의 다른 자
    Text("Not positioned"),  ◁──── 식은 Column(또는 메인 축을 수평으로 바꾸
  ],                       면 Row)처럼 배치한다.
),
```

Row, Column은 2장에서 자세히 설명한다. Positioned는 4장을 참고하자.

C.4 borders, padding, margin, color 사용 방법

플러터에서는 모든 것이 위젯이므로 위젯으로 이를 처리한다. Padding으로 위젯을 감싸서 특정 위젯에 패딩을 추가한다.

```
Padding(
    padding: const EdgeInsets.all(16.0),    ◁   이런 방식으로 모든 모서리에 패딩을 추가
    child: Text("Wrap me up"),                  하거나 EdgeInsets.only(top: 8.0)
),                                              처럼 특정 모서리에만 패딩을 추가한다.
```

Container로 Padding을 추가하는 방법도 있다. Container 위젯은 '편의'를 제공하는 위젯으로 Padding 위젯 등 개별 위젯을 사용하지 않고 다양한 프로퍼티를 한 개의 자식에 적용할 수 있다.

플러터 앱을 구현하면서 Container를 자주 사용한다. 패딩, 마진, 배경색, 테두리, 둥근 테두리, 너비, 높이, 그림자 등 많은 기능을 제공하기 때문이다.

C.5 텍스트 스타일 조절

TextStyle 위젯으로 텍스트를 바꾼다. 이 위젯은 Text 위젯의 인수이며 fontSize, fontWeight, fontFamily, color 등의 속성을 조절한다. 다음은 TextStyle 위젯 예제다.

```
// TextStyle example
Text(
  "Lorem ipsum",
  style: TextStyle(
    color: Colors.white,
    fontSize: 24.0,
    fontWeight: FontWeight.w900,
    letterSpacing: 4.0,
```

```
      ),
    ),
    // ...
```

C.6 전역 스타일

플러터에는 전역 CSS 정의에 대응하는 Theme 위젯이 있다. Theme으로 원하는 곳에 적용할 수 있는 다양한 스타일을 설정한다. 4장 전체에서 Theme 위젯을 다룬다.

iOS 개발자를 위한 플러터

플러터 문서는 iOS와 관련해 훌륭한 페이지를 제공한다. 안타깝게도 필자는 iOS 전문가가 아니다. 처음 플러터를 사용하는 iOS 개발자들이 흔히 갖는 질문들 그리고 iOS 사용자에게 친숙한 앱을 만드는 방법을 이 부록에서 설명한다. 여기서는 플러터 용어가 많이 등장하니 iOS는 익숙하지만 플러터 코드에 익숙하지 않다면 먼저 1장이나 2장을 먼저 읽는 것을 추천한다.

하지만 여기서 모든 것을 다루진 못했다. 특히 애니메이션은 UI 구현의 큰 비중을 차지하며 난도가 높은 편이다. 이 책에서는 플러터 애니메이션을 한 장을 할애해 소개한다. 따라서 부록에서는 여러분이 참고할 만한 자료 위주로 소개한다.

D.1 UIView는 플러터의 무엇으로 대체될까?

iOS에서는 UIView 인스턴스로 UI를 만든다. 플러터의 모든 것은 위젯이므로 UIView와 가장 가까운 것은 바로 위젯이다. 위젯의 기능이 더 다양하므로 정확히 같진 않지만 둘 다 UI를 만드는 데 사용한다는 점은 같다. 위젯과 UIView는 서로 무엇이 다를까?

우선 위젯은 **바꿀 수 없다**. 위젯은 UI를 대표하는 가벼운 청사진일 뿐이며 위젯을 바꿔야 한다면 기존 위젯을 폐기하고 다시 만든다. 위젯의 설정이나 상태가 바뀔 때마다 플러터는 관련 위젯 트리를 다시 그린다. 하지만 위젯은 실제 요소의 설명을 포함할 뿐이므로 화면에 위젯을 직접 그리진 않는다.

위젯은 바꿀 수 없으므로 자식 위젯 또한 바꾸지 않는다. 대신 위젯이 'UI 요소 님, 자식 ABC 대신 XYZ로 바꿔주세요'라고 요청하면 XYZ 자식으로 UI 요소를 다시 그린다.

> **NOTE_** 위젯과 뷰 갱신 과정은 1장과 3장에서 자세히 설명한다.

D.2 패러다임이나 정신적 모델의 차이점

iOS 앱과 플러터 앱 개발의 가장 큰 차이점은 플러터는 조합과 반응형 프로그래밍을 활용해 UI 상태를 간단하게 처리한다는 점이다. 프레임워크가 UI 상태 변환을 내부적으로 처리하므로 개발자는 이를 신경 쓰지 않는다. 이는 UI를 묘사하는 위젯 덕분이다.

위젯 자체는 UI 요소가 아니라 요소를 나타내는 **청사진**이다. 위젯을 이용해 현재 뷰를 묘사한다. 앱의 상태가 변하면 화면을 다시 그려야 하는데 이때 프레임워크가 현재 위젯 트리를 그리면, 위젯은 UI를 어떻게 바꿔야 하는지 알아차린다.

UI에 화면에서 요소를 제거하거나 추가하라고 명시적으로 지시할 필요가 없다. '플러터 님, 이게 제 위젯 트리 모습이에요. 버튼을 누르면 이렇게 변하죠'라고 설명하면 플러터가 알아서 이를 동작시킨다. 이를 **반응형 프로그래밍**이라 부른다.

두 번째로 iOS에서는 종종 `UIView`를 상속받거나 다른 UI 클래스로 뷰를 만든다. 플러터는 상속 대신 **조합**을 사용한다. 모든 위젯은 작고 모듈화된 뷰로 HTML 같은 마크업 언어처럼 서로 조각을 맞출 수 있다. 덕분에 뷰의 재사용성이 높아진다.

> **NOTE_** 조합은 2장에서 설명한다.

D.3 iOS 디자인 패턴을 적용해 앱을 만들 수 있을까?

아주 쉽게 만들 수 있다. 플러터는 아주 많은 내장 위젯을 제공한다. 대부분의 위젯은 구글의 디자인 시스템인 머티리얼 디자인 가이드를 따른다. 하지만 쿠퍼티노라는 다른 패키지를 이용하면 iOS 스타일의 위젯을 사용할 수 있다. 다음은 iOS 스타일의 몇 가지 위젯이다.

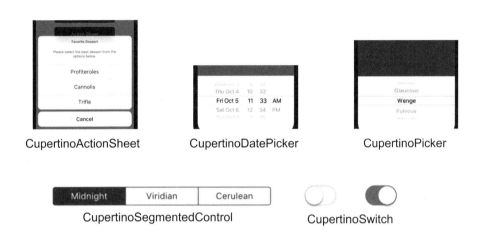

CupertinoActionSheet　　　　CupertinoDatePicker　　　　CupertinoPicker

CupertinoSegmentedControl　　　　　　CupertinoSwitch

D.4 UITableView처럼 복잡한 레이아웃을 만드는 방법

iOS에서는 요소 목록을 `UITableView`나 `UICollectionView`로 표현한다. 플러터에서는 `ListView`, `GridView`, `Table` 등의 위젯을 사용한다.

`ListView` 위젯은 iOS와 비교되는 좋은 예다. iOS와 달리 플러터에서는 미리 리스트의 크기를 지정할 필요가 없다. `ListView` 위젯에 위젯 목록을 전달하면 나머지는 알아서 동작한다.

D.5 스토리보드와 비슷한 기능

스토리보드와 비슷한 기능은 플러터에 없다. 플러터에서는 앱 구조, 레이아웃 자체를 포함한 모든 것이 위젯이다. iOS에서는 스토리보드로 제약을 설정하지만 플러터에서는 위젯으로 다른 위젯에 패딩을 추가한다.

D.6 화면에 직접 그리는 방법

iOS에서는 CoreGraphics를 이용해 화면에 그린다. 플러터도 Canvas라는 비슷한 기능을 제공한다. 플러터의 Canvas는 HTML 캔버스와 비슷하다. 플러터의 캔버스는 위젯이며 CustomPainter 클래스를 이용해 선, 모양 등을 화면에 그린다. 6장에서 캔버스 사용 방법을 설명한다.

D.7 코코아팟 같은 의존성을 추가하는 방법

프로젝트 루트에 위치한 pubspec.yaml의 YAML(마크업 언어가 아님을 의미) 파일에 의존성을 추가한다. 이 파일은 iOS의 Podfile과 비슷하다. pubspec 파일은 다트의 Pub 패키지 관리자를 이용해 의존성을 정의하고 가져온다. 이 파일은 이미지, 폰트 등의 앱 애셋도 정의한다.

> **NOTE_** Pub 패키지 관리자는 부록 B를 참고하자.

D.8 디바이스와 상호작용하거나 네이티브 API를 사용할 수 있을까?

SDK를 통해 디바이스에 직접 접근할 수 있는지의 여부가 모바일 개발과 플러터 개발의 가장 큰 차이점이다. iOS에서 플러터 앱은 ViewController가 호스팅하며 ViewController와 직접 통신할 수 없다.

플러터는 ViewController와 통신할 수 있는 **플랫폼 채널**platform channel로 이 문제를 해결한다. 문서에서는 '플랫폼 채널은 다트 코드와 호스트 뷰컨트롤러 그리고 이를 구동하는 iOS 프레임워크 사이의 다리 역할을 하는 비동기 메시징 기법이다. 플랫폼 채널을 이용해 네이티브 메서드를 호출하거나 디바이스 센서로부터 데이터를 얻을 수 있다고 설명한다.

대부분의 플랫폼 채널은 필요한 기능을 제공하는 네이티브 코드와 다트 코드를 캡슐화한 플러그인 형태로 제공되며 플러터 개발자가 사용할 수 있는 다트 API를 노출한다. 직접 플러그인을 개발, 즉 iOS 네이티브 코드를 개발할 수 있다. 하지만 이미 Pub 패키지 관리자에서 네이티브 API를 사용하는 많은 플러그인을 제공하므로 이를 직접 개발할 필요는 없다. 다음은 일부 플러그인 예제다.

- image_picker를 이용해 카메라 사용
- geolocator를 이용해 GPS 센서 사용

NOTE_ Pub 패키지 관리자는 부록 B를 참고하자.

D.9 CoreData 대체 기능

CoreData 같은 기능은 플러터에서 제공하지 않는다. iOS CoreData는 SQL 데이터베이스를 감싼 것이다. 대신 플러터에는 SQFLite라는 패키지가 있으므로 CoreData의 기능을 흉내낼 수 있다.

안드로이드 개발자를 위한 플러터

플러터 문서는 안드로이드와 관련해 훌륭한 페이지를 제공한다. 안타깝게도 필자는 안드로이드 전문가가 아니다. 처음 플러터를 사용하는 안드로이드 개발자들이 궁금해할 법한 질문을 여기서 소개한다.

안드로이드는 익숙하지만 플러터 코드에 익숙하지 않다면 여기서 많은 플러터 용어가 등장하니 먼저 1장이나 2장을 먼저 읽는 것을 추천한다.

하지만 여기서 모든 것을 다루진 못했다. 특히 애니메이션은 UI 구현의 큰 비중을 차지하며 난도가 높은 편이다. 이 책에서는 플러터 애니메이션을 한 장을 할애해 소개한다. 따라서 부록에서는 여러분이 참고할 만한 자료 위주로 소개한다.

E.1 안드로이드 뷰 대체 기능

안드로이드에서는 모든 UI 요소를 뷰로 구현한다. 플러터의 모든 것은 위젯이므로 뷰와 가장 가까운 것은 위젯이다(위젯의 기능이 더 다양하므로 정확히 같진 않지만 둘 다 UI를 만드는 데 사용한다는 점은 같다). 위젯과 뷰는 서로 무엇이 다를까?

우선 위젯은 **바꿀 수 없다**. 위젯은 UI를 대표하는 가벼운 청사진일 뿐이며 위젯을 바꿔야 한다면 기존 위젯을 폐기하고 다시 만든다. 위젯의 설정이나 상태가 바뀔 때마다 플러터는 관련 위젯 트리를 다시 그린다. 하지만 위젯은 실제 요소의 설명을 포함할 뿐이므로 화면에 위젯을 직접 그리진 않는다.

또한 위젯은 자식 위젯을 바꾸지 않는다. 즉 플러터는 안드로이드처럼 addChild()나 re-moveChild() 같은 기능이 없다. 대신 위젯이 'UI 요소 님, 자식 ABC 대신 XYZ로 바꿔주세요'라고 요청하면 XYZ 자식으로 UI 요소를 다시 그린다.

> **NOTE_** 위젯과 '뷰' 갱신은 1장과 3장에서 자세히 설명한다.

E.2 패러다임 혹은 정신적 모델의 차이점

안드로이드 앱과 플러터 앱 개발의 가장 큰 차이점은 플러터는 조합과 반응형 프로그래밍을 활용해 UI 상태를 간단하게 처리한다는 점이다. 프레임워크가 UI 상태 변환을 내부적으로 처리하므로 개발자는 이를 신경 쓰지 않는다. 이는 UI를 묘사하는 위젯 덕분이다.

위젯 자체는 UI 요소가 아니라 요소를 나타내는 **청사진**이다. 위젯을 이용해 현재 뷰를 묘사한다. 앱의 상태가 변하면 화면을 다시 그려야 하는데 이때 프레임워크가 현재 위젯 트리를 그리면, 위젯은 UI를 어떻게 바꿔야 하는지 알아차린다.

UI에 화면에서 요소를 제거하거나 추가하라고 명시적으로 지시할 필요가 없다. '플러터 님, 이게 제 위젯 트리 모습이에요. 버튼을 누르면 이렇게 변하죠'라고 설명하면 플러터가 알아서 이를 동작시킨다. 이를 **반응형 프로그래밍**이라 부른다.

두 번째로 안드로이드에서는 종종 View를 상속받아 뷰를 만든다. 플러터는 상속 대신 **조합**을 사용한다. 모든 위젯은 작고 모듈화된 뷰로 HTML 같은 마크업 언어처럼 서로 조각을 맞출 수 있다. 덕분에 뷰의 재사용성이 높아진다.

> **NOTE_** 조합은 2장에서 설명한다.

E.3 XML 레이아웃 파일은 어디에 있나

플러터는 마크업을 사용하지 않는다. 모든 기능은 다트 코드로 구현한다. 플러터의 앱 구조, 레이아웃을 포함한 모든 것이 위젯이다. 위젯으로 **위젯 트리**(스타일, 레이아웃, 구조 등을 처리함)를 만든다.

E.4 화면에 직접 그리는 방법

플러터는 안드로이드가 제공하는 것과 같은 Canvas라는 렌더링 엔진 기반의 API를 제공한다. 플러터의 캔버스는 위젯이며 CustomPainter 클래스를 이용해 선, 모양 등을 화면에 그린다. 6장에서 캔버스 사용 방법을 설명한다.

E.5 인텐트 대체 기능

간단히 말해 없다. 플러터는 액티비티라는 개념 자체를 사용하지 않는다. 플러터는 네비게이터, 라우트를 이용해 화면을 탐색한다. 이는 웹의 라우팅과 비슷한 개념이다.

E.6 runOnUiThread() 대체 기능

가장 비슷한 기능은 다트의 Isolate다. 다트는 단일 스레드로 동작하며 이벤트 루프 드리븐 event-loop dirven 방식이므로 runOnUiThread()와 완전히 같은 기능은 없다. 다트에는 UI 스레드가 없으므로 UI를 다른 스레드로 실행할 이유도 없다. Isolate 객체를 이용해 복잡한 연산을 수행하면 이벤트 루프를 블록하는 일을 막을 수 있다. 참고로 지금까지 필자는 다트로 구현한 여러 웹과 모바일 클라이언트를 구현했는데 한 번도 Isolate를 사용한 적이 없다. 비동기 작업을 구현할 때는 다트의 비동기 기능을 이용하기 때문이다.

> **NOTE_** 9장에서 비동기 다트와 플러터를 설명한다.

E.7 그레이들 파일을 대신하는 것과 의존성을 추가하는 법

프로젝트 루트에 위치한 `pubspec.yaml`인 YAML(마크업 언어가 아님을 의미) 파일에 의존성을 추가한다. 이 파일은 안드로이드의 그레이들 파일과 비슷하다. `pubspec` 파일은 다트의 Pub 패키지 관리자를 이용해 의존성을 정의하고 가져온다. 이 파일은 이미지, 폰트 등의 앱 애셋도 정의한다.

NOTE_ Pub 패키지 관리자는 부록 B를 참고하자.

E.8 LinearLayout을 대신하는 것과 ScrollView 구현 방법

플러터는 위젯으로 모든 레이아웃을 만든다. 플러터는 다양한 내장 위젯을 제공한다. 이미 충분한 위젯을 제공하므로 개발자가 직접 위젯을 구현해야 하는 상황은 드물다. 특히 `LinearLayout`은 `Row`나 `Column`으로 대체할 수 있다. `ListView`는 플러터의 표준 스크롤 위젯이다.

NOTE_ `Row`, `Column`은 3장에서 설명한다. 스크롤은 9장에서 주로 설명한다.

E.9 SharedPreferences와 SQLite 사용법

안드로이드에서는 SharedPreferences API로 비교적 소량의 키, 값 쌍의 컬렉션을 저장한다. 플러터에서는 `Shared_Preferences` 플러그인이 같은 기능을 지원한다. 이 플러그인은 내부적으로 SharedPreferences와 NSUserDefaults(iOS 전용)를 이용한다.

안드로이드에서는 SQLite의 SQL을 이용해 구조적으로 데이터를 저장하거나 질의한다. 플러터는 SQFlite 플러그인으로 이 기능을 지원한다.

INDEX

INDEX

INDEX